유럽 한국어 교육의
오늘과 내일

The Current Status and Prospects
of Korean Language Education in Europe

제8회 유럽한국어교육자협회 워크숍 논문집

유럽 한국어 교육의 오늘과 내일

The Current Status and Prospects
of Korean Language Education in Europe

제8회 유럽한국어교육자협회 워크숍 논문집

김혜경 엮음

KONG & PARK

머리말

유럽 전역에서 활동하는 한국어 교육자들이 지식과 경험을 나누기 위해 2007년부터 시작한 유럽한국어교육자협회(EAKLE; European Association of Korean Language Education)의 여덟 번째 워크숍이 지난 2020년 10월 비대면으로 개최되었습니다. 프랑스 액스-마르세유대학교에서 진행되기로 했던 2박 3일 현장 워크숍 대신 온라인에서 열리게 된 것은 전염병 창궐이라는 초유의 상황에서 내려진 결정이었지만, 워크숍 참여자들과 발표 내용만큼은 이전처럼 다양하고 유익하게 채워졌습니다. 이번 워크숍은 오히려 거리 제약이 없는 온라인의 장점을 충분히 살려 유럽뿐만 아니라 미주, 아시아의 대학에서 활동하고 있는 한국어 교육자들도 참여한 덕분에 한국어 교육의 세계적 동향을 알 수 있는 좋은 기회가 되었다고 생각합니다. 이틀 동안 열린 제8회 워크숍에는 총 105명이 참가했고, 46명이 35건의 논문을 발표하였습니다. 발표문은 EAKLE 2020 공식사이트 eakle2020.sciencesconf.org에 게재되어 있으니 참고하시길 바랍니다.

특별히 이번 워크숍에서 발표된 논문 가운데 23개의 발표문을 책으로 엮게 되었습니다. 이번 호는 2011년과 2018년 이후 세 번째 제작되는 논문집으로, 워크숍에서 실시간으로 공유된 한국어 교육자들의 흥미로운 연구 결과와 소중한 교육 현장의 경험을 책의 형태로 기록하는 데 의의를 둡니다. 한국어 학습자의 규모가 획기적인 확장 추세에 있는 오늘날, 전 세계에서 한국어 교육이 보다 확고히 발전할 방안을 모색하기 위해 모인 우리는 이번 논문집《유럽 한국어 교육의 오늘과 내일》에서 한국어 교육의 현실을 보다 가까이 들여다보고 이를 토대로 앞으로의 교육 방안을 제시하려고 합니다.

다각적인 방향에서 한국어 교육에 접근하는 이번 논문집은 총 6장으로 구성되어 있습니다. 첫째 장에서는 음성학 및 음운론적 접근을 통한 발표 논문들이 소개되며 두 번째 장에서는 의미론 및 화용론적 접근을 시도한 연구들이 소개됩니다. 문법 및 어휘 교육에 관한 연구는 3장에, 한국어 교육과정 및 교재 연구에 대한 주제의 논문들은 4장에

엮여 있습니다. 5장에서는 교수방법론 및 온라인 기반에서의 한국어 교육의 경험을 담은 논문들이 수록되어 있고, 마지막 장에서는 문학, 번역, 문화를 통한 한국어 교육과 관련된 발표 논문들이 소개됩니다. 각 장의 논문들은 이론적 접근뿐만 아니라 교육 현장의 경험을 바탕으로 하기 때문에 이번 논문집이 한국어 교육의 이론과 실재를 모두 아우르는 자료로서의 가치를 발휘하리라 기대합니다. 또한 유럽뿐만 아니라 아시아와 미주지역의 사례들도 함께 담았기에 한국어 교육의 세계 동향을 한번에 파악할 수 있는 소중한 기록물이 될 것입니다.

EAKLE의 견고한 활동의 이면에는 언제나 한국국제교류재단의 적극적인 지원이 있음을 언급하지 않을 수 없습니다. 2020년 워크숍 진행과 논문집 제작이 원활하게 이루어질 수 있도록 도와주신 한국국제교류재단과 베를린 사무소 방경민 소장님께 깊은 감사의 인사를 드립니다. 또한, 이번 워크숍 논문집의 출판을 제안해주시고 도맡아주신 공앤박 출판사의 공경용 대표님과 편집부에도 감사하다는 말씀을 전합니다.

오늘날 코로나19라는 이 전례 없는 위기 상황에서도 꿋꿋이 한국어 교육의 길을 닦고 계신 유럽 전역의(세계 전역의) 한국어 교육자들을 통해 한국어 교육의 내일이 한층 더 밝아지기를 기대하면서, 또한 다음 워크숍에서는 모두 환한 얼굴로 마주보며 우리의 이 모든 경험과 연구들을 소개할 수 있기를 진심으로 기원하면서 글을 마치겠습니다.

2021년 9월
김혜경
(액스-마르세유대학교 아시아학과 한국학전공 교수
유럽한국어교육자협회 부회장)

차례

III. 문법 및 어휘교육

IV. 교육과정 및 교재연구

V. 교수방법론 및 온라인 기반과 한국어 교육

VI. 문학·번역·문화를 통한 한국어 교육

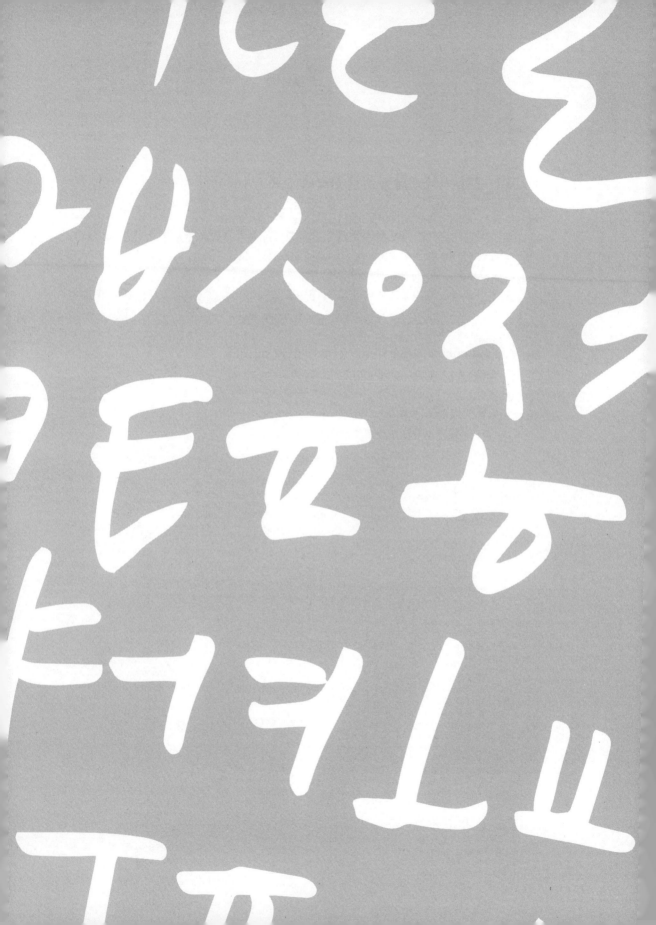

음성학 및
음운론적 접근

—

제1장

음성음향학으로 본
한글의 위대성

강신형
오스트리아 인스브루크대학교
Universität Innsbruck

1. 들어가기

음성언어가 음성과 의미의 결합이라면 문자언어는 기호와 의미의 결합이다. 음성에 의미를 더하면 말소리가 되고 기호에 의미를 부여하면 문자가 된다. 말소리가 분절음들의 조합이라면 문자는 기호들의 조합이다. 문자는 분절음에 기호를 붙여, 말소리를 눈에 보이는 형태로 체계화한 것이다. 그러므로 음성과 문자의 가장 이상적인 관계는 문자를 소리로 발현시키면 곧 말소리가 구현되는 관계, 즉 문자가 말소리가 되는 관계이다.

　문자가 말소리가 되는 상호관계를 만들기 위해서는 말소리를 최소 단위까지 분절하여, 분절한 음에 부호를 붙이고, 음을 붙인 부호, 즉 기호를 말소리가 조합되는 방식과 동일한 형태로 체계화하여야 한다. 즉, 문자의 기호체계와 말소리의 소리체계가 동일한 체계가 되도록 만들어야 하는 것이다. 이런 전제에서 말소리를 위한 문자의 기호체계가 가장 완벽한 문자는 한글이다. 한글의 우수성은 무엇보다도 한국어의 말소리체계와 문자체계를 일치시켰다는 데에 있다. 한글은 문자의 기호와 말소리의 분절음과의 1:1 호응이 완벽하다. 한글은 문자가 곧 말소리가 되는 가장 이상적인 문자이다.

2. 한국어의 음성체계

한국어의 음성체계는 한글을 통해서만 알 수 있는데 이는 훈민정음에 의하여 체계화되었다 할 수 있다. 훈민정음을 통해서 소리로만 존재하던 한민족의 음성언어가 자음과 모음으로 나누어지고 선별되어 문자언어로 다시 태어났기 때문이다. 그러므로 한국어의 음성체계는 훈민정음의 글자 만드는 방법이나 원리와 같다 할 것이다. 인간의 조음기관은 기류가 통과하는 성도를 막거나 좁힘으로써 저항을 일으켜 소리를 발생시킨다. 기류의 흐름을 방해할 수 있는 기관은 어금니, 혀, 입술, 이, 목구멍이다. 일반적으로 언어의 음성적 자질은 조음위치, 조음방법에 따라 나뉘는 것이 일반적이다. 그러나 훈민정음은 자음의 경우는 조음방법, 조음위치, 기류의 세기와 방향 등 4가지 요소를, 모음의 경우는 혀의 수축정도를 글자 만드는 원리로 삼았다. 무엇보다도 말소리를 음소단위로 분절하여 자음과 모음으로 나누고 그에 합당하는 글자형태를 만든 것이 특징이다.

2.1. 자음

훈민정음의 자음의 음성자질은 조음위치, 조음방법, 기류의 세기와 방향 등 4가지 요소로 구성되어 있다. 이 중에서도 가장 주요한 자질은 기류의 세기와 방향으로 특별히 기류의 양과 질로써 변별적 자질을 판단하는 기준으로 삼았다.

  a. 어금니 위쪽 연구개로 기류를 보내면 'ㄱ'이고, 좁혀 강하게 보내면 'ㅋ'이, 비강으로 틀면 'ㆁ'이 된다.
  b. 혀로 잇몸에서 기류를 차단하여 터뜨리면 'ㄷ'이 되고, 강하게 터뜨리면 'ㅌ'이고, 비강으로 기류의 방향을 바꾸면 'ㄴ'이며, 이때 혀를 당기면서 떨면 기류가 구강과 비강으로 교차되어 흐르며 'ㄹ'이 된다.
  c. 입술을 닫아 기류를 터뜨리면 'ㅂ'이고, 세게 기류를 터뜨리면 'ㅍ'이 되며, 입술을 닫아 기류를 비강으로 보내면 'ㅁ'이 된다.
  d. 이와 잇몸으로 기류를 유도하면 'ㅈ'이 되고, 좁혀 기류를 강하게 하면 'ㅊ'이, 넓혀 기류를 약하게 하면 'ㅅ'이, 혀를 당기면서 잇몸과 사이를 좁혀 기류를 내보내면 구강과 비강으로 섞여 나가면서 'ㅿ'이 된다.
  e. 목구멍을 좁혀 기류를 내보내면 'ㆆ'이 되고, 더 좁게 하여 기류를 강하게 내보내면 'ㅎ'이, 넓혀 기류를 약하게 흐르게 하면 'ㅇ'이 된다.

위와 같이 5개의 주요 조음위치에서 기준이 되는 대표음소 하나를 지정하고, 각 대표음소에서 기류의 세기나 방향이 바뀔 때 나타나는 음소 12개를 채택하여 모두 17개의 음소로 자음의 음성체계를 확정하였다.

기호체계로는 먼저 대표음소에 기호를 붙인 다음 기류의 세기나 방향이 바뀔 때마다 나타나는 음소에 대표음소의 기호를 기준으로 한두 획을 가감하는 방식으로 기호를 붙여 자음의 기호체계를 완성하였다.

2.2. 모음

모음의 음성자질은 혀의 수축정도이다. 하늘 아래 땅이 있고 땅에 인간이 산다. 하늘은 둥그니 '·' 이고 땅은 평평하니 'ㅡ' 이고 땅 위에 인간이 있으니 'ㅣ'라는 사상을 원리로 기본기호 3개를 만들었다. 그런데 무슨 까닭으로 하늘 '·', 땅 'ㅡ', 인간 'ㅣ'을 상징하는 기호에 음성 '·', 'ㅡ', 'ㅣ'의 의미를 부여하어 우리 말소리의 기본 모음글자로 삼았을까?

이것은 분명 훈민정음 창제 당시 '·', 'ㅡ', 'ㅣ' 세 가지 음소를 우리 말소리의 가장 중요한, 아니면 가장 빈도수가 많거나 가장 근본이 되는 소리라 여겼기 때문일 것이다. '·', 'ㅡ', 'ㅣ'는 현대어의 가장 변별력 있는 모음 'ㅏ, ㅜ, ㅣ'와도 거의 일치한다. 훈민정음 당시 '·'는 후설, 'ㅡ'는 중설, 'ㅣ'는 전설음이다. 이것은 우리 말소리에서 모음을 조음하는 주요 3위치라 할 수 있다. 각 위치에서 대표소리 1개씩을 채택한 것으로 자음체계를 만드는 방식과 같은 원리로 여겨진다.

당시 모음 배열순서는 '·, ㅡ, ㅣ, ㅗ, ㅏ, ㅜ, ㅓ, ㅛ, ㅑ, ㅠ, ㅕ'이다. 훈민정음 당시의 혀가 높은 고설상태에서는 'ㅗ'와 'ㅏ'는 혀의 수축정도에 거의 변화가 없고 다만 입술을 오므리고 펴면서 모양과 크기를 약간 달리할 뿐이다. 'ㅜ'와 'ㅓ'가 마찬가지고 'ㅛ'와 'ㅑ'가 그러하며 'ㅠ'와 'ㅕ'도 그렇다.

이렇게 대표소리 '·', 'ㅡ', 'ㅣ'를 기준으로 혀의 수축정도에 따라 다르게 나타나는 음성을 음소로 하여 기본모음 3개에 변별력 있는 모음 8개를 찾아 합하여 모두 11개로 모음의 음성체계를 확정하였다. 그리고 기호체계는 각 수축단계마다 달라지는 음성에 먼저 만든 '·'와 'ㅡ'와 'ㅣ'의 기호 중 'ㅡ'와 'ㅣ'에 '·'를 획으로 삼아 각 단계마다 계속 획을 더하는 방식으로 기호 8개를 만들어 모음의 기호체계를 완성하였다.

3. 한국어의 문자체계

자음과 모음이 만나 조합을 이루면 말소리가 된다. 말소리를 내는 방식에는 음소 하나를 발화단위로 소리 내는 방식과 음절을 하나의 발화단위로 내는 방식이 있다. 훈민정음은 자음이나 모음 홀로는 소리 낼 수 없으며 반드시 어우러져 합해야 말소리가 된다 하였다. 즉, 음절이 발화단위가 되도록 글자를 적으라는 것이다. 그러면 왜 음절을 발화단위로 인식하였을까?

1448년(세종 30) 신숙주·최항·박팽년 등이 세종의 명에 따라 만든 우리나라 최초의 음운서《동국정운東國正韻》의 서문에는 "말이 다 다르다. 말이 다른 것이 아니라 사람이 다르다. 사람이 다른 것이 아니라 사람이 사는 방향이 다르다. 사는 방향이 다르면 지세나 풍습이 다르니 호흡이 달라진다. 그래서 동쪽 사람들은 이로, 남쪽 사람들은 입술로, 서쪽 사람들은 목구멍으로, 북쪽 사람들은 양 볼로 말을 한다. 중국과 한국은 기후나 풍습이 달라 호흡이 다르니 중국과 한국 사이에 한자의 음이 서로 다른 것은 당연하다."라는 구절이 있다. 호흡에 따라 음이 변한다는 것은 언어환경에 따라 말소리가 달라진다는 것으로, 이는 조음기관을 생리기관으로, 또한 조음작용을 생리작용으로 인식하는 것이다. 이처럼 한국인의 언어생리는 음절을 발화단위로 소리 내는 것이 편하고 자연스러운 것이다.

그러면 한국인의 언어생리는 어떠한가? 'ㄱ, ㄷ, ㅂ, ㅈ, ㅅ'에서는 경음을 만들 수 있으나 'ㅎ'에서는 경음을 만들 수 없다. 그것은 경음 'ㄲ, ㄸ, ㅃ, ㅉ, ㅆ'는 성문폐쇄음으로 성문을 폐쇄하기 위해서 인후를 조여야 하지만, 'ㅎ'은 후음 또는 인후음으로 인후를 조이는 것이 아니라 풀어야 하기 때문이다. 여기에 해당하는 소리로는 'ㅇ, ㄴ, ㄹ, ㅁ, ㅍ'이 있으며 이들 모두 인후를 풀어서 소리를 만들기 때문에 경음을 낼 수 없다. 즉, 발화시 숨을 들여 마실 때처럼 인후가 열리는 현상이 일어나면 성문을 폐쇄할 수 없어 경음을 만들 수 없는 것이다. 예를 들어 독일어의 경우 소리의 진행방향이 당김으로 인두강을 향한다. 이러면 인후가 열리고 성문을 폐쇄할 수 없어 경음이 전혀 발생하지 않는다. 경음은 인후를 조여 성문을 폐쇄할 때만 만들 수 있다. 따라서 경음이 많은 우리 말소리의 1차적인 언어생리는 발화 때 인후의 조임 현상이다. 소리에는 깊고 얕음이 있으며 이것은 혀의 수축도와 비례 관계에 있으며 조음점의 구강 내의 위치와 관련한다(《홍무정운역훈》, 김무림 지음, 신구문화사, 48쪽).

무릇 한국의 음은 가볍고 얕으나, 중국의 음은 무겁고 깊다. 지금의 훈민정음은 본국의 음에서 나온 것으로, 만약 중국의 음에 사용하고자 한다면 반드시 변화시켜야 할 것이다(위의 책, 50쪽). 우리의 'ㅏ'의 음가는 전설음이고 'ㆍ'의 음가는 후설음이다. 따라서 중설음인 중국어의 'ㅏ'는 우리의 'ㅏ'와 'ㆍ'의 사이 소리로 내야 한다(위의 책, 54쪽 표 15). 이러한 사실로 보아 훈민정음 당시 한국어의 모음의 음성자질은 혀의 수축이 현대어보다는 강하고 높았으나 중국어보다는 약했던 것 같다. 'ㆍ'의 음성자질이 후설음이고 'ㅏ'의 음성자질이 전설음이면 혀가 당겨져 수축되어 높아 고모음 상태이다. 고모음 상태에서 인두공명음이 없다는 것은 혀뿌리 뒤의 구인두강에 기류가 지체될 수 있는 공간이 없다는 것이다. 이 경우 인후를 조여 구강을 공명강으로 사용하면서 소리의 진행방향은 밀어내기가 되어 날숨기류의 방향과 같아져 발화할 때 기류의 속도를 높이게 된다.

다음은 한국인과 미국인의 영어 모음지속시간 측정치 통계이다. 표에서 보는 것처럼 미국인의 영어의 모음지속시간이 한국인보다 길다. 이것은 인두공명음이 있는 언어는 인두에 공간을 형성하고 있어, 성대를 통과한 기류가 이곳에서 와류를

\<표1\> 미국인 남성, 한국인 남성 검단별 모음지속시간 통계

검단	평균	표준편차	평균값	최소값	범위
미국인 남성	287	40	350	171	179
한국인 남성	218	60	362	113	249

(단위:ms)

▲
출처
양병곤,
《음성과학》 제15권
제4호(2008. 02), 24쪽

일으키며 통과하기 때문에 지연이 발생하여 기류의 속도를 늦추기 때문이다. 이 와류에 의한 지연은 소리의 진행방향을 기류의 방향과 반대로 인두공간을 향하게 하여 음성에 양(Quantitaet)과 질(Qualitaet)을 부여하면서 악센트가 만들어지게 한다.

반면에 한국인의 언어생리는 인두에 공간을 형성하지 않아 와류가 없는 기류는 직선적으로 빠르게 성도를 빠져나간다. 이에 따라 한국어의 음성에는 인두공명음이나 악센트가 만들어지지 않는다. 한국인의 모음지속시간이 짧다는 것은 기류의 속도가 빠르다는 것으로 이는 단순한 발화습관에 의한 차이라기보다는 언어생리의 차이인 것이다. 발화할 때 기류의 속도가 높으면 에너지 손실이 발생하는데 이를 방지하기 위하여 1차적인 우리의 언어생리의 작용으로 기류를 차단하고 다시 개방하는 생리적인 현상이 반복적으로 일어나게 된다. 이것이 우리 말소리의 2차적인 언어생리 현상이다.

기류의 차단과 개방은 생리적으로 에너지를 효율적으로 사용하기 위한 방편으로 규칙성을 가지고 작동한다. 기류의 차단은 끝소리를 만들게 하여 말소리를 묶어 음절단위로 발화하게 하는 규칙을 만든다. 이 규칙은 음절의 끝소리를 가운데 소리와 동시조음 하게 하여 우리 말소리의 독특한 음운구조인 받침을 만든다. 이처럼 받침은 에너지를 절약하기 위해 우리의 언어생리가 만들어낸 가장 합리적인 음운규칙이다. 기류의 개방은 차단으로 만들어진 끝소리를 뒤 음절의 첫소리와 동시조음 하게 하여 많은 음운변화(충돌, 탈락, 변화, 첨가 등)를 발생시키는데 이것도 우리의 언어생리에서 기인한다.

3.1. 기류의 차단과 동시조음

a. 차단될 때의 조음위치의 음소로 발화
예1; 맞 맞 맛 맡→맏, 앞→압
b. 기류의 차단에 유리한 음소 발화
예2; 삯→삭, 앉→안, 않→안, 닭→닥, 앎→암, 읊→(을)읖→읍, 옳→올, 없→업

3.2. 기류의 개방과 동시조음(앞 음절 끝소리와 뒤 음절의 첫소리)

a. 대표 소리에서 본래 음소로 환원 발화

예; 몇일→며칠, 맛이→마시, 앞에→아페

b. 후속 음과의 동시조음으로 인한 기류의 방향이 전환된 음소로 발화

예; 국민→궁민, 녹는→농는, 받는다→반는다, 합니다→함니다

    이와 같이 인후를 조이고 기류를 차단하고 개방하는 우리의 언어생리가 말소리를 초성, 중성, 종성의 체계로 만든다. 한국어는 초성, 중성, 종성이 한 묶음인 음절 단위의 소리체계이다. 이로써 훈민정음은 우리 말소리의 소리체계를 온전히 발견하면서, 초성, 중성, 종성의 묶음을 음절단위 삼아 글자를 적는 방식으로 발화순서와 맞추어 위에서 아래로, 또는 왼쪽에서 오른쪽으로, 받침은 끝에 붙여 적도록 하여, 소리체계와 일치하는 문자체계를 완성한다. 1443년, 그때까지 소리로만 존재하던 한국어는 자음 17개와 모음 11개로 모든 말소리를 적을 수 있는 28개의 음소를 가진 문자언어로 재탄생한다.

4. 한글의 위대성

4.1. 우리 말소리의 음성체계와 문자체계를 일치시켰다

한글은 문자가 곧 말소리이다. 예를 들어 영어 모음의 경우와 비교해보자. 'A'는 [ɑ, æ, ə, ei] 등으로, 가령 fa ɾ ᵅther, ga ɾ ᵃˡla ɾ ᵊxy, stra ɾ ᵉi nger 등처럼 소리가 난다. 이것은 알파벳이 영어의 말소리를 위해 분절음에 1:1로 호응하도록 기호를 만들지 않았기 때문이다. 여기서 자음 'G'가 [g]나 [ʤ]로 소리 나는 것은 생리적 합리성으로 설명이 가능하나 모음 'A'가 [ɑ, æ, ə, ei]의 4가지로 소리 나는 것은 설명이 불가능하다.

    이는 현재 사용하고 있는 영어의 발음기호가 44개인 점을 보면 더욱 명확해진다. 따라서 한국인의 경우 발음기호를 통해서 영어의 말소리를 구현하지만 정확한 발음에 도달할 수가 없었다. 원인은 각 발음기호의 음성의 음향자질을 모르기 때문으로, 영어를 영어의 음성음향자질로 발음하지 않고 한국어의 음성음향자질로 발음하기 때문이다. 한글에서는 이와 같은 문자와 소리의 불일치로 인한 불편함, 비합리성, 비과학성을 찾아볼 수 없다.

4.2. 조음작용을 생리작용으로 인식하였다

훈민정음은 말소리 차이의 원인을 호흡의 차이, 언어환경의 차이로 인한 언어생리의 차이로 인식하였다.

<표2> 기류의 세기와 방향에 따른 자음 분류

세기	강	중심	약	보통	보통
방향	구강	구강	구강	비강	구강과 비강
아음	ㅋ	ㄱ		ㆁ	
설음	ㅌ	ㄷ		ㄴ	ㄹ
순음	ㅍ	ㅂ		ㅁ	
치음	ㅊ	ㅈ	ㅅ		ㅿ
후음	ㅎ	ㆆ	ㅇ		

위의 표는 호흡에 따른 자음의 성격을 표로 나타낸 것으로, 표에서 보듯이 훈민정음은 기류의 양과 질을 기준으로 음성을 변별하고 거기에 기호를 붙인 것이다. 음운현상 역시 생리작용으로 생리적 합리성의 테두리 안에서 일어난다. '국민→궁민'의 경우 후행 첫소리 'ㅁ'이 입술을 닫아 기류가 구강으로 나가지 못하고 비강으로 나가면서 'ㄱ'의 조음점에서 'ㆁ'이 나타난 것은 생리적으로 기류의 방향이 바뀐 결과이다. '않고→안코'의 경우 후행하는 'ㄱ'에 'ㅎ'의 기류가 더해져 'ㄱ'의 조음점에서 'ㅋ'이 나타난 것으로 이 또한 생리적인 작용의 결과이다.

음운현상은 기류의 가감이나 방향전환을 유발시킨 생리적인 원인이나 조건에 따라 조음기관이 작동하여 만들어내는 음성적 변화이다. 이렇듯 훈민정음은 분절음의 음소를 확정할 때 말소리의 생리적 합리성에서 그 원리와 방법을 찾았다. 이러므로 훈민정음은 언어의 생리적 보편성에 기초한 최초의 문자이다.

4.3. 우리 말소리를 초성, 중성, 종성으로 발견하고 확립하였다

한글은 특히 종성(끝소리)을 받침이라는 형태로 만들어 한 덩어리로, 음절단위로 글자를 조합하게 한 것이 특징이다. "내죵(끝)소리는 첫소리와 같이 쓰니라."라는 말은 끝소리 글자를 따로 만들지 않고, 앞 음절의 종성이 뒤 음절의 첫소리가 된다는 것으로, 결국 첫소리와 끝소리(초성과 종성)가 같아지니 글자도 같이 쓰라 한 것이다. 종성은 위의 예에서와 같이 기류를 차단할 때 발생하며 대표소리로 나타난다. 그리고 기류를 개방할 때 다시 원래소리를 회복한다.

만약 '않고'를 받침 없이 'ㅇ ㅏ ㄴ ㅎ ㄱ ㅗ' [아느흐그오] 로 적는다면 우리 말소리의 음운구조와 전혀 맞지 않는다. 이렇게 적는다면 '않'에서 받침 'ㄴ'은 사라지고 '고'에서 'ㅎ'의 기류의 더함으로 'ㄱ'이 'ㅋ'으로 바뀌는 격음화 음운현상도 일어나지 않는다. 이는 우리 말소리가 한 묶음, 한 덩어리, 음절을 발화단위로 하기 때문이다. 따라서 문자도 한 묶음, 한 덩어리가 되도록 표기해야 합리적이다. 이를 위해서는 종성을 받침으로 만들어 중성 밑에 받쳐 적어야 묶음으로 만들 수 있다. 한글은 받침을 통하여 비로소 우리 말소리의 묶음형태를 문자로 형상화할 수 있었다. 즉, 받침의 발견으로 한글의 문자형태를 완성할 수 있었다. 한글은 초성, 중성, 종성이라는 말소리의 구조에서 종성을 받침이라는 형태로 만들어 발화단위와 표기단위를 일치시킨 획기적인 문자이다.

참고문헌

강신항. (2010). **훈민정음 창제와 연구사**. 경진.

강신형. (2018). 음운현상의 음성음향학적 관찰. S. 106-115. In: **유럽 한국어 교육의 동향과 보고**. 하우.

고영근, 남기심. (2014). **중세어 자료 강해**. 집문당.

고흥도. (2009). **언어기관의 해부와 생리**. 학리사.

김무림. (2006). **홍무정운역훈**. 신구문화사.

김무림, 김옥영. (2009). **국어음운론**. 새문사.

송효섭. (2013). **인문학, 기호를 말하다**. 이숲.

양병곤. (2008). **음성과학, 15-4**.

이재흥 (편역). (2011). **동국정운**. 어문학사.

Ray.D.Kent & Charles Read. (2007). *Acoustic Analysis of Speech*. Thomson.

F.D.Saussure. (1971). Grundfragen der allgemeinen Sprachwissenschaft. De Gruyter Studienbuch

Kang Shinhyoung. (2014). Phonetische Untersuchung von Stimmton und Klang der koreanischen Sprache. In: G.Rampel/K.Zipser/M.Kienpointner (Hg.): In Frontibus Veritas.: innsbruck university press. 237-250. Innsbruck

Kang Shinhyoung. (2015). Verstehen der Artikulationsstruktur mithilfe von Phonetik und Akustik. In: P.Anreiter/ E. Mairhofer/C. Posch(Hg.): Argumenta. : Praesens Verlag. 177-190. Wien

제2장

한국어 'ㅎ'과 'ㄹ'의 발음 교육의 내용 및 교육 방안 연구

김종덕
일본 도시샤대학교
同志社大学

외국어로서의 한국어 교육에 있어서 발음 교육은 필수불가결하다. 한국어 학습자를 위한 발음 교육의 대상은 크게 분절음의 발음과 운율적 요소에 대한 발음으로 나눌 수 있다. 그리고 분절음의 발음 교육은 다시 두 분야로 나뉘는데 첫 번째는 어두 위치에서의 자음과 단독형 모음의 발음에 대한 교육이며, 두 번째는 형태소 영역으로 확장되어 표기와 발음이 서로 다른 여러 형태에 대한 발음 교육이다.

본 논문은 한국어의 분절음 가운데 한국어 자음체계 안에서 동떨어진 위치에 있는 'ㅎ'과 'ㄹ'에 관한 논의를 담고 있다. 먼저 두 자음 글자의 음소 및 변이음의 발음에 대한 내용을 기술하고 다음으로는 'ㅎ'과 'ㄹ'이 다른 자음 혹은 모음과 이어져서 나타나는 형태의 발음 규칙에 대한 교육 내용 및 교육 방법을 기술한다. 이러한 과정을 통해 한국어의 발음 규칙에서 'ㅎ'과 'ㄹ'이 차지하는 위치를 파악하고 적절한 발음 교육 방안을 마련하는 데 도움을 주려 한다.

1. 왜 'ㅎ'과 'ㄹ'인가?

'ㅎ'과 'ㄹ'은 한국어 자음체계 안에서 독특한 위치에 있나. 평음, 격음, 경음의 대립이 있는 한국어의 무성 자음체계 안에서 'ㅎ'은 격음의 위치에 있지만 평음과 경음의 대립이 전혀 없다는 면에서 독특하다. '<ruby>ㄹ</ruby>'은 한국어 자음체계 안의 유일한 유음으로서 다른 어떤 자음과도 대립 관계를 맺지 않고 있다. 그에 더하여 'ㅎ'과 'ㄹ'은 다른 자음과 이어질 경우 제 음가를 지니지 못하고 다른 소리로 변하는 특징을 지니고 있는 한국어의 발음 규칙 체계 안의 매우 복잡하고 번거로운 존재이다. 다음은 한국어 학습자를 위한 한국어의 자음체계이다. 전문가가 아닌 일반인을 위한 것이므로 알기 쉽게 단순화하였고 전문 용어도 최소한으로만 사용했다.

<표1> 한국어 학습자를 위한 한국어 자음체계

	입술 (그룹1)	혀끝 (그룹2)			연구개 (그룹3)	일정한 자리 없음 (그룹2)
평음	ㅂ	ㄷ	ㅅ	ㅈ	ㄱ	
격음	ㅍ	ㅌ		ㅊ	ㅋ	ㅎ
경음	ㅃ	ㄸ	ㅆ	ㅉ	ㄲ	
비음	ㅁ		ㄴ		ㅇ	
유음			ㄹ			

이 자음 체계를 통해 'ㅎ'과 'ㄹ'이 체계 안에서 동떨어진 존재라는 것을 알 수 있다. 소리내는 힘과 방법으로는 평음, 격음, 경음, 비음, 유음으로 분류하였고, 소리내는 위치로는 입술, 혀끝, 연구개와 일정한 자리가 없음으로 분류하였는데 입술, 혀끝, 연구개가 어려운 학습자들을 위해서는 그룹1, 2, 3만으로 설명할 수 있다.

2. 발음 규칙이란?

발음 규칙은 한국어의 형태론에서 다루고 있는 변동 규칙과는 다르다. 변동 규칙이 '한 형태소의 음소가 그 놓이는 환경에 따라 다른 음소로 바뀌는 현상'(《국어음운학》, 허웅 지음, 정음사, 1965, 261쪽)을 기술한 것이라면, 발음 규칙은 순수하게 외국어로서의 한국어 교육에서 발음 교육을 위한 규칙으로서 표기에서부터 발음에 이르는 과정을 기술한 것이다. 그렇기 때문에 가능하면 표기에서 발음까지의 규칙을 여러 단계를 거치지 않고 일차원적으로 기술하려 하였으며 발음의 표기도 100퍼센트 한글로만 한다. 예를 들어, '꽃노래'라는 단어의 최종 형태인 [꼰노래]를 변동 규칙에서는 '꽃노래→[꼳노래](종성규칙)→[꼰노래](비음화)'라는 과정을 거쳐서 설명하지만 발음 규칙에서는 '꽃노래[꼰노래](비음화)'로만 설명을 한다. 또 발음 규칙의 기술 대상도 변동 규칙과 달라서, '솔나무→소나무, 바늘질→바느질' 등과 같은 'ㄹ탈락'이라는 변동 규칙 및 '로인→노인, 녀자→여자'와 같은 두음 법칙도 발음 규칙과는 전혀 관련이 없다. 왜냐하면 이미 규칙이 적용된 형태인 '소나무, 바느질, 노인, 여자'가 표준 표기가 되어 있기 때문이다. 그러나 '꽃이에요, 밭이에요' 등의 현실 발음이 [꼬시에요], [바시에요]로 되는 것은 발음 규칙의 대상이다. 한국어로 의사소통을 하기 위해서는 현실 발음을 듣고 이해해야 하기 때문이다. 앞으로 기술하는 발음 규칙의 정의 및 내용은 모두 김종덕의 논의(《한국어 교육을 위한 한국어 발음교육론》, 김종덕 지음, 박이정, 2017)를 참고한다.

3. 'ㅎ'과 'ㄹ'의 어두 및 초성 위치에서의 발음

'ㅎ'은 어두 위치에서 후행 모음에 따라 발음이 달라진다. 한국어 발화시 주로 나오는 'ㅎ' 발음은 '하, 후, 히'의 [h], [Φ], [ç]로 실현되지만 그 발음의 대립은 한국어 교육에서는 그리 중요하지 않기에 크게 다루지 않는다. 다만 두 유성음 사이에서는 'ㅎ' 소리가 약화되어 [ɦ]로 실현되거나 아예 소리가 없어지는 경우(전화[저놔])도 있는데, 이 발음은 현실적으로 압도적인 발음이기 때문에 발음 교육에 중점을 두어야 하지만 표준 발음은 아니라는 점에 주의해야 한다.

　'ㄹ'은 초성자리에서는 주로 탄설음(flap/tap) 혹은 그것을 심하게 떨어서 내는 전동음(trill)으로 실현된다. '나라, 우리, 라면, 레몬' 등의 'ㄹ'이 그 예이다. 어두 위치의 'ㄹ'은 외래어 단어가 많은데 그 위치의 'ㄹ'은 설측음(lateral)으로 실현되는 경우도 있으나 일반적이지는 않다. 종성 자리에서는 대부분 설측음으로 실현된다. 그리고 두 개의 'ㄹ'이 이어져서 소리가 날 때에는 종성의 설측음과 초성의 탄설음이 각각 실현되는 것이 아니라 경구개 설측음([ʎ])으로 실현된다. 예를 들어 '별로'라는 단어를 발음할 때는 먼저 설측음을 실현시키는 것처럼 혀를 경구개 자리에 대고 'ㄹ'소리를 낸 다음 안쪽으로 약간 당긴 후에 세게 밖으로 내차며 발음해야 한다고 설명하는 것이 효과가 있다.

4. ㅎ 관련 발음 규칙

'ㅎ'과 관련된 발음 규칙은 'ㅎ탈락, ㅎ탈락 후 연음화, 격음화1, 격음화2, 격음화3,

경음화3' 등이 있다. 'ㅎ탈락'과 'ㅎ탈락 후 연음화'는 'ㅎ' 뒤에 모음이 이어질 경우이고 격음화1, 2, 3과 경음화3은 'ㅎ'과 자음이 이어질 경우의 발음 규칙이다. 그런데 'ㅎ관련 발음 규칙'을 기술할 때 한 가지 예외가 필요하다. 그것은 'ㅎ'이라는 글자의 이름 '히읗'은 발음 규칙의 기술에서 제외한다는 것이다. 그 단어는 사용 빈도가 낮을 뿐 아니라 발음 역시 표준 발음법에서도 밝히고 있는 바와 같이 특별 취급을 하기 때문이다. 이제부터 기술되는 모든 'ㅎ 관련 발음 규칙'에서 '히읗'이라는 단어는 제외된다.

1) ㅎ 탈락

'ㅎ' 뒤에 모음이 이어진다는 것은 표기상으로는 'ㅎ+ㅇ'이 된다. 앞에 있는 'ㅎ'은 종성 자리로서 일반적으로는 '받침 ㅎ'이다. 뒤에 있는 'ㅇ'은 표기상 다음 음절의 초성 자리에 아무 것도 없음을 의미한다. 한국어에서 'ㅎ'이 종성 위치에 오는 것은 'ㅎ종성어간'뿐이므로 표기상 'ㅎ+ㅇ'이라는 것은 ㅎ종성어간에 모음어미나 모음접미사가 이어질 경우를 의미한다. 그럴 때는 보편적이고 절대적으로 'ㅎ'의 발음을 하지 않는다. 예를 들면 다음과 같다.

예1: ㅎ 탈락의 예
넣다: 넣어요[너어요], 넣으면[너으며]
놓다: 놓아요[노아요], 놓으면[노으면], 놓이고[노이고]
좋다: 좋아요[조아요], 좋으면[조으면]

이 규칙에 관련되어 빈도가 높은 단어들로는 '넣다, 놓다, 낳다, 하얗다, 까맣다, 빨갛다, 파랗다, 노랗다' 등이 있다.

2) ㅎ 탈락 후 연음화

'ㅎ'이 들어 있는 겹받침은 두 개가 있는데 여기에 모음이 이어지면 겹받침 내의 'ㅎ'은 탈락되고 남은 받침이 연음화되어 발음된다. 예를 들면 다음과 같다.

예2: ㅎ 탈락 후 연음화의 예
많다: 많아요[마나요], 많으면[마느면], 많이[마니]
끓다: 끓어요[끄러요], 끓으면[끄르면], 끓여서[끄려서]

이 역시 보편적 절대적 규칙이며, 이에 관련된 어휘로는 '많다, 싫다, 옳다, 않다, 뚫다, 앓다, 닳다, 끓다, 잃다, 곯다' 등이 있다.

3) 격음화1, 2, 3

격음화는 'ㅎ'과 다른 자음이 부딪혔을 때 두 개의 자음이 하나의 격음으로 발음되는 축약 현상이다. 'ㅎ'과 다른 자음과의 위치에 따라 표기상 'ㅎ'이 뒤에 있는 격음화1, 'ㅎ'이 앞에 있는 격음화2, 특별히 접미사 '-히-'와의 사이에서 벌어지는 격음화를 격음화3이라 하였다. 이제부터 앞에서 언급한 한국어 학습자를 위한 한국어 자음체계를 이용하여 격음화를 기술하겠다.

(1) 격음화1

표기상 '평음, 격음, 경음'+'ㅎ'일 때 일어나는 격음화이다. 앞에 있는 평음, 격음, 경음은 받침이기 때문에 경음의 'ㅃ, ㄸ, ㅉ'는 대상에서 제외된다. 위의 표기상의 조건이 만족되면 앞에 있는 받침이 그룹1이면 'ㅎ'과 함께 [ㅍ]으로 발음되며, 앞에 있는 받침이 그룹2라면 모두 [ㅌ]으로, 그룹3이면 모두 [ㅋ]으로 발음된다. 표를 통해 구체적으로 살펴보도록 하자.

<표2> 격음화1의 적용 과정 및 예

표기		발음	예
앞음절 종성글자	뒤음절 초성글자	축약된 발음	
1그룹 ㅂ, ㅍ, ㅃ	ㅎ	[ㅍ]	입학[이팍], 잎하고[이파고]
2그룹 ㄷ, ㅌ, ㄸ	ㅎ	[ㅌ]	맏형[마텽], 겉하고[거타고]
2그룹 ㅅ, ㅆ			옷하고[오타고]
2그룹 ㅈ, ㅊ, ㅉ			낮하고[나타고], 꽃향기[꼬턍기]
3그룹 ㄱ, ㅋ, ㄲ	ㅎ	[ㅋ]	역할[여칼], 밖하고[바카고], 부엌하고[부어카고]

위에서 예를 든 것처럼 한 단어 이외에 조사 '하고'(책하고[채카고]), 동사 '하다'(기록하다[기로카다]), 형용사 '하다'(작하다[차카다]) 등에서 사용 빈도가 높은 발음 규칙이다. 특히 사용 빈도가 높은 '못하다'라는 단어에서 격음화가 적용되는데

이렇듯 빈도가 특히 높은 단어에 대해서는 별도로 발음을 강조해야 한다.

(2) 격음화2
격음화2는 ㅎ종성어간과 관련이 깊다. ㅎ종성어간 뒤에는 반드시 어미가 붙게 마련인데 한국어의 어미 가운데 어두초성 자리에 평음이 있는 것은 'ㄷ, ㅅ, ㅈ, ㄱ'뿐이다. 결국 표기상으로 'ㅎ'+'ㄷ, ㅅ, ㅈ, ㄱ'을 의미하는데 'ㅅ'을 제외하고는 모두 'ㅎ'과 함께 축약이 되어 평음의 격음짝으로 발음된다. 'ㅎ'이 쓰이는 겹받침도 예외는 아니다. 예를 들면 다음과 같다.

예3: 격음화2의 예
넣다: 넣다가[너타가], 넣지[너치] 마세요, 넣고[너코]
좋다: 좋다[조타], 좋지[조치] 않아요, 좋고[조코]
많다: 많다[만타], 많지[만치] 않아요, 많고[만코]

　'ㅅ'은 격음화2가 적용될 수 없는데 한국어의 자음체계에 'ㅅ'의 격음짝이 없기 때문이다. 격음화1의 예인 'ㅈ+ㅎ'은 [ㅌ]으로 발음되지만, 격음화2의 'ㅎ+ㅈ'은 [ㅊ]으로 발음된다는 것을 주의해서 교육시켜야 한다.

(3) 격음화3
격음화3은 접미사 '-히-'와 관련된다. 접미사 '-히-'가 피동 및 사동으로 쓰인 단어들로는 '닫히다, 묻히다, 부딪히다, 바람맞히다' 등이 있는데, 그 단어들의 밑줄 친 부분은 각각 [다치], [무치], [디치], [마치]로 발음된다. 표기상으로는 'ㄷ, ㅈ+ㅎ'이지만 모두 [ㅊ]으로 실현된다. 이 과정을 자세히 보면 다음과 같다.

닫히다 → [다티다](격음화1 적용) → [다치다](구개음화)
부딪히다 → [부디티다](격음화1 적용) → [부디치다](구개음화)

　'ㄷ, ㅈ'이 뒤에 이어지는 'ㅎ'과 함께 [ㅌ]으로 실현되는 것은 격음화1과 똑같지만 'ㅎ'이 접미사 '-히-'의 일부이기 때문에 반드시 구개음화가 다시 실현된다는 것을 들어, 격음화3으로 구분한 것이다. 발음 규칙을 이론적으로 논의하기 위한 분류이므로 격음화3의 설정 이유를 학습자들에게 군이 설명할 필요는 없다. 다만, 접미사의 교육과정에서는 반드시 짚고 넘어가야 할 발음 규칙임에는 틀림없다.

4) 경음화3

경음화는 표기상 평음인 자음들이 발음상 모두 자신의 경음짝으로 발음되는 것을 이른다. 무성자음 뒤에서 경음화가 일어나는 것을 경음화1, 유성음 뒤에서 일어나는 것을 경음화2로 하였고, 격음의 짝이 없는 'ㅅ'이 'ㅎ' 뒤에 이어질 때 'ㅎ'은 탈락되어 발음되지 않으면서 'ㅅ'은 [ㅆ]으로 발음되는 것을 경음화3으로 분류하였다. 예를 들면 다음과 같다.

예4: 경음화3의 예
넣다: 넣습니다[너씀니다], 넣소[너쏘], 넣세[너쎄]
좋다: 좋습니다[조씀니다], 좋소[조쏘]
많다: 많습니다[만씀니다], 많소[만쏘]

'ㅎ'이 종성자리에 표기되었을 때, 즉 'ㅎ종성어간'의 'ㅎ'은 모음 어미가 이어지면 소리가 탈락되어 발음되지 않으며 자음 어미가 이어지면 격음화2 혹은 경음화3이 적용된다. 이렇듯 종성자리의 'ㅎ'은 단 한 번도 제 음가로 발음되지 않는다는 점을 학습자들에게 주지시키면 한국어의 발음을 더 효율적으로 이해하고 암기할 수 있다.

5. ㄹ 관련 발음 규칙

'ㄹ'과 관련된 발음 규칙으로는 '경음화2, 비음화2-1, 비음화2-2, 유음화1, 2, 겹비음화, ㄴ첨가 후 유음화' 등이 있는데, 'ㄹ'이 종성일 경우에는 '경음화2, 유음화1, ㄴ첨가 후 유음화'가 적용되고, 'ㄹ'이 초성일 경우에는 '비음화2-1, 비음화2-2, 유음화2, 겹비음화'가 적용된다.

1) 경음화2

경음화는 초성 위치의 평음이 앞 소리의 영향을 받아 자기 짝의 경음으로 발음되는 현상이다. 앞 소리의 종류에 따라 경음화1, 경음화2로 나뉘는데, 경음화1은 표기상 초성 평음의 앞에 평음, 격음(-ㅎ)('ㅎ'을 제외한 격음), 경음 받침이 오면 받침은 그룹별로 불파음ㅂ([p˺]), 불파음ㄷ([t˺]), 불파음ㄱ([k˺])이 되며 뒤 음절 초성 자리의 평음들은 모두 경음으로 발음되는 발음 규칙이다. 예를 들면, '앞집[압찝], 꽃가게[꼳까게], 국수[국쑤]' 등이 있다.

ㄹ과 관련된 경음화는 경음화2인데, 표기상 앞 음절의 종성 위치에 비음이나 유음이 있을 경우, 혹은 받침이 없어서 두 모음 사이에 초성 평음이 끼었을 경우 일어나는 경음화이다. 경음화2의 예로는 '다음달[다음딸], 산불[산뿔], 강가[강까], 물고기[물꼬기], 사건[사껀]' 등을 들 수 있다. ㄹ과 관련된 경음화2의 예를 더 들어보면 '발바닥[발빠닥], 갈등[갈뜽], 출신[출씬], 발전[발쩐], 물기[물끼]' 등을 들 수 있는데 각각 ㄹ 뒤에서 평음 'ㅂ, ㄷ, ㅅ, ㅈ, ㄱ'이 자기의 경음짝으로 발음되는 것을 볼 수 있다.

경음화2는 '-을지, -을수록, -을 수 있다/없다, -을 줄 알다/모르다' 등의 문법 형태소들과 깊은 관련이 있는데 모두 사전에서는 발음을 확인할 수 없는 형태들이므로 관련 교육과정에서 발음도 반드시 함께 교육해야 한다.

2) 유음화1, 2

사전적인 의미에서 유음화는 유음이 아닌 것이 유음이 된다는 뜻이지만 한국어 발음 규칙에서는 표기상 'ㄴ'과 'ㄹ'이 이어지면서 'ㄴ'이 [ㄹ]로 발음 되는 것을 의미한다.

유음화1은 순행적 유음화로 표기상 'ㄹ+ㄴ'이 될 때 뒤에 있는 'ㄴ'이 앞에 있는 'ㄹ'의 영향으로 [ㄹ]로 발음되는 현상이다. '달나라[달라라], 설날[설랄], 실내[실래], 풀 냄새[풀램새], 일 년[일련]' 등이 있는데, 표기상의 조건만 충족되면 모든 경우에 반드시 적용되는 보편·절대적 규칙이다.

유음화2는 역행적 유음화로 표기상 'ㄴ+ㄹ'이 될 때, 앞에 있는 'ㄴ'이 뒤에 있는 'ㄹ'의 영향으로 [ㄹ]로 발음되는 현상이다. 앞에 있는 'ㄴ'이 아직 나오지도 않은 'ㄹ'의 영향을 받는다는 점에서 역행적 유음화라 부른다. 유음화2의 예를 들면, '진리[질리], 신라[실라], 연락[열락], 편리[펼리]' 등이 있다.

유음화2는 절대적인 규칙이지만 보편적이지는 않다. '생산량[생산냥], 신촌로[신촌노], 생선류[생선뉴]' 등과 같이 표기상 'ㄴ+ㄹ'을 충족하였지만 'ㄹ'이 [ㄴ]으로 발음되는 예외적인 단어들이 있기 때문이다. 이는 비음화2-2에서 다시 기술하겠다.

3) 비음화2-1, 2-2

비음화1은 비음 'ㅁ, ㄴ' 앞에서 표기상 평음, 격음, 경음이 모두 자기 그룹의 비음으로 발음되는 현상이다. 본고와는 관련이 없으므로 깊이 다루지는 않는다.

비음화2는 초성자리의 'ㄹ'이 같은 그룹의 비음인 [ㄴ]으로 발음되는 현상이다. 'ㄹ' 앞에 오는 종성자리의 비음 종류에 따라 보편적으로 적용되는 규칙을 비음화2-1, 제한적으로 적용되는 규칙을 비음화2-2로 하였다. 비음화2-1은 비음 'ㅁ, ㅇ' 뒤 초성 자리의 'ㄹ'이 [ㄴ]으로 발음되는 규칙이다. 예를 들면, '심리[심니], 삼류[삼

뉴], 생략[생냑], 정리[정니]' 등을 들 수 있다. 비음화2-2는 비음 'ㄴ' 뒤 'ㄹ'의 비음
화이다. 유음화2의 예외적인 현상으로 기술한 바 있는데 여기서는 조금 더 많은 예
를 들어 기술하겠다. 일단 비음화2-2의 예는 다음과 같다.

-란(欄): 구인란[구인난], 통신란[통신난]

-량(量): 생산량[생산냥], 발전량[발쩐냥]

-력(力): 판단력[판단녁], 결단력[결딴녁], 공권력[공꿘녁]

-령(令): 동원령(動員令)[동원녕]

-례(禮): 상견례(相見禮)[상견녜]

-로(路): 신촌로[신촌노], 강변로[강변노], 등산로[등산노]

-록(錄): 견문록[견문녹], 발언록[바런녹]

-론(論): 낙관론[낙꽌논], 다신론[다신논], 비관론[비관논]

-료(料): 우편료[우편뇨], 입원료[이뷘뇨]

-류(類): 생선류[생선뉴], 구근류[구근뉴]

-리(里): 하안리[하안니], 일산리[일산니]

　　위의 예들은 모두 2음절어 명사와 1음절 한자어로 구성되어 있다. 아직 확언할
수는 없지만 만약 ㄴ받침으로 끝나는 2음절어 명사와 ㄹ로 시작하는 1음절 한자어
가 이어진 단어라는 조건이 붙어서 발음 규칙이 보편적으로 적용된다면, 학습자들
이 단어마다 발음을 외워야 하는 부담을 줄일 수 있으므로, 한국어 교육에는 큰 도
움이 될 수 있다.

4) 겹비음화

역시 비음화의 일종으로서 두
개의 이어진 자음이 모두 자기
그룹의 비음으로 발음되기 때
문에 겹비음화라 이름 붙었다.
구체적으로는 표기상 평음, 격
음, 경음 받침과 초성 'ㄹ'이 이
어질 때 양쪽의 자음이 모두 비
음으로 발음되는 현상이다. 그
과정은 <표3>과 같다.

<표3> 겹비음화의 적용 과정 및 예

		앞음절 종성글자		뒤음절 초성글자
표기	1그룹	2그룹	3그룹	
	ㅂ, ㅍ, ㅃ	ㄷ, ㅌ, ㄸ, ㅅ, ㅆ, ㅈ, ㅊ, ㅉ	ㄱ, ㅋ, ㄲ	ㄹ
	↓	↓	↓	↓
발음	[ㅁ]	[ㄴ]	[ㅇ]	[ㄴ]
예	한리[한니]	핫라인[한니인]	식량[싱냥]	
	섭리[섬니]	곳리도[곤니도]	극락[긍낙]	
	법률[범뉼]	통꽃류[통꼰뉴]	맥락[맹낙]	
	십 리[심니]	갈래꽃류[갈래꼰뉴]	책략[챙냑]	
	급락[금낙]		국력[궁녁]	
	협력[혐녁]		박력[방녁]	

위 표의 예에서 보듯이 대부분 한자어에서 실현되는 발음 규칙이다. 2그룹의 자음들과 관련되는 단어들은 극히 적은데 한국어의 한자음에는 2그룹의 자음들이 받침으로 쓰이지 않기 때문이다. 그러므로 '핫라인, 곳리도, 통꽃류, 갈래꽃류'와 같은 예들을 찾을 수밖에 없었는데 '핫라인[한나인]'을 제외하고는 일상 생활에서의 사용 빈도는 극히 낮다.

5) ㄴ 첨가 후 유음화

ㄴ 첨가라는 발음 규칙은 매우 복잡하기 때문에 여기서 그 조건이나 예를 모두 열거할 수는 없다. 여기서는 'ㄹ' 받침 뒤 [ㄴ]이 첨가된 후에 그 첨가된 [ㄴ]이 [ㄹ]로 발음되는 것만을 기술하기로 한다.

'ㄴ 첨가 후 유음화'의 예로는 '서울역[서울력], 별일[별릴], 물약[물략], 알약[알략], 외출용[외출룡], 휘발유[휘발류], 할 일[할릴], 할 얘기[할래기], 서울 여행[서울려행], 친구를 만날 약속[만날략쏙]' 등과 같은 것들이다. 모두 단어나 구의 표기에는 전혀 없는 [ㄴ]이 첨가되고 다시 그 [ㄴ]에 유음화가 적용되기 때문에 'ㄴ 첨가 후 유음화'라 이름지은 것이다. 혹자는 그냥 'ㄹ' 첨가라고 하는 편이 더 간단하다고 할 수 있으나 '일본 여행[일본녀행], 점심 약속[점심냑쏙], 동경역[동경녁]' 등과 같이 단순히 [ㄴ]이 첨가된 예도 있고, '색연필[생년필], 유럽 여행[유럼녀행], 꽃잎[꼰닙]' 등과 같이 [ㄴ]이 첨가된 후에 비음화가 일어나는 예들도 같이 있기 때문에 전체적으로는 [ㄴ]이 첨가되는 과정을 먼저 설명한 후에 다시 그 [ㄴ]에 의해 발음 규칙이 적용된다고 설명하는 편이 더 이해가 쉽다.

'ㄴ 첨가 후 유음화'는 특히 관형사형 전성어미 '-(으)ㄹ' 뒤에 이계모음(이, 야, 여, 요, 유, 예, 얘)으로 시작되는 머리명사(head noun)가 나오면 반드시 일어나는 현상으로 사용 빈도가 높은 중요한 규칙이다. 또한 사전에서는 절대로 그 예들의 발음을 확인할 수 없는 규칙이므로 학습자들에게 반드시 설명해야 한다.

'ㄹ' 관련 발음 규칙의 중요한 특징으로는 표기상 'ㄹ+ㄹ'의 경우를 제외하고는 'ㄹ'이 초성자리에 있든 종성자리에 있든, 어느 한쪽 혹은 양쪽 모두 표기와 발음이 달라진다는 것이다. 경음화2를 제외하고는 어느 정도 발음 규칙을 이용하여 학습자들에게 설명이 가능하므로 단어 하나하나 발음을 외우라고 하는 교육 방안은 지양되어야 할 것이다.

6. 결론

한국어는 형태소별 띄어쓰기 원칙에 따라 표기를 하는 언어로 실제 표기와 발음 사이에 차이가 있으며, 그 차이는 대부분 일정한 규칙에 따라 발생한다. 한 단어 내에서만 그러한 표기와 발음이 달라지는 현상이 생긴다면 사전을 이용해서 발음을 하나하나 확인하면서 발음 공부를 할 수도 있겠으나 현실은 그렇지 않다. 사전에 실려있지 않지만 실생활에서 자주 사용되는 단어들도 많으며, 단어 차원이 아닌 구 차원에서 표기와 발음이 달라지는 것은 사전으로는 절대로 발음을 알아낼 수 없다. 또 단어가 아닌 구의 발음을 하나하나 제시한다는 것은 무한에 가까운 것이므로 불가능하다. 그렇기 때문에 학습자들에게 적절한 발음 규칙을 제시해야만 하는 것이다.

서두에서 밝힌 바와 같이 한국어의 자음체계에서 'ㅎ'과 'ㄹ'은 매우 번거롭고 다루기 귀찮은 존재이다. 이미 기술한 바와 같이 발음 규칙에서도 그리 단순하지 않은 많은 규칙들에 관여하고 있기 때문에 더더군다나 학습자들은 'ㅎ'과 'ㄹ'이 들어간 단어 혹은 구의 정확한 발음을 익히기가 쉽지 않다. 먼저 교사가 발음 규칙에 대해 정확하고 체계적으로 이해해야 하며 동시에 적절한 예도 금방 제시할 수 있어야 한다. 이후, 교육과정에서는 어느 부분에서 어떤 발음 규칙을 교육할 것인가에 대한 내용을 숙지한 후 적절한 발음 교육이 이루어져야 할 것이다.

참고문헌

김종덕. (2017). **한국어 교육을 위한 한국어 발음교육론**. 박이정.

허웅. (1965). **국어음운학**. 정음사.

제3장

한국어 명사의 라트비아어로의 올바른 전사에 대한 제언

- 한국어와 라트비아어의 음성학적인 특징을 바탕으로

김훈태 · 일제 스케스테레(Ildze Skestere)
라트비아 라트비아대학교
Latvijas Universitāte

1. 들어가는 말

본 발표문이 다루고자 하는 주제는 한국어 명사를 라트비아어로 전사하는 데에 드러나는 문제 등을 살펴보고 그 올바른 방향을 제시하는 것이다. 라트비아대학에서 한국학 프로그램이 시작된 이후 지난 6-7년 동안에 이 주제는 특히 중요해진 부분 중의 하나이다.

어떤 언어의 명사, 특히 고유명사를 라트비아어로 번역하는 경우는 언어학자와 일반 대중들 사이에서 논란이 되고 있을 뿐만 아니라 매우 복잡한 일이다. 그리고 라트비아에서 한국어와 같이 새로운 언어의 고유명사를 라트비아어로 제대로 번역하는 것은 다른 언어보다 훨씬 더 복잡한 일이기도 하다. 라트비아 법에 따르면, 기본적으로 외국어의 고유명사를 라트비아어로 전사할 때에는 가능한 원래 발음에 가까워야 한다.

각각 다른 언어 계열과 뿌리를 가진 한국어와 라트비아어는, 특히 소리에 관해서는 여러 가지 면에서 차이가 크다. 그러나 그 차이를 메워줄 수 있는 공통의 특징들이 있으며 나머지는 결국 자연스럽게 실현될 것이다. 외국어를 자국어로 전사를 하는 경우 모든 소리가 항상 정확한 등가를 가지는 것은 아니기 때문에 약간의 용인은 필요하며 한국어를 라트비아어로 전사하는 경우에도 예외는 아닐 것이다.

본 발표문에서는 두 언어가 가진 소리를 구체적으로 비교하고, 그것을 근거로 이루어지는 전사의 예들을 구체적으로 제시하면서 지금까지 번역 과정에서 발생하는 오류와 그것이 한국어를 공부하는 사람들은 물론이고 한국에 대한 정보를 학습하거나 취득하는 과정에 어떠한 영향을 미칠 수 있는지에 대해서도 살펴볼 것이다.

2. 한국어와 라트비아어의 음성학적인 특징 비교

소리는 일반적으로 모음과 자음의 두 범주로 구분되는데 각각의 언어에 따라 약간의 변형을 가지고 있다. 예를 들어, 라트비아어는 모음, 자음, 그리고 이중모음이 있는데, 이 모음은 별개의 두 소리로 이루어져서 새로운 소리를 낸다. 한국어도 같은 범주를 가지고 있지만, 그 하위 범주는 다르다. 이 차이가 각각의 언어를 음성학적으로 매우 독특하게 만드는 것이다.

Aa	Āā	Bb	Cc	Čč	Dd	Dzdz	Dždž	Ee	Ēē	Ff	Gg
ā		bē	cē	čē	dē	dzē	džē	ē		ef	gē
[a]	[a:]	[b]	[ts]	[tʃ]	[d]	[dz]	[dʒ]	[ɛ, e]	[ɛ:,e:]	[f]	[g]

Ģģ	Hh	Ii	Īī	Jj	Ķķ	Ķķ	Ll	Ļļ	Mm	Nn	Ņņ
mikstais gā	hā	ī		jot	kā	mikstais kā	el	mikstais el	em	en	mikstais en
[ɟ]	[x]	[i]	[i:]	[j]	[k]	[c]	[l]	[ʎ]	[m]	[n]	[ɲ]

Oo	Pp	Rr	Ss	Šš	Tt	Uu	Ūū	Vv	Zz	Žž
o	pē	er	es	eš	tē	ū		vē	zē	žē
[uo]	[p]	[r]	[s]	[ʃ]	[t]	[u]	[u:]	[v]	[z]	[ʒ]

<그림1> 라트비아어의 알파벳

(1) 기본 자모(24자) = 자음(14자) + 모음(10자)

자음	글자	ㄱ	ㄴ	ㄷ	ㄹ	ㅁ	ㅂ	ㅅ	ㅇ	ㅈ	ㅊ	ㅋ	ㅌ	ㅍ	ㅎ
	이름	**기역**	니은	**디귿**	리을	미음	비읍	**시옷**	이응	지읒	치읓	키읔	티읕	피읖	히읗
모음	글자	ㅏ	ㅑ	ㅓ	ㅕ	ㅗ	ㅛ	ㅜ	ㅠ	ㅡ	ㅣ				
	이름	아	야	어	여	오	요	우	유	으	이				

<그림2> 한국어의 알파벳

이미지 1과 2를 보면 두 언어에는 다른 언어에는 존재하지 않는 모음과 자음이

모두 있음을 알 수 있다. 이것은 다음 장에서 구체적으로 논의될 것이다.

1) 모음

모음은 입안에서 방해물 없이 공기의 흐름에 의해 발생되는 소리이다. 모음은 소리를 만들어내는 동안 혓바닥의 수직 및 수평 위치에 따라 설명할 수 있다. 아래의 그림에서 라트비아어의 12개의 모음 소리는 이 원리에 따라 배치된다.

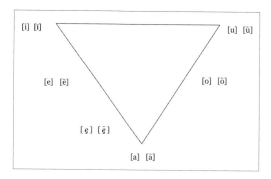

<그림3> 혀의 위치에 따른 라트비아어의 모음

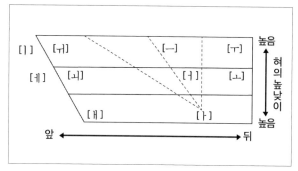

<그림4> 혀의 위치에 따른 한국어의 모음

두 언어가 가진 공통된 모음은 ' a/ㅏ, i/ㅣ, u/ㅜ, e/ㅔ, e/ㅐ' 이다. 이들 소리는 양 언어에서 분명하기 때문에 전사하는 것은 어렵지 않은 편이다.

한국어 'ㅗ'는 라트비아어 'o'와 일치하지만, 라트비아어의 다른 'o' 소리와 비슷한 'ㅓ'는 위의 이미지에서 약간 다른 위치에 존재한다. 전사의 목적상 같은 글자 'o'를 사용할 수 있다. 흥미로운 예가 'ㅡ' 소리인데, 이 소리는 라트비아어 음성에서는 나타나지 않지만, 라트비아 한국어 학습자들에게 종종 러시아어 소리 'ы'과 비슷하다고 소개된다. 이 소리의 전사는 라트비아 학자들 사이에 계속해서 의견이 엇갈리는 논의 중의 하나이다. 일부 학자는 'i'를, 다른 학자는 'u'를 라트비아어에 대응하는 글자로 제안하고 있다. 이는 번역 커뮤니티에 미친 러시아어 영향에서 비롯된 것이라고 할 수 있다.

라트비아어는 장음을 위한 별도의 글자들을 가지고 있다. 이것들은 한국어에서 역시 소리의 연장이 일어나는 전사에 사용될 수 있다.

<표1> 한국어와 라트비아어 단모음의 대응

아	어	오	우	으	이	애	에
a	o	o	u/ū	u	i/ī	e/ē	e

위 <표1>에서는 한국어와 라트비아어 간의 단모음의 대응 상황을 보여주고 있다. 특히 한국어의 '우', '이', '애'는 라트비아어에서는 각각 'u/ū', 'i/ī', 'e/ē'로 두 가지 음으로 전사가 가능하다는 것을 알 수 있다.

2) 이중모음

라트비아어의 이중모음은 'ai, au, ei, ui, iu, o[uo], oi, eu, ou'이다. 이것들은 한 단어에서 같은 음절에 속하면 하나의 소리로 발음된다. 그러나 별도의 음절에 있으면 별도의 소리로 발음된다. 이중모음 'o'는 특히 흥미로운 경우인데, 이는 두 개의 소리 [uo]로 발음되는 단일 문자일 뿐만 아니라, 두 개의 모음도 정확히 같은 방식으로 쓰이기도 한다. 그것은 사용되는 단어에 따라 다르게 발음되는 두 개의 모음이 있기 때문이다.

한국어에서 이중모음을 분류하는 방법 중 하나는 기본모음에 추가되는 소리에 따라 분류하는 것이다. 첫 번째 것은 라트비아어로 옮겨질 수 있는 소리를 'j'로, 다른 것은 'v'로 더한다.

<표2> 한국어와 라트비아어 이중모음의 대응1

야	여	요	유	애	예
ja	jo	jo	ju	je	je

위 <표2>에서는 첫 번째 그룹에 해당되는 것으로 한국어에 대응되는 라트비아어의 이중모음을 정리한 것이다. 구성의 기본공식은 '모음 + 모음 ㅣ'이다.

<표3> 한국어와 라트비아어 이중모음의 대응2

와	왜	외	워	웨	위	의
va	ve/vē	ve	vo	ve	vi/vī	ui/i/e

위 <표3>은 두 번째 그룹에 해당하는 것으로 구성의 기본공식은 '모음 + 모음 ㅗ, ㅜ, ㅡ'이다. 이러한 이중모음들을 라트비아어로 어떻게 적절히 표시해야 하는지를 둘러싸고 논쟁이 계속되어 왔다. 이것에 대한 합의는 아직 이루어지지 않은 상태이며, 또한 양쪽 언어의 이중모음에서 서로 다른 것이 존재하는 것도 명백하다. 다만, 'ui와 ㅢ'를 예외로 할 수 있지만 이들 역시 비슷하다.

3) 자음

자음은 공기의 흐름이 방해를 받을 때 발생하는 소리들이다. 자음을 분류하는 전형적인 음성학적인 방법은 위치와 발음의 방식에 따른다. 보통 아래의 표로 정리된다.

<표4> 라트비아어 자음의 음성학적 도표

조음 위치 조음 방법	양순음 (입술소리)	순치음 (혀끝소리)	치조음 (잇몸소리)	경구개음 (센입천장 소리)	연구개음 (여린입천장 소리)	성문음 (목청소리)
파열음	p b		t d		ķ [c] ġ [ɟ]	k g
파찰음			c [ts] dz [dz]	č [tʃ] dž [dʒ]		
비음	m		n [n]	ņ [ɲ]		n [ŋ]
마찰음		f v	s z	š [ʃ] ž [ʒ]	j	h
전동음				r		
설측음				l ļ [ʎ]		

위 <표4>는 라트비아어 자음의 음성학적 체계를 조음위치와 조음방법에 따라 제시한 것이다. 한국어와는 달리 순치음에 해당되는 'f', 'v'음이 있음을 볼 수 있다.

<표5> 한국어 자음의 음성학적 도표

조음 위치 조음 방법	양순음 (입술소리)	치조음 (잇몸소리)	경구개음 (센입천장소리)	연구개음 (여린입천장 소리)	성문음 (목청소리)
파열음	ㅂ [p] ㅃ [p̚] ㅍ [pʰ]	ㄷ [t] ㄸ [t̚] ㅌ [tʰ]		ㄱ [k] ㄲ [k̚] ㅋ [kʰ]	
파찰음			ㅈ [tɕ] ㅉ [tɕ] ㅊ [tɕʰ]		
마찰음		ㅅ [s] ㅆ [s̚]			ㅎ[h]
비음	ㅁ [m]	ㄴ [n]		ㅇ [ŋ]	
유음		ㄹ[r]			

위 <표5>는 한국어 자음의 음성학적 체계를 조음위치와 조음방식에 따라 제시한 것이다. <표4>와 <표5>는 모두 그동안 수집된 자료를 토대로 작성된 것으로 연구와 논문을 쓸 때 이용할 수 있는 언어 자원이다. 물론 목적에 따라 일부 다른 변형을 제시할 수 있을 것이다.

위의 표를 자세히 살펴보면, 겹치는 범주가 많아 소리가 중복된다는 것을 알 수 있다. 예를 들어, 한국어에서의 격음과 경음(ㅋ, ㄲ)과 라트비아어에서의 연자음(ķ, ģ)과 같이 일부 독특한 소리들이 존재함에도 불구하고 파열음, 파찰음, 마찰음 그리고 연음들은 두 언어에서 대응된다.

라트비아어에서 독특한 소리들은 'dz'과 'dž'이다. 이것들은 하나의 음가를 가진 것이지만 두 글자로 표기된다. 이것은 부분적으로 한국어의 'ㅈ'과 'ㅉ'에 대응하지만 정확한 등가인 것은 아니다. 라트비아어에서도 마찰음 'f, v, j'이 존재한다. 이 중에서 'j' 소리는 한국어에서 단지 이중모음의 일부로 나타나는 반면에 'f, v'는 다른 소리로 대체된다.

한국어에서 매우 독특한 소리로 간주되는 것은 'ㄹ'인데, 이것은 라트비아 사람들이 발음하기에 매우 어려운 글자이다. 그것은 라트비아 사람들이 'l, ļ, r'의 소리들을 매우 다르게 여기기 때문이다. 이것은 앞서 언급한 한국어의 소리와는 다른 위치에 존재한다. 또한 한국어 자음들은 단어에서 사용되는 위치에 따라 다르게 발음된다는 점도 유념해야 한다.

<표6> 한국어 초성의 라트비아어로의 전사

ㄱ	ㄴ	ㄷ	ㄹ	ㅁ	ㅂ	ㅅ	ㅇ	ㅈ	ㅊ	ㅋ	ㅌ	ㅍ	ㅎ
k	n	t	l/r	m	p	s/š	-	č/dž	č	k	t	p	h

위 <표6>은 한국어 초성을 라트비아어로 전사할 때 대응하는 표기를 구체적으로 보여준다. 'ㄹ', 'ㅅ', 'ㅈ'이 라트비아어로 표기된 것을 보고 라트비아 모어 화자가 발음하였을 때 한국어 화자의 인지도는 사람에 따라서 다를 수 있겠지만, 격음인 'ㅋ', 'ㅌ', 'ㅊ', 'ㅍ' 이 라트비아어로 표기되었을 경우에는 라트비아 모어 화자의 발음을 한국어 화자가 격음으로 이해하는 것은 힘들 것이다.

<표7> 한국어 종성의 라트비아어로의 전사

ㄱ	ㄴ	ㄷ	ㄹ	ㅁ	ㅂ	ㅅ	ㅇ	ㅈ	ㅊ	ㅋ	ㅌ	ㅍ	ㅎ
g	n	d	r	m	b	s/š	-	dž	č	k	t	p	h/-

위 <표7>은 한국어 종성이 실제로 7가지의 음으로 발음되는 '칠종성'법이 적용된다는 것을 고려하지 않고 단순한 표기상의 대응을 보여주는 것이다. 'ㄹ'과 'ㅈ'이 초성과는 달리 종성 위치에서는 한 가지 음으로만 표기할 수 있다는 것을 보여주고 있다.

위 <표8>은 한국어의 경음이 라트비아어로 표기되는 상황을 보여준다. 현재의 라트비아어 표기체계에서는 한국어 경음을 그 음가에 근접하게 표기하는 것이 어렵다는 것을 알 수 있다. 한국어의 중요한 음성자질인 평음, 경음, 격음을 그 자질에 맞게 구분하여 라트비아어로 표기하는 것은 사실상 불가능하다.

위 <표9>는 한국어 종성에 적용되는 '칠종성'법에 따라 실제로 발음되는 음가에 해당되는 라트비아어의 음성표기를 보여준다. 초성과는 달리 한국어의 종성을 라트비아어로 전사하는 데에는 아무런 문제가 없음을 볼 수 있다.

<표8> 이중자음(경음)의 라트비아어로의 전사

ㄲ	ㄸ	ㅃ	ㅆ	ㅉ
k	t	p	s	dž

<표9> 한국어 종성의 라트비아어로의 전사

한국어 종성의 표기	한국어 종성의 발음	라트비아어로 전사
ㄱ, ㅋ, ㄲ	ㄱ	k
ㄴ	ㄴ	n
ㄷ, ㅌ, ㅅ, ㅆ, ㅈ, ㅊ, ㅎ	ㄷ	t
ㄹ	ㄹ	l
ㅂ, ㅍ	ㅂ	p
ㅇ	ㅇ	ng/n
ㅁ	ㅁ	m

3. 한국어 명사가 라트비아어로 전사된 구체적인 예들

이 장에서는 라트비아어로 옮겨지는 한국어 명사의 실제 예들을 제시할 것이다. 한국어를 라트비아어로 표기하는 구체적인 사례에 관해서는, 아직 출판물이 많지 않기 때문에 기존의 작품에서 찾을 수 있는 예는 많지 않다. 그러나 번역하기 힘든 문화와 관련된 몇 가지 단어의 예는 라트비아 대학에서 출간된《라트비아인을 위한 한국어》교재나 라트비아에서 한국과 관련된 인터넷 기사나 블로그에서 찾을 수 있다.

이러한 예들은 보통 한 문화에서 중요한 부분을 차지하는 전통적인 사물이나 음식 등과 관련이 되어 있다. 한국어를 라트비아어로 번역하는 데에 또 다른 중요한 부분은 장소의 이름이다. 대도시를 비롯해 대부분의 중요한 지명들은 이미 오래 전에 번역되었는데 현대적 번역체계와 맞지 않는 문제가 있다.

<표10> 한국문화 관련 이름과 도시명 전사의 예들

한국어	전사	한국어	전사
김치	Kimči	서울	Seula
추석	Čusoks (Čusoka svētki)	부산	Busana
비빔밥	bibimbaps/pibimbaps	인천	Inčhona
삼겹살	samgjopsals	평양	Phenjana
한복	hanboks		

위 <표10>에서는 한국 문화 중에서 대표적인 몇 가지 이름과 한국과 북한의 대표적인 도시명의 전사를 구체적으로 보여준다. 원래의 발음에서 가장 동떨어진 것은 분명히 수도인 서울과 평양이지만, 선례를 따르는 역사적인 예들 때문에 라트비아어로 번역되는 방법에 어떠한 변화가 있을 것 같지는 않다.

라트비아어로 번역하는 데에 있어서 특히 어려운 부분은 고유명사이다. 'Atveide'(rendition)는 주로 라트비아어에서 사용하는 번역 방법의 일종으로, 고유명사를 본래의 발음에 따라서 라트비아 문자로 표기하고 라트비아어 문장에서 활용될 수 있도록 적절한 라트비아어의 명사 어미를 추가하는 것이다.

예를 들어, 한국 이름 '박지민'의 번역과 이에 대한 추가적인 활용이 이름이 속한 사람의 성별에 따라 달라지는 식이다. 그것이 남성 이름인 경우에는 라트비아인에게 'Paks Džimins'로 번역하지만, 여성 이름일 경우에는 'Paka Džimina'가 된다. 명사 어미에는 남성(s, š, is, us)으로 간주되는 4가지 유형이 있고 여성(a, e, s)으로 간주되는 명사 어미의 유형도 3가지가 있다. 이러한 명사 어미들은 라트비아어 문법 체계의 중요한 부분으로, 경우에 따라 명사들을 활용시키고 문장에 적합하도록 한다.

다음에 소개될 예들은 모두 매일 뉴스를 보도하는 라트비아 인터넷 미디어 사이트 <Diena>와 <TVNET>에서 찾은 것이다. 첫째, 현재 가장 널리 보도되고 있는 한국인의 이름은 문재인 대통령이다.

I. 음성학 및 음운론적 접근

<표11> 한국어 이름 전사의 기존 유형과 필자의 제시 유형

날짜	뉴스 사이트	전사	한글	제안된 전사
14.12.2018.	Diena	Muns Džēins		
25.02.2018.	Diena	Muns Džē Ins		
25.02.2018.	Diena	Muns Jēins	문재인	Muns Džēins
12.02.2018.	Diena	Mūns Džēins		
26.12.2018.	TVNET	Muns Džēins		

위 <표11>를 통해서 '문재인'이라는 고유명사가 미디어에서 널리 사용되고 있음에도 불구하고 여전히 실수가 존재한다는 것을 알 수 있다. 특히 'Muns Jēins'는 원래의 발음을 제대로 반영하지 못하고 있으므로 잘못 표현된 것이다.

<표12> 한국어 이름 전사의 기존 유형과 필자의 제시 유형

날짜	뉴스 사이트	전사	한글	제안된 전사
12.05.2018.	Diena	Kana Kjunhva		
10.10.2018.	Diena	Kana Kjunha		
11.10.2018.	Diena	Kana Kjonvha	강경화	Kanga Kjonghva
14.02.2018.	TVNET	Kjunva Kanga		
10.10.2018.	TVNET	Kana Genhva		
8.11.2018.	TVNET	Kana Kjunvha		

위 <표12>에서 제시된 예는 한국의 전 외무부 장관 이름인 강경화로, 특히 언론이 대중이 이해할 수 있도록 하는 데에 어려움을 겪고 있는 것을 볼 수 있다. 이것은 라트비아인들에게 더 혼란스러운 소리를 포함하고 있으며, '강경회'리는 단이의 엉어 표기가 도움이 되지 않기 때문에 그럴 가능성이 높다.

<표13> 한국어 이름 전사의 기존 유형과 필자의 제시 유형

날짜	뉴스 사이트	전사	한글	제안된 전사
9.03.2018.	Diena	Dujons Kims	김두연	Kima Dujona

위 <표13>은 비록 자주 일어나는 사례는 아니지만 사람의 성별에 따른 실수를 라트비아의 매체에서 찾은 것이다. 김두연은 정치학 분야의 연구원인데 라트비아 미디어 사이트에서 그녀의 논문을 하나 소개하면서 'Dujona Kima'을 'Dujons Kims'로 잘못 쓴 것이다. 그녀를 남자라고 생각하고 남자에 붙을 명사 어미를 사용한 것이다.

다음의 예는 북한 이름에 관한 것이다. 라트비아는 지난 세기 동안 소련의 일부였으며, 소련의 우방국이었던 북한에 대한 정보는 소련을 통해서, 소련 해체 후에는 러시아를 통해서 수용하는 경우가 대부분이었다. 그렇기 때문에 많은 북한 이름들이 남한과 다르게 번역되었다.

<표14> 한국어 이름 전사의 기존 유형과 필자의 제시 유형

날짜	뉴스 사이트	전사	한글	제안된 전사
12.01.2018.	Diena	Kims Irsens	김일성	Kims Ilsongs
2.05.2018.	TVNET	Kims Irsens		
13.04.2019.	Diena	Kims Čenirs	김정일	Kims Džongils
27.04.2018.	Diena	Kims Čen Irs		
2.05.2018.	TVNET	Kims Čenirs		
18.04.2019.	Diena	Kims Čen Uns / Kims Čenuns	김정은	Kims Džonguns
18.04.2019.	TVNET	Kims Čenuns		

위 <표14>에서는 모든 북한 지도자의 이름이 러시아어에서 번역된 것을 다시 차용해 온 것임을 알 수 있으며, 항상 같은 방식으로 표기되어 왔음을 보여준다. 반면에 한국어 이름들은 그것이 가진 본래 발음을 반영하지 못하고 있으며 그것들이 영

I. 음성학 및 음운론적 접근

어에서 사용되는 것과는 완전히 다르다. 최근 언론의 주목을 받고 있는 북한 사람의 이름들은 영문 전사에서 비롯된 것이지만, 여전히 모순되는 부분이 있어서 그 기사가 어떤 인물에 대해 말하고 있는지 정확히 이해하기 힘든 상황이다. 이것이 바로 정확한 한국어의 전사와 번역이 중요한 이유 중 하나이며 나아가 교육 및 정부 차원에서 이에 대한 체계적인 대응이 필요한 까닭이기도 하다.

4. 나오는 말 - 잘못된 전사가 학생 및 연구자에게 미치는 영향

다른 언어를 사용하는 나라의 명사나 고유명사를 잘못 번역하는 일은 그 나라의 문화에 대한 무지를 드러내며, 오해를 불러일으키고, 심지어 인권을 침해할 수도 있다. 현재 한국어의 명사나 고유명사를 라트비아어로 표기할 때 나타나는 오류 문제는 일반 대중만이 아니라 상대적으로 한국에 대한 관심이 높은 편인 한국어를 번역하고 공부하는 사람들에게까지 영향을 미치고 있다. 이는 한국어 교실에서 분명히 확인할 수 있는 상황이다.

가령 한국어 이름이 본래 발음과 차이가 많이 난 채로 수용되고 있기 때문에 아직 한국어에 익숙하지 않은 학생들은 뉴스나 교재에 등장하는 인물이 누구인지 알지 못하는 경우가 많다. 만약 학생들이 라트비아어로 표기된 이름만을 보고서 그 발음을 익히게 되면 한국어로 정확하게 발음하는 데 문제가 생길 수 있다. 또 졸업논문을 쓸 때 학생들이 한국어 발음에 대한 통일된 체계가 없고, 아직 번역이 교과과정의 일부가 아니기 때문에 올바른 번역 기술을 익히고 사용하는 데 어려움을 겪는 문제도 있다. 이 문제를 해결한다면 한국어 학습의 질을 높이고 현재 라트비아에서 필요한 추가적인 연구 수행 능력이 나아질 것이다.

이 문제의 해결은 언어교육과 번역 분야의 동시적인 참여로 가능할 것이다. 보편적으로 사용할 수 있는 전사를 도입하려는 시도가 있었지만 아직까지 좋은 결과를 얻지 못했다. 그래도 긍정적인 소식은 라트비아대학 학생들에게 가르칠 올바른 표기법의 도입을 추진하고 있다는 점이다. 이후 일반 대중에게까지 확산되기를 희망한다.

참고문헌

Choo, M., & O'Grady W. (2003). The Sounds of Korean: A Pronunciation Guide. Honolulu: University of Hawaii Press.

Kim, J., & Yoon, S., & Lee, E. (2017). Korean Pronunciation Guide. Paju: Darakwon.

Fāters, H. (2010). Ievads valodniecībā. Rīga: Zinātne.

Freimane, I. (1993). Citvalodu īpašvārdu atveides principi. Valodas kultūra teorētiskā skatījumā. Rīga: Zvaigzne.

Laua, A. (1997). Latviešu literārās valodas fonētika. 4., pārstr. un papild. izd. Rīga: Zvaigzne.

Markus, D., & Bonda Dz. (2014). Ievads fonoloģijā. Rīga: Zinātne.

Strautiņa V., & Šulce Dž. (2004). Latviešu literārās valodas fonētika, ortoepija un ortogrāfija. Liepāja : LiePA.

최권진. (2019). **라트비아대학교 아시아학부 한국학 대학원 과정 특별 세미나 자료집**. 리가: 라트비아대학교.

스케스테레 일제. (2019). **라트비아어로 한국어 고유명사의 렌더링**. 석사학위논문, 라트비아대학교, 리가.

이미지 자료

이미지 1. https://www.omniglot.com/writing/latvian.htm

이미지 2. https://www.korean.go.kr/hangeul/principle/001.html

이미지 3. Strautiņa V., Šulce Dž. (2004), "Latviešu literārās valodas fonētika, ortoepija un ortogrāfija." Liepāja : LiePA, 21쪽.

이미지 4. 최권진 (2019), **라트비아대학교 아시아학부 한국학 대학원 과정 특별 세미나 자료집**, 라트비아대학교, 69쪽.

제4장

프랑스인 한국어 학습자의
비음성 연구
- 초성 비음 /ㄴ/을 중심으로

이보람
프랑스 국립동양언어문화대학교
Institut National des Langues et Civilisations Orientales

1. 서론

비음이란 구강 통로는 막고 비강 통로를 열어서 만들어진 울림통을 여과기로 삼아 만들어지는 소리를 말한다. 한국어에는 /ㄴ/, /ㅁ/, /ㅇ/ 세 가지의 비음이 존재하며, /ㅇ/을 제외하고 어두 초성, 어중 초성, 어말 종성에 나타날 수 있다. /ㅇ/은 음절 구조상 종성에만 올 수 있다(신지영, 2015:247). 한국어 비음의 특징 중 하나는 어두에 위치한 비음의 비음성이 매우 약하다는 것이다(Yoshida, 2008; Kim, 2011; Jang et al., 2018). 이들 연구에 따르면, 어두에 위치한 비음은 비음성이 매우 약하며, 길이도 짧고, 음향학적으로 파열음과 유사성을 보인다. 소위 '탈비음화' 혹은 '비음화 소실(denasalization)'로 불리는 이 현상은 고모음 앞에서 특히 두드러진다. 이러한 한국어의 비음 소실의 특성으로 인해서, 많은 한국어 학습자가 '네'를 '데'로 인식하고, '물'을 '불'로 인식하는 경우를 흔하게 볼 수 있다.

한국어 교육에서 기존의 비음에 대한 연구는 종성 비음과 비음화에 관한 연구가 주를 이루고 있다. 그러나 이런 유형의 연구는 한국어 발음의 오류 양상에 집중하기 때문에, 음성학적 관점에서 한국어 비음의 습득을 종합적으로 파악하기에는 한계가 있다. 따라서 본고는 프랑스인 한국어 학습자의 한국어의 어두 초성 비음 /ㄴ/의 발화를 한국인 모어 화자와 비교·대조하여 그 양상을 살펴보았다. 본고는

Flege(1995, 2003)의 음성학습모델(Speech Learning Model: SLM)에 기반하여, 프랑스인 학습자가 한국어의 어두 초성 비음 /ㄴ/을 습득하는 데 어려움을 겪을 것이라는 가설을 세웠다. Flege에 따르면, 성인들의 음성 습득에 있어서 L2(제2외국어)음에 대한 음성 범주의 성립 여부는 L1(모국어)과 L2음의 음성적 유사성에 따라 좌우된다. 음성적으로 유사한 음보다는 L1에 존재하지 않는 새로운 음에 대한 음성 범주 성립이 더 용이하다. 학습자들이 L2 음소에 대해 새로운 음성 범주를 형성하지 않는 경우, L1의 범주 내에서 익숙하지 않은 L2의 음소를 L1의 것과 동일시하려고 한다. 프랑스어에도 한국어처럼 세 가지 비음 /ㄴ/, /ㅁ/, /ㅇ/이 존재하기 때문에, 프랑스인 학습자는 한국어의 비음을 프랑스어의 비음과 동일시하여 발음할 것으로 예측된다. 따라서 프랑스인 학습자는 비음의 위치와 상관없이, 어두 초성과 어중 초성의 비음을 비슷한 양상으로 발음할 것으로 예상할 수 있다. 그래서 어두 초성 비음의 비음성이 한국인과 비교하여 더 강할 것으로 추측된다.

2. 선행연구

한국어의 '탈비음화'는 최근 음성학적 관점에서 주로 연구가 이루어지고 있다. Umeda(1957)는 한국어의 어두 비음은 음향학적으로 파열음과 유사성을 보이기 때문에 [mb] 와 [nd]로 전사할 것을 주장했다. 특히 Kim(2011)은 음향적·공기역학적 연구를 통하여 한국어 어두 비음의 비음성이 매우 약하다는 것을 증명하였고, 지각 실험을 통하여 한국어의 어두 비음이 한국인에게는 비음으로 지각되지만 영어 화자에게는 파열음으로 지각된다고 밝혔다.

Cho & Keating(2001)은 한국어 비음의 '탈비음화'를 조음 강화 효과(strengthening effect)로 설명하였다. 조음 강화 효과란 운율 구조가 분절음의 음성 실현(phonetic realization)에 영향을 미쳐서 특정한 운율 위치에서 분절음들의 조음이 강화되는 현상을 말한다(Cho, 2004; Fougeron & Keating, 1997; Keating et al. 2005). 운율적으로 조음이 강화되는 위치는 영역 마지막(domain-final position), 영역 처음(domain-initial position), 그리고 구강세를 받는 음절(pitch-accented syllable)이다. 따라서 Cho & Keating(2001)은 어두에 위치한 비음은 운율적으로 조음이 강화되는 위치인 '영역 처음'에 있기 때문에, 조음 강화 효과의 하나로 '자음성'을 높이기 위해 '비음성'을 낮춘 것으로 해석하였다. 또한 이 주장은 비음이 어중 초성, 어말 종성에 올 때는 '탈비음화'가 일어나지 않는 이유를 설명한다.

한국어 교육에서 '탈비음화'에 대한 연구는 미미한 실정이다. Yoo & Kang(2016)

은 한국어 학습 경험 여부에 따라 영어권 화자가 한국어 어두 비음을 어떻게 지각하는지 실험하였다. 그 결과, 한국어 경험 여부와 상관없이 영어권 화자는 한국어의 어두 비음 /ㅁ/, /ㄴ/을 각각 /ㅂ/과 /ㄷ/으로 인지하였다. 특히 /ㅁ/의 인지 비율이 /ㄴ/의 인지 비율보다 낮았으며, 고모음 /ㅜ/ 앞에 위치한 비음을 인지하는 것을 더 어려워하였다.

지금까지 '탈비음화'를 다루는 연구들은 한국어 비음의 지각 실험을 주로 하여 왔다. 반면, 제2외국어 습득의 관점에서는 소리의 '인지'뿐만 아니라 '발화'도 중요한 요소이다. 따라서 본고는 프랑스인 학습자의 어두 초성 비음의 발화를 음성·음향학적 방법으로 분석하고, 이를 한국어 모어 화자와 비교·대조하여 그 양상을 살피는 것을 목적으로 한다.

3. 연구 방법

3.1. 참여자

실험에 참가한 피실험자는 한국인 여성 화자 10명과 프랑스인 여성 화자 15명을 대상으로 하였다. 한국인은 서울 및 경기도에서 태어나 자랐으며 표준어를 구사하는 여성으로 모두 20~30대 화자이다. 프랑스인은 한국어 정규 교육기관에서 한국어를 학습했거나(고급), 학습하고 있는 여성 학습자(초·중급)를 대상으로 실험 당시 한국어 급수를 기준으로 초·중·고급으로 나누었다.[1]

<표1> 피실험자 정보

그룹	표본 수	평균 나이	평균 한국어 학습기간	평균 한국 거주기간
한국어 모어 화자	여성 10명	26.5살	-	-
프랑스인 초급 학습자	여성 5명	23.6살	9개월	6.8개월
프랑스인 중급 학습자	여성 5명	22.6살	21.4개월	9.2개월
프랑스인 고급 학습자	여성 5명	24.2살	51.8개월	14.2개월

[1] 본 연구는 한국어 학습 수준에 따른 발화를 연구하는 것이 목적이 아니므로 발화를 수준별로 살펴보지 않았다.

3.2. 실험 문장 및 절차

본 연구는 이보람(2016)의 실험 문장의 일부를 분석 자료로 선정하였다. 실험 문장은 의문문으로 초급 학습자를 고려하여 간단한 통사 구조와 어휘로 설계되었으며, 자연스러운 발화를 위해 A, B 한 쌍의 대화문 형식으로 구성되었다. 본 연구에 분석 대상이 된 실험 문장은 다음과 같다.

<표2> 실험 문장

어두 초성 비음 /ㄴ/	1)	A : 한국에 **누**가 살아요? B : 이모가 살고 있어요.
	2)	A : 한국에 **누**가 살아요? B : 아니요. 아무도 안 살아요.
어중 초성 비음 /ㄴ/	3)	A : 미**나**가 프랑스에 갔어요? B : 네. 여름에 프랑스에 다녀왔대요.
	4)	A : 미**나**가 프랑스에 갔어요? B : 아니요. 지나가 프랑스에 다녀왔대요.

본 실험은 한국의 한 대학의 조용한 연구실에서 진행되었으며, 녹음 장비로는 젠하이저 헤드셋 PC-131 마이크와 Praat 5.4.15(표본 추출률 mono, 44000Hz)를 사용하였다. 한국인 피실험자는 실험 시간을 30분으로 제한하여, 미리 대화문을 읽고 연습할 시간을 주고 총 2회에 걸쳐서 녹음을 하였다. 프랑스인 피실험자는 초급인 점을 고려하여 실험 시간을 1시간으로 제한하여, 미리 대화문을 읽고 연습할 시간을 주고 총 2회 녹음하였다. 녹음에 앞서서 피실험자들에게 문장을 발화하기 전에 전후 문장을 읽고 상황을 고려하여 자연스럽게 발화해달라고 요청하였으며, 피실험자가 준비되었을 때 녹음을 진행하였다. 본 실험의 녹음을 통해 생성된 음성 파일의 개수는 총 200개(대화문 4개 x 피험자 25명 x 녹음 2회)이다. 녹음 후에 음성 파일을 wav 형식으로 저장한 후, Pratt 6.1.16으로 비음의 길이와 비음성(amplitude P0)을 분석하고, SPSS 18.0으로 독립표본 t-검정을 시행하였다.

4. 실험 결과

이 장에서는 어두 초성 비음과 어중 초성 비음의 결과를 나누어 다루겠다. 그에 앞서 두 그룹의 어두 초성 비음과 어중 초성 비음의 길이 평균값과 비음성 평균값은 다음 그림과 같다.

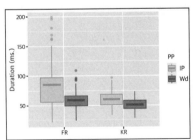 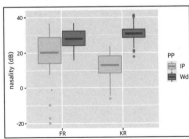

두 그림은 한국인과 프랑스인 화자의 발화 실험의 결과를 그래프화 한 것으로, 왼쪽은 /ㄴ/의 길이(ms.)이고, 오른쪽은 /ㄴ/의 비음성(dB)

<그림1> 언어 화자 별 비음 /ㄴ/의 위치에 따른 길이(ms.) 평균값과 비음성(dB) 평균값 비교

을 나타낸 것이다. FR은 프랑스인 화자, KR은 한국인 화자의 약자이며, PP는 비음의 위치로 IP는 어두 초성 비음을 Wd는 어중 초성 비음을 의미한다. 먼저, 비음의 길이를 살펴보면, 프랑스인 화자는 어두 비음과 어중 비음 모두 한국인 화자보다 길게 발음하는 것으로 보인다. 다음으로 비음성을 보면, 프랑스인 화자는 한국인보다 어두 비음에서 비음성이 더 높으며, 어중 비음에서는 한국인 화자보다 낮은 것으로 나타난다. 아래에서 비음의 위치(어중, 어두)에 따른 실험 결과를 각각 나누어서 살펴볼 것이다.

4.1. 어중 초성 비음 /ㄴ/의 실험 결과

두 언어 모두 비음이 존재하기 때문에, 프랑스인 한국어 학습자는 어중 초성 비음 /ㄴ/을 발화하는 데 어려움이 없을 것으로 예측되었다. 두 집단의 어중 초성 비음 /ㄴ/의 길이와 비음성은 다음과 같다.

<표3> 어중 초성 비음의 길이(ms.)에 대한 집단 통계

피실험자	케이스 수	평균 ms	표준편차	평균차	자유도	T	유의확률
프랑스인	60	58.85	17.01	7.95	94	2.97	.004
한국인	40	50.9	9.47				

<표3>을 보면 프랑스인의 /ㄴ/ 길이는 58.85ms지만 한국인은 50.9ms로 한국인과 약 8ms의 차이를 보이며 이 값은 t값 2.97, 유의확률 .004로 유의미한 것을 알 수 있다. 다시 말해, 프랑스인이 한국인 화자보다 어중 비음 /ㄴ/을 더 길게 발화하는 경향을 볼 수 있다.

<표4> 어중 초성 비음의 비음성(dB)에 대한 집단 통계

피실험자	케이스 수	평균 ms	표준편차	평균차	자유도	T	유의확률
프랑스인	60	27.40	4.62	-2	46	-1.38	.174
한국인	40	29.41	5.39				

<표4>를 보면 프랑스인의 /ㄴ/ 비음성은 27.4dB인 반면 한국인은 29.41dB로 한국인과 약 -2dB의 차이를 보이며 이 값은 t값 -1.38, 유의확률 .174로 유의미하지 않은 것으로 보인다. 다시 말해, 두 집단 간 어중 초성 비음 /ㄴ/의 길이의 차이가 통계적으로 유의미하다고 나타났지만, 어중 초성 비음 /ㄴ/의 비음성은 두 집단 간 통

계적으로 유의미하지 않았다. 이는 프랑스인 학습자가 어중 초성 비음을 한국인과 비슷하게 발화함을 의미하며, 어중 초성 비음 습득의 어려움이 없음을 시사한다.

4.2. 어두 초성 비음 /ㄴ/의 실험 결과

한국어의 어두에 위치한 비음은 비음성이 매우 약하며, 길이도 짧아지는 '탈비음화' 현상이 일어난다. 따라서 한국인 모어 화자의 어두 초성 비음은 앞서 살펴본 어중 초성 비음과 다른 양상을 보이는 반면, 프랑스인 학습자는 어두 초성 비음과 어중 초성 비음을 구별하여 발화하지 않기 때문에 비슷한 양상을 나타낼 것으로 예측할 수 있다. 두 집단의 어두 초성 비음 /ㄴ/의 길이와 비음성은 다음과 같다.

<표5> 어두 초성 비음의 길이(ms.)에 대한 집단 통계

피실험자	케이스 수	평균 ms	표준편차	평균차	자유도	T	유의확률
프랑스인	60	84.85	42.44	24.7	80	4.12	.000
한국인	40	60.15	15.25				

<표5>를 보면 프랑스인의 /ㄴ/ 길이는 84.85ms인 반면 한국인은 60.15ms로 한국인과 약 24.7ms의 차이를 보이며 이 값은 t값 4.12, 유의확률 .000로 유의미한 것을 알 수 있다. 다시 말해, 프랑스인은 한국인 화자보다 어두 비음 /ㄴ/을 매우 길게 발화하는 것을 볼 수 있다.

<표6> 어두 초성 비음의 비음성(dB)에 대한 집단 통계

피실험자	케이스 수	평균 ms	표준편차	평균차	자유도	T	유의확률
프랑스인	60	20.33	12.48	7.34	97	3.62	.000
한국인	40	13	7.74				

<표6>를 보면 프랑스인의 /ㄴ/ 비음성은 20.33dB인 반면 한국인은 13dB로 한국인과 약 7.34dB의 차이를 보이며 이 값은 t값 3.62, 유의확률 .000로 유의미한 것을 알 수 있다. 다시 말해, 프랑스인은 어두 비음 /ㄴ/을 한국인 화자보다 비음성을 더 강하게 발화함을 보여준다.

결론적으로 프랑스인 한국어 학습자의 어중 초성 비음 /ㄴ/은 한국인과 유사한 양식을 띄지만, 프랑스인의 어두 초성 비음 /ㄴ/은 한국인과 비음의 길이와 비음성에서 상이하게 나타났다. 다시 말해, 프랑스인 학습자는 어두 비음을 더 길게, 그리고 더 강하게 발화하는 양상을 보인다.

5. 결론 및 제언

본 연구는 한국어의 특징 중 하나인 어두 초성의 '탈비음화' 현상에 주목하여, 프랑스인 한국어 학습자와 한국어 모어 화자의 어두 초성 비음 /ㄴ/과 어중 초성 /ㄴ/의 발화 실험을 하였다. 본고는 Flege의 SLM 가설에 근거하여, 프랑스인 화자는 어중 초성 비음을 발화하는 데 어려움이 없으며 한국인과 유사한 양상이 나타날 것으로 예상하였다. 반면, 어두 초성 비음 발화 시 한국인과는 다른 양상이 나타날 것으로 추측하였다.

실험 결과, 언어 화자별 어중 초성 /ㄴ/의 비음성 평균값은 유의미하지 않았지만, 어두 초성 /ㄴ/의 길이 평균값과 비음성 평균값은 통계적으로 유의미하게 나타났다. 다시 말해, 프랑스인 학습자는 한국인보다 어두 초성 비음을 더 길게 발화하고(85ms vs. 60ms), 비음성을 더 강하게 발화한다(20dB vs. 13dB)는 사실을 의미한다. 이를 통해, 프랑스인 한국어 학습자가 어두 초성 비음의 음성 미세 정보(fine detail phonetic)를 습득하는 데에 어려움을 겪음을 알 수 있다. 또한 이러한 발화 양상이 한국어 어두 비음 인지에 영향을 미칠 가능성을 제기한다. 반면, 이처럼 비음성이 강한 어두 초성 비음이 한국인 화자에게 어떻게 인식되는지 추가적인 연구가 필요할 것으로 사료된다.

본 연구의 한계로, 어두 초성 비음 /ㄴ/과 어중 초성 비음/ㄴ/의 모음 환경(어두 초성 : /누/, 어중 초성 : /나/)이 다르기 때문에, 언어권별로 /누/와 /나/를 각각 분석한 점을 꼽을 수 있다. 따라서 여기에서 다루지 못했던 비음 위치에 따른 추가적인 연구가 진행되어야 프랑스인 한국어 학습자의 비음 발화를 더 전면적으로 기술·해석할 수 있을 것이다. 또한 본 연구의 결과를 바탕으로 음성학습모델(SLM)의 관점에서 학습자 한국어 수준별 초성 비음의 인식과 발화에 관한 후속 연구가 필요할 것이다.

참고문헌

신지영. (2014). 말소리의 이해(음성학 음운론 연구의 기초를 위하여). 서울: 한국문화사.

이보람. (2016). 프랑스인 학습자의 한국어 초점 인지와 발화 양상 연구: 의문문을 중심으로. 석사학위논문, 한국외국어대학교, 서울.

Cho, T., & Keating, P. A. (2001). Articulatory and acoustic studies on domain-initial strengthening in Korean. *Journal of phonetics, 29*(2), 155-190.

Flege, J. E. (1995). Second language speech learning: Theory, findings, and problems. *Speech perception and linguistic experience: Issues in cross-language research, 92*, 233-277.

Flege, J. E. (2003). Assessing constraints on second-language segmental production and perception. *Phonetics and phonology in language comprehension and production: Differences and similarities, 6*, 319-355.

Fougeron, C., & Keating, P. (1997). Variations in velic and lingual articulation depending on prosodic position: results for 2 French speakers.

Jang, J., Kim, S., & Cho, T. (2018). Focus and boundary effects on coarticulatory vowel nasalization in Korean with implications for cross-linguistic similarities and differences. *The Journal of the Acoustical Society of America, 144*(1), EL33-EL39.

Keating, P., Cho, T., Fougeron, C., & Hsu, C. S. (2004). Domain-initial articulatory strengthening in four languages. *Phonetic interpretation: Papers in laboratory phonology VI*, 143-161.

Keating, P., Cho, T., Fougeron, C., & Hsu, C. S. (2004). Domain-initial articulatory strengthening in four languages. *Phonetic interpretation: Papers in laboratory phonology VI*, 143-161.

Kim, Y. S. (2011). *An acoustic, aerodynamic and perceptual investigation of word-initial denasalization in Korean* (Doctoral dissertation, University College London).

Umeda, H. (1957). The phonemic system of Modern Korean. *GENGO KENKYU (Journal of the Linguistic Society of Japan), 1957*(32), 60-82.

Yoo, J., & Kang, S. (2016). The effect of L2 experience on perception of Korean nasals. *Phonetics and Speech Sciences, 8*(4), 63-69.

Yoshida, K. (2008). Phonetic implementation of Korean denasalization and its variation related to prosody. *IULC Working Papers, 8*(1).

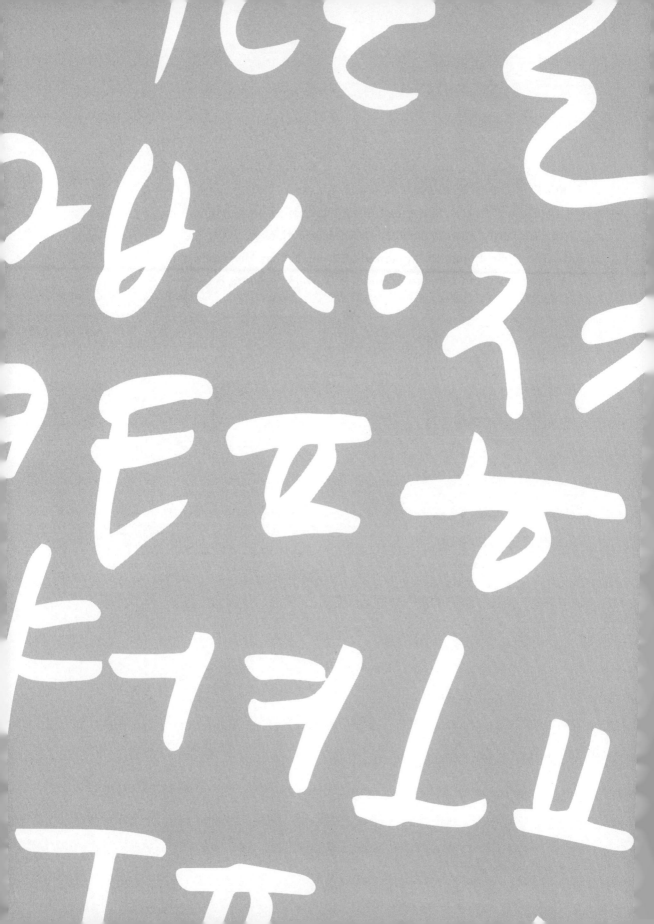

의미론 및
화용론적 접근

—

II

제1장

Acquisition of figurative languages for a higher linguistic proficiency

오상석
미국 국방외국어대학교
Defense Language Institute at Foreign Language Center

Introduction

The purpose of this paper is to demonstrate the importance of having competence in the use of figurative languages when learning the second or a foreign language. For that, this study takes a comparative approach, where the use of a metaphor in English and Korean is compared to find common grounds, as well as any differences between the languages. Specifically, this paper explores metaphor as related to the concept of FEAR in both languages to showcase the pervasiveness of metaphor in everyday language. It also examines the importance of knowledge of figurative language in achieving higher level of linguistic and cultural competence. After touching on the concept of metaphor as part of figurative language in the beginning of the paper, it then introduces the notion of conceptual metaphor, mostly using English examples. After that, exhaustive examples of the metaphor of FEAR are elicited from two linguistic corpora in both languages and presented together with illustrations of the universality and particularity of metaphor of the emotion of FEAR. As metaphor reflects the operation of human cognition, this analysis presents supporting evidence as to why it is important to acquire knowledge of figurative language in order to achieve a higher level of proficiency with regard to a certain language and culture. With insight into the value of competence in and metaphorical languages in L2 acquisition, some useful activities that can be used in classroom situations will be presented in the final section of the paper.

Metaphor: A Brief Introduction

Metaphor is a type of figurative language that was mostly dealt with by scholars as part of rhetorical devices until cognitive linguists such as Lakoff (1987) and Lakoff and Johnson (1980; 1999) started to treat them as part of a conceptual system in a language. In this section, the basic concept of metaphor is presented along with some concrete examples.

Metaphor is a means to understanding or experiencing one thing in terms of another based on conceptual similarity in the different domains. In the example of "I need to save time", "time" is expressed using the concept of MONEY in the sense that time is figuratively expressed as if it can be saved, just like money. See other examples in (1):

(1)
    (a) She could not digest the shocking news.
    (b) The afternoon was a sluggish stream that had lost its current.
    (c) The storm growled from the corner of the sky.
    (d) Not a single day passed without being in fear at those days.
    (e) The boss was brimming over with rage.
    (f) After the incident, the guilt weighed me down.

In (1a), the phrase "digest the shocking news" expresses the concept of INFORMATION as FOOD since the process of information is figuratively expressed as if someone is digesting food. In this case, the information is in the target domain and the food is in the source domain, and these two concepts are semantically distant (i.e., not contiguous), thus belonging to two separate semantic domains. In the ensuing examples, the concept of "TIME as a STREAM" is figuratively expressed in (1b); VIOLENT WEATHER as a WILD ANIMAL in (1c); EMOTION as a CONTAINER in (1d); ANGER as HOT FLUID in (1e); GUILT as a HEAVY OBJECT in (1f).

Conceptual Metaphor

What Lakoff (1980) and Lakoff and Johnson (1980; 1999) noticed is that metaphor is not special rhetorical device; rather, it is pervasive in everyday language. This pervasiveness of metaphorical languages together with its systemic patterns reflects how humans think. That is, metaphor "is actually not just in (metaphorical) language itself but in thought" (Lakoff and Johnson, 1980). They further notice that metaphor is not random, but instead comes from coherent systems in terms of which the language users "conceptualize" their experience or ideas (Lakoff and Johnson, 1980). The patterns of conceptualizations with metaphor are called as "conceptual metaphor" by Lakoff and Johnson (1980).

According to them, metaphor is not solely a figurative language but is also of a conceptual nature and they came up with the constructs of conceptual metaphor for the first time in order to show the systematicity of metaphorical languages underlying the human mind.

In cognitive linguistics, conceptual metaphor refers to the understanding of one idea (conceptual domain) in terms of another. This is formulated as mapping of a source domain to a target domain, as in 'A Target Domain is A Source Domain'. For example, the conceptual metaphor of example 1e) is ANGER as a HOT FLUID, as noted in the previous section. Lakoff and Johnson (1980) introduce some actual cases of the conceptual metaphor of LIFE as a JOURNEY and ARGUMENT as a WAR as in the following:

(2) LIFE is a JOURNEY

    (a) I took a wrong turn somewhere.

    (b) I had a long way to go.

    (c) She's come a long way.

    (d) We have a rough road ahead.

    (e) I will overcome many obstacles ahead.

(3) ARGUMENT is WAR

    (a) Your claims are indefensible.

    (b) He attacked every weak point in my argument.

    (c) His criticisms were right on target.

    (d) I demolished his argument.

    (e) I've never won an argument with him.

All the specific metaphor examples of (2a) to (2e) show the conceptual metaphor, LIFE is a JOURNEY, in that the journey concepts such as 'a wrong turn', 'a long way', etc. are used to understand the concept of life. Similarly, the conceptual metaphor in (3a) to (3e), ARGUMENT is WAR, in that the WAR concepts of 'indefensible', 'attacked' are used to express the concepts of ARGUMENT.

A conceptual domain can be any coherent organization of human experience with which different languages employ the same metaphors. According to Lakoff and Johnson (1980), conceptual metaphors shape not just our communication but also the ways we think and act. They further advance that the conceptual metaphor is a hypothesis wherein the mapping between conceptual domains corresponds to neural mappings in the brain.

Since metaphor arises from conceptualization of experience or thought, it is based on human cognition. Since such cognition tends to be universal, it is highly likely that conceptual metaphors such as those shown above are found in many languages. From this observation, cognitive linguists propose that conceptual metaphors tend to be universal. At the same time, there are variations between them because human language is affected by a particular culture; thus, some metaphorical language can be unique to a particular language based on a particular cultural construct. Concrete examples of the universality and variation of metaphor of the emotion of fear are discussed in the following section.

FEAR Metaphor in English and Korean

In order to corroborate the propositions mentioned in the previous section, this study looks into actual cases of conceptual metaphor of an emotion of FEAR in English and Korean by eliciting all the possible tokens for them. The comparative analysis reveals how pervasive these kinds of usages are as well as how similar the conceptualization of an emotion through metaphor is in the two languages. The reason for choosing figurative languages of an emotion (in this case, FEAR) is that an emotion can be expressed richly with metaphorical languages and hence is a good illustration of its use. The concept of FEAR in this study is defined as an emotion that refers to physiological and psychological states ranging from the worry or anxiety felt in daily life to life-threatening terrors experienced less frequently.

The primary examples of the FEAR conceptual metaphor are based on Kövecses (1990). In that, thirteen basic conceptual metaphors in English are proposed and similar or the same counterparts are found in Korean mostly through the Sejong Corpus[1]. The following are those examples in both languages:

(1) FEAR IS A FLUID IN A CONTAINER: (E) Fear was rising in him; she could not <u>contain</u> her fear. / (K) *kunye-num twulyemwum-ulo <u>cha-iss-ess-ta</u>* 'She <u>was filled with</u> fear.'

(2) A CONTAINER: (E) They turned the lights out and sat in fear. / (K) *twulyewum an-ye <u>noh-i-ess-ta</u>* 'He <u>was placed</u> in fear.'

(3) A BEING: (E) What <u>blind</u> fear in snow-chaos. / (K) *twulyewu-I <u>toy-salana</u>-ss-ta* 'The fear <u>was revived</u>.'

[1] COCCA is an internet-based corpus, which is composed of more than 560 million words from 220,225 texts, including 20 million words from each of the years 1990 through 2017. The Sejong Corpus is a Korean corpus created by the 21st Century Sejong Project in Korea and it is composed of 37-million-odd *ejeol*.

(4) A VICIOUS ENEMY, HUMAN or ANIMAL: (E) There was fear <u>lurking</u> in her heart that she wouldn't succeed. / (K) *silphayha-l-ci molu-n-ta-nun saynggak-i na-lul <u>emsuphay</u>-ss-ta* 'The thought that I might fail <u>attacked</u> me.'

(5) A TORMENTOR: (E) They <u>were tortured by</u> the fear of what was going to happen to their son. *Cipchak-kwa twulyewum-I <u>ku-lul koylop-hi-yess-ta</u>* 'The attachment and fear <u>tormented</u> him.'

(6) AN OPPONENT: (E) He was <u>wrestling with</u> his fear. / (K) *ku-nun kong-pho-wa macse <u>ssawe</u>-ss-ta* 'He <u>fought with</u> fear as he repeated with the words.'

(7) A BURDEN: (E) Fear <u>weighed</u> heavily on them as they heard the bombers overhead. / *kuye-ui maum-un twulyewum-ulo <u>cis-nul-i-e</u> iss-ess-ta.* 'Her heart <u>was suppressed</u> with fear.'

(8) A SUPERIOR: (E) His actions were dictated by fear. / *ku-nun twulyewum-ey <u>apto-toy</u>-ss-ta* 'He <u>was overwhelmed</u> with fear.'

(9) AN ILLNESS/DISEASE: (E) She <u>was sick</u> with fright. / (K) *kongpho-ye <u>cemyem-toy</u>-ess-ta* 'He was <u>infected</u> with fear.'

(10) A NATURAL FORCE: (E) He was <u>flooded</u> with fear. / (K) *twulewum-i magwu <u>mil-i-e</u> o-n-ta* 'The fear was <u>immensely flooding</u>.'

(11) AN OBJECT/SEED: (E) A sour, thick fear <u>eddied</u> in his throat. / (K) *twulyewum-ul cwu-ess-ta/ sa-ss-ta* / pelye-ss-ta 'It <u>gave/bought/abandoned</u> fear.'

(12) A SUPERNATURAL BEING. GHOST: (E) She was <u>haunted</u> by the fear of death. / *twulewum-i na-lul <u>ttalatani</u>-ess-ta* 'The fear <u>followed</u> me like a shadow.'

(13) A CONSTRUCTION:(E) People are actually forced to do so by the <u>well-founded</u> fear of persecution. / (K) *kongpho-ka <u>coseng-i toy</u>-ess-ta* 'Fear was <u>constructed/ created</u>.'

As seen here, in both Korean and English, the concept of FEAR is conceptualized and expressed as: (1) FLUID IN A CONTAINER; (2) A CONTAINER; (3) A BEING; (4) A VISCIOUS ENEMY; (5) A TORMENTOR; (6) AN OPONENT; (7) A BURDEN; (8) A SUPERIOR; (9) AN ILLNESS; (10)

A NATURAL FORCE; (11) AN OBJECT; (12) A SUPERNATURAL FORCE; (13) A CONSTRUCTION. These examples indicate that the conceptualization of fear in terms of metaphor is highly universal.

Other examples found in both COCCA (for English examples) and the Sejong Corpus[1] (for Korean examples) are as follows: (14) FEAR IS A CAPTOR: (E) Jews were gripped by fear. / (K) *twulyewum-ey salocap-hi-ta* 'to be captured by fear'; (15) A DESERTER: (E) He still was chased by fear. / (K) *twulyewum-ey ccoch-ki-da* 'to be chased by fear'; (16) AN ANNOYING EXISTENCE: (E) I tried to avoid fear after the pregnancy. / (K) *twulyewum-ul woymyeon-ha-ta* 'to avoid fear'; (17) AN ANIMAL: (E) It entered a darkened mind and drove out fear. / (K) *twulyewum-ul molanay-ta* 'to drive out the fear'; (18) A PLANT: (E) Her fear grew with age. / (K) *kongphosim-I calana-ta* 'The sense of horror to grow up'; (19) A SEED: (E) Her fear was planted in her belly. / (K) *kongphogam-ul sim-ta* 'to plant the sense of horror'; (20) A THREAD: (E) Pure love draws out fear. / (K) *twulyewum-ul caanay-ta* 'to draw out fear'; (21) DUST: (E) He dusts off fear. / (K) *twulyewum-ul thele peli-ta* 'to dust off fear'; (22) DIRT: (E) Those who were tainted with fear. / (K) *twulyewum-ul tha-ta* 'to be tainted with fear'; (23) A WRAPPER: (E) I was wrapped up with fear. / (K) *twulyewum-ey ssa-i-ta* 'to be wrapped with fear'; (24) A FALLEN OBJECT: (E) The same fear was raised a year ago. / (K) *twulyewum-ul ilu-khi-ta* 'raise fear'; (25) FILTH: (E) His fear was washed away. / (K) *twulyewum-ul ssi-s-ta* 'to clean fear'; (26) A HITTING OBJECT: (E) He was hit by fear. / (K) *twulyewum-ey putic-hi-ta* 'to be bumped with fear'; (27) A SETTLING OBJECT IN WATER: (E) Fear was settled down. / (K) *twulyewum-i kala-anc-ta* 'fear to be settled down'; (28) A WELL: (E) He was fallen into fear. / (K) *twulyewum-ey ppaci-ta* 'to fall into fear'; (29) AN EPIDEMIC: (E) Fear spread across Springwood. / (K) *kongpho-lul pethu-li-ta* 'to spread fear'; (30) A COLOR: (E) His fear was darkened. / (K) *kongphogam-i cith-e-ci-ta* 'the horror to get darkened'; (31) CLOUD: (E) A cloud of fear was cast through the whole body. / (K) *kongpho-ka tuli-e-ci-ta* 'horror to be cast'; (32) INFILTRATING WATER: (E) Fear was infiltrated into his veins. / (K) *twulyewum-i sumyetul-ta* 'fear filtrate'; (33) AN OBSTACLE: (E) He overcame the fear. / (K) *twulyewum-*

ul kupokha-ta 'to overcome fear'; (34) A SCRIBBLE: (E) Fear <u>was erased</u> in her mind. / (K) *twulyewum-ul ciwu-ta* 'to erase fear'; (35)/ (36) A CHILD/ LOVER) He <u>embraced</u> the fear. / (K) *twulyewum-ul an-ta / tallay-ta* 'to hug/ soothe fear.'

The metaphor examples from (1) to (36) demonstrate well that there are also striking similarities in conceptualizing of FEAR in terms of metaphor between English and Korean. That is, all the English conceptual metaphors for FEAR have Korean counterparts. The only exceptional cases were found in the additional four Korean examples as in the following:

(37) FOOD (K) *kep-ul mek-ta; kep-ul mas-po-ta* 'to eat/ taste fear'
(38) TEAR (K) *twulyewum-i nwun-ey eli-ta/ ko-i-ta* 'fear to be misted up in the eyes'
(39) AIR (K) *kongphogam-ul pwul-e-neh-ta* 'to blow horror into'
(40) STEAM (K) *twulyewum-I seli-ta* 'fear is steamed up/ misted up'

These unique FEAR conceptual metaphors are reflection of separate Korean cultural models where the concepts such as food, tears, air, and steam are utilized to metaphorically understand the concept of FEAR.

Discussion

To demonstrate how everyday language is full of metaphorical languages, this paper has so far presented a showcase of the metaphorical languages of an emotion, FEAR. Following in the spirit of Lakoff and Jonson (1980; 1999), the data shown earlier illustrate how linguistic meaning can be conceptualized in terms of metaphor based on many concrete concepts such as body parts, objects, plants and animals.

The examples of metaphor in this paper also illustrate how similarly the two languages operate in conceptualizing meaning. When we consider the FEAR metaphor in the two languages, the data used here reveal that 36 out of 40 conceptual metaphors show striking similarity

(90%) between the two languages. Considering that metaphor operates at a deeper level of cognition, it is a remarkable result.

Regarding the significance of this study, the results support the claim that the use of figurative languages results from the operation of common human cognition, and that, in turn, can explain why the metaphorical languages of FEAR shared between English and Korean bear a striking similarity. That is, since human cognition is basically similar across the languages, it is not surprising that most figurative expressions across the languages are also similar. This endorses the original premise proposed by Lakoff and Johnson (1980; 1999) that metaphor is an integral part of human languages and that the use of language is deeply rooted in universal human cognition. Considering these two factors, universality and pervasiveness of figurative languages, it is crucial to have not only good understanding, but also mastery of metaphorical languages when a language learner wants to achieve a higher level of proficiency.

Some Useful Activities that Can Be Implemented in Classroom

Considering the importance of both understanding and mastery of metaphorical languages in language acquisition, as discussed in the previous section, some practical activities to help learners of a language gain a better understanding of them are presented here. Though only activities for English examples are given, they are language-neutral and can be easily applied to other languages.

1. Identifying metaphor:

Provide students with sentences containing examples of metaphorical expressions and ask them to identify the relevant expressions by underlining them.

(a) She could not <u>digest the shocking news</u>.

(b) He was <u>brimming over with rage</u>.

2. Guessing the meaning of novel metaphors:

Provide sentences containing novel metaphorical expressions and ask students to find them and then provide the meaning of those expressions.

(a) The afternoon was <u>a sluggish stream</u> that had lost its current. ([metaphor] 'time')
(b) He <u>attacked</u> every weak point of mine. ([metaphor] 'argument')

3. Comparison of metaphorical expressions between L1 and TL:

Provide students of a set metaphor examples of English and TL containing a word or phrase whose literal meaning is the same but whose metaphorical meaning is different between the languages. Ask students to compare and guess the metaphorical meaning of both.

(E) I was a <u>black</u> sheep in my family. (black sheep > an outcast)
(K) *ku yeca-hanthe huksim-ul phum-ci mal-a* 'Do not have a <u>black</u> mind towards the girl.' (black mind > malicious intention)

4. Finding conceptual metaphors of metaphorical expressions:

Provide students with concrete examples of metaphor and ask them to come up with Conceptual Metaphors.

(a) I could not <u>digest</u> the meaning of the message; Sometimes, you need to <u>regurgitate</u> the point. Conceptual Metaphor: IDEA IS FOOD.]
(b) I fought with the cancer; He conquered the disease. ⇨ DISEASE IS BATTLE]

5. Matching between specific metaphorical expressions and conceptual metaphors:

Provide students with a group of specific metaphors for one thematic concept and a group of conceptual metaphors to be matched with those specific metaphor examples. Ask them to match the two sets one to another.

(a) My love blooms.　　(b) The fresh love was so sweet.　　(c) The love was kept in my heart.

(d) LOVE IS A PLANT　　(e) LOVE IS AN OBJECT　　(f) LOVE IS A FRUIT

[(a) – (e) ; (b) – (f) ; (c) - (e)]

6. Rewriting given sentences with metaphors:

Provide students with sentences containing abstract concepts and ask them to rewrite those sentences using metaphorical expressions.

(a) I was very angry about him. (> I could not contain my rage about him.)

(b) The storm started from the sky. (> The storm growled from the corner of the sky.)

7. Creating new metaphor on a given concept or topic:

Provide students with a key concept such as 'love', 'joy', 'sadness', etc. and ask them to come up with metaphorical expressions related to those concepts.

LOVE: My heart was throbbing because of seeing him. My heart for him grew every day.

SADNESS: I am filled with sorrow. The news disheartened me.

8. Essay-writing with incorporation of metaphor:

Ask students to write a short essay on any given theme and have them to incorporate as many metaphorical expressions in their essay as possible.

9. Providing level-appropriate metaphorical expressions and idioms collected from textbooks:

From a textbook, collect all the metaphorical expressions and idioms originating from conventionalized metaphorical expressions and provide students with the list. Ask them to figure out the meaning of these expressions.

Concluding Remarks

This paper demonstrates how pervasive figurative languages are in everyday language through a cross-linguistic, comparative account of metaphor of one type of human emotion, FEAR. After eliciting an exhaustive list of the tokens of conceptual metaphor of FEAR from linguistic corpora such as COCCA and the Sejong Corpus, these tokens were compared to show both the similarities and differences. After analysis of those specific examples from both languages, it was found that there is a striking similarity of figurative languages between the two languages, validating cognitive linguists' view that metaphor is deeply rooted in human cognition, which tends to be universal. In recognizing the importance of the role of figurative languages in language acquisition of both L1 and L2, it is hoped that the suggested activities in the final section will prove useful and be incorporated in classes in order to help students to better understand and master metaphorical languages.

References

Kövecses, Z. (2000). *Metaphor and Emotion*. New York and Cambridge: Cambridge, University Press.

Kövecses, Z. (2005). *Metaphor in Culture: Universality and Variation*. Cambridge, UK: Cambridge University Press.

Kövecses, Z. (2013). The Metaphor-Metonymy Relationship: Correlation Metaphors are based on Metonymy, *Metaphor and Symbol, 28*, 75-88.

Lakoff, G. (1987). *Women, Fire, and Dangerous Things: What Categories Reveal about the Mind*, Chicago, IL: The University of Chicago Press.

Lakoff, G., & Johnson, M. (1980). *Metaphors We Live by*, Chicago, IL: The University of Chicago Press.

Lakoff, G., & Johnson, M. (1999). *Philosophy in the Flesh*, New York. NY: Basic Books.

Oh, S. (2014). *twulyewum-ui kaynyemhwa-ui pophyenseng-kwa thuswuseng* 'Universality and Specificity of Conceptualization of FEAR.' *Hankwuke uimi-hak 'Korean Semantics' 44.2*, 141-170.

Yu, N., (1995). Metaphorical Expression of Anger and Happiness in English and Chinese, *Metaphor and Symbolic Activity, 10*, 223-245

제2장

한국 드라마와 영화에 나타난
추측 표현의 화용적 기능

신영주
독일 카를스루에대학교
Pädagogische Hochschule Karlsruhe

1. 서론

본 연구는 한국 드라마와 영화에 나타난 추측 표현의 화용적 기능을 분석하는 데 목적을 두고 있다. 화자의 불확실한 판단을 나타내는 추측 표현은 화자가 확신하는 상황에서도 사용될 수 있는데, 이때 화자는 추측 표현을 통해 공손성을 높일 수 있으며 청자가 받게 되는 부담감을 낮춰 주거나 청자와 화자 혹은 다른 사람의 체면이 손상되는 것도 줄일 수 있다. 그러나 이러한 추측 표현의 화용적 기능은 한국어 학습자들이 습득하기에 쉽지 않다.

한국어 교육에서 추측 표현은 초급부터 중·고급까지 반복적으로 제시되고 있는데 대부분 추측 의미에만 초점이 맞춰져 있으며 추측 표현에 대한 연구들도 화용적 특성보다는 의미와 형태적 특성에 관한 연구들이 주로 이루어지고 있다. 그러나 추측 표현은 한국어 모어 화자들의 일상 담화에서 화용적 기능으로 빈번히 사용되고 있기 때문에 한국어 학습자들이 이를 제대로 인지하거나 사용하지 못한다면 부적절한 발화를 하게 되어 의사소통에서 문제가 발생하게 될 것이다. 이해영(2009)에 따르면 한국인들은 외국인들의 문법적 오류보다는 화용적 오류에 더 민감하게 반응하는 것으로 나타나 추측 표현의 화용적 기능에 대한 교수가 필요함을 알 수 있다.

추측 표현은 한국어 교사들에게도 교수가 쉽지 않은 문법 항목으로 조사되었는데 이는 여러 추측 표현들의 의미 변별을 명확하게 설명하기가 어려우며(황주하, 2018) 상황이나 대화 상대자에 따라 적절한 추측 표현이 달라지기 때문일 것이다. 화용적 기능으로 사용된 추측 표현도 담화 상황이나 대화 상대자에 따라 달라지기 때문에 다양한 상황을 통해 제시하는 것이 효과적이다. 이에 본 연구에서는 한국 드라마와 영화[1]에 자주 나오는 추측 표현들이 어떤 상황에서 어떠한 화용적 기능으로 사용되었는지 알아보고자 한다. 드라마나 영화와 같은 준구어 자료는 인위적이며 다소 과장되고 자극적인 표현이 많아 현실성이 결여된다는 한계가 있지만(강현화, 2012) 특정 상황에서 대화 상대에 따라 자주 사용되는 전형적인 발화들을 볼 수 있다는 점에서 언어 교육 자료로 적합하다.

[1] 본 연구에서는 드라마 세 편('미생', '밥 잘 사 주는 예쁜 누나', '비밀의 숲 1')의 1화부터 5화까지 분석하였고 영화 두 편('베테랑', '기생충')은 전체를 분석하였다.

2. 추측 표현의 화용적 기능

<표1> 추측 표현의 화용적 기능

공손	① 격식적인 자리나 청자와의 친밀도가 낮을 때 사용되어 공손성을 높인다. ② 명령이나 제안과 같이 청자에게 부담을 줄 수 있는 상황에서 청자의 부담감을 덜어 준다. ③ 거절이나 청자의 능력에 대한 질문과 같이 청자의 체면이 손상될 수 있는 상황에서 청자의 체면 손상을 약화시킨다.
책임회피	① 화자의 의견이나 심리를 간접적으로 표현하여 발화에 대한 책임을 회피한다. ② 사과나 변명을 하는 상황에서 화자의 체면 손상을 줄인다.
겸손	① 화자가 자신을 내세우지 않고 겸허하게 표현하여 청자의 수용 가능성을 높인다.

본 연구에서는 한국어 추측 표현의 화용 기능을 다음과 같이 분류하였다.

1) 공손

추측 표현은 의례적인 인사에 사용되어 발화의 공손성을 높인다.

(1) 제보자: 박무성입니다. 잘 부탁드립니다, 황시목 검사님.
　　검사: 네, 처음 뵙겠습니다.
　　검사[1]: 처음 뵙습니다.
(2) 가. 축하드리겠습니다.
　　나. 축하드립니다. (전혜영, 1995: 143)

[2] 일반적으로 '-겠-'은 [추측], [의도], [가능성], [미래] 등의 의미로 나뉘는데 [가능성]이나 [미래]는 가능성에 대한 추측이나 미래 상황에 대한 추측으로 볼 수 있기 때문에 본고에서는 '-겠-'의 의미를 [추측]과 [의도]로 보았다.

격식적인 자리의 인사말에서 관습적으로 '-겠-'[2]이 자주 사용된다. '-겠-'의 화용론적 의미에 대해 논의한 정진(2013)은 화자가 자신의 발화 태도를 비확정으로 표현할 때 공손성이 획득된다고 보았다.[3] 예문 (1)에서 두 사람은 지금 서로를 보고 있으며 처음 만난 것이 확실함에도 '-겠-'을 사용하여 격식적인 느낌과 공손성의 강도를 높이고 있다. '-겠-'이 사용되지 않은 검사[1]과 비교해 보면 이러한 격식성과 공손성이 '-겠-'을 통해 나타나는 것을 알 수 있다.[4] (2가)는 지금 축하를 하는 상황이기 때문에 화자의 추측이 아니며 이를 지금 청자에게 축하를 하고자 하는 화자의 의도를 나타낸다고 볼 수도 있다. 그에 비해 (2나)는 '-겠-'이 사용되지 않았음에도 화자가 축하를 하고자 하는 의도가 드러나므로 '-겠-'은 의도를 나타내기 위해 사용된 것이 아니라 발화를 더욱 공손하게 하기 위해 쓰였다는 것을 알 수 있다(전혜영, 1995).[5]

(3) (전체 직원들에게) 저 먼저 가겠습니다. 수고하십시오.
(4) 사원: 네, 부장님 말씀하신 서류 다 챙겼고요. 네, 이따 뵙겠습니다.
(5) 여자 대리: 빨리 가서 얼른 가서 쉬세요.
　　여자 사원: 내일 봬요.
　　남자 사원: 내일 뵙겠습니다.
(6) 아들: 다녀오겠습니다.
　　엄마: 다녀와라.

(3)은 회사원이 부서 사람들 전체에게 인사를 하며 퇴근하는 상황으로 부서 사람들 중에는 화자보다 나이가 많거나 직급이 높은 사람도 있고 낮은 사람도 있지만 부서 전체에 하는 인사는 공식적인 인사로 볼 수 있기 때문에 화자는 '-겠-'을 사용하여 공손하게 인사를 하였다. (4)는 신입 사원이 전화 통화를 마치면서 상사인 부장에게 인사를 하고 있는 상황으로 신입 사원과 부장은 직급 차이가 크기 때문에 '-겠-'을 사용하여 아주 공손하게 인사하였다. (5)는 '-겠-'의 사용이 화자와 청자의 친소 관계에 따라 달라지는 것을 보여 준다. 여자 대리와 친분이 있는 여자 사원은 '-겠-'을 사용하지 않았고 종결 어미도 '-어요'를 사용하여 친근하게 인사하고 있다. 반면 대리와 가깝지 않은 남자 사원은 '-겠-'과 함께 '-습니다'를 사용하여 더욱 공손하게 인사하고 있다. 그러나 (6)과 같이 부모와 자식과 같은 친밀한 관계에서도 존대자에게 인사할 때에는 '-겠-'이 사용되는 것을 알 수 있다.

[3] 정진(2013)은 이외에도 청자의 의지를 물을 때, 양태 표현과 결합되었을 때 공손성을 나타낼 수 있다고 하였다.

[4] 임동훈(2001), 박재연(2004), 강현주(2010) 등의 연구에서는 여기에 사용된 '-겠-'을 계획된 미래인 [예정]으로 보았으나 미래에 발생할 일은 단언할 수 없으며 화자와 청자가 만난 것은 지금이지 예정된 미래가 아니기 때문에 [예정]은 [추측]의 의미로 수렴될 수 있다.

[5] 본 연구의 분석 자료에서는 '축하드리겠습니다'의 용례는 발견되지 않았다. 본고 분석 자료에서는 윗사람에게 축하 인사를 할 때에는 '축하드립니다'가 사용되었으며 친하지 않은 동료에게는 '축하합니다'가 사용되었다.

(7) 가. 저, 잠깐만요. 실례 좀 하겠습니다.

　　나. 저, 잠깐만요. 실례 좀 할게요.

　　다. 저, 잠깐만요. 실례 좀 합니다.

(7가)는 다른 사람에게 말을 걸 때 사용하는 표현으로 여기에 사용된 '-겠-'은 화자의 의도를 나타낸다고 볼 수도 있다. 그러나 의도를 나타내는 '-을게요'를 사용한 (7나)와 '-겠-'이 사용되지 않은 (7다)에서는 청자에게 양해를 구한다는 의미가 포함되지 않아 불손하게 느껴진다.

(8) 가. 맛있게 먹겠습니다.

　　나. 맛있게 먹을게요.

(8)은 식사 전에 사용하는 인사로 (8가)는 격식적인 자리나 비격식적인 자리에서 청자가 존대자이거나 존대자를 포함하여 여러 명이 있을 때 사용된다. (8나)는 주로 비격식적인 자리에서 사용되며 청자와 화자의 사회적 지위나 나이가 비슷하거나 청자가 아랫사람일 때 사용된다.

위의 예문들을 보면 관습적인 인사에서 한국인들은 공손성을 표현하기 위해 '-겠-'을 사용하는 것을 알 수 있다.

(9) 사모: 김 기사님, 오늘 이거 애들 아빠한테 꼭 비밀로 해 주세요.

　　김기사: 가. 알겠습니다.

　　　　　　나. 알았습니다.

　　　　　　다. 압니다.

　　　　　　라. 모르겠습니다.

(10) 대리 기사: 네, 신논현역 6번 출구에서 쭉 직진하고 그 다음 어디라고 하셨지요? 네, 알겠습니다. 금방 가겠습니다. 사장님.

(11) 누나: 꽤 마셨어. 너무 빨리 달리지 마.

　　동생: 알겠어.

'알다'와 '모르다'도 '-겠-'과 결합되면 완곡하고 공손한 대답이 된다. (9)에서 김 기사는 사모가 원하는 대로 할 것이라는 의미로 '알겠다'를 사용하였다. 전혜영(1995)은 '-겠-'을 사용하여 비확정적인 태도로 표현하게 되면 청자에게 주는 부담이 적어지기 때문에 더 공손한 표현으로 받아들여진다고 보았다. 김성환(2016)의 연구에서 상급자이거나 친밀도가 낮을수록 '알겠다'로 대답하는 한국인이 많은 것으로 조사되었는데 이는 존중과 배려를 중요시하는 한국인들에게 '그렇게 할 것이다'라는 '-겠-'의 의미가 결합된 '알겠다'가 '알았다'보다 공손한 표현으로 간주되기 때문이라고 하였다. 만약 (9나)와 같이 '-았-'을 사용하였을 경우에는 화자는 청자의 설명이나 의견을 더 이상 들을 필요가 없다는 것을 나타내기 때문에 청자의 반감을 불러일으킬 수 있다(전혜영, 1995). 또 (9다)처럼 현재 시제로 응답을 해도 청자는 불쾌감을 느끼게 되는데 이는 화자가 이미 알고 있는 사실이라 청자가 굳이 설명할 필요가 없었음으로 해석될 수 있기 때문이다. (9라)에서 '모르다'는 화자가 특정 정보를 알고 있는지 묻는 상황이 아닌 경우 대부분 '-겠-'과 결합되는데, 이는 '모르다'의 기본 의미가 상대방에 대한 거부나 거절과 같은 부정적인 태도를 나타내기 때문에 비확정의 '-겠-'이 사용되는 것이다(전혜영, 1995). 즉, '모르다'와 같이 상대방에게 부정적인 발화를 할 때 추측 표현을 사용하면 청자가 받을 부정적인 감정을 최소화시키고 공손성을 높일 수 있다. 예문 (9)는 현재 같이 일하고 있는 상하 관계에 있는 사람들의 대화이고, (10)은 오늘 처음 만난 상하 관계의 사람들 간의 대화이다. 이렇게 상하 관계가 확실한 상황에서는 '알겠습니다'가 사용되었으며, 남매 간의 대화인 (11)과 같이 친밀한 관계에서는 '알겠어'가 쓰였다. 이를 통해 '알겠다'라는 대답이 사회적 위치나 나이에 상관없이 모두에게 사용되며 발화 자체가 청자를 배려한 행위이기 때문에 종결 어미와 상관없이 공손성을 나타낸다는 것을 알 수 있다.

(12) 가. 곧 영화가 상영되겠습니다.
　　　나. 곧 영화가 상영되겠어. (전혜영, 1995: 142)
(13) 가. 당분간 계속 무덥겠고 주말쯤엔 태풍 낭카의 영향으로 남부에 비가 오겠습니다. (손혜옥, 2016:74~75)
　　　나. 당분간 계속 무덥고 주말쯤엔 태풍 낭카의 영향으로 남부에 비가 옵니다.
(14) 손님, 여기 아메리카노 되시겠습니다. (손혜옥, 2016:215)

위의 예문은 뉴스나 일기 예보, 안내 방송 등 공식적인 자리에서 무엇을 안내할 때 사용되는 관습화된 표현이다. 안내하는 행위는 앞으로 일어날 일을 추측하는 게 아니라 예정된 일정을 전달하거나 확실성이 높은 근거를 바탕으로 한 사실을 전달하는 것이다. (12가)와 같이 사실을 비확정으로 표현하면 청자에게 여유를 줄 수 있어 더 공손한 표현이 된다. 그러나 (12나)와 같이 화자와 청자의 친밀도가 높을 경우에 사용된 '-겠-'은 안내의 의미를 갖지 않으므로 (12가)에서 '-겠-'이 공식적이고 격식적인 상황에서 공손의 기능으로 사용된 것임을 알 수 있다(전혜영, 1995).[6] (13)과

6 이지연(2018)은 '-겠-'이 '신랑, 신부의 입장이 있겠습니다'와 같은 특정 좌맥에서 이직 일어나지 않은 명제에 대한 확실성이 높을 때 사용된다고 하였다.

같은 일기 예보에서 화자는 아직 발생하지 않은 사건의 전달자이다. 화자가 전달하고자 하는 명제는 근거가 충분하여 사건 발생의 확실성은 높지만 미래에 발생할 사건에 대해 화자가 단언을 할 수 없기 때문에 '-겠-'이 사용되었다(손혜옥, 2016). 이를 화자의 책임 회피로 볼 수도 있으나 일기 예보는 대중을 상대로 하는 공적 발화이며 (13나)에 비해 (13가)가 더 부드럽게 들리기 때문에 '-겠-'은 발화의 공손성을 높이기 위해 사용된 것으로 봐야 한다. (14)는 카페에서 직원이 손님에게 하는 안내로 비규범적이지만 실생활에서 자주 들을 수 있는 발화이다. (14)는 한국어 모국어 화자들이 관습적으로 공손함을 표현하기 위해 '-겠-'을 사용하는 것을 잘 보여준다.[7]

> [7] 이러한 예는 드라마나 영화에서 찾아볼 수 없었는데 이는 본 연구에 사용된 분석 자료가 한정적이기 때문일 것이다.

(15) 자, 그럼 간단하게 서류 작성하고 전무님 면담하겠습니다.
(16) 선배님, 리허설 시작하겠습니다.

(15)와 (16)은 화자가 예정된 일정을 청자에게 전달하는 상황이다. (15)에서는 회사 직원이 신입 사원들에게 입사 절차를 안내하고 있다. 신입 사원은 화자보다 직위도 낮고 나이도 어리지만 친소 관계가 없으며 입사 절차 안내도 공식적인 자리로 볼 수 있기 때문에 '-겠-'을 사용하여 공손하게 안내하고 있다. (16)은 화자가 선배에게 공손하게 안내하는 예이다. 위의 예문에서처럼 관습적으로 사용되는 인사나 안내 등에서 발화의 공손성을 높이기 위해 '-겠-'이 사용되었으며 격식적인 상황에서 존대자나 비존대자 모두에게 사용되었다.

(17) 한 사람씩 나가겠습니다. (전혜영, 1995: 138)
(18) 대리: (전화 통화 중) 예? 아, 아니 그래도 애를 어떻게… 아, 저 부장님, 아직 얘는 아무것도 모릅니다. 예, 알, 알겠습니다.
(전화를 끊은 후 사원에게) 장그래 씨, 그래 씨가 좀 가야겠어.
사원: 네?
대리: so amazing 하지? 다른 방법이 없어.
(19) 가. 그래 씨가 좀 가.
나. 선생님이 가야겠습니다.
다. 선생님이 가셔야겠습니다.

명령이나 요청, 제안과 같이 청자에게 부담을 줄 수 있는 발화에서도 추측 표현을 사용하면 청자의 부담감을 줄일 수 있다. 전혜영(1995)은 예문 (17)과 같이 직접적으로 명령하는 대신 서술문에 '-겠-'을 사용하면 명령의 발화수반력을 약화시킬 수 있으며 공손성도 높일 수 있다고 하였다. 이 근거로 상하 관계가 뚜렷한 군대 사회에서는 '행진 간에 군가한다'와 같이 명령하며, 유치원에서도 교사가 아이들에게 명령할 때 '한 사람씩 나가세요.'와 같이 '-겠-'을 사용하지 않으므로 명령 서술문에서 '-겠-'은 공손성을 나타내는 것으로 볼 수 있다고 하였다. (18)에서 화자는 당위의 선어말어미 '-아야-'에 '-겠-'을 결합하여 완곡하게 지시하고 있다. '-아야겠-'은 지시 내용을 객관화시키고 자신은 지시 내용의 전달자일 뿐 지시 당사자가 아님을 나타내기도 한다. 만약 화자의 결정으로 내린 지시라면 (19가)와 같이 단언 화법을 사용할 것이다. 일반적으로 '-아야겠-'은 윗사람이 아랫사람에게 지시를 하는 상황에서 사용되며 (19나)와 같이 청자가 화자보다 윗사람일 경우에는 비문이 되지만 (19다)와 같이 공손의 선어말어미 '-으시-'가 추가되면 공손한 요청이 된다.

(20) 차장: 저기, 자원팀에서 시일을 좀 주셨으면 좋겠네요.
　　　　과장: 네, 좋습니다.

(20)은 사내 부서 간 회의에서 하는 발화로 차장은 자신이 원하는 것을 '-으면 좋겠-'을 사용하여 정중하고 소극적으로 요청을 하고 있다. 화자에게 요청하는 행위를 조건으로 내세우고 그 행위가 실현되기를 바라는 화자의 마음을 '좋겠-'을 사용하여 표현함으로써 상대방의 부담감을 줄여 주었다. '-으면 좋겠-'은 격식적인 상황이나 비격식적인 상황 모두에서 사용된다. 서지혜(2012)는 '-으면 좋겠-'은 힘의 크기가 화자가 청자보다 작거나 같을 때 사용된다고 하였는데 위의 예와 같이 격식적인 자리에서는 힘의 크기에 상관없이 사용될 수 있다.

(21) 가. 메뉴 좀 보여 주시겠어요?
　　　나. 메뉴 좀 보여 주겠어요?
　　　다. 메뉴를 보여 줄 겁니까?
(22) (경찰관이 운전자에게) 면허증 좀 보여 주실까요? (박재연, 2015:99)

　　의문문 형태를 차용한 요청은 화자가 원하는 행위에 대한 청자의 의향에 대해 물음으로써 요구되는 행위의 수행 여부를 청자의 선택에 맡겨 공손성을 높일 수 있는데 이때에도 추측 표현이 자주 사용된다.[8] 그러나 이렇게 의문문의 형식으로 한 요청에서도 (21나)와 같이 '-으시-'를 사용하지 않으면 공손성이 약해지는데 만약 연장자인 화자가 연수자인 청자에게 하는 발화일 경우에는 공손한 요청이 된다. 그렇지만 (21다)에서처럼 '-겠-' 대신에 '-을 것이다'를 사용하게 되면 이는 화자의 추측

[8] 임마누엘(2005)에 따르면 한국인들은 요청 화행에서 상대방의 지위에 상관없이 상대방의 의사나 수락 가능성 여부를 중요시하여 의문문의 형태로 요청을 하는 경우가 많았으나 한국어 학습자들은 직접적이고 명시적인 요청을 많이 하는 것으로 조사되었다.

이 아닌 청자의 의지를 묻는 것이 되며, 이미 요청한 상황에서 그 행위가 일어나지 않아 청자에게 요청을 다시 환기시킬 때 사용되기 때문에 공손의 의미는 갖지 않는다. (22)는 경찰의 공적 발화로 '-을까'는 '-으십시오'의 의미에 가깝게 해석되기 때문에 청자에게 강한 명령으로 들린다. 그러나 '-을까'는 요청의 강도를 낮추고 화자가 바라는 청자의 행위에 대해 청자의 의견을 물어 마치 행위 수행 여부의 선택권을 청자에게 주는 듯한 느낌을 주기 때문에 공손한 요청으로 볼 수 있다.

(23) 가. 혹시 근처에 문구점 같은 거 있을까요?
　　　나. (지나가는 아이에게) 혹시 근처에 문구점 같은 거 있을까?
(24) 가. 사원: 아, 차장님, 다들 들어가신 것 같은데요.
　　　나. 사원: (친구에게) 다들 들어간 것 같아.

(23)과 (24)는 발화된 명제와 발화 의도가 같지 않은 간접 요청의 예이다. (23)은 문구점이 어디에 있는지 가르쳐달라는 요청을 '-을까'를 사용하여 간접적으로 표현하였고, (24)에서는 사원이 차장에게 들어가라는 요청을 추측 표현 '-것 같-'에 발화를 부드럽게 만드는 양태 어미 '-는데요'를 결합하여 요청의 강도를 낮추고 공손성을 높여서 하고 있다. 이렇게 완곡한 발화와 함께 사용된 추측 표현은 보통 청자가 화자보다 존대자일 때에도 사용되지만 (23나)와 (24나)에서처럼 청자가 존대자가 아닌 경우에도 사용할 수 있다.

(25) 사원: (다른 부서 사원에게) 저, 죄송한데, 라이터 좀 빌릴 수 있을까요?
(26) 이 아이들 저랑 같이 밖에 놀이터에서 놀면 안 될까요?

청자의 허락을 구하는 상황에서도 '-을까'를 사용하여 완곡하고 공손하게 청자의 의사를 물을 수 있다. (25)에서는 청자가 화자가 원하는 바를 해 줄 가능성이 있는지를 '-을 수 있-'을 사용하여 물으면서 추측 표현 '-을까'를 결합하여 요청의 강도를 낮추었다. (26)에 사용된 부정 의문문[9]은 청자의 부정적 반응에 대한 화자의 짐작을 나타내는데 이를 통해 청자에게 가해지는 심리적 부담감의 정도를 완화시켜(조정민, 2013) 청자가 부정적으로 응답할 때 느낄 수 있는 부담을 덜어 줄 수 있다.

[9] 부정 의문문은 부정사 '안'이나 '못', 특수 부정어 '아니다, 없다, 모르다'가 쓰인 의문문을 말한다(이해영, 2019).

(27) 아버지: 아니 그럼 우리가 비누를 제각각 다른 걸 써야 하나.
　　　아들: 아버지, 저희 빨래 세제도 각자 다른 향으로 해야 하지 않을까요?
　　　아들[1]: 아버지, 저희 빨래 세제도 각자 다른 향으로 해야 할까요?

(28) 비가 많이 오니 차는 두고 가시는 것이 좋을 것 같습니다.
　　　(이정란, 2011:302)

　　청자에게 제안을 할 때에도 추측 표현을 사용하여 발화를 완곡하게 만들 수 있다. (27)에서는 부정 표현 '-지 않-'에 '-을까'를 결합하여 제안을 하고 있는데 아들의 발화를 아들1과 같이 일반 의문문으로 바꾸어도 화자의 의도나 질문의 의미가 바뀌지 않는다. 그러므로 (27)에서 부정 의문문은 부정의 의미를 나타내는 게 아니라 화자가 자신의 의견을 조심스럽게 제시하기 위해 사용된 것임을 알 수 있다. (28)은 명령으로 들릴 수 있는 여지를 피하고 제안한 내용에 대한 최종 선택은 청자가 할 수 있음을 암시하여 공손성을 높이고 있다(이정란, 2011). 이렇게 추측 표현을 사용한 제안은 화자의 책임을 회피하는 것으로도 볼 수 있으나, 상대방에게 화자의 의견에 대한 답을 원한다는 점에서 상대방에게 부담을 줄 수 있는 상황이기 때문에 공손의 기능이 더 중요하게 작용한다.

　　(29) 가. 이 일을 할 수 있겠니?
　　　　　나. 이 일을 할 수 있니? (박재연, 2004: 73)

　　다른 사람의 능력이나 가능성을 부드럽게 물을 때에도 '-겠-'이 사용된다. (29가)는 (29나)와 비교하였을 때 더 부드럽고 완곡한 표현이라는 뉘앙스를 준다(박재연, 2004). (29나)는 청자 능력의 유무를 묻는 것으로 '-겠-'이 없어도 능력의 의미는 남아 있다. 그러나 미확정의 '-겠-'을 사용하면 화자가 청자에게 주는 부담이 적어져 완곡한 표현이 되는 것이다.

　　청자의 제안을 거절하거나 잘못을 지적하는 것과 같이 청자의 체면을 손상시키거나 청자에게 부정적인 내용을 전달해야 하는 상황에서 단정적으로 발화를 하게 되면 불손하게 느껴지며 청자의 반감을 불러일으킬 수도 있다. 이렇게 청자에게 불쾌감을 줄 수 있는 상황에서 화자는 불편한 상황을 최소화하고 공손성을 높이기 위해 우회적인 발화를 하게 되는데 이때에도 추측 표현이 사용된다.

　　(30) 차장: 어, 저, 대표님하고 점주님이 같이 식사하자니까 대충대충 마무리해.
　　　　　대리: 아, 제가 속이 좀 안 좋아서 저는 숙소로 먼저 들어가야 될 것 같습니다.
　　(31) 점주님, 오늘 11시에 협의 건 취소해야 될 거 같아서요.
　　(32) 가: 내일 세미나에 꼭 와.
　　　　　나: 미안한데, 내일 일이 있어서 못 갈 것 같아. (황주하, 2018:24)

'-것 같-'은 거절을 해야 하는 상황에서 청자가 받을 충격이나 체면 손상을 완화시키기 위하여 사용된다(이한규, 2001/이지연, 2019). 예문 (30-32)를 보면 화자는 단언으로 거절하였을 때 청자가 받을 수 있는 부정적인 감정을 낮추고 예의를 지키기 위해 추측 표현 '-것 같-'을 사용하였다. (30)은 상관인 차장의 제안에 대리가 '-아야 될 것 같-'을 사용하여 화자의 의도가 아닌 몸이 안 좋은 화자의 상황 때문에 어쩔 수 없이 거절할 수밖에 없음을 표현하고 있고, (31)에서도 약속된 협의를 취소하면서 이는 화자의 의도가 아님을 나타내기 위해 '-것 같-'을 사용하였다. (32)는 친밀한 관계에서 '-것 같-'을 사용한 거절의 예로 화자는 참석을 못 하는 것이 확실하지만 거절을 받아들이는 청자의 입장을 배려하여 비확정적으로 표현하였다. 이렇게 '-것 같-'을 사용한 거절은 예의와 체면을 중요시하는 한국 사회에서 화자와 청자의 위치나 친소 관계, 남녀에 상관없이 자주 사용된다.

(33) 진행자: 인터뷰 목적이 이 탄원서에 지목된 게 본인이다 밝히기 위해서였나요?
　　　게스트: 지목된 게 누구냐는 이 사건의 본질과는 좀 다른 것 같습니다.
(34) 선배 검사: 이게 누구인가? 자주 찾아뵙지 못해 죄송하다 그래. 그리고 좋아보여서 다행이라고. 너도 좋고 나도 나쁠 거 없는 덕담 나누다가 본론으로 들어가. 보통 어른들은 그렇게 해.
　　　후배 검사: 현직이실 때도 제가 자주 찾아뵀던 건 아니었던 거 같은데요.
(35) 가: 에, 그래서 여자는 약하다, 그러나 어머니는 강하다 그런 말이 있지 않습니까?
　　　나: 아니, 아저씨. 그런 말은 이런 때 쓰는 게 아닐걸요. (이해영, 1995: 154)

대화 상대자의 진술을 반박할 때에도 추측 표현이 사용된다. (33)에서 게스트는 확신하는 상황이지만 진행자에게 예의를 지키고 진행자의 체면이 손상되는 것을 방지하기 위해 '-것 같-'을 사용하여 상대방의 진술에 동의하지 않음을 표현하고 있다. (34)에서도 선배의 발화 내용을 지적하고 있지만 선배와의 불편한 상황을 최소화하기 위해 '-것 같-'에 양태 어미 '-은데'를 사용하여 발화의 강도를 낮추었다. (35)에서는 '-을걸'을 사용하여 상대방의 잘못을 지적하고 있다.[10]

(36) 본사 직원: 여기 먼지 너무 많아요. 매니저 님, 냉장고를 너무 믿으시는 것 같아요.
(37) 상무: 서도철 형사님께서 저희 회사에서 투신하신 분하고 개인적인 연이 있

[10] '-을걸'은 구어체에서만 사용되는 평서형 종결어미로 [추측]과 [후회]의 의미를 나타내는데 [추측]의 경우 상향 억양으로 실현된다(이지연, 2019). 그러나 이지연(2019)은 '-을걸'이 상대방의 의견을 반박하고자 할 때 사용되므로 공손한 태도로 이야기해야 하는 상황에서는 적절하지 않다고 하였는데, '-을걸'을 사용한 반박을 단언으로 바꾸면 상대방을 더욱 거북하게 만들 수 있기 때문에 '-을걸'에도 공손의 기능이 있는 것으로 보아야 한다.

어서 그러시는 거는 알지만… 그 뭐라 그럴까요, 약간 도를 지나치시는 것 같은 생각이 들어서요.

지은: 남편이 하는 일은 제가 관여할 바가 아니죠.

(36)과 (37)에서 화자는 청자의 행동이 부적절함을 지적하고 있다. 만약 화자가 직설적으로 비난을 하게 되면 청자의 감정을 상하게 되고 결과적으로는 화자가 원하는 목적을 달성하지 못할 수도 있다. 그렇기 때문에 보통 이러한 상황에서 추측 표현을 사용하여 우회적으로 지적을 하게 된다. (36)은 갑의 위치에 있는 본사 직원이 유통 기간을 잘 지키지 않는 매니저에게 유통 기한을 지키라는 메시지를 '냉장고를 너무 믿는다'라고 돌려 말하면서 '-것 같-'으로 자신의 추측임을 표현하여 청자의 체면 손상을 약화시켰다. (37)에서도 '도를 넘는다'는 말을 '도를 지나치시다'로 공손하게 표현하였고 여기에 추측 표현을 결합하여 공손성을 더하고 있다.

(38) 사원: (PT면접) 제품이 실패하거나 부진을 겪는다는 건 그만큼의 예측 결정이 실패했거나 기획, 판단이 실패했다는 것일 겁니다.

(39) 사원: (다른 사원에게) 구두 계약 때 잠깐 나온 얘기인데 김 대리님이 듣고도 놓치셨나 봐요.

(38)은 회사에서 면접 중 발표를 하는 상황으로 부정적인 상황에 대해 단언으로 표현하였을 때 청자가 받게 되는 부정적 감정을 약화시키기 위해 '-을 것-'을 사용하였는데, 이를 통해 화자는 자신의 생각이나 의견을 축소시키고 상대방이 가질 수 있는 화자의 의견 수용에 대한 부담감을 완화시킬 수 있다. (39)에서는 다른 사람의 잘못을 지적하면서 추측의 '-나 보-'를 사용하여 자신의 생각이 틀릴 수 있음을 나타내고 있다. 타인의 잘못을 직설적으로 지적하는 것은 타인의 체면을 심각하게 손상시킬 수 있기 때문에 추측 표현이 자주 사용된다.[11]

지금까지 본 예문들은 화자가 청자의 체면을 위협하지 않고 청자에게 부담을 주지 않기 위해 추측 표현을 사용한 발화이다. 이러한 발화의 목적은 단언적이고 직설적인 발화가 가져올 수 있는 청자의 반감을 줄이고 공손성을 높여 의사소통의 목적을 달성하고 청자와의 원만한 관계를 유지하는 데 있다.

[11] (39)는 상황에 따라 화자가 단정적으로 발화하였을 경우 화자에게 돌아올 책임을 회피하기 위해 사용한 것으로 볼 수도 있다(이한규, 2001).

2) 책임 회피

화자는 어떤 사실이나 자신의 의견을 전달할 때 자신의 체면을 유지하거나 자신의 판단에 대한 책임을 회피하기 위하여 추측 표현을 사용하기도 한다.

(40) 한 2분 정도 후면 도착할 거 같고요.

(41) 과외 선생님: 정말 만나 보시겠어요?

과외 학생 엄마: 믿는 사람 소개로 연결 연결, 이게 베스트인 거 같아요.

(42) 점주: 센스가 있어 가지고 안 그럴 거 같은데 농담 되게 진지하게 받아들이신다.

본사 직원: 아휴, 제가 원래 정말 잘 받아치는데요. 점주님이 아직 좀 어려운가 봐요.

(43) 검사: 내용 들은 건 없습니까?

목격자: 그게 너무 오래돼서… 개수작 말라 그랬나? 아무튼, 주로 아저씨가 화를 냈던 거 같아요.

(40)에서 화자는 자신의 상황을 청자에게 전달하면서 발화를 불확실하게 하고 있는데 이를 통해 혹시라도 화자가 더 늦게 도착했을 때의 책임을 회피할 수 있다. (41)과 (42)에서 화자는 자신의 의견이나 심리를 '-것 같-'을 사용하여 불확실하게 전달하고 있다. 화자의 심리는 화자만 자각할 수 있는 것임에도 '-것 같-'과 결합하여 표현하는 것은 화자의 불안정하고 나약한 의식 세계를 보여주기 때문에 이러한 사용에 부정적인 견해를 가진 사람들도 있다(이한규, 2001). 그러나 감정을 나타내는 형용사나 '화가 나다, 졸리다'와 같이 화자만 지각할 수 있는 상태를 나타내는 동사가 '-것 같-'과 결합되면 화자의 내적 상태를 드러낼 수 있으며, 한국어에서 이러한 표현이 빈번히 사용되기 때문에 이를 '-것 같-'의 특징으로 봐야 하며 한국어 교육에서도 교수되어야 한다(황주하, 2018). (43)은 화자의 부정확한 기억에 대한 진술로 자신의 기억이 틀릴 수 있음을 추측 표현을 사용하여 나타내고 있다.

위의 예문에서 본 바와 같이 추측 표현은 확신이나 근거가 부족한 화자의 생각을 나타내거나 자신감이 없는 상황에 사용되어 화자 발화에 대한 책임을 낮출 수 있다. 그러나 책임 회피 발화는 종종 자신감이 결여되어 있거나 무책임한 것으로 보여지기 때문에 책임 회피를 위한 과도한 추측 표현의 사용은 지양되어야 함도 한국어 학습자들에게 교수되어야 할 것이다.

(44) 이사: 아, 노랗고 뭐고 없었다니까!

부장: 못 보셨다니 제가 착각한 모양입니다. 죄송합니다.

(45) 과장: 야, 내가 오늘 온다고 그랬는데 걔를 오늘 보내면 어떡해.

　　　 대리: 그쪽하고 커뮤니케이션이 꼬였나 봐요.

(46) 이사: 그 말이야, 지난번 오픈 매장 건 있지? 개인 경비.

　　　 대리: 아, 그거 제가 곧 처리하겠습니다.

　　　 이사: 아니야, 직원 부담은 그 뭐냐 과한 처사인 거 같아서 회사가 떠안는

　　　 걸로 그.. 내가 정리했어.

(47) 내가 어제 취해서 실수했나 봐. (손혜옥, 2016:85)

　　사과나 변명은 화자에 의해 청자의 체면이 이미 손상되었거나 청자의 감정이 안
좋아진 후에 그것을 복구하기 위해 이루어지는 행위이다. 그렇기 때문에 화자는 상
황과 청자와의 관계에 맞는 적절한 표현을 사용하여 사과나 변명의 효과를 높이고
자 한다. '-은 모양이-'와 '-나 보-'는 보통 1인칭 주어와 함께 사용되지 않는데 (44)
와 (45)처럼 화자가 명제 내용과 거리를 두고 객관화시키며 추측할 때에는 화자가
주어로 사용될 수 있다. 이를 통해 화자는 자신의 잘못을 객관화시켜 자신의 체면도
보호하면서 자신의 잘못을 인정할 수 있다.[12] (46)은 화자가 본인의 실수를 객관적으
로 인식하고 있지만 자신의 체면을 살리기 위해 '-것 같-'을 사용하여 완곡하게 말하
고 있고, (47)에서 화자는 명확하지 않은 기억이나 자신이 주체가 되는 사건에 대해
재인식한 것을 나타내기 위해 추측 표현을 사용하였다. (47)은 상황에 따라 화자의
혼잣말이 될 수도 있지만 친분이 있는 청자에게 화자가 자신의 잘못에 대해 사과하
는 상황에서도 자주 사용된다. 그러나 사과에서 사용된 추측 표현은 자칫 화자가 잘
못을 인정하지 않거나 회피하는 것으로 받아들여질 수 있기 때문에 상황과 사과 대
상과의 관계를 고려하여 사용되어야 한다.

3) 겸손

(48) 아들: 여보세요? 저예요. 저 취직했어요. 합격인 거 같아요.

　　　 엄마: 그래, 잘됐다.

　　화자가 자신을 겸손하게 표현하기 위해 추측 표현을 사용하기도 한다. (48)은 아
들이 엄마에게 자신이 입사 시험에 합격한 사실을 알리고 있는 상황이다. 화자는 방
금 회사에서 합격 통보 연락을 받았기 때문에 확실한 상황이지만 청자가 받을 충격
을 완화하고 자랑으로 들릴 수 있는 합격 사실을 겸손하게 알리기 위해 '-것 같-'을
사용하였다.

[12] 이해용(2003)에서는
자신의 실수를 '-은
모양이-'로 발화하는
것은 자신의 책임을
회피하고 다른 사람에게
잘못을 떠넘기려고 하는
태도로 보일 수 있음을
지적하였다.

3. 결론

본 연구에서는 한국 드라마 세 편과 영화 두 편에 사용된 추측 표현들이 어떤 상황에서 화용적 기능으로 사용되는지 살펴보았다. 추측 표현의 화용적 기능은 크게 공손 기능과 책임 회피 기능 그리고 겸손 기능으로 분류할 수 있다. 첫 번째로 공손성을 나타내기 위해 사용된 추측 표현은 격식적인 자리나 화자와 청자 간의 친밀도가 낮을 때 인사나 안내를 하는 상황에서 관습적으로 사용되었다. 명령이나 요청 혹은 제안을 하는 상황에서도 화자의 발화로 인해 청자가 받을 수 있는 부담감을 줄여 주고 공손성을 높이기 위해 추측 표현이 사용되었다. 간접적으로 요청을 하는 상황에서도 추측 표현이나 추측 표현과 결합된 부정 의문문을 사용하여 공손성을 높일 수 있었다. 다른 사람의 능력 유무를 물을 때에도 추측 표현을 사용하여 발화를 완곡하게 만들었으며, 청자나 다른 사람의 체면을 손상시킬 수 있는 거절이나 반박 혹은 청자의 잘못을 지적하는 상황에서도 청자의 체면 손상을 줄이기 위해 추측 표현이 사용되었다. 두 번째 기능인 책임 회피를 위해 사용된 추측 표현은 화자가 자신의 진술로 인한 책임을 지지 않기 위하여 사용되기도 하지만 발화 근거가 불명확할 때 사용되기도 하였다. 또한 화자가 사과나 변명을 해야 되는 상황에서 추측 표현은 화자가 자신의 체면이 손상되는 것을 막으면서 잘못을 인정하기 위해 사용되었다. 마지막으로 화자가 자신을 과시하지 않고 겸손하게 표현하기 위해 추측 표현을 사용하는 것을 확인할 수 있었다.

본 연구에서는 추측 표현이 사용되는 모든 상황을 다루지 못하였고 추측 표현과 다른 양태 어미나 종결 어미와의 결합 양상을 살펴보지 못하였다. 또한 화용 기능의 분류는 연구자에 따라 달라질 수 있는데 그 분류 기준을 명확하게 제시하지 못하였다는 한계가 있다. 그러나 한국어 모어 화자들의 일상 담화에서 화용 기능으로 자주 사용되는 추측 표현의 실제적 사용 양상을 분석하였다는 데 의의가 있다고 하겠다.

참고문헌

강현주. (2010). 추측과 의지의 양태 표현'-겠'과 '-(으)ㄹ 것이다'의 교육 방안 연구. **이중언어학, 43,** 29-53쪽.

강현화. (2012). 한국어교육학에서의 담화 연구 분석. **한국어교육, 23-1,** 국제한국어교육학회. 219-256쪽.

김성환. (2016). 한국어 '알겠다'와 '알았다'의 대답 방식에 관한 연구 – 사회언어학적 접근 방식을 통해서. **한민족어문학, 73,** 한민족어문학회. 5-34쪽.

박재연. (2004). **한국어 양태 어미 연구.** 박사학위논문, 서울대학교, 서울.

박재연. (2015). 양태와 관습적 간접 화행의 환유적 연계: 요청 화행을 중심으로. **국어학, 73,** 국어학회. 69-108쪽.

서지혜. (2012). 맥락을 고려한 한국어 문법 교육 연구, -요청 화행을 중심으로-. **시학과 언어학, 23,** 시학과언어학회. 111-135쪽.

손혜옥. (2016). **한국어 양태 범주 연구.** 박사학위논문, 연세대학교, 서울.

이정란. (2011). 한국어 학습자의 화용 생산 능력과 이해 능력 비교 -추측, 희망 표현의 화행 실현을 중심으로-. **이중언어학, 46,** 이중언어학회. 297-319쪽.

이지연. (2019) 한국어 추측 표현의 화용적 특성 연구 -개연의 추측 표현을 대상으로-, **이중언어학, 74,** 이중언어학회. 417-445쪽.

이한규. (2001). "-것 같-"의 화용 의미, **텍스트언어학, 10,** 텍스트언어학회. 269-291쪽.

이해영. (1995). **현대 한국어 활용어미의 의미와 부담줄이기의 상관성.** 박사학위논문, 이화여자대학교, 서울.

이해영. (2009). 외국인의 한국어 거절 화행 실현에 대한 한국인의 수용 태도 연구. **한국어교육, 20-2,** 국제한국어교육학회. 203-228쪽.

이해영. (2019). 중국 한국어교재 중 부정의문문 간접화행 기능 출현 양상. **한국(조선)어교육연구, 14,** 중국한국(조선)어교육연구학회, 247-276쪽.

이해용. (2003). **[짐작], [추측] 양태 표현의 의미와 화용적 기능.** 석사학위논문, 이화여자대학교, 서울.

임동훈. (2001). '-겠-'의 용법과 그 역사적 해석. **국어학, 37,** 국어학회, 115-147쪽.

임마누엘. (2005). **한국어 화행 교육의 필요성과 교수 방안 연구: 요청 화행을 중심으로.** 석사학위논문, 고려대학교, 서울.

전혜영. (1995). 한국어 공손현상과 '-겠-'의 화용론. **국어학, 26**, 국어학회, 125-146 쪽.

정진. (2013). 중국인 한국어 학습자의 '-겠-'을 포함한 요청 화행의 공손 의미 습득 양상. **한국어의미학, 40**, 한국어의미학회, 415-439쪽.

조정민. (2013). 설득적 말하기에 나타난 한국어 부정 의문문 담화 기능 연구, **한국어교육, 24**, 국제한국어교육학회, 289-312쪽.

황주하. (2018). **한국어 추측 표현 교육 방안 연구 – 고빈도 추측 표현을 중심으로.** 박사학위논문, 세종대학교, 서울.

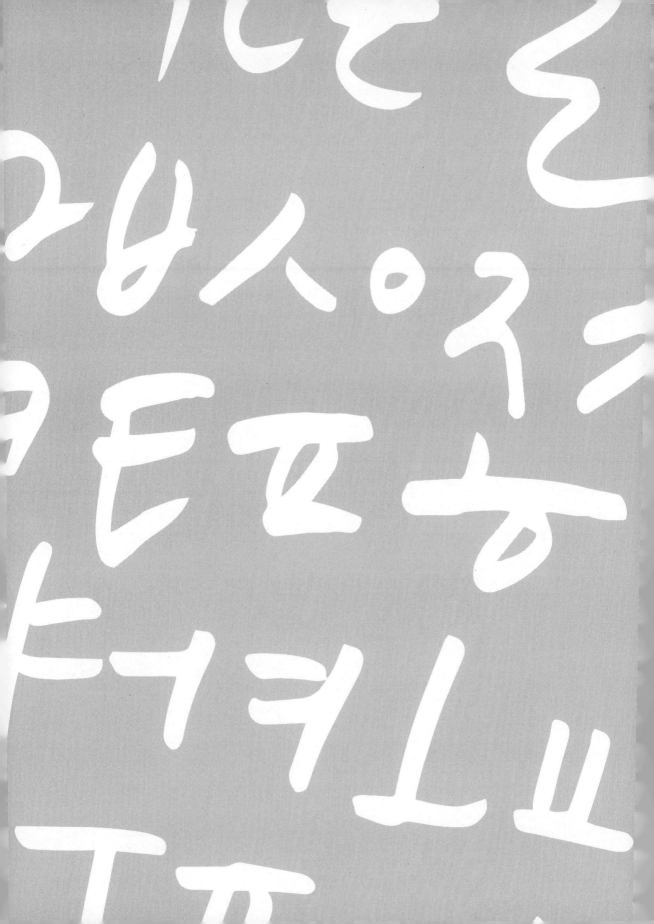

문법 및
어휘교육

—

III

제1장

품사 범주의 주변과
한국어 문법 교육

또마쉬 호락
Thomas Horak
체코 프라하찰스대학교
Univerzita Karlova v Praze

1. 요약

전통문법 기술과 문법 번역식 교수법을 바탕으로 한 기존의 외국어 교육에서 품사는 매우 유용하게 활용되어 왔다. 최근 문법학에서 품사론과 품사의 위치가 상당히 위축되고 관련된 문제가 연구자들의 관심 밖으로 밀려난 것은 사실이지만, 품사 범주는 개별 언어의 기본 어휘 단위들을 의미·형태·분포·기능 등의 기준에 따라 비슷한 것끼리 여러 갈래로 묶고 문법 기술과 학습을 체계화할 수 있도록 돕기 때문에 여전히 활용할 만한 가치가 있다.

그렇지만 품사라는 개념의 장점을 제대로 살리기 위해서는 기존의 범주에 대한 인식을 바꾸고 새로운 접근법이 필요하다고 생각된다. 즉, 아리스토텔레스의 사상과 논리를 바탕으로 한 전통적인 범주(개별 범주는 필요·충분 특성의 집합으로 정의되고, 범주의 특성은 2진법적이며, 범주 간에 분명한 경계선이 존재하고, 해당 범주에 속한 멤버들은 동일한 지위를 가진다는 것 등)는 여러모로 언어의 현실과 맞지 않기 때문에 비트겐슈타인이 제시하고 인지언어학에서 발전시킨 범주(경계가 흐릿하고, 특성보다는 원형으로 정의되고, 중심 외에 주변이 존재하고, 범주 멤버들은 유사성 망으로 연결되어 있다는 것 등)를 도입하는 것이 유리될 것으로 본다. 그래야만 언어의 현실을 보다 잘 반영하고 엄격한 정의와 규정으로 잘 잡히지 않은 사례와 예외를 더 자연스럽게 기술할 수가 있을 것이다.

본 발표에서는 품사를 원형 범주(prototype category)로 규정·인식하는 새로운 품사 개념을 도입하고 한국어 문법 교육에서 활용해 보는 방안을 제시하고자 한다. 더 구체적으로 체코어를 모국어로 한 외국인 학습자를 상대로 한국어 문법 교육과정에서 새롭게 접근한 품사와 품사론의 적용 사례를 소개하고자 한다. 여기서 새로운 품사의 개념을 제시하는 것은 기존의 문법 기술을 버리거나 대대적으로 수정하는 것이 아니라, 학교문법의 틀을 유지하면서 시각을 좀 달리해 여태까지 소홀히 다루어졌던 부분에 관심을 기울이자는 것을 뜻한다.

이렇게 기존의 문법 기술을 보완해 새로운 접근방식을 모색하고자 하는 이유는 다음과 같다. 필자의 경험상 문법 체계나 개별 문형을 가르치거나 어휘를 가르칠 때에는 품사론적으로 전형적이고 대표적인 품사 사례는 학습자가 비교적 쉽게 이해하고 별 차질없이 습득할 수 있지만, 품사 통용어나 개별 품사 주변부에 있는 사례, 즉 품사의 원형·중심 멤버로 처리되기 힘든 사례는 이해 난이도가 상대적으로 높고 학습하기가 어려운 편이다. 그래서 어려운 부분을 밝히고 그 학습에 그전보다 더 많은 시간을 할애하는 것이 좋지 않을까 한다.

유감스럽게도 아직까지는 새로운 시각을 바탕으로 체계적인 문법 교육 과정을 개발하지 못한 것이 사실이다. 다만 기존의 문법 교육 내용의 범위를 확대하고 학습자의 주의를 으레 문제가 되는 쪽으로 돌려 보려는 것뿐이다. 본 발표에서는 품사 통용어 및 품사 범주의 주변 멤버의 개념을 정립하고 몇 가지 사례(예: 소위 명사성 후치사[1], 의존명사, 동사성 후치사, 명사/관형사, 명사/부사, 부사/명사 등)를 부각시키면서 학습 방법을 제시하고 그 중요성을 강조하고자 한다.

2. 전통 문법 기술과 품사

서구의 전통문법에서는 품사와 품사론이 사실상 핵심적인 위치를 차지해 왔다고 해도 과언이 아니다. 일반적인 언어 철학 고찰에서 출발했다가 나중에 고전 그리스어와 라틴어 문법을 정리하고 기술하는 데 사용되는 기본적인 틀을 이루었다.[2]

철학자 플라톤과 아리스토텔레스는 모국어 발화를 분석하고 개념 체계를 정리하면서 대상 지시 기능, 서술 기능 등 주로 술어 논리적(predicate logic)인 기준을 적용해 기본 언어 범주를 설정했다. 그 뒤 스토아 학파에서는 고전의 연구와 학습을 목적으로 어형과 어미의 변화를 체계적으로 기술하기 위해 형태를 바탕으로 한 분류법을 발전시켜 전통문법의 기초를 다졌다. 고대 그리스어와 라틴어가 기타 지역으로 전파되는 과정에서 형태, 의미, 기능에 따라 나눈 갈래가 고전 언어 문법 교

[1] 물론 표준 학교문법 개념은 아니지만 문장 구조상의 특성을 반영해 명사성 후치사(nominal postposition)라는 용어를 사용한다.

[2] Robins, R.H. (1997), p. 42 참조

[3] Dinneen (1966), Robins (1966), Černý (1966) 참조

수의 기본으로 자리를 잡게 되었다.[3] 그리고 수 세기 동안 거의 고전 언어에만 한 정된 문법연구는 중세 후반기 때부터 방언, 즉 개별 민족 언어들의 영역으로 확대 되기 시작하면서 본래 굴절어를 기술하기 위해 개발된 도구가 다른 유형의 언어에 도 적용돼 자연 언어의 보편적인 기술 모델로 인식되기에 이르렀다. 그런데 다수의 언어에 해당한다고 생각되는, 보편적이고 이성적인 문법(예: 포르 루아얄의 문법 - Grammaire générale et raisonnée de Port-Royal)이 나오는 반면에 특히 인쇄 술 발달과 의무 교육 제도의 도입과 관련해 각 민족 언어의 올바른 용법을 제시하는 규범문법도 나와 보편성과 특수성을 동시에 아우르는 전통문법, 또는 학교문법이라 는 사상체계가 형성되었다.

한국에서는 오래전부터 중화의 영향을 받아온 결과 말의 구성, 운용상의 규칙, 단어의 문장 기능 등과 같은 문법 연구가 발전하지 못하고[4] 오히려 문자학, 음운학 등의 분야가 개척돼 왔다. 그래서 근대적 의미에서의 한국어 문법 연구는 서양인에 의해 먼저 착수되었다[5]. 19세기 중반을 전후해 서구의 탐험가, 선교사, 학자 등이 한 국어에 대한 지식을 가지고 자신의 모국어, 즉 프랑스어, 독일어, 영어 등의 체계에 준거해 한국어 문법을 서술했다. 외국어인 한국어를 서양 독자들에게 체계적으로 소개하는 데에는 품사라는 범주가 유용하게 활용됐는데 품사 정의 및 분류 기준이 모호하거나 아예 제시되지 않았기 때문에 품사의 수, 품사별 특성과 예로 든 어휘 등이 각양각색이었다.[6]

초기에는 외국인 저자들이 외부적 요건들로 인해 단편적 정보와 얕은 지식에 의존할 수밖에 없어서 자신들이 알고 있는 언어 현상 파편들을 익숙한 모국어 문법 체계에 프로크루스테스의 침대식으로 짜맞추었다. 직접적인 접촉이 늘고 한국어에 대한 이해도가 높아진 뒤에야 한국어 언어 현실에 들어맞는 보다 일관성 있는 문법 기술이 가능해졌다. 그렇지만 시간이 지나도 서구 언어와 유형상으로 다른 한국어 를 기술하는 방식이 저자마다 조금씩 다르고 제시되는 품사 분류와 체계, 그리고 각 부류에 소속되는 단어가 달랐다.[7] 품사라는 것이 일반적인 의미나 문장 기능을 바탕 으로 하고 있지만 과연 언어 보편적이고 일률적으로 적용될 수 있는, 기본적으로 언 어에 내재되고 정확히 밝혀낼 수 있는 범주인가라는 의구심을 갖게 한다. 아무튼 외 국인에 의한 한국어 문법 연구에서 다양한 품사 서술이 나왔다는 것은 한국 문법계 의 품사와 관련된 논란을 예고한 것이었다.

한국 국내 학자들이 자기 나라 말의 문법을 본격적으로 연구하기 시작한 것은 19세기 말부터였다. 당시 문법 연구는 근대적인 교육제도 도입과 깊은 연관이 있었 기 때문에 애초부터 학교문법이라는 틀 안에서 이루어지고 있었고 대부분의 문법서 가 규범적인 성격을 가진 중·고등 학교용 교과서였다. 그런데 이러한 문법 연구와

[4] "Grammar was almost not developed. ... Grammar in modern sense appeared in Korea only at the end of the 19th century, under the influence of European grammar and Japanese grammatical learning...". Концеви ч, Л. Р. (2001). p. 45

[5] 고영근 (2001). p. 4

[6] 金敏洙, 河東鎬, 高永 根 (1977, 1979, 1983, 1985, 1986). 歷代韓國 文法大系. 탑출판사

[7] 고영근(1994, 2001), 李光政 (1987a, b)

교과서 집필은 권위를 가진 기관이 아니라 개인 연구자들이 주도했기 때문에 외국인 저자들의 경우처럼 서로 다른 문법 기술들이 나왔다. 1960년대까지 문법 연구의 주요 대상이 된 품사론만 하더라도 20여 개의 품사범주가 설정되었고 5품사체계에서 13품사체계로 다양하게 정리되었다.[8] 각 품사를 지칭하는 명칭과 분류 기준 등도 동일하지 않았다.

8 李光政 (1987a), p. 2 참조

혼란스러운 면이 있었음에도 불구하고 품사와 품사론은 근대 한국 문법학에서 매우 중요한 위치를 차지했다. 20세기 전반에 나온 문법서의 대부분의 지면을 차지할 뿐만 아니라 문법의 유형을 가늠하는 척도까지 되었다. 조사(토씨)와 어미(씨끝)를 단어로 인정하고 독립 품사로 설정하느냐 안 하느냐에 따라 소위 분석적 문법 유형(제1유형), 절충적 문법 유형(제2유형), 종합적 문법 유형(제3유형)으로 분류되었다. 분석적 문법 유형이란 조사와 어미를 모두 독립 품사로 설정하는 문법을 말하는 것이고, 절충적 문법 유형이란 조사만 독립 품사로 설정하고 어미에 품사 지위를 부여하지 않는 문법을 말하며, 종합적 문법 유형은 조사도 어미도 독립 품사로 설정하지 않는 문법을 이른다. 이러한 유형적 분류는 시대적 발전 과정과도 관련이 있다. 서구 문법 도입·수용기(1900-30)에서는 분석적 품사론이 주류를 이루는 반면 반성·모색기(1930-46) 때는 절충적 품사론이 대표적이었다. 그리고 통사론 연구가 발전되고 언어 단위의 기능적인 측면이 더 중시되는 정착·심화기(1946-1963) 때는 종합적 품사론이 문법 연구를 주도했다.[9]

9 이러한 유형적 분류와 시대적 구분은 고영근 (1994, 2001)과 李光政 (1987a)의 연구를 바탕으로 현실을 일반화한 것이다. 보다 자세하고 정확한 논의는 위 참고 문헌 참조

10 한국민족문화대백과사전; 표제어- 학교문법 encykorea.aks.ac.kr/Contents/SearchNavi?keyword=학교문법&ridx=0&tot=11 [cit. 23.02.2020]

규범 문법의 핵심적인 과제로 수십 년 동안 개척해온 품사론 연구는 그와 관련된 치열한 논쟁이 지속되는 가운데 1963년 7월에 일단락되었다. 문교부에 의하여 새로 확정된 학교문법 통일안은 제2유형의 9품사 체계와 292종의 문법 용어를 규정했고 그에 따라 1966년에 중학교, 1968년에 고등학교 교과서가 개정되었다.[10] 그렇다고 해서 문법 연구자 모두가 이 체계를 만장일치로 찬성해 순순히 받아들인 것은 아니었다. 1960년대 이후에 품사론에 대한 논란이 어느 정도 잠잠해진 이유는 교육 현장에서의 통일 필요성을 인정하기보다는 현대 언어학에서 품사 분류가 아예 관심 밖으로 밀렸기 때문이다. 어휘의 의미, 형태, 기능, 분포 등 여러 가지 특성을 분류 기준으로 삼아 임의로 적용해서 명확하지 못한 언어 단위를 범주화하는 것이 정확성을 요구하는 과학적인 방법론 입장에서 문제가 되었으며, 또 전통적인 분류론보다 통사론, 화용론 등의 분야가 더 각광을 받았기 때문이기도 하다. 전통문법의 어휘 범주인 품사는 현재에도 각 나라 국어 및 외국어 문법을 정리하고 학생들을 가르치는 데에 널리 사용되고 있지만 분류 기준의 일관성 결여와 같은 불합리성, 정의의 불정확성, 많은 어휘를 두 가지 이상의 품사에 소속시킬 수 있다는 것 등 많은 문제점이 지적되어 왔다.[11]

11 노종균. (2014). 품사 분류의 방법론에 대하여, p. 157-8

3. 언어학적 범주화(원형 범주의 개념)

전통문법학에서 널리 사용되어 온 어휘 범주의 일부 문제점은 자연 언어를 형식체계로 간주하고 그 체계를 기술하는 데에 형식 논리의 방법론을 그대로 적용하는 것에서 비롯한 것일지도 모른다. 다시 말해서 어휘를 포함한 언어 단위의 기존 유형화는 본래 고전 철학과 논리를 바탕으로 하기 때문에 현실 세계보다 개념의 이상적인 세계를 기술하는 데에 적합하다. 언어 범주화의 소위 고전 접근 방식은 이미 수십년 전부터 문제시되었다. 여기서는 존 테일러의 저서[12]를 바탕으로 그 요점을 정리한다.

20세기 전반까지 학계를 지배한 고전적인 범주 개념은 고대 그리스의 철학에 바탕을 두고 있는데 그리스 철학의 대표자인 아리스토텔레스의 범주에 대한 생각을 요약하면 다음과 같다. 일반적으로 사물은 본성^{本性}과 우유성^{偶有性}을 가지고 있는데 본성은 본 사물에 없어서는 안 되는, 그 사물을 규정짓는 요소인 반면에, 우유성은 본 사물에 해당하고 진실된 특징이 될 수 있지만 필연적인 것은 아니다. 예를 들면 사람의 경우 '이족 동물'이라는 것은 본성이고 '흑인', '백인', '지식인' 등은 우유성이다. 또한 본성은 사물을 정의할 때, 즉 특정한 범주에 소속시킬 때도 핵심적인 구실을 한다. '사람'의 예를 다시 빌리면 특정 사물이 사람인지 아닌지를 판단할 때 '사람'이라는 범주의 본성을 가지느냐가 기준이 된다. 이렇게 고전적인 범주는 외연(적용되는 사물의 전 범위)보다는 내포(소속 사물이 공통으로 지니는 필연적 성질의 전체)에 의해 규정된다. 테일러는 범주화에 대한 고전적 접근방식이 추정하는 바를 다음과 같이 열거한다.[13]

범주화에 대한 고전적 접근방식의 가정

1. 범주는 필연적이고 충분한 특징의 집합으로 정의된다. 거기에 모순률 ('A가 B인 동시에 B가 아닐 수는 없다'; 예를 들면 한 사물이 해당 범주에 동시에 속하는 것과 속하지 않은 것은 없다)과 배중률 ('A는 B도 아니고, 또 B가 아닌 것도 아니라는 것은 없다'; 예를 들면 한 사물이 반드시 해당 범주에 속하거나 속하지 않는 것이다)이 적용되면 다음과 같은 추정이 나온다.

2. 범주의 특징은 2진법적이다. 범주를 규정짓는 특징은 있거나 없는 것이다. 또는 사물은 해당 특징을 지니거나 지니지 않는다. 부분적으로나 어느 정도만 특징을 가질 수는 없다.

3. 범주는 명확한 경계가 있다. 한 번 설정해 놓은 범주는 모든 사물을 그 범주에 속하는 사물과 속하지 않는 사물로 양분시킨다.

[12] Taylor, J. R. (1989). *Linguistic Categorization: Prototypes in Linguistic Theory.* Clarendon Press, Oxford. 특히 The Classical Approach to Categorization 장에 많이 의존한다.

[13] 같은 책, p. 23-

4. 해당 범주의 모든 구성원이 동등한 자격을 가지고 동등한 지위를 차지한다. 전 구성원은 해당 범주를 규정짓는 특징들을 모두 가지고 있고 구성원 자격에 차등이 없다.

이러한 범주화에 대한 전통적인 가정들은 20세기의 주류 언어학에 큰 영향을 끼쳤다. 그중에서도 특히 음운론에서 위 모델을 받아들이고 범주 구성원의 특징에 대한 여러 상정想定들을 추가했다. 음운을 정의하는 특징/자질들은 **기초적**(즉 더 이상 세분되지 않는 종극 구성 요소)이고 **보편적**이며 **추상적**이고 **선천적**인 것으로 여겨졌다. 그리고 이렇게 추상적인 특징에 의해 정의된 범주 간의 관계를 밝혀내는 것을 연구의 목적으로 생각했다. 의미론에서도 비슷한 접근 방식으로 어휘를 분석해 기초적이고 추상적이며 보편적인 의미 원소를 찾고 그것으로 정의된 범주 간에 체계적인 관계를 밝히려고 했다. 품사론은 본래부터 품사라는 범주를 설정하는 데에 있어서 여러 가지 기준을 사용했기 때문에 보편적인 정의를 통해 특징되는 집합을 만들기가 힘들었다. 그래도 고전적인 모델에 따라 필연적이고 충분한 특징의 결합에 의해 정의된, 2진법적이고 경계가 명확한 그리고 모든 구성원이 되도록이면 동등한 자격을 가진 범주를 찾으려고[14] 애썼다. 이러한 모델에 의거해 수립된 품사체계는 대충적인 윤곽은 비교적 명료하고 정연한 듯 보이지만 세부적인 부분에 들어가면 혼란스러운 느낌을 준다. 그런 면에서 전통 학교문법의 품사론이 늘 논란과 논쟁이 끊이지 않고 결국 과학적이지 못하다는 비판을 받는 것도 당연한 일일지 모른다.

20세기 중반부터 현대 언어학이 더 형식화되면서 문법 기술에 있어서 품사론의 상대적 중요성이 낮아졌다. 특히 통사론을 집중적으로 연구한 접근법에서는 품사가 형식화한 통사적 구문의 일정한 자리에 놓인 어휘의 범주로만 간주되었고 그 자체로서 큰 의미를 부여받지 못했다. 즉, 문법 연구의 주요 관심사는 통사 범주에 적용되는 생성 및 변형 규칙을 밝히는 것이었고 품사는 다만 통사상의 구句 범주에 해당되는, 사전에서 암묵적으로 정의된 어휘 범주에 불과했다.

현대 언어학에서도 품사를 제대로 형식화 시키지 못한 그럴 만한 이유가 있을 것이다. 기본적으로 언어학에서 자연과학 정도의 형식성을 표방·추구하면서도 자연 언어는 수학이나 논리학에서 다루어지는, 즉 공리(axiom)와 정리(theorem), 그리고 추론 규칙(rule of inference)으로 이루어지고 동형설(isomorphism)에 의해 외부 현실과 연계된 그런 형식 체계(formal system)는 아니다. 다시 말해 자연 언어를 기호와 규칙의 조작만으로 완벽하게 기술하고 의사소통 과정에서 나올 수 있는 발화를 전부 다 기계적으로 생성할 수 없는 것이다. 형식체계는 원칙적으로 내재된 의미와 내부 규칙만으로 운영되어야 하는데 자연 언어는 그렇지 못하고 늘 외부

[14] 찾는다는 말은 언어에 본래부터 그러한 범주가 자연적으로 내재되어 있다는 것을 전제로 한다. 그런데 이러한 전제에 대해서도 의구심을 가져야 한다고 본다.

의 관찰과 해석이 필요하다.[15] 말이든 글이든 모든 발화는 외부의 상황과 문맥 속에서만 온전한 뜻을 가지게 되고 또 언어 행위는 언제나 인간이 외부 세계를 이해하고 감각을 통해 얻어진 지식을 정리하는 과정을 거쳐 이루어진 것이다. 그래서 품사 분류와 같은 범주화 작업도 순수 논리와 형식에 기초한 접근보다는 인지언어학적인 접근 방식[16]이 더 유용할 것 같다.

표준화된 객관주의 모형에 따르면 모든 경험과 사물은 본래부터 내재하는 자질을 갖고 있으며, 인간은 오직 그러한 자질들을 바탕으로 경험과 사물을 이해한다고 가정된다.[17] 그런데 레이코프와 존슨은 여러 사례를 들면서 인간이 사물과 경험을 개념화하는 데 있어 내재하는 자질의 집합보다는 감각, 조작, 기능, 목적 등 상호작용적 자질로 구성된 다차원적 게슈탈트를 바탕으로 한다고 지적한다.[18]

범주화에 대한 인지학적인 접근방식의 가정 [19]

1. 범주 구성원은 내재하는 공통 속성보다 상호작용적 특성(interactive characteristic)에 의해 규정된다 – 객관적으로 존재하는 속성보다 주관적으로 인지되는 감각, 신체 조작, 기능, 목적 등의 자질들이 범주화에 작용한다.

2. 범주 구성원들은 가족 닮음(family resemblance) 관계에 의해 연쇄적으로 연결된다 – 가족 닮음 연결고리 양끝에 있는 범주 원소들은 모든 공통 속성을 가지지 않아도 된다.

3. 범주 구성원들은 방사상 범주(radial category)를 이룬다 - 범주는 중심에 있는 원소로부터 가족닮음을 통해 주변적 원소로 뻗어나간다.

4. 범주는 원형을 중심으로 이루어지고 원형효과(prototype effect)를 나타낸다 – 각 범주 중심에는 전형적인 원형이 있고 범주 주변에는 덜 전형적인, 비전형적인 구성원(원소)이 있다.

5. 범주 구성원 간에 자격 정도(centrality gradience)가 있다 – 범주 구성원들은 동등한 자격을 가지지 않는다.

6. 범주는 명확한 경계를 가지지 않고 폐쇄적이지 않다 – 범주의 가장자리가 모호하고 범위 확장이 가능하다.

위와 같은 범주화 모형은 인간의 일반적인 인지에 입각한 모형이다. 그런데 언어를 통한 세계에 대한 이해와 의사 소통도 일종의 인지 활동이기 때문에, 즉 언어도 인지 영역에 속하기 때문에 음운, 문법, 어휘 등 여러 차원에서의 언어 범주화에도 그러한 일반적인 원리가 적용된다. 예를 들면 명사, 동사, 형용사, 구 등의 통사 범주에는 원형 효과가 나타나고 아울러 정상적인 명사 외에 덜 정상적인 명사가 있고 '명

[15] 형식체계에 대한 일반 논의 및 형식체계가 충족해야 할 조건에 대해서는 Hofstadter, D. R. (1999), p. 33-

[16] 언어 범주화에 대한 인지언어학적 접근 방식은 앞에서 언급한 Taylor, J. R. (1989) 외에 Lakoff, G. (1987)와 Lakoff, G., Johnson, M. (2002)을 참조한다.

[17] Lakoff, G., Johnson, M. (2002), p. 135

[18] 같은 책, p. 137

[19] 같은 책, p. 138 외에, Lakoff, G. (1987), p. 12, Taylor, J. R. (1989), p. 40- 참조; 여기서 가정이라고 하지만 거의 대부분의 주장들이 실험을 통해 입증되었다. 항목별로 된 것은 참조 도서의 내용을 정리한 것이다.

[20] Lakoff, G. (1987), p. 63-64

사성'에 있어서 명사 간에 위계질서(hierarchy of nouniness)가 있다.[20]

이렇게 전통 문법의 핵심인 품사와 품사 분류를 고전 논리적 방식이 아닌 인지적 방식대로 접근하면 여러 가지 이점이 있다. 우선 한 범주의 모든 구성원들이 반드시 공유하는 공통 속성을 바탕으로 한 정의를 추구하지 않아도 된다. 전통적 품사는 의미, 형태, 기능, 분포 등 다소 이질적인 기준에 따라 분류를 시도했지만 품사의 수와 각 범주의 정확한 내용에 있어서 늘 논란이 많았고, 기본 정의에 잘 맞지 않고 분류가 어려운 언어 단위들이 상당히 있었다. 원형범주 이론을 인정할 경우 각 범주를 대표할 만한 원형만 정의하고 그 정의에 완전히 부합하지 않는 소위 '예외'들은 주변 원소로 처리하고 가족 닮음이라고 하는 연계 고리를 밝히면 된다. 또한 원형범주들은 원래 경계가 불투명하므로 많은 기본 언어 단위들이 두 가지 또는 그 이상의 품사에 교차하는 것도 분류법의 일관성 부족이나 불합리성으로 인한 오류가 아니라 인간의 인지 작용으로 인한 극히 자연스러운 현상이다. 마지막으로 가장 중요한 것은 분류법이란 일종의 인지적 모형[21]으로서 하나만의 '올바른' 분류법은 있을 수 없고 필요와 목적에 따라 여러 분류가 공존할 수 있다는 점이다.

[21] 같은 책, p. 118

4. 체코어와 한국어의 학교문법 품사 및 품사체계 비교

전통적으로 자연 언어의 기본 단위로 간주된 단어는 형식적, 분포적, 기능적, 의미적 등 특성상 매우 다양한 면모를 가지고 있기 때문에 규정하기도 힘들고 엄격한 논리와 객관주의에 의거해 품사로 범주화하기도 어렵다. 따라서 단 하나만의 언어의 문법기술을 통해 '올바른' 품사와 품사 체계를 확립하는 것은 거의 불가능하다고 할 수 있다. 한 언어 기술에서도 입장에 따라 서로 다른 체계가 존재할 수 있는 만큼 계통상으로나 유형론적으로 다른 두 개 언어에서는 더욱 그러할 것이다.

품사와 품사체계는 어느 정도의 보편성을 가지고 있으나 세부적으로 들어갈수록 언어 간의 차이가 난다. 그래서 모국어의 품사와 품사 체계를 숙지하고 나면 외국어 문법을 배우는 데에 있어서 한 편으로 도움이 될 수도 있지만 다른 한 편으로 헷갈리게 되기도 한다. 즉 품사에 대한 기본 개념이 있으면 외국어의 품사 체계 틀을 쉽게 파악할 수 있으나 모국어 품사 지식을 외국어에 그대로 투영시킬 경우 개별 품사의 특성을 잘못 이해할 위험이 있다. 일단 성인 학습자를 대상으로 외국어 문법을 가르칠 때 문법 기술에서 보편화된 품사를 활용하는 것이 좋지만 여러 가지 고려해야 할 문제가 많다. 우선 학습자가 익히 알고 있는 학습자 모국어의 품사 기술을 어느 정도 활용하는가, 한국어 품사와 어떻게 비교·대조시키는가, 또 표준화된 학교

문법 체계만 따를 것인가 등이다.

그와 관련해서 학교문법론적인 문제를 언급하지 않을 수 없다. 대개 선진국에서 사용되는 공식 언어는 일종의 표준과 규범을 가지고 있고 언어 정책, 언어 교육, 언어 문화[22] 함양 등의 대상이 된다. 그런데 표준 및 규범 설정은 발음, 어휘, 맞춤법 등뿐만 아니라 문법과 문법 기술에도 적용된다. 표준문법 또는 규범문법은 제도적 교육과정 틀 안에서 학교문법이라고도 할 수 있는데 학교문법은 내용상으로 꽤 포괄적인 개념이다. 즉 사용 영역(실생활에서의 사용내용에 대한 것), 지식 영역(이해의 대상으로서 기술되는 내용), 그리고 태도 영역(의식, 가치관에 대한 내용)까지 포함한다.[23] 사용 영역에서는 의사소통을 원활하게 하기 위해서라도 통일성과 규범성이 바람직하지만 지식영역에서까지 통일성과 규범성, 그리고 표준화를 추구하는 것이 과연 옳은 일인가 의문의 여지가 있다. 어느 정도의 교육적 합의가 필요하다고 인정하더라도 완전히 통일되고 표준화된 기술과 설명은 시험 답안지상에 정답을 요구하는 중등 교육 환경에서나 타당할 것이다. 대학교육, 특히 한국교육 제도권 밖에 있는 해외 대학교육에서는 실용적인 측면을 고려해서 표준화·규범화된 내용, 즉 표준어를 대상으로 하되 이해 영역에서 통일되고 표준화된 기술, 즉 학교문법의 기술 방식을 무조건 따르지 않아도 된다. 물론 현실적으로는 어느 정도 따르는 것이 여러 모로 이로운 점이 많다. 우선 학습자들이 스스로 한국어 교과서, 문법책, 사전 등을 제대로 활용할 수 있기 위해 관련된 문법 용어와 기본 체계를 아는 것이 좋다. 그래서 본인도 한국어 문법을 가르칠 때 국어 교과서에 실린 학교문법을 출발점으로 삼는다. 다만 학교문법 체계를 가르친다기보다 소개해주는 것이고 문제점과 단점을 숨김없이 지적한다.

이제부터는 품사를 바탕으로 한 학습 내용과 방법에 대해 간략하게 언급하고자 한다. 우선 학습자가 학습 언어를 모르는 상황에서, 즉 초보자 단계에서 문법을 체계적으로 가르치는 것은 매우 힘든 일이다. 그래서 학습자의 부담을 덜어주기 위해 모국어에 대한 지식을 활용하는 것이 좋다. 특히 초중등 과정부터 익혀온 품사는 각 언어가 가진 고유한 개별성에도 불구하고 일반성과 보편성을 띠고 있어서 활용할 가치가 있다. 그래서 한국어 문법을 처음 가르칠 때 전체적인 구조적 특징을 소개한 다음에 한·체코 양 언어의 표준 학교문법에서 규정된 품사와 그 체계를 비교·대조하면서 제시한다. 대부분 자연 언어들은 사물의 이름을 나타내는 명사, 사물의 동작이나 작용을 나타내는 동사, 사물의 성질이나 상태를 나타내는 형용사 등으로 나눌 수 있기 때문에 보편성을 띤 의미 자질부터 설명한다. 그리고 명사는 일차적으로 주어나 목적어, 동사는 일차적으로 서술어 기능을 한다는 것도 대부분의 언어가 비슷

[22] 여기서 말하는 „언어 문화"란 결과적인 측면 외에 행동적인 측면(언어 사용능력과 표현력을 가꾸고 연마하는 것 등)도 있다. 언어 문화와 관련된 논의는 Karlík, P. (et al) (2002), ,언어 문화' 표제어 참조.

[23] 학교문법 내용의 체계는 이관규 (2010), p. 50을 따른다.

그런데 이미 언급한 것처럼 한 언어에서조차 객관주의에 입각한 논리적 품사 범주를 설정하기가 힘들기 때문에[24] 유형이 다양한 언어에서 개별 품사에 대한 정의나 분류 기준, 품사의 숫자 또는 체계 등이 차이가 날 수밖에 없다. 전형적인 굴절어인 체코어 문법에서는 어형변화에 입각한 형태론적인 기준이 중요한 반면, 용언만을 가변어로 인정하고 주로 교착어의 특징을 가진 한국어 문법은 기능과 분포를 더 중요시 한다. 결국 두 언어에 의미 자질이 유사하고 명칭상 같은 품사가 있더라도 기능이나 형태상에서는 차이가 있을 수밖에 없다. 그래서 과거의 전통문법에서 볼 수 있었던 엄격한 논리에 입각한 품사론이나 무리한 획일화는 피해야 한다.

이미 언급한 바와 같이 고전적 범주화 이론은 자연 언어를 포함한 마음의 양상을 연구하는 데에 여러모로 적합하지 않다.[25] 언어 범주인 품사 범주도 고전 범주화 이론으로 기술하기 어려운 면이 많다. 우선 각 품사는 필연적이고 충분한 공통특징에 의해 규정하기가 매우 어렵다. 예를 들면 서울, 사람, 꿈, 읽기, 앞, 마리, 지, 마련, 만큼, 물론, 국제 등은 명사로 함께 분류되지만 공유하는 속성보다[26] 가족 닮음 관계로 연결되어 있다. 또한 그중에는 더 정상적이고 전형적인 명사도 있지만, 덜 정상적이고 덜 전형적인 명사도 있어 원형 효과와 자격 정도 등의 현상을 보이기도 한다. 품사의 경계도 명확하지 않은 경우가 많다. '오늘'이라는 명사가 부사가 되기도 하고, '내다'가 동사이면서 보조 동사이기도 하고, '있다'는 동사와 형용사의 특징을 지니고, '뿐'이라는 형태는 의존명사와 조사에 속하고, '경제적'은 명사와 관형사가 되고, '다른'이라는 형용사의 관형사형이 관형사가 되는 등 소위 품사 통용과 전환의 예가 풍부하다. 그런데 기존의 문법 기술은 주로 품사 원형에 중점을 두고 있고 주변적 원소와 현상은 아주 간략하게만 언급된다.[27]

여러 이유 때문에 최근 학교 국어 문법에서 품사 자체가 크게 다루어지지 않는 것을 감안하면 각 품사의 주변적 원소와 품사 통용 등의 문제가 약간 스쳐 지나갈 정도로만 언급되는 것은 당연하다. 게다가 품사 범주 변두리에 있는 원소는 체계적인 처리와 설명이 어렵지만 그 실제 사용에 있어서는 모국어 화자가 그것들을 사용하는 데 있어서는 별 문제없이 잘 사용하기 때문에 특별히 가르치지 않아도 된다. 그런데 외국어로서의 한국어 교육에서는 사정이 약간 다르다. 외국인이 새로운 한국어 어휘를 배우기 위해서는 어휘의 올바른 사용을 위해 사전적 의미뿐만 아니라 문법적 정보도 어느 정도 알아야 하기 마련이다. 이때 일정한 문법 특성을 지닌 품사를 통해 필요한 정보를 일부 파악할 수 있다.

그런데 외국인 학습자에게 품사에 대한 지식을 가르치고 그 지식을 활용하도록 유도할 때 다음 두 가지 문제에 유의해야 한다. 첫째 문제는 한국어 품사 범주를 자

[24] 학교문법에서 문법 통일안이 채택되었지만 모든 문제가 이것으로 해결된 것은 아니다. 예를 들어 표준국어대사전은 9품사가 아닌 14개 품사가 활용된다. (https://stdict.korean.go.kr/search/searchDetailWords.do#) [cit. 22.09.2020] 그 이유는 다음과 같다: "학교문법에서는 기본적으로 9품사 체계를 따라가지만 사실 학계에서는 9품사 체계에 대해 이견을 많이 가지고 있다. 사전처럼 많은 단어를 실은 책에 품사 표지를 붙이려 하면 9품사 체계로는 처리할 수 없는 단어들이 많이 발견된다." https://ko.wikipedia.org/wiki/%EC%82%AC%EC%A0%84_%ED%8E%B8%EC%B0%AC [cit. 22.09.2020]

[25] Lakoff, G. (1987), p.157 등에서 주장한 바를 본인이 수용한 것이다.

[26] 표준국어대사전에서는 명사를 "사물의 이름을 나타내는 품사"로 정의하지만 예로 든 몇 개 명사는 모두 이 정의에 부합한다고 말하기 어렵다.

[27] 남기심, 고영근(1996)은 의존명사 설명은 5쪽 분량으로, 품사 통용은 3쪽에 걸쳐 설명한다. 교육부(1996) 문법 책자는 학습활동에서 '다른 부사로 쓰임'을 언급한다. 재미있는 것이 두 개 저서에서 품사 통용의 예로 '여기'(대명사/부사)를 제시하는데 표준국어대사전에서는 '여기'를 대명사로만 취급한다.

세한 설명 없이 대강 제시하면 외국인 학습자가 자신의 모국어 품사에 대한 지식을 한국어 품사에 투영하거나 모르는 부분을 보충할 수 있다는 것이다. 문법의 기초를 배운 사람이라면 품사가 익숙한 개념이지만 언어마다 구체적인 규정이나 특징 등이 다르기 때문에 그 차이점을 간과해서는 안 된다. 예를 들면 '명사'는 일반적으로 사물의 이름을 나타내는 품사로 알려져 있지만 체코어에서는 어기의 변화를 포함한 격변화를 하는 대신, 한국어에서는 기본형에 일정한 순서로 조사가 결합된다. 사물의 성질이나 상태를 나타내는 품사인 형용사는 체코어에서는 명사와 비슷한 격변화를 하고 주로 관형어 기능을 하기 때문에 체언에 속하는 반면, 한국어에서는 어미를 붙여서 활용하고 주로 서술 기능을 하기 때문에 용언에 속한다. 접속기능을 하는 단어는 체코어에서 별도의 접속사 품사가 있지만 한국어에서 기능에 의해 접속사를 설정하면 형태와 분포가 다른 요소들(접속 부사, 접속 조사, 접속 어미)이 포함될 것이다. 그래서 외국어의 품사를 설명할 때는 모국어와의 차이점을 부각시키는 것이 좋다. 둘째 문제는 학습자가 품사 원형에 대한 지식을 주변 구성원과 품사 하위 범주에도 적용하는 것이다. 예를 들면 자립 명사의 특징을 일반화해 의존명사도 똑같은 특징을 가진다고 오해할 수 있다. 그러한 오류를 범하지 않기 위해 원형 외에 하위 범주화된 주변 멤버들도 제시해주어야 한다.

5. 품사 범주의 주변 멤버(주변적 원소)와 품사 통용

대개 일정한 범주의 원형과 주변을 알아내는 것은 주관적일 수밖에 없다. 일반 범주의 경우 보통 언어 사용자에게 설문조사하여 해당 범주 하면 가장 먼저 떠오르는 구성원, 그 범주를 가장 잘 대표한다고 생각되는 구성원을 그 범주의 원형으로 규정할 수 있다. 말하자면 일반 상식, 경험, 감각 등을 바탕으로 이루어지는, 어느 정도 '자연스러운' 범주는 언중의 주관적 판단에 의거해 원형 선별이 가능하다. 그런데 보다 관념적이고 추상적인 범주일수록 원형에 대한 일반인의 판단은 어렵고, 되도록이면 객관적인 것처럼 보이는 기준에 입각한 전문가의 판정이 필요하다.

　품사는 감각을 통해 지각되는 사물이 범주화되는 것이 아니라 말하는 이의 직관에 의해 발화에서 사용되는 기본 언어단위를 여러 집합으로 분류시킨 것이니 원형과 주변을 구별하는 것은 사소한 문제가 아니다. 언어를 습득한 모국어 화자는 품사의 문법적 속성을 무의식 중에 알고 단어를 문법적으로 사용할 줄 알지만 품사의 정의나 명확하게 기술된 특성은 학교에서 배워야 한다. 그래서 문법 교육을 받지 못한 화자는 품사의 원형을 쉽게 제시하지 못할 수도 있을 것이고 모국어 화자의 직관이 없는 외국인 학습자는 더욱 어려워할 것이다. 그래서 본 연구에서 한국어 품사의 원형과 주변을 정하는 작업은 언중을 대상으로 한 실증적 조사에 의거하지 않는 것이다. 여기서 말하는 품사의 원형이란 사전적 정의에 잘 부합하고 으레 학교 문법서에서 해당 품사의 전형적 예로 제시되고 형태와 기능상 제한을 가장 적게 받는 품사 구성원을 말한다. 예를 들면 명사의 원형은, 사물의 이름을 나타내고 자립적으로 쓰일 수 있는 말(아버지, 사람, 개, 풀, 책상, 바람 등)이고 여러 문장 성분의 기능을 할 수 있으며 조사가 비교적 자유롭게 붙을 수 있는 말들이다. 반대로 명사의 주변 구성원은 의존성을 띠거나 특정한 성분으로만 쓰이거나 일부 조사만 붙을 수 있는 등 여러 면에서 제한성을 가진 것들이다. 그러니까 품사의 주변 구성원은 의미, 기능, 형태, 분포 등의 면에서 원형 품사에 비하면 제약과 제한성을 가진 것들을 말한다.

품사의 주변 구성원들은 경계가 불명확한 범주 변두리에 있어 다른 범주로 넘어가기도 한다. 즉 한 단어가 하나 이상의 문법적 성질을 함께 보여주는 경우가 있다. 그런 현상을 품사의 통용(씨의 몸바꿈)이라고 한다.[28] 그리고 둘 이상의 품사적 기능을 공유한 단어가 의미·기능적으로 분화되거나 형태가 바뀌면 품사전성으로까지 발전할 수 있다.

품사 범주의 원형(핵심/중심 멤버)은 필연적이고 충분한 특징을 바탕으로 고전적 방식의 정의가 어느 정도 가능하다. 그래서 외국인 학습자도 원형을 비교적 쉽게 이해하고 별 무리 없이 학습할 수 있다. 반면에 품사 범주의 주변 멤버들은 이해하기 힘들고 학습하기 어렵다. 모국어에서 대응 표현을 찾기 어려운 경우가 많고 형태, 분포, 기능상의 제약을 배워야 하기 때문이다. 주로 품사 범주 주변에서 일어나는 품사 통용 현상도 외국어 학습에서 난관 중 하나다.[29] 생각보다 많은 품사 통용어에 속하는 어휘가[30] 학습하기 어려운 이유는 동일한 형태가 서로 다른 문법적 성질을 보여줌으로써 올바른 사용을 예측하기 힘들기 때문이다.

품사 교육과 관련해서 품사의 원형구성원 외에 주변 구성원 및 품사 통용어에 대해서도 관심을 가져야 한다고 역설했다. 이런 현상들은 자연 언어에서 보편적이고 광범위하게 나타나고 있지만 체계적인 기술과 정확한 정의와 규정이 거의 불가능하다. 특히 규범성이 강하고 '정답이 필요한' 학교문법에서 품사 범주 주변 구성원이나 통용어 사례들은 문법 기술을 복잡하게 만드는 귀찮은 존재다. 그런데 외국인을 대상으로 한 한국어 문법 교육에서 꼭 관심을 가질 만한 흥미로운 존재이기도 하다. 문법에 맞는 중고급 발화를 생산하기 위해 반드시 알아야 할 지식이기 때문이다.

학습자의 편의를 위해 품사 범주의 주변 구성원을 필요에 따라 하위범주화 할수 있다. 지면의 제한으로 몇 가지 예만 간단하게 제시한다. 우선 소위 '명사성 후치사'를 예로 들어 보겠다. '앞, 뒤, 위, 아래' 등과 같은 단어는 문법적으로는 엄연한 명사이지만 '앞이 안 보이다'나 '앞을 가리다'와 같은 주어, 목적어 쓰임은 체코 학습자에게 생소하고 오히려 '집 앞에서 만나자', '책상 위에 책이 있다'와 같은 특수한 '후치사'적 부사어 기능이 더 익숙하고 모국어로 번역하기도 쉽다. 그래서 명사 중에 특수 기능과 분포를 지닌 일부 단어를 별도의 하위 범주로 묶을 수 있다. '대해, 관해, 의해, 위해, 불구하고, 더불어' 등과 같은 '동사성 후치사'의 경우도 비슷하다. '대하다, 관하다, 위하다, 더불다' 등의 기본 쓰임보다 고정된 형태로 쓰여 특수 기능을 하는 것이 학습자의 입장에서 중요하기 때문에 표준어대사전에 없는 하위 범주로 묶은 것이다. '명사성' 또는 '동사성 후치사' 설정은 문장 속 관계를 표현하는 능력을 키우는 데 도움이 된다.

또 다른 유용한 하위 범주로 '상 보조 동사'를 제시할 수 있다. 체코어에서 상범주가 형태상으로 잘 나타나고 매우 생산적이기 때문에 체코어 화자는 완료/미완료 상을 엄격하게 구별한다. 외국어를 배울 때도 그러한 상 구별을 표현하고자 하는데 '내다, 놓다, 두다, 버리다' 등을 별도로 하나의 하위 범주로 묶으면 역시 표현력 제고에 도움이 된다. 품사의 여러 하위 범주 중에 특히 관심을 기울여야 할 것은 분포와 기능이 제한되고 문법화된 의존명사인 것 같다. 숫자도 비교적 많고 문법적 성질이 조금씩 달라서 학습자들이 매우 어려워한다. 품사 통용도 학습자들이 알아야 할 문제다. 체코 학습자들은 시간을 가리키는 '오늘, 어제, 이제'와 장소를 지시하는 '여기, 거기' 등을 부사로만 생각하는 경향이 있는데 이들 어휘가 명사 성질을 갖는 것을 인지시켜야 한다.

6. 결론

품사, 특히 고전 범주로서의 품사는 방법론적인 면에서 문제가 많은 분류이다. 그럼에도 불구하고 모국어와 외국어의 어휘를 의미, 형태, 분포, 기능 등의 기준에 의거해 체계적으로 기술하는 것이 가능하다. 학습자가 새로운 단어를 배울 때 품사 정보를 알면 그 단어 사용상의 특성을 어느 정도 예측할 수 있다. 예를 들면 기초 문법 교육을 받은 학습자는 '예쁘다'가 형용사라는 것을 알면 진행상 형태, 명령형, 청유형, 현재 관형사형을 만들지 않을 것이다.

전통문법 기술의 바탕을 이룬 품사의 모순과 많은 문제점은 범주화 개념을 달리함으로써 어느 정도 해결이 가능하다. 즉 고전적 범주화에 대한 접근방식을 버리고 인지학적인 접근을 취하는 것이 좋다. 자연 언어는 엄격한 논리 규칙으로 지배되는 영식체계, 성지 상태에 있는 고정된 체계가 아니다. 음성/음운, 문법, 어휘, 문체 등 모든 측면이 늘 변화하고 있는 동적인 체계이다. 단어 역시 의미 변화 외에 문법 성질의 변화도 얼마든지 가능하다. 게다가 품사를 비롯한 언어 범주는 원래 언어에 내재되는 객관적 현실보다 관찰자가 언어 사실을 인지하고 해석하는 방법과 관련이 있다. 학교문법도 언어를 바라보고 기술할 수 있는 방법 중의 하나다. 학습자가 교과서, 참고서, 사전 등 교육 자료를 효과적으로 활용할 수 있기 위해 학교문법을 어느 정도 배우는 것이 바람직하지만 지나치게 그런 기술을 고집하거나 관련된 지식을 시험의 대상으로만 삼을 필요는 없다. 한국어 교사 입장에서 학교문법 체계를 엄격히 가르치는 것보다 그 기본틀을 소개해주는 정도면 족하다. 그리고 품사를 처음 소개할 때는 학습자의 모국어에 대한 문법 지식을 활용하는 것이 좋다. 즉 먼저 모국어와 학습 언어의 품사 체계상의 유사성을 비교한 뒤에 차이점에 초점을 맞춰 대조시키는 것이다. 그리고 학습자가 비교적 쉽게 이해할 수 있는 품사의 원형 외에 품사 주변 구성원에 관심을 기울여야 한다. 또 품사 주변에 있는 구성원을 체계적으로 설명하기 위해 필요에 따라 하위 범주를 설정할 수 있다.

오랫동안 사용해 온 품사 범주를 앞으로도 유용하게 활용하기 위해 고전적 범주화 개념을 수정하고 재정의해야 할 것으로 보인다. 기존에 문제 되어 온 여러 '비논리적이고 불합리한' 사례와 예외를 재조명하고 오히려 관심의 대상으로 삼을 만하다. 특히 한국어 문법 교육에 할애된 시간이 극히 제한된 상황에서 학습자들이 어려워하는 각 품사 주변 멤버를 보다 집중적으로 다뤄야 하지 않을까 생각한다.

참고문헌

Černý, J. (1996). *Dějiny lingvistiky (언어학의 역사)*. Votobia, Olomouc.

Dinneen, F. P. (1966). *An Introduction to General Linguistics*. Georgetown University; Holt, Rinehart and Winston, Inc., New York.

Havránek, B., Jedlička, A. (1983). *Stručná mluvnice česká (체코어 문법 개관)*. SPN, Praha.

Hofstadter, D. R. (1999). *Gödel, Escher, Bach: an Eternal Golden Braid*. Basic Books, New York.

Karlík, P. (et al) (2002). *Encyklopedický slovník češtiny (체코어 대백과 사전)*. Nakladatelství Lidové noviny, Praha.

Концевич, Л. Р. (2001). *Some problems of periodization of Korean linguistics history (from ancient times until the 1950's)*. in Корееведение. Избранные работы. Муравей-Тайг. Москва.

Lakoff, G. (1987). *Women, Fire, and Dangerous Things - What Categories Reveal about the Mind*. The University of Chicago Press, Chicago and London.

Lakoff, G., Johnson, M. (2002). *Metafory, kterými žijeme. (Metaphors We Live By)*. Host, Brno.

Robins, R. H. (1966). *The Development of the Word Class System*. Foundations of language, vol. 2, D. Reidel Publishing Company, Dordrecht-Holland.

Robins, R. H. (1997). *A Short History of Linguistics*. (fourth edition). Longman Linguistic Library. Routledge.

Taylor, J. R. (1989). *Linguistic Categorization: Prototypes in Linguistic Theory*. Clarendon Press, Oxford.

고영근. (1994). **國語文法의 研究, 그 어제와 오늘**. 탑출판사.

고영근. (2001). **역대한국문법의 통합적 연구**. 한국문화연구총서 33. 서울대학교출판부.

金敏洙, 河東鎬, 高永根. (1977, 1979, 1983, 1985, 1986) **歷代韓國文法大系** 탑출판사.

김한샘. (2014). 한국어교육학 : 품사 통용 교육 현황 분석 연구 -문법 기술과 사전 정보의 분석을 기반으로. **새국어교육, 100-0,** 249-284쪽.

남기심, 고영근. (1996). **표준국어문법론(개정판).** 탑출판사.

노종균. (2014). 품사분류의 방법론에 대하여. **현대문법연구, 80-0,** 157쪽.

교육부. (1996). **고등학교문법.** 서울대학교 사범대학 국어교육연구소 편찬.

이관규. (2010). **개정판 학교 문법론.** 도서출판 월인.

李光政. (1987a). **國語品詞分類의 歷史的 發展에 관한 硏究.** 韓信文化社.

李光政. (1987b). 國文法 初期의 西洋人의 品詞硏究. **論文集 5,** 暻園大學校.

제2장

한국어의 한자어 특징과 어휘 교육에 있어서 한자어 학습 원리와 방법[1]

[1] 본 연구는 KF 지원 사업에 의해 수행되었음

리 예카테리나
Li Ekaterina
러시아 이르쿠츠크국립대학교
Иркутский государственный университет

본 발표는 한국어 어휘 체계에서 가장 큰 비중을 차지하고 있는 한자어 특징과 어휘 교육에 있어서 한자어 교육 필요성을 감안하여 한자어 학습 원리와 방법을 살펴보는 데에 목적을 두고 있다.

신기상 연구자가 이렇게 말한 바 있다. "한자를 알기만 하면 마치 우물안 개구리가 우물 바깥 세상을 대하듯이 국어에 대한 깊이와 넓이가 더 깊고 더 넓어진다."[2] 마찬가지로 한국어 학습자가 한자어에 대한 올바른 지식을 갖게 되면 한국어 어휘 이해가 더욱 깊어지고 넓어진다고 생각한다.

한국어의 어휘 체계는 원래부터 한국 사람들이 사용해 온 고유어와 한자를 기반으로 만들어진 한자어, 그리고 현대에 들어와 외국으로부터 들어온 외래어로 이루어져 있다.

한국어 어휘 체계에서 한자어의 비중이 얼마나 높은지는 표준국어대사전의 어종별 통계를 보면 쉽게 알 수 있다. 한자를 이용해서 형성된 어휘는 모든 어휘 중 70% 가까이에 이른다. 이러한 한자어의 특성을 고려한다면 한국어 학습자들은 한자어에 대한 이해가 필수적이라는 데 이견이 없을 것이다. 그러나 그 중요성에 비하여 최근까지도 한국어 교육에서 한자어 교육은 미미하게 다루어지고 있으며, 한자 교재들은 대부분 한자 자체에 집중한다.

그런데 일본, 중국과 같은 한자권 학습자의 경우에는 이미 한자 자체에 익숙하고

[2] 신기상 (2005) 현대 국어 한자어 서울: 북스힐

한국어 한자어와 모국어 어휘가 비슷한 점이 많아서 한자어에 대한 부담이 별로 없는 반면에 비한자권 학습자의 경우는 한자 자체가 큰 부담을 줄 수 있다. 그래서 비한자권 학습자 경우에는 한자어 교육을 한자 교육과 구별하여 접근하는 것이 필요하다고 본다. 따라서 비한자권 학습자 경우에는 한자 교육에서 벗어나서 한자어 교육에 집중해야 한다고 생각한다.

[3] 한자어를 이루는 형태소는 한자라고 할 수도 있음. 원래 한자는 문자(문자)를 가리키기도 하고 한자어가 되기 이전의 형태소를 가리키기도 한다. 이에 따라 본고에서는 한자어는 한자로 만든 단어라는 뜻으로 사용한다.

한자어의 특성 중에 하나는 각각 의미를 가지고 있는 형태소[3]로 이루어져 있다는 것이다. 학습자들에게 한자어를 이루는 형태소의 정확한 의미를 제대로 가르쳐 준다면 학습자들은 한자어에 대한 이해도와 습득력을 높이고 언어 생활도 더욱 효과적으로 할 수 있다. 예를 들어 '판매', '밀매', '경매', '매장' 등과 같은 단어를 접할 때 '매'는 각각의 단어에서 '팔다'를 지칭한다는 것을 알려준다면 앞으로 학습자들이 이 형태소가 들어 있는 한자어의 뜻을 보다 쉽게 파악하고 습득할 수 있을 것이다. 그외에도 한자어는 접두사, 접미사로 기능하는 경우가 많아서 어휘 확장에도 체계적인 도움을 줄 수 있다.

위에 언급했듯이 한자어 교육 때 한자어가 고유어에 비해 조어력이 풍부하다는 점을 언급해야 한다. 한자어는 새로운 단어 형성에 적극적으로 참여한다. 조어력이 높다는 것은 개별 한자가 지닌 의미의 융통성이나 통사적 기능의 다양성에서 연유한다. 조어력이 높은 개별 한자들은 한자어 속에서도 그 의미와 기능이 다양하다. 예를 들면 '학學'은 '배우다'라는 의미로도 사용되고 '학문'의 의미로도 사용된다. '생生'은 '태어나다' 혹은 '인생'이라는 의미도 가지고 있고 '젊은 사람'이라는 의미도 가지며 '익지 아니한' 혹은 '가공하지 아니한'이라는 의미를 갖는 접사로도 쓰인다. 반면 일정한 의미와 기능을 하는 것도 있는데 '적的'의 경우 접미사로만 사용된다.

이영희는 '외국인을 위한 한국어 학습 사전' 어휘를 조사한 결과로, 가장 높은 조어력을 보이는 한자는 '인人'으로, 총 55개의 한자어를 만들어낸 것으로 나타났다. 그 다음에 '학學'(50개), '생生'(47개), '대大'(46개), '적的'(46개), '국國'(44개) '일日'(36개) 등이 나온다.[4]

[4] 이영희 (2008) 외국인을 위한 한자어 교육 연구. 미출간 박사학위 논문, 숙명여자대학교, 서울

학습할 한자 선정 기준

한자어 교육을 제대로 하려면 우선 일정한 기준에 따라 학습할 한자를 선정해야 한다. 외국인이 학습해야 할 한자 선정 기준으로 사용 빈도가 높은 한자, 사용 범위가 넓은 한자, 교육에 기초적인 한자, 조어력이 높은 한자, 학습자 발달 단계에 맞는 한자를 들기도 하고[5], 교육용 어휘에 포함된 한자어를 구성하는 한자, 대응 고유어가 없는 한자, 외국인을 위한 한자 교재에서 중복도가 높은 한자, 일상생활에서 많이

[5] 정승혜, 1998, 외국인을 위한 국어 한자 교육 연구, 서울

보는 한자, 다른 한자의 기초가 되는 한자, 한자어의 의미 투명성을 높일 수 있는 한자를 들기도 한다.[6]

[6] 김지형 (2003) 외국인 학습자를 위한 교육용 기본 한자의 선정: 초·중급 한자 중심으로. 어문연구, 31(2), 377-402

그런데 위 기준을 학습 단계와 관계 없이 사용하는 것은 적절하지 않다. 무엇보다 학습자 수준에 맞는 한자를 선정하는 것이 중요하다. 그리고 중급 이상의 학습자 경우에는 전공 목적 한자어 교육을 위한 고려가 필요하다. 즉, 학습자들이 앞으로 접하게 될 한국어 시사용어와 개념을 나타내는 한자가 우선적으로 선정되어야 한다. 그래서 중급 이상의 단계에는 앞에 제시된 기준과 함께 시사 한국어 주제별 용어와 관련성이 높은 한자를 추가로 선정할 필요가 있다.

효율적인 한자어 학습 방안과 한자어 교재 개발 기준

한자어 학습을 위한 효율적인 방안과 이에 따른 교재 개발 기준을 제시한다면 다음과 같다.

첫째, 한자어 형태소의 조어력을 활용한 어휘 확장을 꾀해야 한다. 효과적인 한자어 교육을 위해 한자어의 특성인 조어력을 활용한다면 학습자의 어휘 확장에 도움을 줄 수 있다.

둘째, 한자어 교육은 한자 형태보다 음과 뜻에 집중해야 한다. 한자어를 구성하는 형태소의 음과 뜻을 잘 알아야 한자어에 대한 이해력이 높아지고 한자어 의미 파악에 도움이 된다. 자형, 획수, 한자의 형성 원리 등은 굳이 언급하지 않아도 된다. 반면 제시한 한자마다 쉽고 간결하게 설명하고 한자의 뜻을 이용하여 이 한자가 들어간 새로운 어휘의 의미를 파악하는 연습을 제공하는 것이 바람직하다.

셋째, 사용 맥락을 제시함으로써 한자어를 실제로 사용하는 방법을 가르쳐야 한다. 어휘 학습에 있어 어휘의 의미 이해도 중요하지만 문맥 속에서 쓰임을 이해해야 유의미한 학습이 가능하다.

넷째, 학습자 수준에 맞는 어휘를 제시해야 한다. 학습자들이 벌써 알고 있거나 수준이 낮은 어휘를 제시할 필요는 없다. 한자에 대한 부담을 주지 않고 의미 이해에 초점을 둔다면 중·고급 단계에 맞는 한자 어휘 교육이 가능하다.

다섯째, 앞서 배운 한자어의 이해도와 습득도를 확인하고 문맥과 상황에 맞게 활용하는 능력을 키우기 위한 연습이 필요하다.

여섯째, 같은 어휘장에 속하는 연관 관계에 있는 한자어들은 함께 가르치는 것이 효과적이다. 한자어를 구성하고 있는 형태소의 의미가 직접 관련되어 유의관계나 대립관계를 이루는 것도 있고, 단어의 의미만 관련되고 전혀 다른 한자로 이루어진 것도 있다. 그리고 한자의 형태는 다른데 한국음으로 같게 발음되어 동음이의 관계에 있는 한자어들도 많다. 이들에 대해서 설명하고 차이점을 인식시켜 주어야 한다.

일곱째, 한자어를 주제별로 학습하는 것이 좋다.

단계에 따른 한자어 학습 방법

이영희 연구자는 조어력 기반의 한자어 교육은 중급 이상에서 가능하다고 주장하지만 본 연구자는 초급에서도 한자어에 대한 접근이 가능하고 효과 있다고 생각한다. 단지 단계에 따라 제시 방법과 연습 방법이 다를 것이다.

초급 단계에서 한자어를 중심으로 어휘 교육 방안을 제시하면 다음과 같다.

1) 초급에서 사용 빈도가 높고 학생들이 벌써 알고 있는 한자 형태소의 기본 의미를 제시한다.

2) <그림1>과 같이 각 한자 형태소와 결합하여 새로운 한자어를 형성할 수 있는 보조한자 형태소 몇 개를 제시한다. 예를 들어, 국-국가, 복-옷, 식-밥/먹다, 이다.

<그림1>

3) 학생들에게 보조한자 형태소의 뜻과 조어 원칙을 파악할 수 있도록 사례를 들어주는 것이 좋다. 예를 들면 국이라는 형태소가 들어 있는 중국, 미국, 국가와 같은 한자어를 제시한다.

기본한자

형태소	사례
국(나라)	/중국, 미국, 국가/
복(옷)	/운동복, 교복, 수영복/
식(먹다)	/식사, 외식, 중식, 양식/

<그림2>

III. 문법 및 어휘교육

4) 새로 형성된 한자어를 제시하고 의미를 알아맞추라고 한다. 앞에서 했던 설명 후에 학생들은 한국, 한복, 한식이 무슨 뜻인지 쉽게 알 수 있다.

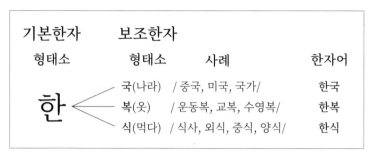

<그림3>

5) 그 다음에 이해도를 확인한다. 학생의 한국어 실력과 한자어의 어려움에 따라 한국어 설명도 가능하고 모국어 번역이나 그림 제시도 가능하다.

기본한자	보조한자		한자어	한자어 뜻 / 번역
형태소	형태소	사례		
한	국(나라)	/중국, 미국, 국가/	한국	대한민국 / Korea
	복(옷)	/운동복, 교복, 수영복/	한복	한국의 전통 옷 / Traditional Korean dress
	식(먹다)	/식사, 외식, 중식, 양식/	한식	한국 음식 / Korean cuisine

<그림4>

이런 식으로 새로운 한자어를 제시하고 한자 형태소의 의미와 조어 방법을 학생들에게 제대로 설명한다면 한자어에 대한 접근이 쉬워지며 한국어 어휘 습득과 어휘 확장도 보다 쉽게 이루어질 수 있을 것이다.

6) 뜻을 파악한 다음에 한자어를 문맥에 넣어서 활용 방법을 제시하면 더욱 좋다. 중급에 들어서면 학습자 스스로 한자어 습득에 대한 필요성을 느끼게 되고 따라서 학습 효과도 높아진다.
중급 이상의 단계에서는 한자어를 주제별로 학습하는 것이 좋다. 이제 중급과 고급에서 한자어 학습 방법을 단계별로 제시하고자 한다. 경제 관련 한자어 제시를 예로 들어보겠다.

1) 먼저 학생들이 학습하는 주제의 주요 용어를 형성하는 목표 한자 형태소를 제시한다. 보시다시피 각 한자 형태소와 한자 그리고 뜻과 음을 함께 제시한다. 학습자들은 중·고급 수준이기 때문에 모든 설명은 모국어가 아닌 한국어로 한다.

<그림5> 경제 관련 한자 제시 예시

2) 그 다음에 목표 한자 각각이 형성할 수 있는 주제 관련 한자어를 몇 개씩 제시한다. 화살표는 단어 형성 방향을 보여주는 시각적인 단서가 된다. 목표 한자 형태소와 보조한자 형태소의 뜻을 알고 있는 학습자들은 새로 형성된 어휘 뜻을 유추할 수 있다.

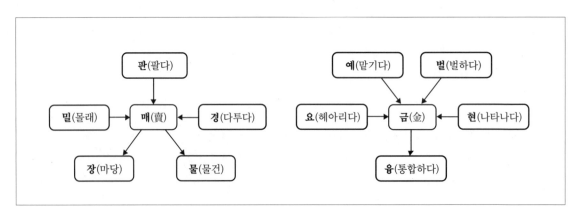

<그림6> 한자어 제시 예시

3) 한자어 제시 후 새로운 한자어를 설명 안에 넣거나 한자어와 설명끼리 연결하면서 화면에서 보는 것과 같이 의미 파악을 확인할 수 있게 된다.

▶ 다음 설명에 맞는 한자어를 찾고 쓰세요.

1. _____ 물건을 파는 장소

2. _____ 규칙을 위반했을 때에 벌로 내게 하는 돈

3. _____ 현재 가지고 있는 돈

▶ 한자어와 이에 대한 설명을 연결하세요.

1. 밀매   ㄱ. 상품을 팜

2. 예금   ㄴ. 금지된 물건을 몰래 팜

3. 판매   ㄷ. 돈을 금융기관에 맡김

<그림7> 의미 파악 확인 연습 예시

4) 그 다음에 학습한 한자를 이용하여 문맥에서 새로운 한자어의 의미를 유추할 수 있도록 한자어의 의미를 추측하는 연습을 제시하는 것도 좋다. 새로 형성된 단어이기 때문에 학습하는 어휘 수가 계속 늘게 된다.

▶ 다음 문장을 읽고 밑줄 친 한자어의 뜻을 생각해 보세요.

▶ 이 한자어를 형성하는 한자의 뜻은 무엇일까요?

1. 예약을 하지 않은 사람들은 **매표소**에서 티켓을 끊어야 한다.

2. 수입가공식품 가격 조사를 한 결과, 수입 가격과 국내 **판매가**가 큰 차이를 보였다.

3. 요즘 국민 건강을 위한 담배 소비 억제책이 많이 시행됨으로써 담배 **판매권**을 지정 받기가 어려워졌다.

▶ 한자어의 뜻이 무엇일까요?

1. 매표소 _____

2. 판매가 _____

3. 판매권 _____

<그림8> 새로운 한자어 의미 추측 연습

한자어 의미 추측 연습은 새 한자어를 익히게 하며 어휘 확장하는 데에 도움이 되고, 문맥에서 어떻게 쓰이는지 익히면서 단어의 활용방법에도 익숙해진다.

학생들은 선생님이 제시한 정보보다 자기가 직접 알아낸 정보를 더 잘 파악하고 기억한다. 따라서 한자어 학습의 모든 단계에서 설명하기보다는 학생들이 한자에 대해 갖고 있는 지식을 바탕으로 새로 접하는 한자어의 뜻을 그 한자어를 형성하고 있는 형태소 분석과 문맥 분석을 통하여 유출하도록 시키는 것이 어휘를 학습하는 데에 효과적이라고 본다.

앞에 제시한 것처럼 학습자들에게 한자어 형성 원리에 관한 지식을 제대로 제공하고 한자의 풍부한 조어력을 이용하여 교육시키면 한자어 습득이 더욱 효율적일 것이다.

이상으로 한국어 어휘 체계에서 가장 큰 비중을 차지하고 있는 한자어의 특징, 조어력과 교육 방법을 살펴봤다. 한자어의 조어 원리와 구조별 유형을 학습자에게 이해시키면 한자어 습득이 더욱 쉬워진다.

한자어 학습은 초급 단계부터 가능하며 한국어 실력에 따라 한자어 교육 방법이 다를 수 있다. 앞에 제시한 것처럼 학습자들에게 한자어 형성 원리에 관한 지식을 제대로 제공하고 한자의 풍부한 조어력을 이용하며 교육시키면 한자어 습득이 더욱 효율적일 것이라고 생각한다.

제3장

중국어권 한국어 학습자의
신체 관용어 습득 과정 연구

왕흠범
한국 연세대학교
Yonsei University

1. 머리말

외국어 학습의 핵심은 어휘 학습이라고 해도 과언이 아니다. L2 학습자가 원활한 언어 생활을 하기 위해서는 많은 양의 어휘를 학습해야 하는 것이다. 이러한 어휘에는 하나의 단어(individual word)만이 있는 것이 아니라 언어(collocation), 관용어(idiom)처럼 두 개 이상의 단어로 구성되어 있는 표현인 정형화된 표현 (formulaic language)도 포함되어 있다. 이 정형화된 표현들은 사회적 상호작용(social interaction) 혹은 언어적 언어사용(phatic communion), 담화 조직 (discourse organization), 정확한 정보 전달(precise information transfer) 등에 중요한 역할을 하므로 모어 화자에 의해서 상당히 높은 빈도로 사용된다 (Dechart, 1983; Nattinger & DeCarrico, 1992). 모어 화자뿐만 아니라 외국어 학습자의 경우에도 이 정형화된 표현들은 학습자의 언어 유창성(fluency), 의사소통 능력(communicative competence)을 향상시키는 데 도움이 되므로 정형화된 표현에 대한 교육은 어휘교육에서 제외되어서는 안 된다(Pawley & Syder, 1983; Nattinger & DeCarrico, 1992; Moon, 1997; Wray, 2002; Schmitt & Carter, 2004; Fellbaum, 2007; Granger & Maunier, 2008). 그러나 이 정형화된 표현들은 단어보다 교육자료에 포함되어 교수되는 것이 어려울 뿐만 아니라 학습 하기에도 쉽지 않기 때문에 어휘교육은 정형화된 표현에 대해 소홀히 해왔다(Wray, 2012:112; Schmitt, 2010:9).

한편, 한국어 어휘교육도 주로 단어, 조사, 접사 등에 대해 많이 이루어져 온 반면 정형화된 표현에 대한 연구는 그 자체의 범위로 선정된 교육용 목록조차 없을 정도 소홀했다(원미진, 2013/2019:115). 그러나 정형화된 표현에 대한 모어 화자의 사용빈도와 교육적인 중요성을 감안할 때 정형화된 표현은 한국어 교육에서의 필수적인 분야라고 할 수 있다. 정형화된 표현의 하위 요소 중의 하나로 관용어(혹은 숙어, 관용 표현[1])을 뽑을 수 있다. 관용어란 두 개 이상의 단어들이 결합해 하나의 의미 단위처럼 사용되는 말로 하나의 어휘소와 동일한 가치를 갖는 어휘항목이다(유현경 외, 2017:249). 한국어 교육 분야에서 관용어에 대한 연구는 주로 관용어의 목록 선정, 관용어의 교육 방안, 그리고 한국어와 외국어의 관용어 대조 연구가 주였다. 그러나 관용어에는 신체 관용어, 감정 관용어 등의 하위 분류가 포함되어 있기 때문에 모든 관용어를 무차별하게 학습자에게 교수하는 것은 학습자에게 혼란을 야기할 수 있다.

문종선(1995)에 의하면 한국어 관용어 중 약 54%가 신체 관용어이므로 신체 관용어에 대한 교육이 역시 중요할 수밖에 없다고 한다. 이에 본 연구에서는 중국어권 학습자를 대상으로 신체 관용어의 습득 과정을 고찰하고자 한다. 이를 위해서 먼저 신체 관용어 교육 목록을 구성할 것이다. '한국어 교육 어휘 내용 개발(4단계)'에서 신체를 나타내는 어휘를 추출하고 그들과 관련된 관용어를 정리하며 이 신체 관용어들에 대한 빈도 분석, 한국어 교재 간 중복도 분석을 통해 교육용 신체 관용어를 위계화할 것이다. 또한 관용어의 투명성(Ullmann, 1962; Cruse, 1986)도 기준으로 하여 교육용 신체 관용어를 초급, 중급 그리고 고급으로 등급화할 것이다. 신체 관용어의 습득 과정을 살피기 위해 중국어권 초급학습자, 중급학습자, 그리고 고급학습자 각 10명을 대상으로 하여 유사종적연구(pseudo longitudinal research) 방법으로 세 집단의 습득 양상을 비교할 것이다. 이를 위해서 The Vocabulary Knowledge Scale(VKS)(Paribakht & Wesche, 1997)을 평가 척도로 하여 교육용 신체 관용어 목록에 대한 어휘 평가를 실시할 것이다. VKS는 이해 어휘(receptive vocabulary) 지식뿐만 아니라 표현어휘(productive vocabulary) 지식도 평가하므로 타당도가 높은 어휘평가도구로 여겨진다. 연구결과에 대한 ANOVA 검정을 통해 세 집단의 신체 관용어 습득 양상의 차이를 살펴봄으로써 중국어권 학습자의 신체 관용어 습득 과정을 밝힐 것이다. 이를 바탕으로 교육적인 함의도 시사할 것이다.

[1] 김광해(1993:162)는 관용어를 관용 표현의 하위요소로 간주하여 관용 표현을 관용어(숙어)와 속담으로 나누었다.

2. 교육용 신체 관용어의 목록 선정

이 장에서는 교육용 신체 관용어의 위계화 및 등급화를 하고자 한다. 이를 위해서 먼저 '한국어 교육 어휘 내용 개발(4단계)'에서 신체를 나타내는 어휘를 추출하고 그들과 관련된 관용어를 정리할 것이다. '한국어 교육 어휘 내용 개발(4단계)'은 2012년에 국립국어원에서 각 단계의 한국어 교육 내용 개발 자료를 정비하고 통합하기 위해서 구축한 어휘 목록이며 최근 4단계에 이르렀다. 활용이 용이한 어휘 검색 시스템을 개발하는 것이 이 연구의 특징이다(한송화, 2015). 즉, 해당 어휘 항목뿐만 아니라 각 어휘와 관련된 어휘장(유의어나 반의어, 상위어나 하위어, 연어, 길잡이말 등)도 함께 제시하였다. 따라서 이 어휘 목록은 학습자들의 어휘 확장에 도움이 될 수 있는 것이다. 신체부위와 관련된 단어[2] 19개를 수록하였으며 이 단어들로 구성된 관용어는 292개였다.

교육용 어휘 선정의 기준은 많은 국내외 학자들의 연구대상이 되어 왔으며 모든 연구는 빈도(frequency), 중복 범위(range), 그리고 적용 범위(coverage)에 대해서 논의하였다. 이 세 요소 외에 Mackey(1967:298-300)는 이용 가능성(availability)과 학습 가능성(learnability)을 제시하였으며, Richard(1970)는 언어의 필요(language needs), 이용도 및 친숙도(availability and familiarity), 규칙성(regularity) 그리고 학습 용이도 및 학습 부담(ease of learning burden)을 제시하였다. 본 연구에서는 한국어 신체 관용어의 특성을 고려하여 빈도, 중복 범위를 기준으로 교육용 신체 관용어를 위계화하고 학습가능성과 더불어 등급화를 할 것이다. 구체적인 선정 기준은 다음과 같다.

먼저 중국어권 학습자에 의해서 많이 사용되는 한국어 교재 4종(연세대학교 한국어학당 『한국어』, 民族出版社 『韓国语』, 연세대학교 한국어학당 『연세 한국어』, 그리고 서울대학교 언어교육원 『서울대 한국어』)[3]에 수록된 신체 관용어를 정리할 것이다. 관용어인지 아닌지 판단하는 기준은 '한국어 교육 어휘 내용 개발(4단계)'이기 때문에 신체와 관련된 단어로 구성되는 연어는 신체 관용어에 포함시키지 않을 것이다. 교재 간 중복도와 상관없이 한 번 이상 출현한 신체 관용어는 총 36개였다.

그 다음 위 36개의 신체 관용어에 대한 빈도분석을 통해 추가적으로 교육용 신체 관용어를 선정할 것이다. 서상규(2019)를 참고하여 각 신체 관용어가 해당 기본어휘(즉, 신체와 관련된 단어)의 전체 의미에서 차지하는 의미 빈도의 비율을 비교할 것이다. 우선 4종의 교재에서 한 번 이상 나타났지만 그의 용법을 드러내는 용례 밀뭉치에서 하나노 출현하지 않은 신체 관용어(즉, 'X'로 표시되어 있는 항목)는 교육용 신체 관용어 목록에서 제외시킨다. 예를 들어 '입이 심심하다'는 『韓国语

[2] 본 연구에서는 林八竜(1988)의 분류기준에 따라 다음과 같은 신체 부위 관련 단어의 관용어에 대해 검토하고자 한다.
머리부: 머리, 고개, 얼굴, 눈, 코, 입, 귀
동체부: 목, 어깨, 가슴, 마음, 배, 허리
사지부: 손, 발, 팔, 다리
전신부: 몸

[3] 이에 관해서 유쌍옥(2012)은 중국 국내 119개 대학교의 한국학과에서 사용하는 교재를 조사한 결과 가장 많이 사용되는 교재는 연세대학교 한국어학당 『한국어』, 民族出版社 『韓国语』, 그리고 연세 대학교 한국어학당 『연세 한국어』 순으로 나타났다. 서울대학교 언어교육원 『서울대 한국어』는 사용비율이 비교적 낮지만 KSL 학습자에 의해서 많이 사용되는 대표적인 한국어 교재(진대연, 1999; 민형식, 2000; 정한네, 2010:1)이기 때문에 본 연구의 분석 대상에 포함되었다.

(3)』에서 나타났는데 서상규(2019)의 연구대상이 된 말뭉치에서 그 용례가 나타나지 않았기 때문에 교육용 신체 관용어 목록에서 삭제할 것이다.

《입》 전체빈도합=450(0.0242%)

입 명 ★★★【Text=124/Freq1=450】

관 <입이 심심하다> [X]

또한 위의 4종의 교재에서 한 번 이상 출현하면서도 그 용례가 말뭉치에서 발견된 신체 관용어에 대하여 의미 빈도 비율을 내림차순으로 배열할 것이다. 그중에 단어별 의미 빈도 비율이 가장 낮은 항목보다 높지만 4종의 교재에서 나타나지 않은 신체 관용어는 신체 관용어 목록으로 추가할 것이다. 예를 들어 4종의 교재에서 출현한 '손'과 관련된 관용어 중에서 '손이 크다'는 의미 빈도가 0.2%로 가장 낮게 나타났다. 따라서 4종의 교재에서 수록되어 있지 않으나 의미 빈도 비율이 0.2%보다 높은 '손'과 관련된 관용어인 '손을 끊다(0.4%), 손을 떼다(0.4%), 손을 젓다(0.4%), 손을 쓰다(0.4%), 손에 땀을 쥐다(0.3%)'도 추가적으로 교육용 신체 관용어 목록에 포함시켰다.

《손》 전체빈도합=966(0.0520%)

손¹ 명 ★★★【Text=169/Freq1=964(99.8%)】

관 <손(을) 떼다> [Text=3/Freq2=4(0.4%)]

관 <손을 젓다> [Text=3/Freq2=4(0.4%)]

관 <손을 떼다> [Text=2/Freq2=4(0.4%)]

관 <손에 땀을 쥐다> [Text=2/Freq2=3(0.3%)]

관 <손(이) 크다> [Text=2/Freq2=2(0.2%)]

이와 같이 4종의 교재에서 출현했지만 말뭉치에서 출현하지 않은 신체 관용어인 '발 벗고 나서다, 입이 심심하다'를 제외시키고 4종의 교재에서 출현하지 않지만 말뭉치에서의 의미 빈도 비율이 비교적 높은 신체 관용어인 '귀를 의심하다, 발을 구르다, 발을 빼다, 손을 끊다, 손을 떼다, 손을 젓다, 손을 쓰다, 손에 땀을 쥐다, 입에 오르내리다, 입을 막다, 입을 모으다, 입에 대다, 코를 찌르다'를 추가한 결과 다음 <표1>과 같이 총 47개의 신체 관용어를 교육용 신체 관용어로 선정하였다.

<표1> 교육용 신체 관용어의 선정 결과

		『韩国语』	『한국어』	『연세한국어』	『서울대 한국어』	의미빈도
고개(3)	고개를 숙이다				2	15.5%
	고개를 끄덕이다		3		3	?
	고개를 돌리다				2	?
귀(4)	귀를 기울이다	4	4	4		19.2%
	귀를 의심하다					1%
	귀가 가렵다		4			0.5%
	귀가 얇다				4	
눈(6)	눈 깜짝할 사이		4			0.6%
	눈에 띄다		5			
	눈을 돌리다			6		0.2%
	눈을 맞추다					0.3%
	눈이 높다				4	
	눈이 맞다					0.5%
마음(8)	마음에 걸리다					0.7%
	마음에 들다	3		2	2	5.7%
	마음을 놓다	3	3		4	0.4%
	마음을 먹다	2	4	3	3	
	마음을 졸이다		4	6		0.2%
	마음이 맞다				4	
	마음이 무겁다		5			0.5%
	마음이 쓰이다	3				0.5%
머리(1)	머리를 긁다				3	
몸(1)	몸살이 나다	2		3		
발(3)[4]	발을 구르다					3%
	발을 빼다					1.3%
	발 벗고 나서다					X
배(2)	배가 부르다	3			2	3.3%
	배가 아프다					1.7%
손(10)	손을 잡다	4			3	0.6%
	손을 끊다					0.4%
	손을 떼다					0.4%
	손을 보다	3			3	0.4%
	손을 쓰다					0.4%
	손 떼다					0.4%
	손을 젓다					0.4%
	손을 대다	3				0.3%
	손에 땀을 쥐다					0.3%
	손이 크다		5			0.2%
손가락(1)	손가락을 꼽다	3		6	4	1%
어깨(1)	어깨가 무겁다		4			3.9%
입(7)	입에 오르내리다					1.1%
	입을 맞다					0.9%
	입을 모으다					0.4%
	입에 대다					0.4%

[4] 위 4종의 교재에서 출현한 '발'로 구성되는 관용어는 '발 벗고 나서다'만 있었다. 그러나 이 관용어는 의미 빈도 0 이므로 의미 빈도 비율이 보다 높은 '발을 구르다' 와 '발을 빼다'를 목록에 추가하였다.

	관용어				빈도	비율
	입이 가볍다				4	0.2%
	입이 무겁다				4	0.2%
	입이 심심하다				3	X
코(3)	코를 골다				3	15.5%
	코를 찌르다					4.1%
	코가 높다				2	0.7%
혀(1)	혀를 차다				6	21.4%

마지막으로 의미 빈도, 교재 간 중복도, 그리고 학습 용이도를 기준으로 이 47개의 교육용 신체 관용어를 등급화할 것이다. 구체적인 등급화의 기준은 다음과 같다.

첫째, 빈도가 높은 신체 관용어는 우선 학습 대상으로 선정될 것이다. 신체와 관련된 단어는 모두 빈도가 높으면서도 의미가 복잡한 기초어휘이므로 앞에 살펴본 의미 빈도 비율로 각 신체 관용어의 빈도를 계산할 것이다.

둘째, 교재 간 중복도가 높은 신체 관용어, 즉 많은 교재에서 출현한 신체 관용어는 우선 학습 대상으로 선정될 것이다. 또한, 선정할 최종 등급은 가능한 교재에서 나타난 등급과 일치하도록 유지할 것이다.

셋째, 학습이 용이한 신체 관용어는 우선 학습 대상으로 선정될 것인데 본 연구에서는 관용어의 의미투명성을 기준으로 학습용이성 등급을 구성할 것이다. 문금현(1996:46-5)은 관용어를 근접투명, 반불투명 그리고 불투명의 3가지 층위로 분류하였다.[5] 근접투명성에 해당하는 관용어는 의미 연상이 쉽고 일상적인 어휘로 구성되어 있어 학습하기가 쉬울 뿐만 아니라 사용 빈도가 높게 나타나는 경우가 많다. 이에 반해 불투명한 관용어는 의미 연상이 어렵고 학습하기 어려우며 사용 빈도가 낮다. 반불투명성은 근접투명성과 불투명성의 중간에 위치한다. 따라서 초급에서는 근접투명성 관용어를 중심으로 학습내용을 구성하고 숙달도가 높아질수록 반불투명성과 불투명성 관용어를 학습하도록 하는 것이 바람직하다(김부경·채영희, 2013). 본 연구에서 선정한 47개의 교육용 신체 관용어의 투명성은 다음 <표2>와 같다.

[5] Ullmann(1962)과 Cruse(1986)는 관용어를 의미의 투명성 곧 합성성 정도에 따라 근접투명성(near-transparent), 반투명성(semi-transparent), 반불투명성(semi-opaque), 그리고 불투명성(opaque)으로 구분하고 있다.

<표2> 교육용 신체 관용어의 투명성

투명성 정도	근접투명성	반(불)투명성	불투명성
신체 관용어	고개를 끄덕이다, 고개를 돌리다, 고개를 숙이다, 귀를 의심하다, 귀를 기울이다, 눈 깜짝할 사이, 눈을 맞추다, 눈에 띄다, 마음이 맞다, 마음이 무겁다, 마음이 쓰이다, 손을 젓다, 손을 잡다, 손에 땀을 쥐다, 손가락을 꼽다, 어깨가 무겁다, 입을 막다, 코를 골다, 코를 찌르다	귀가 가렵다, 귀가 얇다, 눈이 높다, 눈이 맞다, 마음에 걸리다, 마음에 들다, 마음을 놓다, 마음을 먹다, 발을 구르다, 발을 빼다, 손이 크다, 손을 끊다, 손을 떼다, 손을 쓰다, 입이 가볍다, 입이 무겁다, 코가 높다	눈을 돌리다, 마음을 졸이다, 머리를 긁다, 배가 아프다, 손을 보다, 손을 대다, 입을 모으다, 입에 대다, 입에 오르내리다, 혀를 차다

학습 난이도	저	중	고

    지금까지 살펴본 등급화 기준을 바탕으로 다음 <표3>과 같이 단계별 교육용 신체 관용어 목록을 구성할 수 있다. 이 결과 4개의 초급 신체 관용어, 23개의 중급 신체 관용어, 그리고 20개의 고급 신체 관용어를 등급화하였다.

<표3> 교육용 신체 관용어의 등급화 결과

	초급(4)	중급(23)	고급(20)
고개		고개를 끄덕이다, 고개를 돌리다, 고개를 숙이다	
귀		귀를 기울이다, 귀를 의심하다	귀가 가렵다, 귀가 얇다
눈		눈 깜짝할 사이, 눈이 높다, 눈이 맞다	눈을 돌리다, 눈을 맞추다, 눈에 띄다
마음	마음에 들다, 마음을 먹다	마음에 걸리다, 마음을 놓다, 마음이 맞다	마음이 무겁다, 마음이 쓰이다, 마음을 졸이다
머리			머리를 긁다
발			발을 구르다, 발을 빼다
배	배가 부르다		배가 아프다
손	손을 잡다	손이 크다, 손을 보다, 손을 대다, 손을 젓다, 손에 땀을 쥐다, 손가락을 꼽다	손을 끊다, 손을 떼다, 손을 쓰다
어깨		어깨가 무겁다	
입		입을 막다, 입이 가볍다, 입이 무겁다	입을 모으다, 입에 대다, 입에 오르내리다
코		코가 높다, 코를 골다	코를 찌르다
혀			혀를 차다

3. 신체 관용어 평가

앞 제2장에서는 중국어권 학습자를 위한 교육용 신체 관용어 목록을 구성하였다. 이 장에서는 이 교육용 신체 관용어들에 대한 어휘 평가를 하고자 한다.

3.1. 어휘 평가의 이론적 배경

어휘지식은 매우 다면적인 만큼 지금까지 어휘평가에 대한 공식적인 기준은 찾을 수 없다. 세계적으로 가장 많이 사용했던 평가도구는 어휘 점검표(checklist tests)이다(Meara, 1992). 평가하는 어휘가 한 리스트에 나열되어 피험자가 이 어휘들을 알고 있는지 체크하는 방식이다. 이 도구는 시간을 절약할 수 있기 때문에 한꺼번

[6] 이와 같은 과대평가를 보완하는 방법 중의 하나는 점검표에 가짜 단어(nonword)를 넣는 것이다. 이런 가짜 단어는 보통 전체 어휘 항목 수의 25~30%를 차지하며 일정 비율 이상의 가짜 단어를 안다고 체크하는 경우 무효로 처리하기도 한다. 그러나 원미진(2017)은 이와 같은 가짜 단어는 한국어 어휘 평가에 적합하지 않다고 지적한 바 있다. 어떤 단어의 경우 거의 쓰이지 않지만 고급 어휘로 존재하는 경우도 있으며 익숙한 단어의 경우에 앞뒤 음절을 바꾸게 되면 지나치게 쉽게 가짜 단어인 것이 드러나게 되기 때문이다.

에 대량의 어휘에 대한 평가를 가능하게 한다는 장점을 가지고 있다. 그러나 피험자들이 실제로 모르는 단어도 아는 단어로 체크할 수도 있어 어휘 지식을 실제보다 과대평가할 가능성이 많다는 한계점도 안고 있다.[6] 뿐만 아니라 이와 같은 이분법적인 측정 결과는 개인 차이에 영향을 받기 쉽다. 학습자마다 앎과 모름에 대한 판단 기준이 다르기 때문이다. 즉, 어휘의 의미만 알아서 어휘를 안다고 체크하는 학습자가 있는가 하면 산출적으로 사용하는 어휘만을 아는 어휘로 체크하는 학습자도 있기 때문에 전자가 후자보다 어휘량이 높게 나타나기 마련이다(Schmitt, 2010:223).

이러한 한계점을 해결하여 어휘 지식을 세부화하고 더 객관적으로 측정하기 위해서 Paribakht & Wesche(1993), Scarcella & Zimmerman(1998), Schmitt & Zimmerman(2002) 등은 4점 척도 혹은 5점 척도의 점검표를 통해서 어휘 지식을 평가하는 연구를 하였다. 이 도구들 중에 가장 대표적인 것으로 Paribakht & Wesche(1993)가 학습자의 심층적인 어휘를 측정하기 위해서 개발한 Vocabulary Knowledge Scale(VKS)을 꼽을 수 있다. 이 VKS도 5점 척도의 자기 보고 형식이지만 언어 산출을 요구하기 때문에 학습자의 어휘 지식을 더 정확하게 측정하는 도구라고 할 수 있다(Schmitt, 2000:175). 또한 이 도구는 학습자의 어휘 발달 과정을 추적하는 신뢰도(reliability)가 높은 도구로 여겨진다(Wesche & Paribakht, 1996).[7] 이 도구의 예시는 다음과 같다.

[7] 그러나 이 도구도 한계점이 있다. 즉, 척도 간의 간격이 균등하지 않다는 점이 지적되었다. 1-4점은 이해 지식의 차원에서 어휘를 평가하는데 5점은 표현지식의 차원에서 어휘를 평가하게 된다. 그러나 후자에는 연어, 사용역, 파생법, 문법적 지식 등이 포함되어 있어 측정하는 어휘 지식의 폭이 1-4점과 상당히 큰 격차가 있다(Meara, 1996; Read, 2000; Schmitt, 2000).

1. I don't remember having seen this word before.
2. I have seen this word before, but I don't know what it mean.
3. I have seen this word before, and I think it means _____.
   (synonym or translation)
4. I know this word. It means _____.
   (synonym or translation)
5. I can use this word in a sentence: _____.
   (If you do this section, please also do Section 4.)

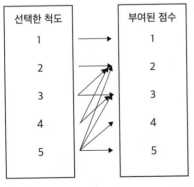

선택한 척도	부여된 점수	비고
1	1	이 어휘를 모름
2	2	이 어휘를 아는데 의미는 모름
3	3	뜻풀이 혹은 모국어 대응어를 정확하게 썼음
4	4	이 어휘를 의미적으로 정확한 문장을 만들었음
5	5	이 어휘를 의미적으로, 문법적으로 정확한 문장을 만들었음

<그림1>

또한 학습자가 제공한 어휘의 의미 설명이나 만든 문장을 고려하여 다음 <그림1>과 같이 각 항목의 실제적인 점수를 부여하게 된다.

3.2. 연구의 절차

본 연구에서는 위 VKS를 사용함으로써 중국어권 학습자의 관용어 습득 양상을 파악하고자 한다. 또한 전체의 학습자를 한국어능력시험 점수에 따라 초급학습자, 중급학습자, 고급학습자로 분류하고 각 집단의 습득 양상 차이를 비교함으로써 신체 관용어의 습득 과정을 밝히고자 한다. 구체적인 절차는 다음과 같다.

먼저 앞 제3장에서 구성한 교육용 신체 관용어 목록을 VKS에 적용함으로써 설문지를 구성할 것이다. 설문지는 선정한 4개의 초급 신체 관용어, 23개의 중급 신체 관용어 그리고 20개의 고급 신체 관용어에 대하여 5점 척도의 자기 보고를 통해 각 신체 관용어를 아는 정도를 조사하는 것이다. 1~5점 척도는 각각 '이 신체 관용어를 본 적이 없다, 이 신체 관용어를 본 적이 있으나 의미를 모른다, 이 신체 관용어를 본 적이 있으며 의미를 어느 정도 안다, 이 신체 관용어의 의미를 안다, 이 신체 관용어로 문장을 만들 수 있다'에 해당된다. 또한 피험자가 선택한 척도가 실제의 어휘 지식과 최대한 일치하도록 3점과 4점을 선택한 피험자가 이 신체 관용어의 뜻풀이, 유의어, 혹은 모국어(중국어) 번역을 적도록 요구한다. 5점을 선택한 피험자가 해당 신체 관용어로 문장을 만들어야 할 뿐만 아니라, '저 사람은 손이 큰 사람이다'와 같은 의미를 모르는 채 문법적으로 정확한 문장을 만드는 것을 억제하기 위해서 3점과 4점을 선택한 피험자와 같이 해당 신체 관용어에 대한 의미 설명도 제공해야 한다. 또한 신체 관용어를 등급순이 아니라 가나다순으로 배열한다.

또한 피험자가 설문지에서 보고한 척도와 제공한 의미 설명 혹은 만든 문장을 바탕으로 점수 코딩을 할 것이다. 위 <그림1>을 토대로 피험자가 1점과 2점을 선택한 항목은 각각 1점과 2점이 부여된다. 3점 혹은 4점을 선택한 항목의 경우 피험자가 정확한 뜻풀이, 유의어, 혹은 모국어(중국어) 번역을 제공하면 3점을 부여하며 그렇지 않으면 2점을 부여한다. 즉, 4점을 선택한 항목이 최대 3점까지만 부여될 수 있는 것이다. 5점을 선택한 항목의 경우 그 항목에 대한 정확한 의미 설명을 제공하고 문법적으로 정확한 문장을 만들어야 5점을 부여받을 수 있다. 의미적으로만 정확한 문장을 만든 경우 4점을 부여하며 정확한 의미 설명만(설명을) 제공하지만 문장을 만들지 않거나 비문을 만든 경우 3점을 부여한다. 또한 정확한 의미 설명조차 제공하지 못하면 2점을 부여한다. 점수 코딩의 예시는 다음 <표4>와 같다.

<표4> 본 연구에서의 점수 코딩 예시

		1	2	3	4	5
점수 코딩	1	1점을 선택	X	X	X	X
	2	X	2점을 선택	3점을 선택 귀가 얇다: 耳朵痒痒	4점을 선택 귀가 얇다: 耳朵痒痒	5점을 선택 귀가 얇다: 耳朵痒痒 지금 귀가 얇다
	3	X	X	3점을 선택 귀가 얇다: 耳朵根软	4점을 선택 귀가 얇다: 耳朵根软	5점을 선택 귀가 얇다: 耳朵根软 (문장을 만들지 않음)
	4	X	X	X	X	5점을 선택 귀가 얇다: 耳朵根软 그 사람은 귀가 얇은 사람이다.
	5	X	X	X	X	5점을 선택 귀가 얇다: 耳朵根软 그 사람은 귀가 얇아서 설득하기 쉽다.

4. 연구 결과

본 연구에는 초급학습자, 중급학습자 그리고 고급학습자 각 10명이 참여하였다. 수집한 자료를 바탕으로 다음과 같이 중국어권 학습자의 등급별 신체 관용어의 습득 양상 그리고 한국어 숙달도별 신체 관용어의 습득 양상을 비교함으로써 중국어권 학습자의 습득 과정을 분석할 수 있다.

4.1. 수준별 신체 관용어에 대한 습득 양상

4.1.1. 초급 신체 관용어의 습득 양상

초급 신체 관용어는 총 4항목으로 구성되어 있는데 다음 <표5>와 <표6>에서 확인되듯이 문항의 Cronbach's α 계수가 .556으로 나타나기 때문에 내적 일관성 (internal consistency), 즉 신뢰도(reliability)를 제고하기 위해 그중의 한 항목을 삭제하였다. 삭제 후의 Cronbach's α 계수가 .736이 되어 초급 신체 관용어의 습득 양상을 측정하는 항목이 신뢰도가 있는 도구라고 할 수 있다.

<표5> 초급 신체 관용어 항목의 신뢰도

Cronbach's α	항목 수
.556	4

<표6> 초급 신체 관용어 항목의 신뢰도 분석 결과

	항목이 삭제된 경우 척도 평균	항목이 삭제된 경우 척도 분산	수정된 항목-전체 상관계수	항목이 삭제된 경우 Cronbach's α
초1	10.87	7.016	.565	.338
초2	11.23	7.220	.454	.405
초3	11.17	9.385	.001	.736
초4	12.13	5.016	.492	.329

초급 신체 관용어의 습득에 대한 세 집단의 차이를 밝히기 위해 일원분산분석(One Way ANOVA)을 실시하였다. 일원분산분석의 결과는 다음 <표7>과 같다.

<표7> 한국어 숙달도별-초급 신체 관용어 습득 양상의 ANOVA 결과

종속 변수	독립변수 (한국어 숙달도)	N	평균	표준화 편차	표준화 오류	F값	p값
초급 신체 관용어	초급	10	2.8333	.93294	.29502	11.753***	.000
	중급	10	3.8333	.68943	.21802		
	고급	10	4.5000	.67128	.21228		
	전체	30	3.7222	1.02117	.18644		

*p<.05, **p<.01, ***p<.001

위 <표7>에서 확인되었듯이 ANOVA에서 F값이 11.753으로 나타나고 p값이 .000으로 나타나며 통계적으로 세 집단 간에 유의미한 차이가 나타났다. 즉, 초급학습자, 중급학습자 그리고 고급학습자가 초급 신체 관용어를 습득하는 데 현저한 차이가 있다고 할 수 있다. 이러한 차이를 구체적으로 밝히기 위해서 사후 검증(post hoc)을 실시하였다. 사후 Tukey HSD 검정의 결과는 다음 <표8>과 같다.

<표8> 한국어 숙달도별-초급 신체 관용어 습득 양상의 사후 Tukey HSD 검정 결과

종속 변수	독립변수 (한국어 숙달도)		평균차이	표준화 오류	p값	95% 신뢰구간	
						하한	상한
초급 신체 관용어	초급	중급	-1.00000*	.34605	.020	-1.8580	-.1420
		고급	-1.66667***	.34605	.000	-2.5247	-.8087
	중급	초급	1.00000*	.34605	.020	.1420	1.8580
		고급	-.66667	.34605	.151	-1.5247	.1913
	고급	초급	1.66667***	.34605	.000	.8087	2.5247
		중급	.66667	.34605	.151	-.1913	1.5247

*p<.05, **p<.01, ***p<.001

위 <표8>에서 나타난 것처럼 사후 Tukey HSD 검정에서는 초급학습자와 중급학습자 간 그리고 초급학습자와 고급학습자 간에 통계적으로 유의미한 결과가 나타났다. 즉, 위 <표7>을 통해 고급학습자와 중급학습자가 초급학습자보다 초급 신체 관용어를 잘 습득하였다고 할 수 있다. 반면에 중급학습자와 고급학습자 간에도 차이가 존재하나 이러한 차이가 통계적으로 유의미하지 않았기 때문에 이 결과는 본 연구의 참여자에 한정될 뿐 한국어 학습자 전체로 일반화할 수는 없다.

또한 세 집단의 평균을 비교한 결과 초급학습자는 평균이 2.83으로 3에 가깝기 때문에 초급학습자가 대체적으로 초급 신체 관용어의 의미를 정확히 알고 모국어인 중국어로 의미를 설명할 수 있는 수준에 달하였다고 할 수 있다. 또한 중급학습자의 평균이 4에 가깝다는 것은 대체적으로 초급 신체 관용어를 활용하여 의미적으로 정확한 문장을 만들 수 있는 수준에 가까움을 의미한다. 고급학습자는 초급 신체 관용어를 활용하여 의미적으로나 문법적으로나 정확한 문장을 산출해내는 수준에 거리가 있다고 할 수 있다. 즉, 학습자는 초급 단계에서 초급 신체 관용어를 습득하고 이해하며, 중급에 이르러 이 초급 신체 관용어들을 표현어휘로 산출할 수 있게 된다. 고급에 이르러서는 이러한 산출 능력이 다소 높아지기는 하지만 산출 능력의 차이는 중급학습자와 비교해 통계적으로 유의미하지 못하였다.

4.1.2. 중급 신체 관용어의 습득 양상

중급 신체 관용어는 총 23항목으로 구성되어 있는데 다음 <표9>에서 확인되듯이 문항의 Cronbach's α 계수가 .927로 나타나므로 내적 일관성이 매우 높은 도구, 즉 신뢰도가 매우 높은 도구라고 할 수 있다.

<표9> 중급 신체 관용어 항목의 신뢰도

Cronbach's α	항목 수
.927	23

중급 신체 관용어의 습득에 대한 세 집단의 차이를 밝히기 위해 일원분산분석을 실시하였다. 일원분산분석의 결과는 다음 <표10>과 같다.

<표10> 한국어 숙달도별-중급 신체 관용어 습득 양상의 ANOVA 결과

종속 변수	독립변수 (한국어 숙달도)	N	평균	표준화 편차	표준화 오류	F값	p값
중급 신체 관용어	초급	10	2.3522	.42720	.13509	17.153***	.000
	중급	10	3.4217	.72436	.22906		
	고급	10	3.8522	.57978	.18334		
	전체	30	3.2087	.85744	.15655		

*p<.05, **p<.01, ***p<.001

위 <표10>에서 확인할 수 있듯 ANOVA에서 F값이 17.153으로 p값이 .000으로 나타나며 통계적으로 세 집단 간 유의미한 차이를 보인다. 즉, 초급학습자, 중급학습자 그리고 고급학습자가 중급 신체 관용어를 습득하는 데 상당히 현저한 차이가 있다고 할 수 있다. 이러한 차이를 구체적으로 밝히기 위해서 사후 검증을 실시하였다. 사후 Tukey HSD 검정의 결과는 다음 <표11>과 같다.

<표11> 한국어 숙달도별-중급 신체 관용어 습득 양상의 사후 Tukey HSD 검정 결과

종속 변수	독립변수 (한국어 숙달도)		평균차이	표준화 오류	p값	95% 신뢰구간	
						하한	상한
중급 신체 관용어	초급	중급	-1.06957***	.26374	.001	-1.7235	-.4157
		고급	-1.50000***	.26374	.000	-2.1539	-.8461
	중급	초급	1.06957***	.26374	.001	.4157	1.7235
		고급	-.43043	.26374	.250	-1.0843	.2235
	고급	초급	1.50000***	.26374	.000	.8461	2.1539
		중급	.43043	.26374	.250	-.2235	1.0843

*p<.05, **p<.01, ***p<.001

위 <표11>에서 나타난 것처럼 사후 Tukey HSD 검정에서는 초급학습자와 중급학습자 간 그리고 초급학습자와 고급학습자 간에 통계적으로 유의미한 결과가 나타났다. 즉, 위 <표10>을 통해 고급학습자와 중급학습자가 초급학습자보다 초급 신체 관용어를 잘 습득하였다는 점을 확인할 수 있다. 반면에 중급학습자와 고급학습자 간에도 차이가 존재하나 이런 차이가 통계적으로 유의미하지 않았기 때문에 이 결과를 전체 한국어 학습자로 일반화할 수는 없다.

또한 세 집단의 평균을 비교한 결과 초급학습자는 평균이 2.35로 나타나 초급학습자가 대체적으로 중급 신체 관용어를 어디에선가 본 적은 있으나 아직 의미를 모르는 단계라고 할 수 있다. 중급학습자는 중급 신체 관용어를 이해어휘로 습득하였는데 표현어휘로는 산출하지 못하였다. 고급학습자는 평균이 3.85로 4에 가깝다. 고급에 이르러서는 이해 수준이 높아져 중급 신체 관용어로 문장을 정확하게 산출하는 수준까지는 아니지만 그 수준에 가깝다고 할 수 있다. 다시 말해 중급 신체 관용어는 대체로 중급 단계에서 습득되었지만 이해어휘로만 습득된 것이다. 고급학습자는 이 이해의 수준이 중급학습자와 통계적으로 유의미한 차이가 없지만 다소 표현어휘로 사용할 수 있는 수준에 가까워졌다고 할 수 있다.

4.1.3. 고급 신체 관용어의 습득 양상

고급 신체 관용어는 총 20항목으로 구성되어 있는데 다음 <표12>에서 확인되듯이 문항의 Cronbach's α 계수가 .888로 나타나므로 내적 일관성이 높은 도구, 즉 신뢰도가 높은 도구라고 할 수 있다.

<표12> 고급 신체 관용어 항목의 신뢰도

Cronbach's α	항목 수
.888	20

고급 신체 관용어의 습득에 대한 세 집단의 차이를 밝히기 위해 일원분산분석을 실시하였다. 일원분산분석의 결과는 다음 <표13>과 같다.

<표13> 한국어 숙달도별-고급 신체 관용어 습득 양상의 ANOVA 결과

종속 변수	독립변수 (한국어 숙달도)	N	평균	표준화 편차	표준화 오류	F값	p값
고급 신체 관용어	초급	10	2.1400	.35653	.11274	7.681**	.002
	중급	10	2.9200	.72388	.22891		
	고급	10	3.1750	.69612	.22013		
	전체	30	2.7450	.74363	.13577		

*p<.05, **p<.01

위 <표13>에서 확인되었듯이 ANOVA에서 F값이 7.681로 나타나고 p값이 .002로 나타나며 통계적으로 세 집단 간 유의미한 차이가 나타났다. 즉, 초급학습자, 중급학습자 그리고 고급학습자가 고급 신체 관용어를 습득하는 데 매주 현저한 차이가 있다고 할 수 있다. 이러한 차이를 구체적으로 밝히기 위해서 사후 검증을 실시하였다. 사후 Tukey HSD 검정의 결과는 다음 <표14>와 같다.

<표14> 한국어 숙달도별-중급 신체 관용어 습득 양상의 사후 Tukey HSD 검정 결과

종속 변수	독립변수 (한국어 숙달도)		평균차이	표준화 오류	p값	95% 신뢰구간	
						하한	상한
고급 신체 관용어	초급	중급	-.78000**	.27516	.023	-1.7235	-.4157
		고급	-1.03500***	.27516	.002	-2.1539	-.8461
	중급	초급	.78000*	.27516	.023	.4157	1.7235
		고급	-.25500	.27516	.628	-1.0843	.2235
	고급	초급	1.03500***	.27516	.002	.8461	2.1539
		중급	.25500	.27516	.628	-.2235	1.0843

*p<.05, **p<.01, ***p<.001

위 <표14>에서 나타난 것처럼 사후 Tukey HSD 검정에서는 초급학습자와 중급학습자 간 그리고 초급학습자와 고급학습자 간에 통계적으로 유의미한 결과가 나타났다. 즉, 위 <표13>를 통해 고급학습자와 중급학습자가 초급학습자보다 고급 신체 관용어를 잘 습득하였다고 할 수 있다. 반면에 중급학습자와 고급학습자 간에도 차이가 존재하나 이런 차이가 통계적으로 유의미하지 않았기 때문에 이 결과는 본 연구의 참여자에 한하여 적용될 뿐 전체 한국어 학습자로 일반화할 수는 없다.

또한 세 집단의 평균을 비교한 결과 초급학습자는 평균이 2.14로 나타나 대체적으로 고급 신체 관용어를 어디에서 본 적은 있지만 아직 의미를 모른다고 할 수 있다. 중급학습자는 평균이 2.92로 나타나 고급 신체 관용어를 거의 이해어휘로 습득하였지만 표현어휘로는 산출하지 못하는 것으로 보인다. 고급학습자는 평균이 3.18로 나타나 고급에 이르러서는 이러한 이해 수준이 조금이나마 높아진다고 할 수 있지만 중급학습자와의 수준 차이가 통계적으로 유의미하지 못하였다. 다시 말해 고급 신체 관용어는 대체로 중급 단계에서 이미 습득되었지만 이해어휘로만 습득된 것이다. 고급학습자는 이 이해 수준이 많이 향상되지 않았으며 표현어휘로 사용할 수 있는 수준까지는 이르지 못했다고 할 수 있다.

4.2. 한국어 숙달도별 신체 관용어의 습득 양상

앞 4.1절에서는 초급학습자가 초급 신체 관용어만 습득하였음을 밝혔다. 또한 중급학습자는 고급학습자와 같이 초급, 중급 신체 관용어를 습득하였고, 고급학습자와 약간의 수준 차이는 존재하지만 고급학습자와 같이 고급 신체 관용어도 습득하였음을 확인하였다. 이 절에서는 중급학습자, 고급학습자가 신체 관용어 습득 양상에서 어떠한 차이를 보이는지 살펴보고자 한다.

4.2.1. 중급학습자의 신체 관용어 습득 양상

먼저 중급학습자가 초급, 중급 그리고 고급 신체 관용어의 습득 양상에 차이가 있는지 밝히기 위해 대응표본 t검정을 실시하였다. 대응표본 t검정의 결과와 기술 통계량은 다음 <표15>와 <표16>과 같다.

<표15> 고급학습자의 등급별 신체 관용어 습득 수준의 대응표본 t검정 결과

	평균	표준화 편사	표준오차 평균	t값	p값
초급 신체 관용어 – 중급 신체 관용어	.41159	.79451	.25125	1.638	.136

	.91333	.88780	.28075	3.253**	.010
초급 신체 관용어 – 고급 신체 관용어	.91333	.88780	.28075	3.253**	.010
중급 신체 관용어 – 고급 신체 관용어	.50174	.41331	.13070	3.839**	.004

*p<.05, **p<.01

<표16> 중급학습자의 등급별 신체 관용어 습득 수준의 기술통계

		평균	N	표준화 편차	표준오차 평균
중급학습자	초급 신체 관용어	3.8333	10	.68943	.21802
	중급 신체 관용어	3.4217	10	.72436	.22906
	고급 신체 관용어	2.9200	10	.72388	.22891

위 <표15>에서 제시되었듯이 초급 신체 관용어와 고급 신체 관용어 그리고 초급 신체 관용어와 중급 신체 관용어에 대한 대응표본 t검정 결과가 각각 3.839, 3.253으로 나타나 .01 수준에서 유의미하였다. 이것은 중급학습자가 초급 신체 관용어를 중급 신체 관용어와 고급 신체 관용어보다 잘 습득하였음을 의미한다. 한편, 중급 신체 관용어와 고급 신체 관용어 간에도 차이가 존재하나 이런 차이가 통계적으로 유의미하지 않았기 때문에 이 결과는 본 연구의 참여자에 한하여 적용될 뿐 전체 한국어 학습자로 일반화할 수는 없다.

또한 앞 <표7>, <표10>, <표13> 그리고 위 <표16>의 수준별 신체 관용어에 대한 중급학습자의 습득 양상을 비교하면 초급 신체 관용어의 평균이 4에 가까운데 이것은 대체적으로 중급학습자가 초급 신체 관용어를 활용하여 의미적으로 정확한 문장을 만들 수 있는 수준에 이르렀음을 의미한다. 그러나 중급 신체 관용어의 평균이 3.42이고 초급 신체 관용어의 습득 수준과 통계적으로 유의미한 차이가 존재한다. 즉, 중급학습자는 중급 신체 관용어를 이해어휘로만 습득하고 아직 산출적으로 사용할 수 있는 수준에는 도달하지 못하였다. 한편, 고급 신체 관용어도 대체로 중급 단계에서 이해어휘로 습득되었다고 할 수 있으며, 고급 신체 관용어의 습득 수준은 중급 신체 관용어와 통계적으로 유의미한 차이가 존재한다.

4.2.2. 고급학습자의 신체 관용어 습득 양상

또한 고급학습자가 초급, 중급 그리고 고급 신체 관용어의 습득 양상에 차이가 있는지 밝히기 위해 대응표본 t검정을 실시하였다. 대응표본 t검정의 결과와 기술 통계량은 다음 <표17>과 <표18>과 같다.

<표17> 고급학습자의 등급별 신체 관용어 습득 수준의 대응표본 t검정 결과

	평균	표준화 편차	표준오차 평균	t값	p값
초급 신체 관용어 – 중급 신체 관용어	.64783	.77458	.24494	2.645*	.027
초급 신체 관용어 – 고급 신체 관용어	1.3250	.95259	.30123	4.399**	.002
중급 신체 관용어 – 고급 신체 관용어	.67717	.41698	.13186	5.136***	.001

*p<.05, **p<.01, ***p<.001

<표18> 고급학습자의 등급별 신체 관용어 습득 수준의 기술통계

		평균	N	표준화 편차	표준오차 평균
고급학습자	초급 신체 관용어	4.5000	10	.68943	.21802
	중급 신체 관용어	3.8522	10	.72436	.22906
	고급 신체 관용어	3.1750	10	.72388	.22891

위 <표17>에서 제시되었듯이 초급 신체 관용어와 고급 신체 관용어 그리고 초급 신체 관용어와 중급 신체 관용어 그리고 중급 신체 관용어와 고급 신체 관용어에 대한 대응표본 t검정을 실시한 결과 t값이 각각 2.645, 4.399 그리고 5.136으로 나타나 .05, .01 그리고 .001 수준에서 유의미하였다. 이것은 고급학습자가 초급 신체 관용어를 중급 신체 관용어보다, 중급 신체 관용어를 고급 신체 관용어보다, 초급 신체 관용어를 고급 신체 관용어보다 잘 습득하였음을 의미한다. 즉, 고급학습자의 신체 관용어의 습득 수준은 '초급>중급>고급' 순이었다.

또한 앞 <표7>, <표10>, <표13>, 그리고 위 <표18>의 수준별 신체 관용어에 대한 고급학습자의 습득 양상을 비교하면 초급 신체 관용어의 평균이 4.5이기 때문에 고급학습자가 초급 신체 관용어로 의미적으로는 정확한 문장을 만들 수 있지만, 문법적으로도 정확한 문장을 산출하는 수준에는 미치치 못한다고 할 수 있다. 중급 신체 관용어의 평균은 3.85로 4에 가까운데 고급학습자가 중급 신체 관용어로 문장을 정확하게 산출하는 수준에는 도달하지 못했지만 그 수준에 가깝다고 할 수 있다. 한편, 고급 신체 관용어는 평균이 3.18로 나타나는데 이것은 고급학습자가 고급 신체 관용어를 이해어휘로 습득하였을 뿐임을 의미한다. 다시 말해 고급학습자는 각 등급의 신체 관용어를 습득하였는데 각 등급의 습득 수준에 유의미한 차이가 존재한다.

5. 결론

본 연구에서는 숙달도별 중국어권 학습자의 신체 관용어 습득 양상을 비교함으로써 중국어권 학습자의 신체 관용어 습득 과정을 분석하였다. 이를 위해서 먼저 중국어권 학습자를 위해 교육용 신체 관용어 목록을 구성하였다.

첫째, '한국어 교육 어휘 내용 개발(4단계)'중 신체 관련 단어의 '관용어'란에 수록된 신체 관용어를 정리한 후, 이 292개의 신체 관용어가 중국어권 학습자에 의해서 가장 많이 사용되는 4종의 교재(연세대학교 한국어학당 『한국어』, 民族出版社 『韩国语』, 연세대학교 한국어학당 『연세 한국어』, 그리고 서울대학교 언어교육원 『서울대 한국어』)에서의 출현 여부 그리고 각 기본어휘(즉, 신체 관련 단어)의 전체 의미에서 차지하고 있는 의미 빈도 비율을 기준으로 47개의 신체 관용어를 교육용 신체 관용어로 선정하였다. 또한 이 두 가지 기준과 함께 관용어의 투명성 곧 학습 난이도를 고려하여 이 교육용 신체 관용어를 등급으로 나눈 결과 4개의 초급 신체 관용어, 23개의 중급 신체 관용어, 그리고 20개의 고급 신체 관용어로 등급화하였다.

또한 Vocabulary Knowledge Scale(VKS)을 이용하여 학습자의 신체 관용어 습득 양상을 살펴보았다. 즉, 5점 Likert 척도를 통해서 각 교육용 신체 관용어에 대해 어느 수준까지 습득하였는지 조사하되, 자기가 선택한 점수뿐만 아니라 제공한 의미 설명의 정확성 혹은 만든 문장의 의미적·문법적 정확성을 고려하여 점수 코딩을 하였다. 코딩된 점수는 바로 각 신체 관용어에 대한 습득 수준이며 일원분산분석을 통해 초급학습자, 중급학습자, 고급학습자 간에 습득 수준의 차이를 살펴보았다. 이런 차이를 통해 중국어권 학습자의 신체 관용어 습득 과정을 다음과 같이 분석할 수 있다.

먼저 초급 신체 관용어를 습득하는 데 세 집단 간에 상당한 차이가 있다. 초급학습자는 의미를 정확히 알고 모국어인 중국어로 의미를 설명할 수 있는 수준에 달하였다. 중급학습자는 대체적으로 초급 신체 관용어를 활용하여 의미적으로 정확한 문장을 만들 수 있는 수준에 가까우며, 고급학습자는 초급 신체 관용어로 의미적으로는 정확한 문장을 만들 수 있지만 문법적으로도 정확한 문장을 산출하는 수준에는 이르지 못하였다고 할 수 있다. 이는 학습자가 초급 단계에서 초급 신체 관용어를 습득하였지만 이해어휘로만 습득하였다는 것을 알려준다. 중급 수준에 이르면 초급 신체 관용어들을 표현어휘로 산출할 수 있게 되며, 고급에 이르러서는 이러한 산출 능력이 다소 높아지기는 하지만 산출 능력의 차이가 중급학습자와 통계적으로 유의미한 수준은 아니었다.

둘째, 중급 신체 관용어를 습득하는 데 세 집단 간에 현저한 차이가 있다. 초급학습자는 대체적으로 중급 신체 관용어를 어디에선가 본 적이 있으나 아직 의미를 모르는 단계이다. 중급학습자는 중급 신체 관용어를 이해어휘로 습득하였지만 표현어휘로는 산출하지 못한다. 고급에 이르러서는 이러한 이해 수준이 높아져 중급 신체 관용어로 문장을 정확하게 산출하는 수준에 달하지 못하지만 그 수준에 가깝다고 할 수 있다. 다시 말해 중급 신체 관용어는 대체 중급 단계에서 습득되었지만 이해어휘로만 습득되었다고 할 수 있다. 고급학습자는 이 이해의 수준이 중급학습자와 통계적으로 유의미한 차이가 없지만 다소 표현어휘로 사용할 수 있는 수준에 가까워진 단계였다.

마지막으로 고급 신체 관용어를 습득하는 데도 세 집단 간에 상당한 차이가 있다. 초급학습자는 대체적으로 어디에선가 본 적이 있으나 아직 의미를 모른다고 할 수 있다. 중급학습자는 거의 이해어휘로 습득하였지만 표현어휘로는 산출하지 못하였다. 고급학습자는 평균이 3.18로 나타나 고급에 이르러서는 이러한 이해 수준이 조금이나마 높아진다고 할 수 있지만 중급학습자와 수준의 차이가 통계적으로 유의미하지 않았다. 다시 말해 고급 신체 관용어는 대체 중급 단계에서 이미 습득되었지만 이해어휘로만 습득된 것이다. 고급학습자는 이 이해의 수준이 많이는 상승하지 않아 표현어휘로 사용할 수 있는 수준에 아직 멀다고 할 수 있다.

다시 말해 학습자가 초급 단계에서는 초급 신체 관용어를 습득하였는데 이해어휘로 습득하였을 뿐 아직 표현어휘로 습득하지는 않았다. 중급에서는 이 초급 신체 관용어들이 대체로 표현어휘로 전환된다고 할 수 있다. 또한 중급 단계에서는 중급 신체 관용어뿐만 아니라 고급 신체 관용어도 이해어휘로 습득되었다고 할 수 있다. 고급에 이르러서는 초급 신체 관용어로 의미적·문법적으로 정확한 문장을 만들 능력이 높아졌으나 중·고급 신체 관용어는 여전히 이해어휘의 수준에 머물었을 뿐 표현어휘로의 전환이 아직 실현하지 않았다.

본 연구에서는 중국어권 학습자를 위해 등급별 교육용 신체 관용어 목록을 구성하였는데 이 목록이 중국어권 학습자를 위한 관용어의 교수·학습에 도움이 된다고 본다. 또한, 유사종적연구의 방법으로 중국어권 학습자의 신체 관용어 습득과정을 분석했기 때문에 이 분석의 결과도 역시 교육적인 가치가 있다고 할 수 있다. 그러나 본 연구는 타당도(validity)에 있어 다음과 같이 몇 가지 한계점도 안고 있다.

첫째, 본 연구에서는 VKS 중의 '이 어휘의 의미를 정확하게 설명할 수 있음' 척도를 해당 어휘가 이해어휘로 습득하였음과 동일시하였다. 하지만 실제적으로 어떤 어휘를 전혀 몰라도 어휘의 의미를 정확하게 추측할 수 있는 경우가 적지 않다. 특히 일부분의 신체 관용어는 의미가 투명하고 중국어에서 구조가 같은 관용표현이 존재하기 때문에 학습자가 이 신체 관용어들을 전혀 몰라도 정확한 의미 추측이 가능하다. 따라서 본 연구에서 중급학습자가 고급 신체 관용어의 의미를 정확히 설명할 수 있다는 것은 고급 신체 관용어를 이해어휘로 습득한 것의 증거가 될 수 없다.

둘째, 본 연구에 참여한 학습자가 등급별 10명이므로 결과의 일반화 가능성이 뒤떨어질 수 있다. 특히 10명의 고급학습자는 모두 국어국문학과를 전공한 대학원생이기 때문에 보통 수준의 고급학습자를 대표하기 어려울 수도 있다.

셋째, 점수 코딩은 한 명의 비모어非母語 화자에 의해서 진행되었기 때문에 코딩의 신뢰도 문제도 없지 않다. 이를 해결하기 위해 중국어로서의 의미 설명의 정확성을 판단하는 중국인 채점자와 학습자들이 생산한 문장의 의미적·문법적 정확성을 판단하는 한국어 모어 화자가 같이 코딩하는 것이 코딩의 채점자 간 신뢰도(inter-rater reliability)를 확보할 수 있을 것이다. 위와 같은 한계점을 보완하는 연구를 추후의 과제로 미룬다.

참고문헌

고산. (2019). **중국인 학습자를 위한 한국어 관용어 목록 선정 및 교수·학습 모형 연구**. 석사학위논문, 인하대학교, 인천.

김광해. (1993). **국어 어휘론 개설**. 집문당.

김부경 & 채영희. (2013). 중국인 한국어 학습자를 위한 관용어 교육 목록 구성. **동북아 문화연구, 34**, 동북아시아문화학회, 261-277쪽.

문금현. (1996). **국어의 관용 표현 연구**, 박사학위논문, 서울대학교, 서울.

문종선. (1995). **국어(國語) 관용어(慣用語) 연구**, 석사학위논문, 원광대학교, 익산.

민현식. (2000). 한국어 교재의 실태 및 대안. **국어교육연구, 7-1**, 서울대학교 국어교육연구소, 5-60쪽.

박민진. (2009). **주석이 한국어 관용어의 우연적 학습에 미치는 영향**. 석사학위논문, 이화여자대학교, 서울.

백석원. (2012). 관용표현 구성요소의 다의성: '눈' 관용표현을 중심으로, **한국사전학, 19**, 한국사전학회, 59-90쪽.

박영순. (1985). 관용어에 대하여. **국어교육, 53**, 한국국어교육연구회, 105-121쪽

서상규. (2019). **한국어 기본어휘 의미빈도 사전**, 한국문화사.

심혜령. (2007). **한국어 교육용 기초 한자어 명사의 공기 관계 연구: 한중 대조 연구를 예시로 하여**. 박사학위논문, 연세대학교, 서울.

심혜영 & 심형철. (2009). 중국인 학습자를 위한 한국어 관용어 교육 방안 연구: 중국어와의 대조 분석적 접근을 통하여. **중국문학, 61**, 267-294쪽.

원미진. (2013). 학문 목적 한국어 학습자의 어휘 습득 변인 연구: 이해어휘와 표현어휘 관계를 중심으로. **언어와 문화, 9-2**, 193-213쪽.

원미진. (2017). 한국어 학습자의 어휘 능력 측정 방법에 대한 고찰. **언어와 문화, 13-1**, 한국언어문화교육학회, 23-40쪽.

원미진. (2019). **한국어 어휘 교육 연구의 방법과 실제**, 한국문화사.

유현경·서상규·한영균·강현화·고석주·조태린. **우리말 연구의 첫걸음**. 보고사.

임지룡. (1992). **국어 의미론**. 탑출판사.

유경화. (2011). **한국어 관용 표현 분석과 목록 선정 연구**. 석사학위논문, 배재대학교, 대진.

장미. (2012). **중국인 학습자를 위한 신체 관용어 교육 방안 연구**. 석사학위논문, 부

산대학교, 부산.

한송화. (2015). 한국어 교육용 어휘 내용 개발: 4단계를 중심으로, **한국언어문화교육학회 학술대회, 10**, 한국언어문화교육학회, 145-151쪽.

Biber, D., Johansson, S., Leech, G., Conrad, S., & Finegan, E. (1999). *Longman grammar of spoken and written English*. Harlow: Longman.

Celce-Murcia, M. (2008). Rethinking the role of communicative competence in *language teaching. In Intercultural language use and language learning* (pp. 41-57). Springer, Dordrecht.

Cheshire, J. (2005). Syntactic variation and spoken language. *Syntax and variation: Reconciling the biological and the social*, 265, 81.

Conklin, K., & Schmitt, N. (2012). The processing of formulaic language. *Annual Review of Applied Linguistics*, 32, 45-61.

Cruse, D. A., Cruse, D. A., Cruse, D. A., & Cruse, D. A. (1986). *Lexical semantics*. Cambridge university press.

Dechert, H. W. (1983). How a story is done in a second language. *Strategies in interlanguage communication*, 175-195.

Erman, B., & Warren, B. (2000). The idiom principle and the open choice principle. *Text-Interdisciplinary Journal for the Study of Discourse*, 20(1), 29-62.

Fellbaum, C. (Ed.). (2007). *Idioms and collocations: Corpus-based linguistic and lexicographic studies*. London: Continuum.

Granger, S., & Meunier, F. (Eds.). (2008). *Phraseology: An interdisciplinary perspective*. John Benjamins Publishing.

Howarth, P. (1998). Phraseology and second language proficiency. *Applied linguistics*, 19(1), 24-44.

Hyland, K. (2008). As can be seen: Lexical bundles and disciplinary variation. *English for specific purposes*, 27(1), 4-21.

Kerz, E., & Haas, F. (2009). The aim is to analyze NP The function of prefabricated chunks. *Formulaic Language: Volume 1. Distribution and historical change*, 82, 97.

Mackey, W. F. (1965). *Language Teaching Analysis*, Bloomington and London: Indiana University Press.

Meara, P. (1992). *EFL vocabulary tests*. New York: ERIC Clearinghouse.

Meara, P. (1996). The dimensions of lexical competence. In Brown, G., Malmkjaer, K., and Williams, J. (eds), *Performance and competence in second language acquisition.* Cambridge: Cambridge University Press. pp 35-53.

Moon, R. (1997). Vocabulary connections: Multi-word items in English. *Vocabulary: Description, acquisition and pedagogy,* 40-63.

Moon, R. (1998). *Fixed expressions and idioms in English: A corpus-based approach.* Oxford University Press.

Nattinger, J. R., & DeCarrico, J. S. (1992). *Lexical phrases and language teaching.* Oxford University Press.

Nesselhauf, N. (2005). *Collocations in a Learner Corpus.* Amsterdam: John Benjamins.

Paribakht, T. S., & Wesche, M. (1997). Vocabulary enhancement activities and reading for meaning in second language vocabulary acquisition. *Second language vocabulary acquisition: A rationale for pedagogy,* 55(4), 174-200.

Pawley, A., & Syder, F. (1983). Two puzzles for linguistic theory: Native-like selection and native-like fluency. In Richards, J. and Schmidt, R. (eds), *Language and communication,* London: Longman, pp. 191-226.

Read, J. (2000). Asseseing Vocabulary. Cambridge: Cambridge University Press.

Richards, J. C. (1970). A psycholinguistic measure of vocabulary selection. *International Review of Applied Linguistics in Language Teaching,* 8(2), 87-102.

Scarcella, R., & Zimmerman, C. (1998). Academic words and gender: ESL student performance on a test of academic lexicon. *Studies in Second Language Acquisition,* 27-49.

Schmitt, N. (2000). *Vocabulary in language teaching.* Ernst Klett Sprachen.

Schmitt, N. (2010). *Researching vocabulary: A vocabulary research manual.* Springer.

Schmitt, N., & Carter, R. (2004). Formulaic sequences in action. *Formulaic sequences: Acquisition, processing and use,* 1-22.

Schmitt, N., & Zimmerman, C. B. (2002). Derivative word forms: What do learners know?. *Tesol Quarterly*, 36(2), 145-171.

Sinclair, J. (1991). *Corpus, concordance, collocation*. Oxford University Press.

Ullmann, S. (1962). *Semantics : an introduction to the science of meaning*. Oxford University Press.

Underwood, G., Schmitt, N., & Galpin, A. (2004). The eyes have it: An eye-movement study into the processing of formulaic sequences. In Schmitt, N. (ed.), *Formulaic Sequences*. Amsterdam: John Benjamins.

Wesche, M., & Paribakht, T. S. (1996). Assessing second language vocabulary knowledge: Depth versus breadth. *Canadian Modern Language Review*, 53(1), 13-40.

Wray, A. (2002). *Formulaic language and the lexicon*. Cambridge University Press.

Wray, A., & Perkins, M. R. (2000). The functions of formulaic language: An integrated model. *Language & Communication*, 20(1), 1-28.

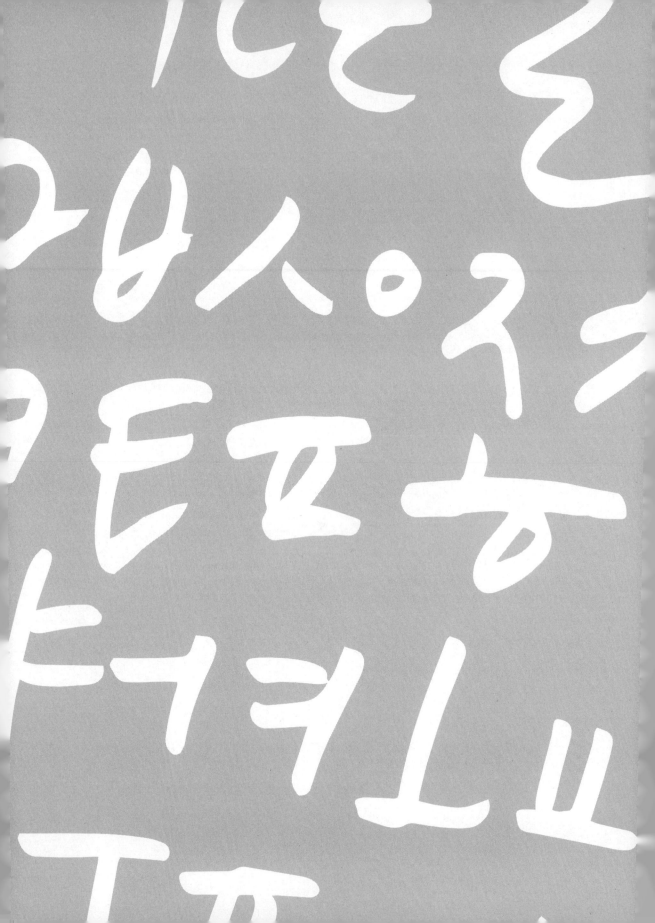

교육과정 및
교재연구

—

IV

제1장

동영상 제작을 통한 협동 학습
- 초급 한국어 교육에서의 실천

고지마 다이키

小島大輝

일본 긴키대학교

近畿大学

1. 들어가며

2018년 일본경제단체연합회의 조사에 의하면 2019년 4월 입사 대상자의 채용에서 특히 중요시한 것은 '커뮤니케이션 능력'으로 16년 연속으로 1위(82.4%)였다. 그리고 '주체성'이 10년 연속으로 2위(64.3%), '도전 정신'이 3년 연속으로 3위(48.9%)였으며, 4위 '협조성'(47.0%), 5위 '성실성'(43.4%)이 잇따랐다. 외국어 과목에 한한 것은 아니지만 커뮤니케이션 능력을 향상시킨다는 면에서 외국어 과목은 '커뮤니케이션' 그 자체라 해도 될 것이며, 이문화異文化 이해와 함께 사회적으로 필요한 스킬을 배울 기회로서 더할 나위 없을 것이다. 그러나 획일화된 강의 계획서를 사용하는 공통 과목적인 성격을 지니는 제2외국어 과목에서는 정해진 진도를 지키며, 강의 계획서를 벗어나지 않는 범위 안에서 수업을 전개해 나갈 필요가 있다. 또한 수업 시간 내에 커뮤니케이션 능력만이 아니라 다른 특정 능력을 키우기 위한 교육 활동에도 시간을 할애하여야 하므로 커뮤니케이션 관련 활동에는 시간적 제한이 있다. 필자는 평소부터 '커뮤니케이션 능력'이나 '협동성'과 같은 키워드를 염두에 두고 그룹 활동과 다양한 교실 활동을 시도하고 있는데, 수업 시간 외에 부여하는 '과제'에서도 이러한 키워드를 충분히 활용해 활동하는 것이 가능하다고 생각한다. 본고에서는 2016년도부터 해온 수입 과제의 한 예로서 한국어로 말하는 동영상 제작 활동의 내용을 소개하고 그 과제를 마친 수강생들이 어떻게 생각했는지 초급 한국어 학습자가 얻은 것에 대해 보고하고자 한다.

2. 한국어 과목과 과제의 개요

2.1. 한국어 과목

우선, 필자가 근무하는 대학교의 제2외국어로서의 한국어 과목을 간단하게 소개해 두겠다.

<표1> 한국어 과목의 개설 학기와 수강 대상 학년

과목명	개설 학기	대상 학년	과목명	개설 학기	대상 학년
한국어종합1	전반기	1학년	한국어종합2	후반기	1학년
한국어종합3	전반기	2학년 이상	한국어종합4	후반기	2학년 이상
한국어 커뮤니케이션1	전반기	2학년 이상	한국어 커뮤니케이션2	후반기	2학년 이상
한국어 커뮤니케이션3	전반기	3학년 이상	한국어 커뮤니케이션4	후반기	3학년 이상
한국어 컬처 세미나1	전반기	3학년 이상	한국어 컬처 세미나2	후반기	3학년 이상

이상의 과목은 모두 1학점이고 졸업에 필요한 학점수는 학부·학과에 따라 다르다. 한 학기의 수업은 90분 수업을 16회차로 진행하는데 마지막 주에 기말 고사를 실시한다. 성적 산출의 방법은 기말 고사 50%, 과제 30%, 쪽지 시험 20%를 합산하며, 시험 문제나 과제 내용 그리고 쪽지 시험의 횟수 등은 각 담당 교원의 재량에 맡긴다.

입문기의 '한국어종합2', 초중급으로 이어지는 '한국어종합3·4'에서 배우는 문법 항목을 확인하면 다음 표와 같다.

사용하는 교과서에는 이러한 조사와 어미 등 기본적인 문법 이외에 일본에서 실시하는 '한글 능력 검정 시험'의 4·5급에 포함된 어휘를 중심으로 수록되어 있다.

<표2> '한국어종합2~4'에서 배우는 각 과의 문법

과목의 명칭	과	문법 항목
한국어종합2	7과	해요체(1), -를/을, -도
	8과	해요체(2), -에서, -에게
	9과	해요체(3), -로/으로, -에서 -까지, 고유어 수사
	10과	해요체(4), -(으)러, -부터 -까지
	11과	과거형, '으' 어간 용언, 안 부정문
	12과	-(으)세요, -ㄹ/을 거예요. -고 싶다
한국어종합3	1과	해요체, 합니다체
	2과	-(으)ㄹ 거예요, -고, -지요/죠?
	3과	-지만, -(으)ㄴ, -아/어 주다
	4과	-(으)면, -는, -지 않다
	5과	-(으)ㄴ, -네요, 'ㄷ'불규칙 활용
	6과	-(으)시-, -아서/어서, -(으)ㄹ, -지 못하다
한국어종합4	7과	-(으)ㄴ 적이 있다/없다, -고 있다, 'ㅂ'불규칙 활용
	8과	-아/어 있다, -(으)니까, -(으)ㄹ게요
	9과	-는데, -(으)ㄴ데, -아도/어도 되다, '르' 불규칙 활용
	10과	-겠-, -거든요, -아야/어야 되다
	11과	-(으)ㄹ까요?, -아/어 보다, -(으)ㄹ 수 있다/없다
	12과	<관형사형> 것 같다, -(으)려고 하다, -지 말다

2.2. 과제

위에서도 언급하였듯이 수업 과제는 한국어로 말하는 동영상 제작이다. 입문기를 마친 2학년 이상이 수강하는 여섯 과목(한국어종합3, 한국어종합4, 한국어 커뮤니케이션1, 한국어커뮤니케이션2, 한국어 컬처 세미나1, 한국어 컬처 세미나2)에서 실시하였다.

본 과제는 대본 작성부터 촬영, 편집까지 모든 작업을 수업 시간 외에 하여야 한다. 그러므로 성과물의 질은 수강생의 적극성에 크게 좌우된다. 각 과목의 과제를 진행하기 위해 다음과 같은 공통적인 조건을 설정하였다.

우선 인원수는 2~4명으로 나누어 그룹을 만들기로 하였다. 평소 수업에서도 그룹 활동을 하는데 그 그룹이 그대로 동영상 제작의 그룹이 되는 경우도 있다. 나누는 방법은 수강생이 자율적으로 정하도록 하였는데 제2외국어는 영어 수업과 달리 어학 능력별로 분반을 하지 않기 때문에 매학기 수강생의 어학 능력에 차이가 생긴다. 따라서 각 그룹 안에서도 어학 능력이 균일하지 않기 때문에 한국어를 잘하지 못하는 수강생은 잘하는 수강생에게 적극적으로 도움을 청하도록 조언하였다. 그리고 과제를 달성할 때까지 작업하는 분량은 되도록 균등히 역할 분담하면서 그룹의 멤버 간 서로 협조할 것을 강조하였다.

동영상의 길이는 4, 5분 정도로 하고 대사를 말할 때 메모를 보지 않고 외워서 연기하는 것이 높은 점수를 받을 수 있다는 부가 설명과 함께 비교적 자유롭게 활동할 수 있도록 하였다. 촬영에 사용하는 기재, 번역에 사용하는 사전과 애플리케이션(한국인에게 확인을 부탁하는 것도 허용), 동영상의 특수 효과, 엑스트라(임시 배우)에 대해서도 제한을 두지 않는다.

동영상을 어떠한 내용으로 전개하는지도 자유지만 학기와 과목에 따라 약간 주제가 다르다. 다음 표는 각 과목에서 다루는 동영상 주제이다.

<표3> 과목·학기별 영상 주제

과목명	학기	주제
한국어종합3	전반기	자유
한국어 커뮤니케이션1	전반기	자유
한국어 컬처 세미나1	전반기	일본 사람에게 알리고 싶은 한국 문화
한국어종합4	후반기	미니 드라마, 맛집 탐방과 소개 개그 콩트 프로그램, 올림픽 해설 위원
한국어 커뮤니케이션2	후반기	미니 드라마, 맛집 탐방과 소개 개그 콩트 프로그램, 올림픽 해설 위원
한국어 컬처 세미나2	후반기	한국 사람에게 알리고 싶은 일본 문화

후반기의 '한국어종합4'와 '한국어 커뮤니케이션2'에서는 4가지 주제 중에서 임의로 선택하는 식으로 하였다. '한국어 컬처 세미나2'에서는 전반기와 반대로 주제를 '한국 사람에게 알리고 싶은 일본 문화'로 하였다. 이 외에 완성된 작품을 학기말 (마지막 주) 수업 시간에 서로 감상하기로 하였다. 동영상을 보는 수강생들이 내용을 이해할 수 있게 동영상에 일본어 자막을 달아 놓는 것도 제작 조건의 하나로 정하였다. 그리고 작품의 평가에 대해서는 수강생의 의견도 고려하였다. 사용한 평가시트는 다음과 같다.

```
팀 이름 :
1 :  <자막>  자막의 길이, 속도, 색깔, 크기 등이 적절했다.
            ① ― ② ― ③ ― ④
2 :  <대사>  배운 문법을 사용하여 말하며
            대사의 양도 적절했다(너무 짧지 않았다).
            ① ― ② ― ③ ― ④
3 :  <말하기> 등장 인물 각각이 대사를 외우고 강약을
            조절하면서 상황에 맞게 말했다.
            ① ― ② ― ③ ― ④
4 :  <성실함> 과제를 달성하려는 성실함이 느껴졌다.
            ① ― ② ― ③ ― ④
5 : <종합적인  ① ― ② ― ③ ― ④
     완성도>  ♪뒷면에 좋았던 부분을 적어 주세요!!♪
```

<그림1> 동영상에 대한 평가 시트

<그림2> 동영상의 한 장면

3. 수강생들의 의식과 그 경향

2016년도에 처음으로 동영상 제작 과제를 시작하고 4년이 되었지만 마감날까지 완성하지 못한 수강생은 한 명도 없었다. 과제의 특성상 꽤 많은 시간을 필요로 하는데 아직까지는 특별히 문제가 발생하지 않았다. 상호 평가는 동영상에 대한 평가와 과제를 마친 후 자신에 대한 자기 평가도 평가 시트에 기입하도록 하였다.

자기 평가 시트는 다음과 같다.

```
자기 평가 시트
Q1 : 배운 문법이나 어휘는 잘 습득했습니까?
Q2 : 대본 작성이나 연습 과정에서 고생한 점이 무엇입니까?
Q3 : 활동을 통해서 좋았던 점과 반성해야 할 점을 적어 주십시오.
Q4 : 팀으로 하는 활동은 즐거웠습니까? 이유도 적어 주십시오.
Q5 : 팀 안에서 맡은 역할(편집이나 대본 작성 등)과 특히 열심히 한 부분이 무엇입니까?
Q6 : 편집·번역을 하는 과정에서 사용한 소프트웨어, 애플리케이션이 무엇입니까?
```

<그림3> 과제를 마친 후에 기입하는 자기 평가 시트

이 자기 평가 시트는 누가 기입하였는지 알 수 없게 익명으로 하도록 사전에 지시하였다. 2019년도 전반기·후반기에 회수한 자기 평가 시트는 총 62명분이었다. 마지막 수업 시간에 결석한 수강생의 자기 평가 시트는 여기에 포함하지 않았다.

아래에서는 자기 평가 시트의 Q.1에서 Q.4까지 설문에 기입된 수강생들의 답변과 그 특징에 대해 기술하고자 한다.

3.1. 전체적인 경향

우선 수강생들의 답변에 나타난 단어를 리스트로 만들고 공기 네트워크를 그려서 전체적인 경향을 확인한다. 본고에서는 KH Coder[1]의 Version3.Alpha.13g를 이용하였다.

[1] KH Coder는 일본 리츠메이칸대학교立命館大學校의 히구치 고이치(桶口耕一) 교수가 개발한 계량 텍스트 분석을 위한 소프트웨어이다.

[2] 조사나 어미 등을 제외해서 명사, 동사, 형용사, 부사를 추출하였다. 일부 동사에 가능형이 있으나 수정하지 않고 그대로 표에 제시하였다. 또 일본어를 번역한 관계로 '생각하다'(思う, 考える)는 두 개로 나누었다.

<표4> 출현 단어 리스트(빈도 4이상)[2]

하다	105	편집	11	직전	6	제출	5
할 수 있다	45	활동	10	말하다	6	NG	4
생각하다1	24	즐길 수 있다	10	만들 수 있다	6	그룹	4
대사	23	사람	10	내다	6	하나	4
한국어	23	이야기하다	10	반성	6	완성	4
즐겁다	20	촬영	9	멤버	5	보다	4
동영상	20	시간	9	연기	5	찍을 수 있다	4
있다	19	자기	9	즐기다	5	수행	4
좋다	19	길다	9	느끼다	5	초밥	4
어렵다	18	자연	8	사용하다	5	준비	4
되다	17	분담	8	될 수 있다	5	제작	4
외우다	15	팁	7	조금	5	모두	4
좀더	14	회화	7	힘들다	5	달성	4
협조	12	많다	7	재미있다	5	늦다	4
고생	12	대본	7	맛있다	5	없다	4
생각하다2	11	사이좋게	7	발음	5	역할	4
만들다	11	일본어	7	문장	5		
찍다	11	다코야키	6	알다	5		

표4에서는 '즐겁다', '즐길 수 있다', '즐기다', '재미있다', '어렵다', '힘들다'와 같이 수강생들이 다양한 소감을 볼 수 있다. '즐겁다', '어렵다' 등이 많은 것은 어려운 상황에 있어도 과제를 즐긴 수강생이 많았음을 시사한다. 또 그룹 활동과 관련한

'협조', '사이좋게', '분담', '팀' 등과 같은 단어도 확인된다.

다음으로 공기 네트워크를 보기로 한다. 공기 네트워크는 출현하는 패턴이 유사한 단어를 표시할 수 있다는 이점이 있는데, 각 설문과 추출한 단어의 관련성을 요약해서 제시함으로써 수강생들이 적은 답변에 어떠한 경향이 있는지 확인할 수 있다.

설문 중에서 Q.1은 문법이나 어휘를 어느 정도 습득했느냐를 묻는 것이었기 때문에 부가 설명이 없는 것이 많았다. 따라서 Q.1을 제외한 Q.2, Q.3, Q.4와 추출한 단어의 관련을 살펴보는데, 이들 가운데 Q.3은 a와 b로 나누었다. 즉, Q.3a는 활동을 통해서 좋았던 점, Q.3b는 반성해야 할 점을 나타낸다.

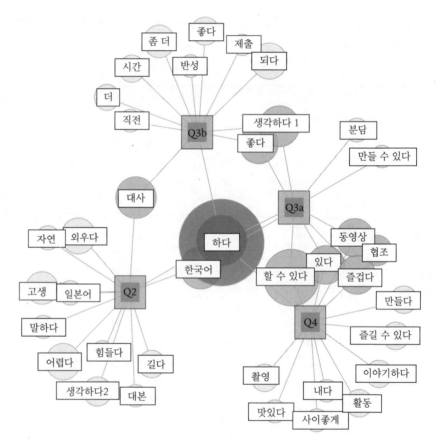

<그림4> 각 설문과 추출한 단어의 공기 네트워크[3]

[3] 최소 출현 횟수는 5번, 묘화(描畵) 수는 50으로 설정하였다. 그려진 버블 플롯은 필자가 한국어로 번역하였다.

Q.2에서는 '대사', '한국어', '생각하다', '외우다', '어렵다' 등이 깊이 관련되어 있어 수강생들이 특히 고생한 점은 한국어로 대사를 생각하는 것이나 대사를 외우는 것이었음을 추측할 수 있다.

Q.3에서는 '분담', '만들 수 있다'와 관련이 있고 그 외에도 '동영상', '즐겁다',

'협조', '할 수 있다'와 같은 단어와 관련이 있다. 동영상 제작을 '즐거웠다'고 느끼는 동시에 '좋았다'는 평가를 하는 것으로 볼 수 있다.

한편으로 Q.3b는 '제출', '직전' 등과 관련이 있으므로 여유를 가지고 과제를 제출하지 못한 것을 반성하는 듯하다. 또 '좋다', '생각하다'에 대해서는 Q.3a와 공통적으로 관련되는데 Q.3b의 경우 '~했으면 좋았을 것이다'처럼 후회함을 나타낸다.

Q.4에서는 Q.3a와 동일한 단어가 깊이 관련되어 있으며 '사이좋게', '즐길 수 있다' 등 팀 활동이 즐거운 것이었음을 알 수 있다.

3.2. 수강생들의 의식

위의 공기 네트워크에 출현하지 않은 단어를 포함해서 수강생들이 적은 답변의 예와 그 특징을 기술한다.

3.2.1. <Q1. 배운 문법이나 어휘는 잘 습득했습니까?>

우선 수업에서 배운 문법 사항, 어휘의 습득 정도에 관한 질문이다. 대부분의 수강생은 이 질문에 '네/YES', '아니오/NO'와 그에 대한 이유까지 답변하였으나 몇몇의 경우는 '네/YES', '아니오/NO' 없이 서술형으로만 기입하였다. 서술형으로만 기입한 경우는 그 내용으로 '네/YES', '아니오/NO'의 둘 중 하나로 판단할 수 있었다.

질문에 대한 답변은 다음과 같다.

2019년도 전반기 응답자 39명 중 YES(36명) / NO (3명)
2019년도 후반기 응답자 23명 중 YES(23명) / NO (0명)

자기 평가에 의한 습득의 정도에는 약간씩 차이가 있으나 전반기와 후반기 양쪽 다 YES라 하는 답이 많은 수를 차지하였으며, 후반기는 모든 응답자가 '습득했다'고 느끼고 있음을 알 수 있다. 어떤 것을 습득하였는지에 관해 내용을 소개하면 다음과 같다.

(1) 회화에 관한 말을 조금 이해했습니다.
(2) 음식에 관한 단어를 새로 알게 되었고 외워서 말로 표현할 수 있으며 자기 지식으로 쌓인 것 같다.
(3) 불규칙 활용 등이 매번 나와서 외울 수 있었다.
(4) 농사의 어미를 변화시키는 것은 어려웠지만 조금씩 활용할 수 있게 되었습니다.

2학년부터 교과서에 불규칙 활용이 나오는데 그것을 대사에 사용해서 외우거나 교과서에 아직 나오지 않은 단어 역시 대사에 넣어 사용함으로써 새로운 지식으로 알게 되었다는 것을 알 수 있다.

한편으로 문법이나 어휘를 습득하였다는 실감이 나지 않는다는 수강생도 몇 명 있었다. 전반기에는 3명이 질문에 대해 부정적이었으며 다음과 같이 답하였다.

(5) 별로.

(6) 완벽하게 습득했다고 할 수는 없다. 'ㄹ'의 탈락 등 사소한 부분까지는 아직 익히지 못했다.

(7) 습득까지는 안 되지만 동영상 제작을 통해서 실력이 늘었다고 느껴진다.

(5)는 '별로' 외에 기입된 것이 없었기 때문에 자세한 것은 파악할 수 없지만, (6) (7)의 답은 양쪽 다 습득까지는 못하였다 하더라도 자신의 어학 능력을 파악하고 있다는 점에 있어서 긍정적인 답이었다.

이상과 같이 동영상 제작은 전반기·후반기 상관없이 평소의 수업 시간 외에 한국어를 연습할 수 있는 좋은 기회가 되었다. 단순히 발음하는 것뿐만 아니라 일상적인 대화에서 사용하는 표현을 대사로 만들어 외우는 활동이기 때문에 수강생에게는 대사에 쓰여진 문법이나 어휘를 습득하는 데에 효과가 있었다고 할 수 있다.

3.2.2. <Q2. 대본 작성이나 연습 과정에서 고생한 점이 무엇입니까?>

동영상의 주제는 과목에 따라 이미 정해져 있는 것도 있으나 소재는 각 그룹이 자유롭게 정해서 내용을 짜야 한다. 배역配役이나 대사, 그리고 발화 분량 등도 자유롭게 조절할 수 있다. 어떠한 어려움이 있었는지 실제적인 답변을 알아보자.

(8) 시나리오를 작성하는 과정에서 가장 곤란한 것은 장면을 설정하는 것이었다.

(9) 어떤 내용으로 할지를 정하고 이야기를 만들어가는 것이 힘들었다.

애초부터 동영상의 내용, 장면 설정이 어려웠다고 하는 그룹이 있었다. 이는 소재부터 자유롭게 정할 수 있다는 점이 오히려 그룹 안에서 주제를 결정할 때 어려움이 된다는 것이다. 그러나 이는 과제를 주기 전에 어느 정도 예상하였던 것으로, 그룹 안에서 발생한 작은 문제를 함께 해결함으로써 멤버 간의 협동심과 의사소통 능력의 향상까지 이어지는 순기능으로 작용하였다고 생각된다.

다음은 한국어로 번역하는 작업이 어렵다는 답변이다.

(10) 일본어 대사를 한국어로 고치는 작업이 고생스러웠다.

(11) 대사를 번역하는 것. 자연스러운 회화적 표현으로 만드는 것이 힘들었다.

(12) 초밥에 관한 전문 용어가 조금 어려웠다.

수강생들에게는 가능한 한 자연스러운 한국어로 번역하도록 지시하였다. 번역하는 과정에서 교과서의 표현을 그대로 사용하거나 재구성해도 되지만 그것만으로는 대사의 분량이 적어질 수밖에 없다. 또 교과서에 부록으로 실린 단어 리스트도 수록된 수에 한계가 있기 때문에 많은 수강생은 일반 사전을 비롯하여 인터넷 번역 사이트를 이용하였다. 문화를 소개하는 주제의 경우 전문 용어가 빈번하게 나타난다. 사전에 등재되어 있지 않은 전문 용어가 많아 이러한 경우에는 인터넷으로 검색하여야 한다.

번역을 마치면 대사를 말하는 연습이 시작된다. 다음은 발화의 어려움에 관한 답변이다.

(13) 아무것도 안 보고 자연스러운 대화처럼 말하기 위해 고생했다.

(14) 자연스럽게 읽을 수 있게끔 한국인 친구가 녹음해준 것을 들으며 몇 번이나 연습했다.

(15) 대본을 외우는 것이 어려웠습니다. 대본을 키보드로 칠 때도 고생이 많았습니다.

이 과제는 단지 대사를 말하면 되는 것이 아니라 가능한 한 네이티브에 가까운 자연스러운 회화로 만든다는 점이 중요한 포인트이다. 대사도 외워야 하기 때문에 대사를 틀려서 몇 번이나 동영상을 다시 찍었다는 수강생도 있었다. 그리고 자연스러운 회화를 위해 자신이 번역한 문장을 한국인 친구의 도움을 받아 녹음된 소리를 들으면서 연습했다는 수강생도 있었다.

이들 외에는 편집이나 일정 관리와 관련된 문제가 있었다.

(16) 적당한 대사의 길이를 생각하면서 동영상이 기준 시간을 넘지 않게 편집 작업을 해야 되었다는 점

(17) 멤버가 스케줄이 맞지 않을 때가 있어 스케줄을 조절하면서 이야기를 생각하느라 고생했다.

수강생의 대부분이 동영상을 편집하는 것 자체가 처음이었다. 자막도 달아야 하

므로 작업에 많은 시간이 걸린다. 그리고 그룹으로 활동하기 위해 멤버들이 모여야 하는데 멤버 사이에 시간이 맞지 않는 문제가 종종 있었다고 한다. 이에 대해서는 다른 질문에 있어서도 반성해야 할 점으로 '더 일찍 활동을 시작했어야 한다'는 답이 있었는데 그 그룹의 일정 관리상의 문제일 것이다.

3.2.3. <Q3. 활동을 통해서 좋았던 점과 반성해야 할 점을 적어 주십시오.>

모든 것을 처음부터 만들어야 한다는 점에서 수강생에게 어려운 과제일 수도 있지만 과제 달성에 이르기까지의 과정, 과제 자체를 '즐긴다'는 것이 필자가 당초에 생각한 목적의 하나였다. 필자가 어느 정도 목적을 달성했는지는 다음 답변으로 판단할 수 있을 것이다.

> (18) 한국어를 배우고 실제로 사용하는 체험을 즐길 수 있었다.
> (19) 앉아서 강의식으로 공부하는 것뿐만 아니라 우리들의 아이디어를 한국어로 표현할 수 있는 게 즐거웠다.
> (20) 장면에 맞는 한국어 표현을 알 수 있었습니다. 쓸 수 있는 표현이 늘었습니다.

수강생들이 아르바이트 시 한국인 손님을 만나거나 한국에 여행 가는 것을 제외하면 교실 외 장소에서 한국어를 할 수 있는 기회는 흔하지 않다. 과제라는 성격상 한국어 사용은 거의 강제적인 면이 있기는 하지만 과제를 통해서 실제로 한국어를 말하는 행위, 체험이 즐거웠다는 답변도 보였다. 또 어학 능력이 향상되었다고 느낀 수강생도 일부 있었다.

> (21) 그룹 활동이라 역할을 분담해서 원활하게 동영상을 만들 수 있었습니다.
> (22) 짝이 된 학생하고 많이 커뮤니케이션을 할 수 있었다.
> (23) 멤버들과 하나의 작품을 완성할 수 있어서 성취감을 느꼈다.
> (24) 한국어를 잘하지 못하는 나에게 맞춰주는 멤버에게 감사의 마음을 전하고 싶다.

그룹 활동의 일환이므로 과제 달성을 위해 수강생들은 자발적으로 상호적으로 '협조'하게 된다. 그룹을 나누는 방법은 수강생들에게 맡겼기 때문에 멤버 사이에서 어학 능력에 차이가 생기는 경우도 있다. 한국어를 잘하는 수강생은 솔선해서 번역하거나 발음 지도 등을 담당하는데 그만큼 부담도 컸을 것이라 생각된다. 반면 한국어를 잘하지 못하는 수강생은 대사를 생각하거나 동영상 편집과 같은 부분을 담당함으로써 서로 부담을 균등하게 나누려고 한다. 어학 능력의 차이는 작업을 적절히 분담함으로써 메꾸는 것이 가능하다. 그리고 이 차이는 오히려 수강생들의 커뮤니케이션을 촉진시키는 데 효과적으로 작용한 듯하다.

이 외에도 다음과 같은 장점이 있었다.

(25) 한국어는 물론 동영상의 편집 기술이 늘었다는 것이 좋았다.

(26) '대학생이 이렇게까지 할 수 있구나'라고 느꼈다.

편집에는 여러 동영상을 연결시키거나 특수 효과와 BGM, 자막 삽입 등 다양한 작업이 수반된다. 이러한 일련의 작업에 대해서도 수강생들은 스스로 방법을 찾아서 각종 소프트웨어나 편집 기술을 사용하는 등 편집 능력을 키울 수 있다. 이와 같은 점들이 '과제를 즐기는 것', '어학 능력의 향상', '커뮤니케이션의 촉진' 이외에 '실용성'의 측면에서 볼 수 있는 부차적인 효과이다.

한편으로 반성해야 할 점으로는 다음과 같은 답이 있었다.

(27) 좀 더 자연스럽게 연기하고 싶었어요.

(28) 대사를 외우는 게 어려워서 유창하게 말하지 못했다.

(29) 대사를 더 구어체로 그리고 짧은 대사도 포함해서 자연스럽게 할 수 있었으면 더 좋았을 것이다.

대사의 자연스러움이나 유창함처럼 같은 주로 말하기와 연기에 관해서 반성하는 답변이 눈에 띈다. 모범 대사가 없는 경우 수강생들끼리 자연스럽게 연기하는 것은 역시 상당한 어려움이 있었던 것으로 보인다.

(30) 마감 시간 직전까지 완성하지 못했다.

(31) BGM이 너무 컸다. 자막이 작아서 보기 힘들었다.

(32) 편집할 때 좀 더 음악을 넣을 걸 그랬다.

그 외에는 일정 관리에 대한 반성과 편집 결과에 대한 반성이 많았다. 후자에 대해서는 등장 인물에 따라 실제로 대사가 잘 들리지 않거나 자막의 크기가 일정하지 않았다는 예를 들 수 있다. 첫 번째 수업 시간에 과제에 관련 설명을 자세히 하고 주의해야 할 것을 정리한 프린트를 배부하였으나 과제를 사소한 부분까지 완벽하게 수행하는 것은 어려운 듯하다.

3.2.4. <Q.4 팀으로 하는 활동은 즐거웠습니까?>

위에서도 논하였듯이 이 과제는 수강생이 과제 자체를 즐겁게 수행하는 것이 목적의 하나였다. 질문에 대한 답변은 다음과 같다.

2019년도 전반기 응답자 39명 중 YES(39명) / NO(0명)
2019년도 후반기 응답자 23명 중 YES(22명) / NO(1명)

후반기의 1명을 제외하고는 과제를 달성하기 위해 행한 활동이 즐거웠다고 답변하였다. 우선 즐거웠다는 이유를 몇 가지 들어보겠다.

(33) 동영상을 찍을 때는 시행착오를 거듭했는데 그게 즐거웠다.
(34) NG도 있어서 웃었고 한국어를 통해서 멤버들과 사이가 깊어졌습니다.
(35) 문장에 관한 의견을 내서 잘 만든 것 같고 NG가 나면 웃음이 폭발해서 다시 찍었기 때문에.

수강생들이 연기중 NG를 많이 낼 것이라는 것은 누구나 예상할 수 있는 점이지만, 오히려 수강생들은 제작하는 과정에서 발생하는 NG를 즐긴 듯하다.
다음은 그룹 활동만의 강점이 나타난 답이다.

(36) 하나의 작품을 협력해서 만드는 것은 완성했을 때 성취감이 있었습니다.
(37) 내가 생각하지 못한 뛰어난 발상도 있었고 팀으로 제작하는 장점이 있었기 때문에.
(38) 녹음하고 발음을 들었는데 내 발음이 서툴러서 웃겼습니다. 함께 뭔가 만드는 게 즐거웠습니다.
(39) TV 프로그램을 떠올리며 평소와 다른 기분으로 대담한 편집을 한다든지 아이디어가 많이 샘솟아서 재미있었습니다!
(40) 그룹 활동은 익숙하지 않았지만 여러 면에서 협력해서 즐거웠다. 수업 시간 외에도 커뮤니케이션을 적극적으로 할 걸 그랬다.

이들 답변 내용을 보면 수강생들이 서로 아이디어를 내거나 혼자서는 하지 못할 일을 다른 멤버와 협력함으로써 해냈다는 것에 대해 성취감을 얻은 것을 알 수 있다. 또 그룹 활동 자체가 익숙하지 않다는 수강생도 있었으나, 위와 같은 활동을 통해서 멤버들과 협력과 커뮤니케이션을 함으로써 최종적으로는 본인도 즐길 수 있었다는 결과가 나왔다.

한편으로 활동을 즐길 여유가 없었다는 수강생도 있었다.

(41) 과제을 시작하는 게 늦어서 전체적으로 급하게 만들었기 때문에 즐기기까지는 못한 것 같다.

시간 관리로 인한 문제가 큰 이유로 보인다. 이 수강생은 '반성해야 할 점'에 있어서도 시간 관리에 대한 반성을 적었다. 또한 '좋았던 점'에는 '모든 멤버가 마감 시간을 지켜서 완성했다는 것이 좋았다'며, 이와 같은 답변으로 보아 과제 자체에 대해서는 부정적이지 않은 것으로 판단된다.

4. 나오며

2학년 이상이 수강하는 수업에서는 한국어로 동영상을 제작하는 것을 과제로 하였다. 수강생이 2019년도 전반기·후반기의 과제를 마치고 이번 과제에 대해 어떻게 느꼈는지 수강생의 자기 평가 시트의 답을 정리하면 다음과 같다.

우선 단어 리스트와 공기 네트워크에 의해 답변에 사용된 어휘와 각 설문의 관련성을 확인해서 수강생들이 적은 답변의 전체적인 경향을 파악하였다.

다음으로 보다 구체적으로 답변의 예를 살펴본 결과, 대부분의 수강생은 과제를 통해서 한국어의 문법이나 어휘를 잘 습득하였다고 느끼고 있었다. 그룹으로 활동함으로써 수강생들은 서로 협조하게 되었는데, 결과적으로 이 방식이 효과적으로 기능하였으며 수강생들은 과제의 좋았던 점으로 이 부분을 거론하기도 했다. 또 자신이 반성해야 할 점에 대해서도 파악하고 있었다. 그리고 대부분의 수강생은 이 과제가 '즐거웠다'고 생각하고 있었으며, 하나의 작품을 서로 협조해서 만들어냈다는 성취감도 얻었음을 알 수 있었다. 일정 관리가 잘 되지 않은 그룹도 있었으나, 전반기·후반기 모두 수업 시간에 동영상 제작이 완료되어 모든 그룹이 최종적으로 과제를 달성하였다.

이 과제를 통하여 수강생들의 어학 능력이 얼마 정도 늘었는지 측정하는 것은 어렵다는 문제가 남아 있으나, '즐기면서' 수행하는 수업 과제로서 학기 단위로 부여하는 것은 충분히 가능하다고 할 수 있다. 수강생들이 자율적으로 활동하여 커뮤니케이션 능력을 향상시키는 데 유익한 과제의 한 예로 제안하는 바이다.

참고문헌

江利川春雄. (2012). 学生たちと創る大学の英語授業, 江利川春雄編著, **協同学習を取り入れた英語学習のすすめ**, 大修館書店, pp.161-170.

鄭聖美 & ブッシュネル ケード. (2015). 発話促進と学習意欲向上の側面からみた, スキット活動 の可能性と課題—初級クラスにおける実践の事例分析—. **筑波大学留学生センター日本語教育論集, 第30号**, pp.139-160.

日本経済団体連合会. (2018). 2018年度新卒採用に関するアンケート調査結果 (http://www.keidanren.or.jp/policy/2018/110.pdf)

野呂博子. (2012). 演劇的アプローチでイキイキコミュニケーション, 野呂博子ほか編, **ドラマチック日本語コミュニケーション「演劇で学ぶ日本語」リソースブック**, ココ出版, pp.10-37.

橋本慎吾. (2012). 演劇を活用した日本語音声教育, 野呂博子ほか編, **ドラマチック日本語コミュニケーション「演劇で学ぶ日本語」リソースブック**, ココ出版, pp.37-58.

樋口耕一. (2014). **社会調査のための計量テキスト分析—内容分析の継承と発展を目指して—**. ナカニシヤ出版.

An analysis of the relationship between Motivated Strategies for Learning Questionnaire (MSLQ) data and students' reading and listening test outcomes

정유선

미국 국방외국어대학교

Defense Language Institute at Foreign Language Center

This study analyzes the relationship between students' Korean reading and listening test outcomes and self-reported Motivated Strategies for Learning Questionnaire (MSLQ). In second language learning, individual differences in cognitive learning style and motivations are considered essential for successful language learning. Pintrich and De Groot (1990) claimed that five components of self-regulated learning and motivation are essential aspects of successful academic performance in the classroom. These components involve (1) self-regulation, (2) intrinsic value, (3) self-efficacy, (4) test anxiety, and (5) cognitive strategies use, which students use to learn, remember, and understand the course material.

First, students' self-regulation of their effort on academic tasks has been considered as an essential component. Zimmerman, Bonnor, and Kovach (2002) defined self-regulation as a self-directive process and set of behaviors in which learners transform their mental abilities into skills and habits. Self-regulation includes goal-setting, self-monitoring, self-instruction, and self-reinforcement (Schraw, Crippen, & Hartley, 2006;

제2장 An analysis of the relationship between Motivated Strategies for Learning Questionnaire (MSLQ) data and students' reading and listening test outcomes

169

Shunk, 1996). Second, there are two kinds of motivational values that people pursue and achieve: intrinsic value and extrinsic value. Both intrinsic and extrinsic values received considerable empirical attention for educational research. Research shows that learners who have an inner interest and pleasure more actively engage in learning activities than learners who have the external motivation, which is practical purposes such as future career or monetary reward (Ma, Du & Liu, 2018; Pintrich & De Groot, 1990). Third, Shunk (1991) defined *self-efficacy* as an individual's judgments of his or her capabilities to perform actions. Pintrich & De Groot (1990) claimed that individual motivational orientation and belief are relevant to cognitive engagement and classroom performance. Their study suggested that students who believe that they can engage in more metacognition use more cognitive strategies and are more likely to persist at a task than students who do not believe they can perform the task (Pintrich & De Groot, 1990). Fourth, test anxiety refers to a psychological condition in which test takers experience extreme distress and anxiety in testing situations. Some people may experience memory loss from the fear of failure of the tests; others may experience physical illness such as headaches, nausea, and indigestions. Students' cognitive or affective reactions to the test are inversely related to language performance. Lastly, students use a variety of cognitive strategies in order to engage in various learning activities. For example, some students memorize course content for tests and quizzes, while other students use graphic organizers to connect new information to prior knowledge. Such strategies directly influence student's learning; better understanding of grammar features, reading comprehension, speaking performance, and test outcomes. More importantly, students who learn how and when to use these strategies gradually become self-regulated learners. When students successfully use their cognitive learning skills, they will achieve a high level of language performance in all domains.

The purpose of this study is to examine the relationship between five components of motivational and self-regulated learning and student performance in Korean language classroom. In this study two research questions are addressed:

1. What is the overall pattern of students' unit test outcomes from unit 1 to unit 16?
2. How do the five subscales of MSLQ impact the change of students' test outcomes?

Method

Subjects

The sample includes 9 students of beginning level of Korean in an intensive and rigorous learning environment. The Korean language course students take offers an intensive curriculum, starting from the ILR (Interagency Language Roundtable) level 0 and finishing with level 3 within 65 weeks. According to the ILR website, ILR level 0 refers to no practical ability to speak, read, nor listen to the target language and ILR level 3 refers to the ability to speak, read, and listen within a normal range of speed and with almost complete comprehension (ILR).

Students are required to attend the class every day from 8 am to 3 pm, taking 6 or 7 hours of lesson. After finishing 65-week course, students must take a high-stakes test. In order to pass the test, students should receive at least level 2 and above on reading and listening and 1+ on speaking. The test includes reading, listening, and speaking. In this study, 288 outcomes of reading and listening tests are used. All the participants except one student have experience of learning Korean before and 7 students have either graduated from or attended a college for 1 to 2 years. Two students have not attended a college. The age of students is from 20 to 27 and one student is 40. Among them 3 students are female and 6 students are male.

Measures

The students responded to a self-report questionnaire (the Motivated Strategies for Learning Questionnaire —MSLQ, see Appendix) that

제2장 An analysis of the relationship between Motivated Strategies for Learning Questionnaire
(MSLQ) data and students' reading and listening test outcomes

171

includes 44 items on self-efficacy, intrinsic value, test anxiety, cognitive strategy use, and self-regulation. Students were instructed to respond to the items on a 7-point Likert scale in terms of strategy use for Korean language learning. Items were adapted from the Pintrich and Groot's study (Pintrich & Groot, 1990). Analysis of the motivational items revealed three distinct motivational factors: Self-Efficacy, Intrinsic Value, and Test Anxiety. The Self-Efficacy consisted of nine items regarding perceived competence and confidence in performance of class work. Intrinsic Value scale was constructed by taking the mean score of the students' response to nine items concerning intrinsic interest in learning Korean and perceived importance of course work as well as their preference for challenge and mastery goals. Four items concerning their worries about tests and cognitive interference on tests were used in the Test Anxiety scale. In addition, two cognitive scales were constructed: Cognitive Strategy Use and Self-Regulation. The Cognitive Strategy Use scale consisted of 13 items pertaining to the use of rehearsal strategies, elaboration strategies such as summarizing and paraphrasing, and organizational strategies. The last scale, labeled Self-Regulation, was constructed from metacognitive and effort management items. The Self-Regulation scales include items on metacognitive strategies such as planning, skimming, and comprehension monitoring and effort management strategies such as students' persistence at difficult or boring tasks.

Academic performance was measured by collecting data on students' 16 reading and listening test outcomes. The distribution of grades followed an individualistic, criterion-referenced system that allowed all students the possibility of receiving a 100 on a test. The multilevel model for growth and SAS PROC MIXED was used for data analysis.

Results

Reading

Individual differences in change in reading test outcomes across 16 occasions were examined with multilevel model using maximum likelihood within SAS PROC MIXED, in which occasions are modeled as nested within persons. An empty means, random intercept model was first estimated to partition the variation in outcomes of reading scores. The inter-class correlation is 0.009, indicating that 0.9% of the (average mean reading test outcome) variance was due to between person mean difference, whereas 99.1% was due to within person residual variation over time. It was significantly greater than 0. The expected reading test outcome on average over time was estimated as 88.06 (M=88.06, SD= 10.73, range=41 to 100). The significance of individual fixed effects was tested by their Wald test p-values, whereas the significance of a set of multiple fixed effects or of new variance model parameters was tested by the ML -2ΔLL between nested models as evaluated by the difference in the model degrees of freedom. A two-level empty means, random intercept model of time nested within-person initially specified and indicated that 98.3% of reading test outcomes variance was at the within-person level and 0.9% of the variance was between-persons, and 0.8% of the variance was the residual variance.

The result of the first question was as expected; 98.3% of variance was due to individual differences between-person in reading test outcomes. The reading test outcome is expected to decrease from a predicted value of 80.09 at the first unit test by -1.77 per test. The predicted reading outcomes for the change over time is shown in Figure 1.

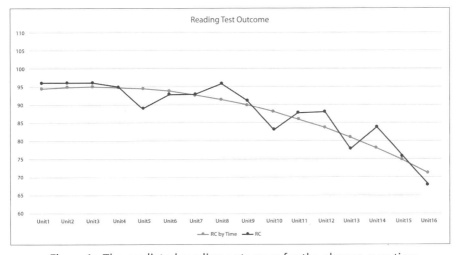

<Figure 1> The predicted reading outcomes for the change over time.

제2장 An analysis of the relationship between Motivated Strategies for Learning Questionnaire (MSLQ) data and students' reading and listening test outcomes

173

Then, the mean of 5 components of MSLQ scores on changes of test outcomes was added to the unconditional fixed time random intercept model. Effects of MSLQ components on the intercept and on the linear slope in test outcomes result in significantly better model fit, (-2ΔLL(~5) =102.9, p<.001). Among the simple main effects of 5 components of MSLQ, only Self-Efficacy effect of 1.57 indicated a significant increase in reading test outcomes (γ02(efficacy)=1.57, p=.0005). Overall, these effects of occasions accounted for 47% of the variance in test outcome.

The predicted reading outcomes after controlling for the change over time and Self Efficacy components of MSLQ are shown in Figure 2. Also, model fit and results for the five components of MSLQ Model for the change over time for reading and listening is shown in Table 1.

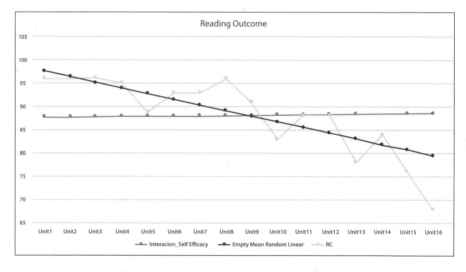

<Figure 2> The predicted reading outcomes after controlling for self-efficacy component and the change over time.

Listening

An empty means, random intercept model was first estimated to partition the variation in outcomes of listening test. The inter-class correlation is 0.06, indicating that 6% of the (average mean reading test outcome) variance was due to between person mean difference, whereas 94% was due to within person residual variation over time. It was significantly greater than 0. The expected reading test outcome on average over time was estimated as 79.5 (M=79.5, SD= 13.16, range=39 to 100).

Following the empty model, a fixed time random intercept model was then estimated.

The addition of a fixed time random intercept resulted in a significant improvement in model fit, $(-2\Delta LL(\sim 2)=70.2$, p<.001.), indicating there was a significant individual variability in intercept change in test outcome. The listening test outcome is expected to decrease from a predicted value of 92.25 at the first unit test by -1.7 per test.

Thus, based on comparison model fit, the fixed time random intercept model was the final unconditional model for time. Final model parameters can be interpreted as follows. The fixed intercept of 92.25 is the expected listening test outcome at the first test, with a 95% random effects confidence interval of 85 to 100 across persons. The fixed linear slope of -1.7 is the expected linear rate of change per occasion in listening test outcome at the first test. Thus, overall, the rate of change in test decreased significantly over time on average, and there was significant individual difference in the extent to which this occurred. Figure 3. shows the predicted change of listening test outcomes before and after adding MSLQ components.

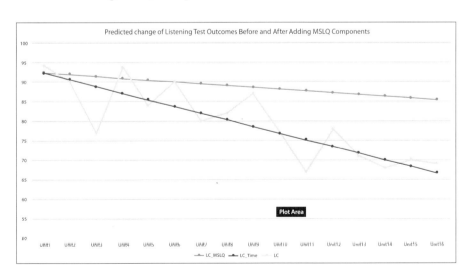

<Figure 3> Predicted LC Test Outcomes before and after adding significant MSLQ Components.

Also, model fit and results for the five components of MSLQ Model for the change over time for reading and listening is shown in Table 1.

Parameters	Term	Reading			Listening		
		EST	SE	p <	EST	SE	p <
Model for the Means							
Intercept (reading / listening outcome)	ɣ00	**99.23**	1.24	**<.0001**	**92.25**	1.54	**<.0001**
Linear Time Slope (time=0)	ɣ10	**-1.49**	0.14	**<.0001**	**-1.7**	0.18	**<.0001**
Intrinsic Value	ɣ01	0.72	1.84	0.7	**-5.57**	2.3	**0.016**
Self-Efficacy	ɣ02	**1.57**	0.44	**0.0005**	**1.24**	0.55	**0.025**
Test-Anxiety	ɣ02	0.33	0.22	0.13	-0.5	0.27	0.065
Cognitive Strategy Use	ɣ02	-1.74	1.14	0.13	**-4.55**	1.43	**0.002**
Self-Regulation	ɣ02	0.43	1.11	0.7	**1.72**	1.39	0.22
Model for the Variance							
Random Intercept Variance	τ2U0	0	.	.	0	.	.
Linear Time Slope Variance	τ2U1	**59.58**	4183466	0.5	**93.12**	11.09	**<.0001**
Residual Variance	σ2e	**0.95**	4183466	0.5	**0.99**	0	.
Total R2		0.4			0.47		
ML Model Fit							
# of parameters		10			10		
-2LL		999.5			1063.1		
AIC		1018			**1081.1**		
BIC		1019			1082.8		

Table 1. Model parameters for the five components of MSLQ and for the change over time
Bold values are p<.05

<Table 1> Model fit and results for the five components of MSLQ Model for the change over time.

Overall, these effects of occasions accounted for 47% of the variance in test outcome.

The results of the final model suggest that motivational components (intrinsic value and self-efficacy) are significantly and positively related to student listening test outcomes. (γ01(intrinsic)=5.57, p=.01; γ02(efficacy)=1.24, p=.03). Cognitive strategy use is significantly and negatively related to listening test outcomes (γ03(cognitive)=-4.55, p=.002). That means, when a student reported 1 point more of intrinsic motivational value than the average points, the student is expected to perform 5.57 point better than the average test outcome of the class. Likewise, when a student reported his or her self-efficacy component 1 point more than the average of the class, the student is expected to perform 1.24 points better than the average test outcome of the class. On the other hand, when a student reported his or her cognitive strategy use 1 point more than the average use of the class, the student is expected to perform 4.55 points worse than the average test outcome of the class.

Discussion

The results provide an experimental base for the theoretical relationship between individual differences in students' motivational orientation and their cognitive engagement and Korean language performance. The motivational components and students' cognitive engagement were linked in a critical way to students' language performance in the assessment. Among the motivational components, self-efficacy was positively related to both students' reading and listening performance. Bandura (1977) defined self-efficacy as "an individual's judgments of his or her capabilities to organize and execute courses of action required to attain designated goals." Self-efficacy affects an individual's choice of activities, efforts, and persistence. People who have a high sense of efficacy for accomplishing a task work harder and persist longer than those who doubt their capabilities (Schunk, 1991).

The finding of this study suggests that self-efficacy plays a significant role in Korean proficiency development. Thus, instructors need to provide students with positive feedback such as 'you can do it,' so students raise their expectance for their performance. Once students develop a strong sense of efficacy a failure may not have much impact (Schunk, 1991).

Also, students high in intrinsic value were more likely to perform better at the listening test. It seems that intrinsic motivation to learn is an important component of students listening performance. Many studies confirmed that intrinsic value appears to encourage students' cognitive strategies (Lyke & Young, 2006). This study suggests that intrinsically motivated students are most likely to process course materials successfully. Students who employ cognitive strategies are likely to be more engaged with course content and produce a better understanding of course material (Lyke & Young, 2006).

However, the result of this study suggests that the cognitive strategy use in this study seems to play as a negative predictor in listening performance. Students who reported that they used cognitive strategies a lot for learning Korean performed worse at the listening test than students who reported that they used less cognitive strategies. Since there are various kinds of cognitive strategies for learning, more specific research needs to be conducted with which context and what kind of strategies students are encouraged to use. Even though test anxiety and self-regulation are regarded as significant factors in students' learning outcomes, in this study, these predictors were not shown to influence significantly neither reading nor listening test outcomes.

There are several limitations to these findings. First, the number of subjects is small; this study used only nine student responses. Second, all the student motivation and cognitive components were measured with a self-reported instrument. Self-reports can be used effectively to measure student perceptions of motivation and cognitive engagement. However, the results need to be generated with other measures, such as educational background information, structured interviews, or data collected from homework (Pintrich,1990). It seems clear that there are other factors implicated in student language performance in the test. For example, students' prior knowledge about society, culture, and history of Korea was not assessed. Since they are deeply related to language performance, they potentially interact with cognitive and metacognitive strategy use. More research is needed on the multivariate relationship between students' academic performance and students' motivational orientation and self-regulated learning as well as individual differences in socio-cultural knowledge. Furthermore, more research is needed to find out critical factors which are likely to improve students' listening test outcomes.

In summary, the results provide valid empirical evidence for the importance of considering components of motivational and cognitive strategy use in academic performance. Students beliefs about their capability to perform classroom tasks are closely tied to their actual performance. The language learning environment in this study is unique in many ways. First of all, the language course is very intense, and many students came to learn Korean for their mission, not for their interest (internal motivation). Finally, many students do not have much experience in a foreign language learning. For these reasons, teachers should help them become confident, motivated, and develop their own learning strategies in various ways. For example, through offering compliments, introducing K-pop or K-dramas, and online applications (e.g. Tandem: the language learning app through online chatting), teachers help students boost their confidence, internal motivation, and develop their own cognitive learning strategies. By building strong bonds between students and teachers, students will achieve their goal.

제2장 An analysis of the relationship between Motivated Strategies for Learning Questionnaire (MSLQ) data and students' reading and listening test outcomes

179

References

Bandura, A. (1977). Self-efficacy: Toward a unifying theory of behavioral change. *Psychological Review* 84, 191-215.

Lyke, J. A., & Young, A. J. (2006). Students' Perceptions of Classroom Goal Structures and Reported Cognitive Strategy Use in the College Classroom. *Research in Higher Education*, 47 (4), 477-490.

Ma, L., Du, X., & Liu, J. (2018). Intrinsic and Extrinsic Value for English Learning: Mediation Effects of Self-Efficacy in Chinese EFL Context. *Chinese Journal of Applied Linguistics* 41 (2).

Pintrich, P. R., & De Groot, E. V. (1990). Motivational and Self-regulated Learning Components of Classroom Academic Performance. *Journal of Educational Psychology*, 82 (1), 33–40.

Putwain, DW, Daly, Al, Chamberlain, S and Sadreddnin, S. (2015). 'Sink or Swim': Buoyancy and Coping in the Cognitive Test Anxiety-Academic Performance Relationship. *Educational Psychology* ISSN 0144-3410.

Schunk, Dale H. (1991). Self-Efficacy and Academic Motivation. *Educational Psychologist*, 26 (3 & 4), 207-231.

Shuy, Tanya & OVAE; and TEAL Staff. (2010). *Self-Regulated Learning* [PDF] https://lincs.ed.gov/sites/default/files/3_TEAL_Self%20Reg%20 Learning.pdf

Zimmerman, B., Bonner, S., & Kovach, R. (2002). *De-veloping self-regulated learners: Beyond achievement to self-efficacy*. Washington, DC: American Psycho-logical Association.

ILR. Interagency Language Roundtable. https://www.govtilr.org/Skills/ILRscale4.htm

제3장

학문 목적 한국어 학습자를 위한 보고서 쓰기 교재 개발

- 유학생을 대상으로

김정아
한국 한국외국어대학교
Hankuk University of Foreign Studies

1. 연구 목적 및 필요성

2000년대 이후 대학 진학을 목적으로 한국어를 학습하는 외국인 학습자들의 증가로 그에 맞는 교재들도 많이 출간되고 있다.

대학에 입학한 외국인 학습자들은 그동안 구어나 일상적인 어휘, 조사, 연결어미 등을 학습해 왔기 때문에 학술적인 글쓰기에서는 많은 오류를 보이고 있다. 일반 목적 한국어 학습자들과는 다르게 학문 목적 학습자들은 과제나 보고서 쓰기가 중요하다. 대학에서 교양과목이나 전공과목을 수강하는 외국인 학습자들에게 보고서를 쓰라고 했을 때 형식에 맞는 문법이나 표현을 사용해서 글을 쓰는 학습자들은 드물다. 그 부분에 대한 학습이 되어 있지 않기 때문이다. 이들은 보고서 형식의 글 대신 개인적인 주제에 대해 쓰거나 내용과 형식 모두 자유로운 글을 주로 써 왔다.

쓰기는 단순히 학습자가 알고 있는 지식이나 정보를 나열하는 것이 아니라 과제를 해결하기 위하여 글의 내용을 조직하고 표현하는 일련의 과정이다. 대학에서 학문 목적으로 학습하는 학습자들에게 보고서 쓰기는 비중 있게 다뤄져야 할 부분이다. 보고서 쓰기 능력의 향상은 학습자들에게 가장 필요한 언어 기술이라고 할 수 있다. 보고서 쓰기는 일반적인 글쓰기와 다양한 차이가 있기 때문에 이로 인해 학문 목적 학습자는 보고서 쓰기에 많은 어려움을 겪는다. 이러한 어려움을 극복하기 위해

보고서 쓰기 교육은 꼭 필요하다고 할 수 있다.

외국인 유학생들이 2000년대 중후반부터 급증하게 되면서 학문 목적을 위한 교재들이 많이 출간되었다. 학문 목적의 교재들은 주로 통합형 교재[1] 또는 영역별 교재로 나뉘게 되는데 대학 부설 어학당에서는 통합형 교재를 선호하는 반면 조금 더 학술적인 면을 요구하는 대학에서는 영역별 교재를 선호한다. 특히 다른 영역보다 쓰기에 관련된 교재들이 더 많이 출판되고 있다.

대학 기관이나 개인적으로 출간한 교재들은 많지만, 처음부터 끝까지 보고서 쓰기만을 위한 교재는 많지 않다. 본 연구자가 조사한 결과 소수의 대학에서 보고서 쓰기를 위한 교재가 출판되었으나 내용이 어렵고 실질적으로 유학생들이 한 학기에 학습하기에는 분량도 많았다. 그래서 유학생을 위한 조금 더 친절한 교재가 있었으면 좋겠다고 생각하여 '유학생을 위한 보고서 쓰기' 교재를 집필하였다.

Zhangjingting(2018)은 보고서 쓰기 교수 요목 설계에 앞서 먼저 학습자들 요구조사를 실시하였다. 대학 강의를 들으면서 가장 어려운 부분과 보고서를 쓸 때 가장 많이 접하는 보고서 유형에 대한 학습자들의 응답은 다음과 같다.

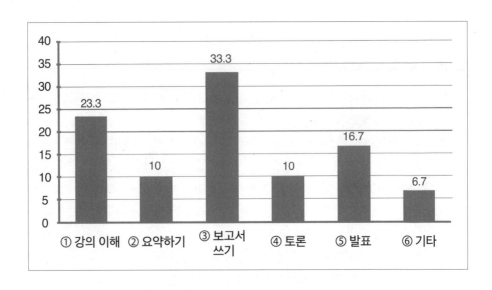

<표1> 대학에서 강의를 들으면서 가장 어려운 부분[2]

대학에 강의를 수강하면서 가장 어려운 부분이 무엇이라고 생각합니까?							
선택항목	①강의 이해	②요약 하기	③보고서 쓰기	④토론	⑤발표	⑥기타	합계
응답자 (명)	7	3	10	3	5	2	30
백분율 (%)	23.3%	10%	33.3%	10%	16.7%	6.7%	100%

[1] 문법, 읽기, 듣기, 쓰기 등이 통합된 형태로 한 교재 안에서 모두 다루어진다.

[2] Zhangjingting (2018) 재인용

이처럼 대학에서 강의를 들을 때 학습자들이 가장 어려워하는 부분은 보고서 쓰기라는 점을 알 수 있다. 두 번째로 어렵다고 느낀 강의 이해와도 무려 10%나 차이가 난다. 보고서 쓰기는 가장 어려운 부분임에도 불구하고 친절하게 가르쳐주는 교재나 교수자가 없기 때문에 학습자들의 동기부여에 부합하지 못하고 있다. 다음으로는 많이 접하는 보고서 유형에 대한 설문이다.

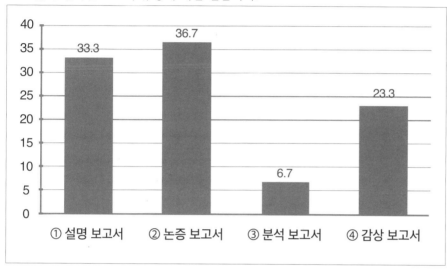

³ Zhangjingting (2018) 재인용

<표2> 대학에서 가장 많이 접하는 보고서 유형³

대학에서 가장 많이 접하는 보고서 유형이 무엇입니까?					
선택항목	①설명 보고서	②논증 보고서	③분석 보고서	④감상 보고서	합계
응답자 (명)	10	11	2	7	30
백분율 (%)	33.3%	36.7%	6.7%	23.3%	100%

보고서 유형에는 여러 유형이 있는데 그중에서도 학습자들이 대학 수강을 하면서 가장 많이 접하는 보고서는 논증 보고서라는 것을 알 수 있다.

따라서 본 교재는 이러한 학습자 요구를 반영하여 교재를 집필하고자 한다. 또한 본고에서는 학문 목적 한국어 학습자, 특히 한국으로 유학 온 유학생을 위한 보고서 쓰기 교수 요목과 함께 교재 구성에 대해 살펴볼 것이다. 2장에서는 선행연구와 이론적 배경을 정리하고, 3장에서는 보고서의 종류, 교재 구성에 대해 논의하겠다.

2. 선행연구 및 이론적 배경

국립국어원 표준국어대사전에 따르면 보고서의 사전적 의미는 '보고하는 글이나 문서'라고 정의하고 있다. 대학에서 학생들의 과제로 보고서 쓰기를 많이 하는데 이러한 보고서는 과제의 결과물을 정리하여 제출하는 문서라고 정의할 수 있다. 대학생이라면 입학과 동시에 졸업할 때까지 보고서 쓰기에서 벗어날 수 없다.

한편으로 대학에서는 보고서를 리포트[report]라고 부르는 경우도 있다. 주경희(2013)에 따르면 보고서, 즉 리포트는 일정한 주제에 관하여 조사, 연구, 실험, 관찰한 사실을 보고하는 글이다. 따라서 객관적이고 논리적인 서술이 요구되며 자신의 주관적 견해나 막연한 추측, 감상 등은 엄격히 배제해야 한다고 이야기한다. 내용의 타당성이나 객관성, 합리성을 위해 다른 자료나 미디어 자료를 참고하게 되는데 이때는 반드시 출처를 밝혀야 한다. 하지만 많은 유학생이 실수하는 것 중 하나가 바로 이 부분이다. 출처나 인용한 내용을 정확히 밝히지 않아 문제를 일으키는 것이다.

보고서는 보통 '서론, 본론, 결론'의 형식으로 구성된다. 각각 보고서에서 중요한 역할을 한다.

1) 서론: 서론은 보고서의 시작으로 주제를 제시하거나 문제를 제기하는 부분이다. 보고서를 쓰는 목적이나 배경, 보고서에서 다루어질 내용을 언급할 수도 있다.
2) 본론: 본론은 서론에서 제시한 주제를 논리에 의해 설명하거나 자신의 견해를 서술하는 부분이다. 이때는 객관적인 근거를 제시하여 주장해야 한다. 서론에서 문제를 제기했을 경우 본론에서 그 해결 방안을 제시할 수 있어야 한다.
3) 결론: 결론은 작성한 글을 마무리하는 부분이다. 서론과 본론에 대한 내용을 정리하여 마무리할 수도 있고, 보고서 내용을 요약하거나 미래 전망을 논하고 보고서를 마무리한다.

강신희(2018)는 한국어 쓰기 교육은 네 기능, 즉 말하기, 듣기, 읽기, 쓰기 중 학습자들이 가장 어렵게 받아들이는 과정이라고 하였다. 특히 학문 목적의 학습자들은 리포트뿐만 아니라 소논문 등 다양한 유형의 쓰기를 하게 되고 높은 수준의 쓰기 과제를 수행해야 하지만, 장르에 대한 지식이 없다는 점에서 단순한 과정 중심 쓰기 교육을 받는 것은 과제 수행에 도움이 되지 않는다. 그뿐만 아니라 고급 학습자는 상위 인지 전략과 더불어 사회·문화적 맥락을 고려하여 관습적으로 수용 가능한 텍스트를 생산하는 수준에 도달할 필요가 있다고 언급하였다.

최선미(2008)는 외국인 유학생들이 가장 어려워하는 학문 목적 쓰기 교육을 위해 장르 중심 접근법을 적용한 교재를 개발하려고 하였다. 이 연구에서는 교양과목의 학업을 수행하기 위한 수준의 학술 보고서 쓰기의 능력을 기르는 것에 목표를 두고 보고서를 학문적 텍스트 중 하나의 장르로 접근하였다. 또한 현재 사용되고 있는 한국어 교재의 대다수는 학습자의 쓰기 활동의 형태적인 측면에만 도움이 되고 내용적인 측면에는 도움이 되지 않는다는 결론을 얻었다.

Hyladnd(2004)는 장르 지식은 반복적인 경험을 통해서만 쌓을 수 있는 것으로, 단순한 문법적 능력이 아니며 실세계의 의사소통 상황에 참여하는 방법을 이해하는 능력을 말한다고 하였다. 이와 같은 장르 지식에 다음과 같은 8가지 요소가 포함된다고 정리하였다.[4]

[4] 박은선(2014) 재인용

① 개인적, 관습적, 사회적 의사소통 목적에 대해 아는 것
② 특정 장르의 전형성을 만들어주는 역할 혹은 일반적 위치에 대해 아는 것
③ 텍스트의 전형적인 형식, 구조에 대해 아는 것
④ 알맞은 주제와 주제를 발전시키는 방법에 대해 아는 것
⑤ 알맞은 사용역 선택을 위해 어휘와 문법적 특징에 대해 아는 것
⑥ 장르를 구성하며 장르 안에서 사용되는 반복적인 문맥에 대해 아는 것
⑦ 장르를 구성하는 독자와 담화공동체의 가치와 신념을 알고 그 독자와 담화공통체가 해당 장르에 사용하는 이음을 알며 그들에게 해당 장르가 어떤 의미를 갖는지 아는 것
⑧ 인간적 행위 연속성에 있어 텍스트들의 연결성을 포함하여 해당 텍스트의 다른 텍스트에 대한 의존성에 대해 아는 것

이를 바탕으로 보고서 쓰기 교재를 구상하였다.

3. 보고서의 종류와 교재 구성

3.1. 보고서의 종류

왕예(2013)에서 다시 강금만(2009)의 논의를 인용하여 보고서의 유형을 다음과 같이 정리하였다. '대상에 따른 분류, 목적 및 방법에 따른 분류, 기술 형식에 따른 분류'의 형식으로 보고서의 유형을 제시할 수 있다. 제시한 내용은 다음과 같다.

　(1) 대상에 따른 분류: 에세이 형식의 보고서, 연구 실험 보고서, 조사 보고서

(2) 목적 및 방법에 따른 분류: 실험 관찰 보고서, 답사 보고서, 조사 보고서, 활동보고서, 학습 보고서

(3) 기술 형식에 따른 분류: 일반적인 보고서, 계획 보고서, 대책 보고서, 검토 보고서, 실시 보고서, 현황 보고사, 결과 보고서, 연구 보고서, 조사 보고서

또한 최선미(2009)의 논의를 인용하여 보고서의 유형을 다음과 같이 정리하였다.

(1) 설명 보고서

(2) 논증 보고서

(3) 조사 분석 보고서

(4) 감상 보고서

(5) 요약 보고서

본 교재는 최선미의 유형을 참고하였다.

3.2. 교재 구성

쓰기에 관련된 교재들은 수없이 많다. 학문 목적 학습자들의 대학 생활을 돕기 위한 교재들은 많지만, 처음부터 끝까지 보고서에 관련된 교재는 찾아보기 힘들다. 교재들에서는 '보고서 작성 절차, 보고서 형식의 구성으로 작성, 보고서의 실제 써보기' 등 추상적이고 명확하지 않은 내용으로 구성되어 있다. 또한 교재 분량이 너무 많아 한 학기 안에 끝내기 힘들다는 것도 단점으로 꼽힌다. 특히 보고서 쓰기의 경우는 문어도 많이 쓰이고 담화표지라든지 보고서 형식의 표현 방법이 따로 있는데 이것을 학습하지 못하고 과제를 수행하면 심각한 오류를 범할 수 있다. 오류를 줄이기 위해서는 서론, 본론, 결론에 쓰이는 표현, 자주 쓰이는 담화표지, 인용 방법 등을 학습하는 것이 좋다.

이 교재는 한국어 학습자들의 학부 수업 수준에 맞춰 구성되었다. 본국에서 한국어를 수학하고(전공 및 부전공) 한국에 교환학생으로 온 학습자들이나 최소 중급 I[5] 이상의 수준을 갖춘 학습자들에게 적합한 교재이다.

쓰기는 기존의 여러 연구에서도 언급했듯이 유학생들이 가장 어려워하는 언어 기능 중 하나이다. 특히 학문 목적 학습자들의 경우 대학교에서 과제로 장르 쓰기를 많이 하는데 보고서 쓰기의 경우 학습자들이 형식조차 이해하지 못하고 과제를 수행하는 경우가 많다. 이에 연구자는 공동집필 위원들과 함께 보고서의 개념과 종류를 구분하는 것부터 시작하여 보고서를 어떻게 써야 하며 최종적으로 발표하기까지

[5]한국어능력시험 (TOPIK)을 기준으로 구분한다면 중급의 목표는 공공시설 이용과 사회적 관계 유지에 필요한 대부분의 언어 기능을수행할 수 있으며, 간단한 서류 작성 및 보고 등 일반적인 업무 수행에 필요한 기능을 어느 정도 수행할 수 있다. 또한 뉴스, 신문 기사 중 비교적 평이한 내용을 이해할 수 있다. 친숙한 사회적·추상적 소재를 비교적 정확하고 유창하게 이해하고, 표현할 수 있다. 자주 사용되는 관용적 표현과 대표적인 한국 문화에 대한 이해를 바탕으로 사회·문화적인 내용을 이해하고, 표현할 수 있다고 하였다.

의 구성으로 된 쓰기 교재를 개발하였다. 이 교재는 4명의 현직 강사들이 직접 강의를 하며 학습자들이 보고서 쓰기에 취약하다는 것을 확인한 뒤, 대학생 수준에서 요구되는 보고서 쓰기 및 발표 능력의 부족함을 해결하기 위해 함께 집필하기 시작하였다. 교재 집필은 2019년 9월부터 2020년 3월까지 총 7개월간 진행되었다.

이 교재는 총 3부로 구성되었는데, 1부는 보고서 준비 단계로 총 6장으로 되어 있으며 가장 기본이 되는 보고서의 개념과 종류를 설명하는 것을 시작으로 보고서 요약하기, 표절과 인용, 보고서 쓰기에 꼭 필요한 담화표지 연습 등으로 되어 있다. 2부는 보고서 쓰기로 핵심이 되는 부분이다. 보고서 개요를 짜는 것부터 보고서의 서론, 본론, 결론 쓰는 방법이 각 장으로 나뉘어 있다. 3부는 완성된 보고서를 발표하는 방법에 대해 정리한 부분이다. 3부는 두 개의 장으로 되어 있으며 발표문 쓰기와 발표자료 만들기로 나뉘어 있다. 한국의 대학 학사 일정은 16주로 중간고사, 기말고사 두 주와 첫 주 오리엔테이션 주를 빼면 총 13주의 수업으로 13개의 장은 한 학기 수업하기에 적합하게 구성되었다. 각 장은 3시간 분량의 양으로 되어 있다. 교재의 구성은 아래와 같다.

<표1> 유학생을 위한 교양 한국어 보고서 쓰기에서 발표문 쓰기까지

목차	학습 내용
1부 보고서 준비 단계	1장 보고서의 개념과 종류
	2장 보고서 읽고 요약하기
	3장 표절과 인용
	4장 보고서를 쓰기 위한 담화표지 연습
	5장 보고서를 쓰기 위한 표현 연습
	6장 보고서 화제 선정과 제목 정하기
2부 보고서 쓰기	7장 보고서 개요 쓰기
	8장 보고서 서론 쓰기
	9장 보고서 본론 쓰기 1.2
	10장 보고서 결론 쓰기
3부 발표하기	11장 발표문 쓰기
	12장 발표 자료 만들기

본 교재는 보고서의 개념을 익히고 보고서에 필수적으로 필요한 담화표지와 제목 정하기 등 기본적인 개념을 파악할 수 있도록 하였다. 그리고 2부에서는 실제적인 보고서 쓰기 부분으로 '서론, 본론, 결론'의 작성 방법을 따로 배우고 익히는 기회도 가질 수 있다. 이 활동을 통하여 보고서 작성법을 파악할 수 있다. 마지막은 발표

하기 부분으로 각자 작성한 보고서를 수업 시간에 발표하는 방법까지 익힐 수 있는 단락이다.

부록에는 4가지의 보고서 예를 넣어 모범 사례를 제공하였다. 이때 제공한 보고서는 비교문화 보고서, 논증 보고서, 감상 보고서, 설명 보고서이다.

교재의 1부 '보고서 준비 단계'는 6개의 장이며 처음 도입은 진단평가로 시작한다. 한국어 쓰기에 대한 자신의 생각을 자유롭게 쓰면서 쓰기의 불안감을 해소하는 장이다. 1장은 보고서의 개념과 종류를 익히고, 2장은 보고서를 쓰기 전 자신이 읽은 보고서를 요약하는 방법을 학습한다. 3장은 학습자들이 가장 많이 실수하는 부분이기도 한 표절과 인용에 대해 여러 가지 자료를 이용하여 학습한다. 4, 5장의 경우 보고서 쓰기의 필수요소인 담화표지 연습과 서론, 본론, 결론에 쓰이는 표현 연습으로 되어 있다. 그리고 1부의 마지막 6장은 보고서 화제를 선정하고 제목을 정하면서 실질적인 보고서 쓰기 도입 단계이다.

2부는 보고서 쓰기 단계로 7장 보고서 개요 쓰기를 시작으로 8장 보고서 서론 쓰기와 9장 본론 쓰기, 10장 결론 쓰기로 구성되어 있다. 마지막 3부는 두 개의 장으로 되어 있고 11장 발표문 쓰기 그리고 마지막 장인 12장 발표 자료 만들기이다. 발표자리 만들기의 경우 프레젠테이션의 여러 도구 설명과 자료 만드는 법, 발표 평가하기로 마무리된다.

4. 마무리

지금까지 유학생들을 위한 보고서 쓰기 교재 구성과 개발에 대해 제시하였다. 기존에 출판된 많은 글쓰기 교재들이 있지만 보고서 쓰기만을 위한 교재는 많지 않았기에 학문 목적 학습자를 위한 교재를 개발하게 된 것이다.

교재 구성과 단원은 한국 교육과정에 기초하여 설계되었다. 한국에서 대학 생활을 하면서 보고서 쓰기는 가장 중요한 요목 중 하나라고 할 수 있다. 학습자들이 이 교재를 사용함으로써 조금 더 쉽게 보고서라는 과제에 접근할 수 있기를 기대해본다.

다만 아쉬운 점은 이 교재가 2020년 6월 출판되었기 때문에 학습자들의 만족도나 피드백에 대한 내용을 본고에 실을 수 없다는 점이다.

유학생뿐만 아니라 본국에서 한국어를 전공하는 한국어과 대학생이나 대학원생들에게도 적합한 교재가 되었으면 하는 바람이다. 또한 한국 유학을 염두에 두고 있는 학습자라면 꼭 한번 이 교재를 보기를 기대한다.

참고문헌

강신희. (2018). 학문 목적 학습자를 위한 통합적 접근의 한국어 쓰기 교육 모형 개발 연구. **한국언어문화학, 15-2.**

김영미. (2010). 학문 목적 한국어 쓰기 교육-장르 기반 접근법으로. **한국어교육, 21-1,** 국제한국어교육학회, 87-123쪽.

김정숙. (2007). 읽기·쓰기 활용 활동을 통합한 학술 보고서 쓰기 지도 방학. **이중언어학, 33,** 이중언어학회, 35-54쪽.

박은선. (2014). **장르 중심 학문 목적 한국어 쓰기 교수의 실행연구 -대학원 보고서를 중심으로.** 박사학위논문, 이화여자대학교, 서울.

왕예. (2013). **학문 목적 한국어 학습자를 위한 보고서 쓰기 교육 연구.** 석사학위논문, 세종대학교, 서울.

전미화. (2012). **한국어 학습자의 보고서 쓰기를 위한 내용 지식 구성 방안 연구,** 석사학위논문, 배제대학교, 대전.

주경희 외. (2013). **말하기와 쓰기.** 세종대학교 출판부.

최선미. (2008). **외국인 유학생을 위한 한국어 학술 보고서 쓰기 교재의 개발 연구.** 석사학위논문, 한국외국어대학교, 서울.

Hyland. (2004). Genre and second language writing. Ann Arbor, MI: University of Michigan Press. 84-85pp.

Zhangjingting. (2018). **대학 수학 목적의 한국어 쓰기 교육 방안 연구: 보고서 쓰기를 중심으로.** 석사학위논문, 중앙대학교, 서울.

제4장

학습자 문법 교재의 구성을 위한 시고
- 시제를 중심으로

양명희
한국 중앙대학교
Chung-ang University

1. 서론

이 연구의 목적은 두 가지이다. 첫째는 학습자를 위한 문법 교재를 기획하는 것이고, 두 번째는 문법 교육의 내용을 이제까지의 문법 항목 중심이 아니라 문법 범주 중심으로 구성하는 것이다. 문법 교재는 문법서를 기반으로 개발하는 것이 일반적이다. 문법 내용을 효과적으로 학습하기 위한 재료인 교재는 문법서의 내용과 별개가 아니라는 점에서 문법 교재 개발은 문법서에서 시작해야 할 것이다. 이전의 많은 한국어 교육 문법서들 제목에 '외국인을 위한'이나 '학습자를 위한'과 같은 제목이 붙었지만, 한국어를 배우는 외국인은 고사하고 한국어 교사들도 이해하기 어려운 용어나 내용이 많았으며, 한송화(2017)가 주장하는 것처럼 학습자의 문법 지식을 체계화하는 데에도 효과적이지 않았다.

이 연구의 목적으로 내건 두 가지를 달성하는 일은 쉽지 않을 것이다. 먼저 국내에 학습자 문법서라는 이름으로 나온 교재가 있기는 하나[1] 본격적인 분석이 이루어지지 않았다. 또 문법 범주 중심의 문법서는 지식 위주로 구성되었거나 한국어 교육만을 위해서라기보다 국어교육을 고려하거나 국어교육의 문법 체계에 영향을 받은 경우가 대부분이었기 때문이다.[2]

최근 한국어 문법 교육의 연구 성과 중 주목할 만한 것으로 한송화(2017)가 있

[1] 대표적인 문법서로 국립국어원에서 나온 《외국인을 위한 한국어 문법》이 있다.

[2] 최근에 출간된 《한국어 표준문법》(유현경 외, 집문당, 2019)이 대표적이다.

³ 예를 들어 한국어 교육계에서는 오래전부터 '이다'를 국어 문법 교육의 용어인 서술격 조사로 가르치는 것이 득보다 실이 더 많다는 것을 인식하고 있었다.

⁴ 대학 기관에서 2010년 이후 출간한 문법 교재로는 연세대 한국어학당의 《외국인을 위한 한국어 문법 연습》(2012)이 대표적이며, 《경희 한국어 문법》은 2015년 출간된 후 2019~2020년 새로 수정, 보완하여 《경희 한국어 초급 1: 문법》으로 제목을 바꾸어 출간하였다. 그 외에도 중앙대 한국어교육원의 문법 교재 5, 6권 등이 있으나 《경희 한국어 문법》을 대상으로 한 것은 이 교재의 고급편의 경우 문법 항목 중심의 배열이 아니라 의미, 기능에 따라 문법 항목을 묶어서 구성하였기 때문이다.

⁵ 문법서와 문법 교재는 각기 목적과 내용 구성이 완전히 다른 별개의 책이라고 할 수 있다. 문법서는 문법 지식 체계화를 위한 참고도서로 국립국어원에서 나온 것(2005)이 대표적이다. 이 책은 국내에서 한국어교사가 되고자 하는 내외국인 교사예비생을 위한 교재로 많이 사용되고 있지만 학습자들이 스스로 혼자 문법을 배울 수 있는 교재는 아니다. 본고에서 개발하고자 하는 문법 교재는 중급 정도의 숙달도를 지닌 학습자가 혼자서 문법 지식을 체계화할 수 있는 교재, 스스로 학습이 가능한 복습 교재를 목표로 한다. 문법 교재는 문법 지식을 체계화하는 재료로서 넓은 의미에서 문법서에 포함할 수 있다.

다. 한송화의 2017년 연구는 자신의 2006년 논문에서 주장했던 '기능 중심의 문법 교육'에 대해 박동호(2007), 우형식(2010) 등이 비판하자 그에 대응해 발전시킨 것으로, 스스로 지적하는 것처럼 한국어교재에서 어떻게 구현될 수 있을지에 대한 부분은 다루지 않고 있다. 그런 점에서 문법 범주 중심의 문법 교재를 만들기 위해서는 전통 문법적 범주가 유용하지 않음이 이미 밝혀졌기 때문에³ 한송화(2017)와 박동호(2007) 및 우형식(2010)에 대한 검토가 필요하다.

또한 학습자 문법 교재의 체제를 구성하는 데는 영어교육 분야에서 베스트셀러인 《English Grammar in Use》의 학습자용 교재가 참고할 만하다. 3장에서 자세하게 분석하겠지만 이 교재는 다른 문법서처럼 단계별로 나눠져 있으며, 쉬운 문법 설명을 통해 배운 문법 지식을 체계화하고 풍부한 연습 문제를 통해 문법의 내용을 학습하고 내재화할 수 있도록 구성되어 있다. 이미 많이 알려진 것처럼 지금 시중에서 '한국어 교육을 위한 학습자용 한국어 문법 교재'로 판매중인 《Korean Grammar in Use》(2010, 2011, 2013)는 《English Grammar in Use》를 라이선스로 들여와 출간한 것이다. 대학 기관에서 나온 문법 교재 1종⁴과 이 두 교재의 장·단점을 비교하고 학습자 문법서의 틀을 만드는 것이 이 연구의 최종 목적이 될 것이다.

그리고 이 문법 교재는 초급 학습자가 한국어를 배우기 위해 사용하는 단계별 문법 교재가 아니라 상당한 기간 한국어를 배운 후 자신의 문법 지식을 체계화하기 위해 사용하는 문법서로 기획된다는 점을 밝힌다.⁵

2. 문법 체계에 대한 논의

한송화(2017)는 문법 항목 중심의 문법 교육이 청각구두식 교수법에서 의사소통 중심 교수법으로 한국어 교육의 중심이 변화하면서 생겨난 현상으로 분석하고, 문법 항목 중심의 문법 교육이 문법 전체의 구조화와 체계화를 어렵게 함을 비판하였다. 그리고 이를 위한 대안으로 기능 중심의 문법 체계 및 내용을 다음과 같이 제시하였다.

<표1> 한국어 교육을 위한 문법 체계 및 문법 내용(한송화 2017:16)

대범주	소범주	문법 내용 및 언어 형식
개념 나타내기	사물이나 사람 나타내기	명사, 대명사, 격조사(이/가), 지정사(이다)
	사물 수식하기	관형사, 명사, 조사(의), 관형사형 어미(-은/는)
	사물 수량 나타내기	수사, 수단위 명사, 수량사 어순 등
메시지 만들기	사물 묘사하기	형용사, 격조사(이/가), 보조사(은/는), 지정사(이다)
	행동 서술하기	동사, 격조사(이/가, 을/를, 에, 에게, 로), 보조사(은/는), 피동, 사동 등

	묘사와 행동 정교화하기	부사격조사(에서, 처럼, 보다), 관형사형 어미 (-은/는, -을, -던), 부사형 어미(-게 등)
	시간 나타내기	시제선어말어미(-었-, -겠-), -을 것이-, -고 있-, -어 있-
	메시지 부정하기	부정부사(안, 못), 보조동사(않다, 못하다), 아니다
	주체 높이기	선어말어미(-시-), 높임 어휘
메시지로 화자의 태도 나타내기	메시지에 화자의 의도 표현하기	-을까요, -으세요, -습니다, -어요, -어라, -자 등 화행 범주
	메시지에 화자의 태도 표현하기	보조사(도, 만, 이나, 라도 등), -지, -잖아, -거든 등 양태 범주
	청자 높이기	높임말과 반말
메시지 복합하기	메시지 연결하기	원인과 결과 관계로 메시지 연결하기, 시간 관계 로 메시지 연결하기
	메시지에 메시지 포함시키기	인용동사, 인용명사, 인용절, 명사절 등
텍스트 및 담화 구성하기	이야기 구성하기	담화표지(감탄사), 응답표지, 보조사(은/는, 도), 지시사, 전경과 배경 구성하기 등
	텍스트 구성하기	담화표지, 보조사(은/는, 도), 지시사, 전경화 배경 구성하기 등

　　<표1>은 기능 중심의 범주화로 개념을 나타내는 문법 내용과 언어 형식으로 시작하여 텍스트 및 담화 구성에 필요한 문법 내용과 언어 형식을 제시하는 것으로 체계화하고 있다. 문법 내용과 언어 형식을 차례로 살펴보면 현행 한국어 교재에 포함되어 있는 문법 항목들이 대부분 포함된 것을 확인할 수 있다. 중요한 점은 이 같은 기능 중심의 문법 체계를 상세화하는 것 역시 문법 내용과 언어 형식이라는 점이다. 이는 다시 말하여 기능별 범주화가 문법 내용을 체계화하는 데 매우 유용함을 뜻한다.

　　본고에서는 이러한 기능 중심의 문법 범주의 유용성을 '시간 나타내기' 소범주를 대상으로 문법 내용을 구성함으로써 증명하고자 한다. 이 같은 시도는 아직까지 국어 시제 범주가 명확하게 한국어 교육 내용으로 체계화되지 못했다는 판단에 따른 것이다. 한국어 교육계에서 명확하게 합의된 내용을 포함하여 학습자 문법 교재에 맞게 한국어 시제에 대한 학습 내용을 구성한다면 이러한 시도가 다른 범주에도 적용될 수 있을 것이다.

3. 학습자 문법 교재의 분석

이하에서는 학습자가 혼자서 공부할 수 있도록 만든 문법 교재 3종의 목적과 구성, 특징 등을 살펴보고, 교재의 구조적 특징, 즉 과의 구성 기준(문법 항목 또는 의미

⁶ 각 교재의 일러두기를
참고해 정리하였다.

기능 등)으로 어떤 것이 고려되었는지 구체적으로 확인해보겠다.

3.1. 각 교재의 목적과 구성⁶

3.1.1.《경희 한국어 문법》(2015)의 목적과 구성

1) 목적: 초급 단계 학습자가 한국어로 듣고 말하며 쓰고 읽는 능력을 확장시키고 의사소통 상황에서 정확한 문장을 생성하는 데에 핵심적인 역할(초급 일러두기)

중급 단계 학습자의 정확한 문장 생성 능력을 신장시키고 이를 기반으로 사용 맥락에 따른 발화의 유창성을 향상시키는 데 중점(중급 일러두기)

의미나 문법 범주를 대표하는 문법 항목을 토대로 그 범주에 속하는 유사한 문법 항목들을 비교·대조하여 학습자가 문법의 의미 차이를 이해하고 유사한 의미를 나타내는 여러 표현을 의미 맥락에 맞게 구별하여 사용할 수 있도록 (고급 일러두기)

2) 대상: 한국어 학습자의 문법 학습서이자 교실 수업용 교재로 개발되었으나 교사의 도움 없이도 학습이 가능하도록 개별 학습, 협동 학습 등 문법의 성격에 따라 다양한 활동을 제공

3) 구성: 주제 적합성을 고려하고 난이도와 빈도를 기준으로 문법 항목을 선정, <국제통용 한국어 교육 표준 모형>의 문법 항목과의 비교·대조 실시

4) 각 과의 구성: 한 과 평균 3쪽 구성. 준비-설명-연습. 문법의 이해 능력과 사용 능력을 동시에 형성시키는 데 도움

3.1.2.《Korean Grammar in Use》(2010, 2011, 2013)의 목적과 구성

1) 목적: 문법을 따로 공부할 수 있는 책, 1급부터 배운 수많은 문법들을 한 눈에 볼 수 있는 책, 한국어의 비슷한 문법들이 어떻게 다른지 설명하고 있는 책(초급 일러두기)

2) 대상: 중급(고급) 수준의 한국어를 배우기 원하는 학생이나 이미 배운 한국어 문법을 정리하고자 하는 학생들을 위한 교재로 기획(중급 및 고급 일러두기)

3) 구성: 기존 교재에서 문법 항목을 정리하여 의미가 비슷한 항목끼리 묶어서 구성(초·중·고급 일러두기)

4) 특징: 비슷한 문법 비교, 한 상황에 대한 다른 표현을 배울 수 있게 구성, 제약 첨가(초급 일러두기)/어려워하거나 많이 틀리는 부분, 대체 연습식으로 대화를 만들어 보는 활동, 토픽 유형의 연습 문제(중·고급 일러두기)

5) 각 과의 구성: 초급은 한 과가 2~3쪽, 중고급은 3~4쪽(많은 것은 5~6쪽). 목표 문법 제시Target Grammar Presentation-도입Introduction-문법을 알아볼까요Let's Investigate the Grammar-더 알아볼까요Let's Learn a Bit More-비교해볼까요Let's Compare-대화를 만들어볼까요Let's make a Dialogue-연습해볼까요Let's Practice-확인해볼까요Let's Double-Check(고급 참고)

3.1.3. 《English Grammar in Use》(1985/2019, 5판)의 목적과 구성[7]

1) 목적: This is for students who want help with English grammar. It is written for you to use without a teacher. ~ but teachers may also find it useful as additional course material in cases where further work on grammar is necessary.
2) 대상: 중급 학습자에 초점, 문법에 문제가 있는 고급 학습자에게도 유용(중급 일러두기)
3) 각 과의 구성: 한 과에 2쪽씩 구성. 왼쪽 면 설명과 예문, 오른쪽은 연습 문제.
4) 특징(사용 방법): ①난이도별로 배열하지 않았으므로 어려움이 있는 부분 찾아서 사용 ②연습 문제 풀지 않고 참고용으로 사용 가능 ③여러 단위를 같이 복습하는 부분 있음 ④문법 범주별로 구성(현재와 과거, 관사와 명사, 전치사 등)

각 과의 구성은 교재의 목적과 대상에 따라 다르게 만들어져 있음을 확인할 수 있다. 모두 학습자 교재를 표방하고 있는데 그중 《경희 한국어 문법》은 교실 교재 용도도 겸하고 있기 때문에 준비-설명-연습 구성으로 되어 있으며, 문법 항목 중심이지만 고급의 경우 범주 중심의 과 구성이 특징이다. 《Korean Grammar in Use》는 기존에 배운 것을 다시 공부하는 복습 교재의 성격으로 비슷한 문법의 비교와 대화 만들기, 연습하기, 확인하기 등 이전에 학습했던 문법을 내재화할 수 있는 여러 단계로 구성되어 있는 것이 특징이다. 본고에서 분석 대상으로 삼은 《English Grammar in Use with answers》는 세 교재 중 학습자 교재의 성격이 가장 두드러지며 한 과를 2쪽으로 구성한 점, 여러 단위를 같이 복습하게 하거나 문법 범주별로 구성한 점이 특징적이다.

3.2. '시간 나타내기' 교육 내용

이 절에서는 각 교재의 교육 내용 구성을 살펴보는데 교재의 전체 내용을 소개할 필

[7] English Grammar in Use는 Basic, Intermediate, Advanced가 있고 Essential도 있다. 여기서 대상으로 한 교재는 'A self-study reference and practice book for intermediate learners of English'라는 부제와 'with answers'라는 작은 제목이 붙어 있는 학습자 문법 교재이다.

요는 없기 때문에 그중 이 연구에서 시안으로 제시할 문법 범주 '시간 나타내기(시제)'를 대상으로 단원 구성을 분석하도록 하겠다.

3.2.1. 《경희 한국어 문법》(2015)

앞에서 기술한 것처럼 《경희 한국어 문법》은 각 과 구성은 개별 문법 항목으로 되어 있고 고급은 부분적으로 범주화를 하여 단원을 구성하였다. 시제는 따로 범주화되어 있지 않아 시제와 관련된 것으로 판정한 문법 항목을 추출하여 정리하였다.

<표2> 《경희 한국어 문법》의 시제 관련 문법 항목 분포

급수	단원	문법 항목	설명	비고
문법 1	25	동사았/었	과거 시제를 나타내는 기능, 경험했거나 완료되었음을 말할 때	'-어요'와 비교
	31	동사(으)ㄹ 거예요(1)	미래의 일이나 계획	
	38	동사겠(1)	미래의 일(주로 일기예보나 공지사항 안내와 같은)이나 화자가 현재의 사실을 바탕으로 추측한 것을 말할 때	
문법 2	05	상태동사(으)ㄴ	현재의 상태를 나타낸다.	
	06	동작동사ㄴ	동작이 현재 일어나는 일임을 나타낸다. 또한 ~	
	08	동작동사(으)ㄴ	동작이 전에 일어났거나 이미 끝났음을 의미한다.	
	09	동작동사(으)ㄹ	그 동작이 미래에 일어날 것임을 의미한다.	
	30	동작동사고 있다	동작의 진행이나 지속을 나타낸다. 동작이 끝난 결과의 지속을 나타내기도 한다.	
문법 3	17	동사았었/었었	과거에 완료되어 현재는 그 동작이나 상태가 지속되지 않는 일을 나타낼 때	
	26	동사더라/더군(요)	말하는 사람이 직접 보거나 듣거나 경험해서 알게 된 사실을 말할 때	'-었더라, -었더군요'와 비교
	30	동사던	과거의 일을 회상하여 표현할 때/과거에 오랫동안 한 일이나 반복한 일을 말할 때	'-었던-'과 비교
	37	동사더라고(요)	듣거나 보거나 경험해서 알게 된 사실을 다른 사람에게 전달할 때	
문법 4	09	동작동사아/어 있다	어떤 일이 끝난 후에 그 상태나 결과가 계속됨을 나타낼 때	
문법 5	1①	동사더라고(요)/던데(요)/데(요)	'-던데(요)'는 과거에 경험한 사실이 다소 놀랍거나 의외라는 느낌을 주며, '-데(요)'는 미처 몰랐던 사실이라는 느낌을 준다.	<회상 표현>이라는 단원명 사용
	1②	동사던가(요)?	과거의 경험을 떠올리게 하여 그때 알게 된 사실이나 느낌을 물어볼 때 사용한다. '-었던가(요)'	
	1③	동사더라니	과거에 추측하거나 예상한 내용이 맞았음을 나타낼 때	

아마 다른 문법 교재도 <표2>와 같은 시제 항목 배열을 보일 것으로 추측된다. 과거 시제 형태소의 등장으로 영형태소가 사용되는 현재 시제와의 비교, 그리고 두 개의 미래 시간 표현과 관형사형 어미 그리고 학습자들이 가장 사용하기 어려워하는 시제 형태소 '-더-' 결합형들이 가장 나중에 배열되어 있다.

문법 항목에 대한 '설명'을 보면 '시제'라는 용어를 사용한 것은 '과거 시제'뿐이며, 미래나 현재는 '시제'와 같이 사용하고 있지 않다. 그 밖에 '-더-' 결합형들을 설명하기 위해 '회상 표현'이라는 용어를 사용하고 있다.

한편 문법 항목으로는 제시되지 않은 '-는다'는 3권의 1과 '반말 종합 연습'에서 다루어진다. '-는다'는 격식체 반말 평서형으로 설명하고 있는데, [연습 1]에서는 '-(는/ㄴ)다, -았다/었다, -(으)ㄹ 것이다'를 교체하여 사용하는 것으로 구성하여 현재/과거/미래 시제를 구분하여 학습시키는 것으로 해석할 수 있다.

본고에서 목적으로 하는 문법 교재는 배운 내용을 확인, 복습하기 위한 학습용 교재이므로 문법 항목을 배열하는 방식보다는 범주별 접근이 더 유용하다. 이를 위해 시제의 하위 범주를 어떻게 정할 것인지(현재, 미래, 과거 등), 그리고 각 시제 범주에서 중요하게 다룰 문법 항목과 유사 문법 항목의 설명을 어디까지 할 것인지 등을 결정해야 한다.

3.2.2. 《Korean Grammar in Use》(2010, 2011, 2013)

이 교재는 문법 범주와 의미 기능 두 가지 기준으로 단원을 구성하고 있다. 각 교재의 문법 항목을 모아 이를 범주화했으므로 그 결과 문법 범주와 의미 기능에만 초점을 맞추게 된 것이 아닌가 싶다.[8] 이 교재의 특징 중 하나는 초급 교재에 'Introduction to the Korean Language'라는 제목으로 한국어 문장 구조, 동사와 형용사의 굴절, 접속문, 문장 유형, 높임 표현 등 다섯 문법 범주에 대한 설명을 하고 있다는 점이다. 이는 대부분 목표 문법이 문장 구조, 접속, 문장 유형, 높임 표현과 밀접하게 관련되어 있기 때문이고, 이에 대한 이해가 선행되어야만 다른 문법 항목에 대한 이해가 가능하다고 판단했기 때문일 것이다. 이러한 구성은 학습자 문법 교재가 문법 범주별 구성을 해야 함을 뒷받침하는 증거이기도 하다. 문법 항목을 모아 이를 기능별로 나누어 구성했음에도 불구하고 이 같은 내용이 필요하다는 판단을 하고 있다는 점이 중요하다.

급별로 시간과 관련된 단원명을 보면 초급의 'Getting Ready' 중 'Time(시간)'과 'Tense(시제)', 'Time Expression(시간 표현)', 중급은 서술체와 반말체, 회상 등이다.[9]

[8] 단원의 제목을 보면 학습자가 이 교재를 가지고 문법을 공부할 때 문법 지식을 체계화하기는 어려울 것 같다. 대표적인 예가 한국어의 높임법에 대한 단원명인데 '높임법'이란 용어가 표면에 등장한 단원명은 고급의 '높임법을 나타낼 때'뿐이고, 다루고 있는 문법 항목은 '하오체'와 '하게체'이다. 도입에서는 '높임 표현', 중급에서는 '서술체와 반말체', 초급에서는 '-습니다, -어요, -으세요'가 관련이 된다. 아마도 의미, 기능 중심의 용어가 주로 연결어미나 종결어미, 선어말어미 등에서 도출되었기 때문일 것이다.

[9] 각 문법 범주나 의미 기능 뒤의 소괄호 번호는 필자가 임의로 붙인 것으로 중복해서 제목으로 사용된 경우 넣었다.

<표3> 《Korean Grammar in Use》의 시제 관련 문법 항목 분포

급수	단원명	사용된 시제명	문법 항목	비고
beginning	unit 1 tense	present tense	A/V-습니다	
		present tense	A/V-아/어요	
		past tense	A/V-았/었어요	
		future tense	V-(으)ㄹ 거예요 ①	
		progressive tense	V-고 있다①	
		past perfect tense	A/V-았/었었어요	
	unit 18 changes in parts of speech	present, past, future	관형형 -(으)ㄴ/-는/-(으)ㄹ N	
	unit 19 expression of state	없음	V-고 있다② V-아/어 있다[10]	
intermediate	unit 8 expressing recollection	없음	-던, -디라고요, -던데요	
	unit 22 expressing completion	없음	-았/었던[11]	'과거에 일어난 일이나 상태를 회상할 때 사용하는 말'이라고 설명한다.

[10] 이 단원에는 이 두 항목 외에 'A-아/어지다, V-게 되다'도 포함되어 있으나 시제와 직접적인 관련이 없어 생략했다.

[11] 이 단원에는 '-았/었던' 외에 '-았/었다가, -아/어 버리다, -고 말다'가 포함되어 있으나 시제와 직접적인 관련이 없어 생략했다.

[12] 추측에는 '-(으)ㄹ 거예요②'도 포함되어 있다.

[13] '-더-' 결합형과 관련한 최근 한국어 교육 연구로 성지연(2014)이 있다. 성지연의 연구(2014)에는 당시까지 '-더-' 결합형에 대한 한국어 교육 연구 결과가 소개되어 있어 참조하기에 좋다. 성지연(2014)은 '회상'이라고 하는 '-더-' 결합형의 의미 설명에 의문을 제기하고, '-더라고요, -던데(요), -더니'를 '-었어요, -는데요, -으니/니까'와 비교하여 형태초점 교수법의 방법을 제시하였다. 더불어 '-더라도'는 양보의 의미가 강하므로 양보 어미와 함께 교수하고, '-던'은 단절의 의미로, 그 밖에 '-더니'와 '-었더니'는 같이 가르칠 수 있는 항목으로 묶고 있다. 이전의 연구와 달리 구체적인 교수 방법을 제시한 점이나 '-더-' 결합형의 차이를 설명하고 있는 점에서 가치 있는 연구이다.

1단원 'tense'에 현재, 과거, 미래, 진행, 과거 완료 시제가 문법 항목과 함께 제시되었다. '관형형 -(으)ㄴ/-는/-(으)ㄹ N'은 'changes in parts of speech'라는 단원명 아래 시제로 설명되고 있어 한국어 시제의 체계를 어느 정도 머릿속에 체계화할 수 있게 해준다. 흔히 미래 시제 형태소라고 일컫는 '-겠-'은 'A/V-겠어요①', 'A/V-겠어요②'로 각각 의도와 계획(초급 13과), 추측[12](conjecture, 초급 17과) 단원에서 다루고 있고, '-더-' 결합형은 회상과 완결로 설명하고 있다.

이 같은 구성과 설명은 문법 항목 중심의 교재에서는 찾아보기 어렵다는 점에서 긍정적이다. 또한 초급 19과에서 상태를 나타내는 '-어 있-'과 '-고 있-'을 같이 다루어 둘의 차이를 분명하게 알려준다는 점도 장점이다.

흔히 회상 시제를 표현한다고 하는 '-더-' 결합형 어미(관형사형 어미, 종결어미, 연결어미)는 가르치거나 배우기에 까다로운 항목이다. 《경희 한국어 문법》이 '-더라, -더군(요), -던-'을 '-었-' 결합형과 비교하여 제시한 반면, 이 교재는 '-던-, -더라고요, -던데요'를 같이 묶어 제시하고 '-었던-'은 별개로 다루고 있다. 어떤 방법이 더 좋은지는 설명의 용이성, 이해 정도 등의 기준에 의해 정해져야 할 것이다.[13]

3.2.3. 《English Grammar in Use》(1985/2019, 5판)

이 교재는 문법 범주별로 단원이 구성되어 있으며, 시제는 중급에서 종합적으로 다루고 있다. 여기서 다루는 문법 범주는 시제(present and past, present perfect and past, future), 양태(modals), 피동(passive), 보고(reported speech), 질문과 조동사(question and auxiliary verb), -ing와 -to, 관사와 명사(articles and nouns), 대명사와 관사(pronouns and determiners), 관계절(relative clauses), 형용사와 부사(adjectives and adverbs), 접속사와 전치사(conjunctions and prepositions), 전치사(prepositions), 구 동사(phrasal verbs) 순으로 배열되어 있다. 품사보다 시제와 양태가 앞쪽에 배치되어 있는 것이 흥미롭다.

영문법에서 시제는 동사의 형태적 변화(굴절) 현상과 관련되어 있기 때문에 '현재와 과거, 현재 완료와 과거, 미래'와 같은 시제 외에도 '양태, 피동, 보고, 질문과 조동사, -ing와 -to' 같은 중단원도 시제와 무관하다고 보기 어렵다. 실제로 양태의 소단원명은 'can, could and (be) able to' 식이다.

단원명으로 'tense'(시제)라는 용어는 사용하지 않고 있으며 중급의 첫 중단원 이름은 'present and past'로, *I'm doing, I do, I did, I was doing*에 해당하는 시제를 각각 설명·비교하고 있다. 형태 중심이 아닌 기능 중심의 문법 설명은 미래 시제의 소단원명에서 확인할 수 있는데 'present tenses(I'm doing/I do) for the future' 등이 중단원명 "Future"의 소단원명이다. 이처럼 서로 헷갈리는 시제 표현을 비교해서 설명하거나 형태의 기본적 기능 외에 다른 기능을 갖는 예를 설명하기 위해서는 학습자들이 자주 혼동하는 시제 오류에 대한 연구 결과와 국어학적 연구 결과가 밑바탕이 되어야 할 것이다.

이제까지 교재 분석을 통해 '시간 나타내기' 교육 내용을 기술하기 위한 몇 가지 논의 사항을 도출할 수 있다. 첫째, 시제의 범주를 몇 개로 나누어 제시할 것인가? 한국어교재에서 시간과 관련한 표현은 '과거, 현재, 미래, 회상' 등이 사용되었다. 둘째, '-겠-'을 시제에 포함해서 설명할 것인가?, 셋째, '-더-' 결합형에 대한 시제 명칭 내지는 설명을 어떻게 할 것인가? '-더-' 결합형을 어디까지 포함할 것인가?, 넷째, 상(Aspect)에 해당하는 진행, 지속, 완료 등의 표현들을 어디까지 포함해서 설명할 것인가? 등이다. 이 외에도 '시간 나타내기' 단원 구성을 위해 더 세부적인 문제들을 결정해야 할 것이다. 이 문제들은 상호 연관되어 있으며 다른 범주와도 관련되어 있음을 짐작할 수 있다. 일단 이 네 가지 주요 논의 사항에 대한 견해와 필요한 연구를 제안하는 것으로 연구 목적에 접근하고자 한다.

4. '시간 나타내기' 교육 내용

4.1. 시간 나타내기와 문법 범주

3장에서 도출한 시제 교육 내용의 논의점에 대해 논의하기 전에 한송화(2017)의 '시간 나타내기'에 대해 살펴보고자 한다. 한송화(2017:19)는 '시간 나타내기'의 초급 및 중급의 문법 내용과 언어 형식을 다음 <표4>와 같이 좀 더 구체화하여 제시하고 있다.

<표4> '메시지 만들기' 범주의 초급 및 중급 문법 내용과 언어 형식 중 일부(한송화 2017:19)

시간 나타내기	초급: 과거 기술하기/계획 기술하기	과거 시제, 현재 시제, 미래 계획, 진행상, 완료상	-었-, -을 것이-, -고 있-, -어 있-
	중급: 과거 경험 기술하기	과거 시제, 단속상	-었-, -었었-, -더라고(요), -던데요

과거 시제, 현재 시제와 달리 '미래 시제'라는 용어를 사용하지 않은 것은 국어학계에서 오랫동안 미래 시제 형태소 '-겠-'을 둘러싼 논쟁이 있었고 제시된 문법 항목이 '-겠-'이 아닌 '-을 것이-'임과 관련이 있어 보인다. 그러나 한국어 문법 교육은 문법론이 아니라 한국어를 정확하고 유창하게 사용할 수 있도록 가르치는 것을 목적으로 하기 때문에 현재 시제라는 용어를 사용한다면 미래 시제 역시 사용해야 한다고 본다. 아니면 《English Grammar in Use》나 《경희 한국어 문법》 일부처럼 '시제'라는 용어를 아예 사용하지 않고 과거, 현재, 미래만 사용해도 학습자들을 이해시키는 데는 문제가 없을 것이라 생각한다.

중급의 '과거 경험 기술하기'는 '-더-' 결합형에 대한 것이고, 단속상은 '-던'과 관련된 것으로 이해 가능하다. '회상'이 아닌 '과거 시제'와 '단속상'의 개념으로 '-더-' 결합형들의 시제를 설명하는 것이 효과적인지에 대해서는 좀 더 깊이 있는 연구가 필요하다.[14] 또한 학습자들이 '-더-'의 의미 기능을 어떻게 인식하고 있는지에 대한 연구도 필요하다.[15]

'-겠-'을 시제에 포함한다면 당연히 미래의 일을 나타낼 때일 것이다. '-을 것이-'를 미래 시제에 포함한다면 어떤 방식으로든 '-겠-'과의 구별이 필요할 것이다. 더불어 미래 시제를 설명하기 위한 언어 형식으로 '-을 것이-, -을 거예요' 외에 '-을게(요)' 역시 언어 형식으로 제시되어야 한다.

'-고 있-, -어 있-'은 진행과 완료(내지는 지속, 상태)를 나타내는 언어 형식으로 당연히 시제 범주에 포함하여 설명되어야 할 것이다. '-고 있-'과 '-어 있-'의 비교도 중요하지만 초급에서 '-는다, -어요'와 비교하여 기능을 설명할 필요가 있다.*(철수가 노래를 듣는다/들어요/듣고 있어요)*

[14] 국어학에서는 '-더-'를 더 이상 회상 시제라고 기술하지 않는다. '회상'의 기능은 '과거 지각'의 부수적 의미로 보는 것이 일반적이다. 최근에는 '증거성'과 같은 양태 의미로 '-더-'의 기능을 설명한다.

[15] 학습자들이 '-더-'의 의미 기능을 어떻게 인식하고 있는지를 연구하기 위한 기초적 방법으로 오류 연구를 들 수 있는데 이에 대한 연구는 다른 어미 오류에 대한 연구에 비해 양이 많지 않다. 그 이유는 이 형태를 회피하여 텍스트를 구성하는 것이 한국어에서 어느 정도 가능하기 때문이다.

4.2. 시간 나타내기의 단원 구성

이 절에서는 앞에서 논의한 사항을 바탕으로 시간 나타내기 단원의 세부 구성 시안을 제시하고자 한다. 각 과를 어떻게 구성할지도 중요하지만 본고에서는 개별 문법 항목 중심의 교재 구성이 아닌 범주별 구성을 목표로 하고 있기 때문에 각 과를 어떻게 구성하고 설명하는지가 중요하다.

본고에서는 앞의 세 교재의 분석 결과와 논의점을 중심으로 '시간 나타내기'의 단원 구성을 하고자 한다. 기본 원칙은 다음과 같이 정했다. 첫째, 시제에 현재, 과거, 대과거, 미래를 교수 내용으로 한다. 둘째, 상에 진행, 상태, 완료를 교수 내용으로 한다. 셋째, '-더' 결합형을 '과거 지각'으로 묶고 각 결합형의 의미 기능을 설명한다.

I. 현재와 과거
현재(1): -습니다/-어요
현재(2): -는다/-어
과거: -었습니다/-었어요
대과거: -었었어요

II. 미래
예정: -겠-
미래(1): -을 거예요
미래(2): -을게요[16]
미래를 나타내는 현재: -습니다

III. 진행
현재 진행(1): -습니다, -어요
현재 진행(2): -고 있-
과거 진행: -고 있었-

IV. 상태
-고 있-/-어 있-

V. 완료
-있-
-었던-(+지속)

[16] 목정수(2020:655)는 Jaehoon Yeon, Lucien Brown(2011)이 미래 시제를 나타내는 것으로 '-겠-, -(으)ㄹ 것이-, -(을)게, -(으)려고 하다'를 배치한 것에 대해 비판하는 한편 한국어 교육 문법이라는 차원에서 기능적 측면을 고려한다는 점에 어느 정도 이해가 간다고 기술하고 있다. 이러한 비판은 체계를 중시하는 문법학자 입장을 표명한 것이지만, 한국어 문법 교육 측면에서는 학습자의 한국어 생산과 출력을 위해 '기능' 중심의 문법 기술이 필요할 수밖에 없디.

Ⅵ. 과거 지각
중단: -던-
경험: -었던-
전달: -더라고요, -던데요

세부 단원은 중급 이상 학습자들의 복습 교재인 점을 감안하여 설명과 예문 그리고 연습 문제 중심으로 구성할 예정이다. 설명에서는 기본 기능과 혼동되는 유사 문법과 구분에 중점을 두어 이를 연습 문제를 통해 확인하는 방식을 취하고자 한다.

5. 결론

학습자 문법 교재를 범주별로 구성하기 위해 필요한 몇 가지 선행 작업을 하였다. 한국어 문법 교육을 위한 기능 중심의 범주 설정의 필요성을 강조하고 세 교재의 구성과 특징을 소개하였으며 이 연구에서 취해야 할 방향성을 찾고자 하였다.

시간 나타내기, 한 범주에 대한 내용을 기술하기 위해 논의해야 할 것들이 예상했던 것보다 많았다. 한국어 교재가 발전하기 위해서는 말뭉치 연구나 오류 연구, 학습자 문법 습득에 대한 연구들이 병행되어야 함에도 이를 잘 연계하지 못하였다. 이 밖에 부족한 점과 조사와 논의가 필요한 부분들은 후속 과제로 남긴다.

참고문헌

교재

김중섭, 조현용, 이정희 외. (2015). **경희 한국어 문법 1~6**. 하우 출판사.

안진명, 이경아, 한후영. (2010). *Korean Grammar in Use: Beginning*. 다락원.

안진명, 민진영. (2011). *Korean Grammar in Use: Intermediate*. 다락원.

안진명, 선은희. (2013). *Korean Grammar in Use: Beginning: Advanced*. 다락원.

Murphy, R. (1985/2019). *English Grammar in Use with answers*, 5th edition, Cambridge University Press.

Jaehoon, Y., & Lucien, B. (2011). *Korean: A Comprehensive Grammar*, Routledge.

논저

목정수. (2013). 한국어의 핵심을 꿰뚫어 본 교육 문법서- Yeon & Brown (2011), Korean: A Comprehensive Grammar를 중심으로 -, **형태론, 29**, 목정수 (2020) 재록, 55-81쪽.

성지연. (2014). 형태 초점 교수를 통한 -더- 관련 문법 항목 교육 연구, **어문론집 60**, 중앙어문학회, 337-366쪽.

한송화. (2017). 의사소통을 위한 한국어 문법 교육 - 문법항목 중심의 문법교수에서 기능범주 중심의 문법교수로. **배달말, 61**, 배달말학회, 1-26쪽.

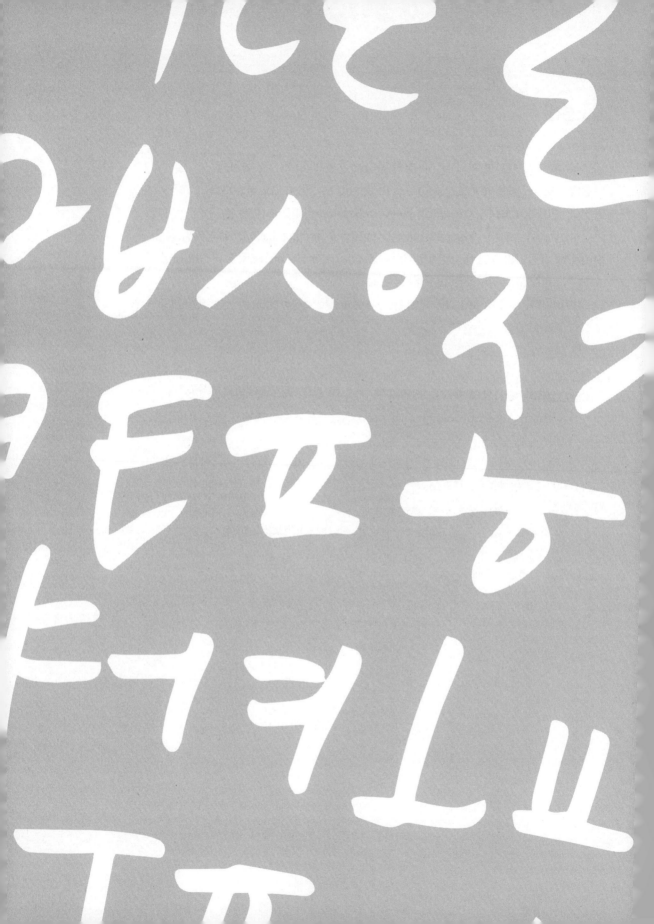

교수방법론 및
온라인 기반과 한국어 교육

—

V

제1장

과업 중심 교수법에 기반한 대학 내 비즈니스 한국어 수업 사례

백영경
홍콩대학교
The University of Hong Kong

1. 들어가는 말

한국어의 위상이 높아지고 해외 대학에서 한국어 교육의 역사가 길어짐에 따라 다양한 목적으로 한국어를 배우는 학습자들이 늘어나고 있다. 취업이나 학문 등 분명한 요구를 가진 학습자들도 많아지는 추세이며, 학습자들의 한국어 수준 또한 점점 높아지고 있다. 홍콩의 상황도 비슷한데, 특히 홍콩대학교는 홍콩에서 유일하게 한국학이 전공으로 개설된 곳으로 전공 필수 언어 과목 이외에도 전공자와 부전공자를 위한 언어 선택 과목(inter-disciplinary elective courses)을 다양하게 제공하여 다변화된 학습자들의 요구에 부응하고 있다. 본 발표에서는 이 선택 과목 중 하나인 비즈니스 한국어 수업 사례를 소개하고자 한다.

2. 과업 중심 교수법(Task-based Language Teaching)

본 수업은 과업 중심 교수법을 기반으로 설계되었다. 한 학기는 둘로 나뉘는데, 전반부에는 매 수업마다 업무 상황과 관련된 과업(task)이 주어지며, 학기 후반부에는 5주에 걸쳐 마케팅 전략 발표를 달성하는 과정을 과업으로 제시하고 이를 바탕으로 수업을 진행한다.

이는 지난 2년간 한국어 비즈니스 수업을 수강하는 학습자들의 요구가 두 가지로 집약된 것을 반영한 결과이다. 조사를 통해 졸업 후 한국 회사에서 일하기 위해 업무에 필요한 의사소통 능력을 키우고자 비즈니스 수업을 수강하는 학생들이 있는가 하면, 한국 회사에 취업할 계획이 없더라도 공식적인 상황에서의 고급 프레젠테이션 기술, 문서 작성 기술 등을 배우기 위해 수강하려는 학습자들도 있다는 것을 확인할 수 있었다.

학습자들의 이러한 요구를 반영하기 위해서는 시중에 나와 있는 비즈니스 한국어 교재의 교육 내용에 더해 좀 더 실용적인 의사소통 능력을 학습시킬 필요가 있었다. 따라서 의사소통과 상호작용을 중심으로 학습할 수 있고, 실제 자료를 사용해 교실 안에서의 언어 학습과 교실 밖에서의 실제 언어 사용의 연결성이 높아지는 과업 중심 교수법(Nunan, 2004)을 적용해 실제 업무 상황에서 접할 수 있는 과업을 중심으로 교육 내용을 정하되, 업무 상황만이 아니라 전반적인 고급 수준의 한국어 말하기/듣기/읽기/쓰기 능력을 기르는 데도 도움이 되는 과제들을 설정하였다.

3. 수업 구성

1) 수업 구성 및 대상

홍콩대학교의 비즈니스 한국어 수업은 매년 1학기에 개설되며 5학기째 필수 한국어 수업을 수강하는 학생들을 대상으로 개설되는 언어 선택 수업이다. 이 수업을 수강하는 학생들의 한국어 수준은 TOPIK 4-5급에 해당한다. 수업은 일주일에 2시간이며 한 학기는 12주로 구성된다. 필수 언어 과목에 비해 수업 시수가 적지만 동일하게 6학점을 받는 수업이므로 주 5시간 수업을 하는 필수 언어 과목과 유사하게 학습량이 많다. 본 수업은 수업 후 자습(self-study) 시간이 70시간 주어져 있는데 학생들은 이 자습 시간의 대부분을 프로젝트 준비와 과제에 할애한다.

2) 수업 목표

비즈니스 한국어(Korean for Professional Purpose)는 이름에서도 알 수 있듯 업무 상황에서 사용할 수 있는 한국어를 학습하는 것을 목적으로 한다. 정명숙(2003)은 비즈니스 한국어의 교육 목표를 '원활한 업무 수행을 위한 의사소통 능력 향상'으로 정의하였다. 본 수업에서는 이 목표를 세분화하여 다음과 같은 세 가지 수업 목표(learning outcome)를 제시하고 있다.

- 고급 한국어 어휘와 표현을 구사할 수 있으며 이를 다양한 업무 상황에서 사용

할 수 있다.
- 업무 관련 자료와 전략을 비판적으로 분석하고 그 결과를 발표할 수 있다.
- 한국과 홍콩의 서로 다른 비즈니스 문화를 이해할 수 있다.

3) 교수 요목 및 교재

비즈니스 한국어의 교육 범주와 내용에 대한 연구로는 이미혜(2003), 정명숙(2003) 등을 들 수 있는데 이들은 교육 내용을 크게 취업 전, 취업 후 직장 내에서의 인간 관계, 업무 수행에 관한 것 등 세 가지로 나누었다. 그러나 본 수업의 교육 내용은 학습자 언어 수준과 수업 목표에 맞게 직장 내 업무 수행으로 한정하였다. 이러한 교육 내용을 바탕으로 한 교수 요목은 아래 표와 같다. 총 12주차의 수업 중 발표와 평가를 제외한 나머지 10차시에 10과가 배분된다.

<표1> 비즈니스 한국어 교수 요목

차시	
1	업무 이메일 쓰기
2	제품의 문제점, 개선점 듣고 말하기
3	제품 설명하기, 신제품 개발 관련 어휘 학습하기
4	업무 전화 받기, 걸기
5	회의하기
6	신제품 개발 소개 발표하기
7	마케팅 전략 관련 어휘, 문법 학습하기
8	SWOT 분석 표현 익히고 분석하기
9	시장 분석 표현 익히고 분석하기
10	업무 관련 표, 그래프 읽고 분석하기
11	국제 마케팅 이해하기
12	마케팅 전략 발표하기

위의 표 내용처럼 학습자들은 매 시간 업무 상황에서 맞닥뜨릴 수 있는 언어의 네 가지 기능으로 구성된 과업을 수행하게 된다. 평가 방식은 학기 전반부와 후반부에 두 번의 발표와 학기말에 학습 내용을 확인하는 퀴즈로 구성되어 있다.

김현진·강승혜·홍윤혜·한상미·박수연(2018:306) 등은 국내에서 출판된 비즈니스 한국어 교재에는 일상적인 내용이 많아 영어 교재보다 비즈니스 상황 및 업무 관련 어휘, 표현 등과 같은 실제 업무 관련 내용이 적다는 점을 지적한 바 있다. 이러한 연구 결과에서도 알 수 있다시피 시중에 나온 교재로 비즈니스 한국어 수업을 하기에는 부족한 부분이 있어 수업의 주 교재는 연세대학교출판부의 《비즈니스 한국어》를 기반으로 하여 현지 사정에 맞게 각색하고 내용을 추가한 학습 자료를 사용하고 있다. 이에 더해 각 과의 주제에 부합하는 신문 기사, 뉴스 등을 자습 과제로 제공한다.

4. 기말 프로젝트 수업 절차

상술하였듯 학기 후반부는 마케팅 전략 발표라는 과업을 이루기 위해 프로젝트의 준비, 수행, 발표로 구성된 일반적인 프로젝트 수업의 절차에 따라 진행된다. 기말 프로젝트는 '마케팅 전략 발표'로 학습자들은 본인이 선택한 브랜드/회사의 SWOT 분석, 시장 분석, 소비자 분석을 한 뒤 이를 바탕으로 마케팅 전략을 세워 발표해야 한다. 학기 후반부의 10차시 수업은 궁극적으로 이 프로젝트를 수행하기 위해 구성되었다. 학습자들은 각 수업에서 프로젝트를 성공적으로 수행하기 위한 내용 지식과 언어 지식을 모두 학습하게 된다.

　기말 프로젝트는 본 수업이 전제로 하는 학습 목표를 달성하기 위해 세워진 것이므로 프로젝트의 목표도 이와 연계되어 있다. 학습자들은 프로젝트를 준비하며 제품 관련 어휘, 시장 분석 관련 어휘와 같은 고급 한국어 어휘와 공적 발표 상황에서 사용할 수 있는 표현을 구사할 것으로 기대된다. 또한 발표 준비 과정에서 기존 브랜드와 시장 관련 자료를 분석하고 그 결과를 표나 그래프로 만들 수 있는 능력이 필수적으로 요구된다.

　학습자들은 이 과정에서 방대한 양의 실제 자료를 접하게 되며, 이것을 한국어로 읽고 재구성하여 청중에게 가장 효과적으로 전달할 수 있는 방법을 찾아 프레젠테이션 슬라이드를 만들어야 하는데, 이 과정에서 읽기, 쓰기 능력의 향상도 기대할 수 있다. 뿐만 아니라 조원들과 전략을 도출하는 과정에서 회의나 협상 과정을 거치는데 이때 필요한 말하기 능력도 훈련할 수 있다. 마지막으로 현지화 전략 등 국제 마케팅과 관련된 부분을 학습하며 한국과 홍콩의 비즈니스 문화 차이, 소비 문화 차이에 대한 인식 향상도 프로젝트의 목표에 포함된다.

1) 프로젝트 전 준비 단계

프로젝트 전 준비 단계는 수업 시간에 이루어진다. 학습자들은 학기 후반부 첫 수업 시간에 프로젝트에 대한 안내를 받고, 각 차시마다 과제 수행에 필요한 마케팅 관련 내용과 전문 어휘, 그래프와 자료 분석 및 발표에 필요한 문법 및 표현을 학습한다. 각 수업 시간의 학습목표는 다음과 같다.

<표2> 비즈니스 한국어 프로젝트 준비 단계 수업 내용

6과	마케팅 상황 분석 마케팅 개념 이해하기 마케팅 전략을 세우기 위해 필요한 것에 대해 알아보기
7과	기업 내부, 외부 환경 분석- SWOT 분석이란 무엇인가 SWOT 분석 관련 표현 학습 SWOT 분석 실제로 해보기
8과	소비 트렌드 관련 어휘 익히기 소비 트렌드 자료 읽기 소비 트렌드 뉴스 듣기 홍콩의 소비 트렌드와 배경 발표하기
9과	자료 분석 자료 증감 추세 어휘 익히기 그래프 설명하기 그래프와 자료를 분석하여 마케팅 전략 발표하기
10과	국제 마케팅 이해하기 이색 마케팅, 해외 마케팅 자료 읽고 이해하기 현지화 전략 이해하기

2) 프로젝트 수행- 수업의 실제 및 과제

학습자들은 프로젝트 안내 후 2주 뒤에 자신들이 선택한 기업의 소개와 SWOT분석 내용이 담긴 계획서를 제출해야 하며, 이에 대한 피드백을 받은 후 프로젝트를 진행한다. 그러나 넓은 의미에서 수업 시간 내에서 이루어지는 말하기, 읽기, 듣기, 쓰기 과업이 모두 이 프로젝트의 연장선상에서 진행되므로 프로젝트의 수행은 학습자들이 실제로 수행해야 하는 과제로서의 프로젝트와 수업 내의 활동을 모두 포함한다고 볼 수 있다.

본 절에서는 프로젝트 계획서를 제출하기 전 과정인 제7과 수업의 실제를 소개하고자 한다. 학습자들은 전 차시 수업인 6과에서 마케팅의 개념과 마케팅 전략을 세우기 위해 필요한 것이 무엇인지 등에 대해 선수학습한 상태로, 해당 과에서는 SWOT 분석의 개념에 대해 배우고, 필요한 어휘 및 문법을 학습한 후 실제로 한 기업의 SWOT 분석을 하게 된다. 7과의 학습 목표는 다음과 같다.

- SWOT 분석 개념 이해하기
- 관련 어휘/표현 학습
- SWOT 분석 해보기
- 분석 결과 발표하기

다음 절에서는 이 목표에 따라 진행되는 수업의 실제를 기술하도록 하겠다. 7과의 수업은 아래와 같은 순서로 진행된다.

도입 ▸ 내용 관련 어휘 및 표현 학습 ▸ 발표 관련 표현 학습 ▸ SWOT 분석 후 발표

가) 도입

수업을 시작하며 학습자들에게 홍콩에서 업계 1위, 2위로 친숙한 기업명을 예로 들며 이들의 성공과 실패 요인이 무엇인지에 대해 가볍게 묻는다. 만약 1위가 아닌 기업의 실패 요인에 대해 이야기한다면 어떻게 하면 더 많은 매출을 올릴 수 있을지 브레인스토밍을 해본다. 이때 학습자들이 기업의 내부적 요인과 외부적 요인을 언급하면 이를 나눠서 판서한다. 이와 같은 배경지식 활성화를 바탕으로, 기업의 마케팅을 위해서는 체계적으로 기업 내부 환경과 외부 환경을 분석해야 하고 이에 맞는 전략을 도출해야 함을 설명한다.

나) 내용 관련 어휘 및 표현 학습

도입 단계에서 학습자들이 말한 내용과 연관시켜 가며 <그림1>의 슬라이드를 따라 SWOT 분석에 필요한 어휘를 하나씩 설명한다. 어휘를 제시할 때는 언어 형태로 제시하여 학습자들이 말하기 활동을 할 때 나올 수 있는 오류를 최소화할 수 있도록 한다.

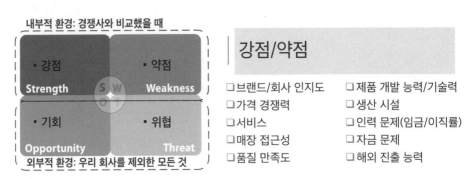

<그림1> SWOT분석 관련 어휘 슬라이드

다음으로 학습자들이 비즈니스 어휘에 익숙해지도록 학습한 어휘를 사용해 실제로 기업 분석에 적용시켜 보는 활동을 갖는다. 이 활동에서는 예시 기업으로 유아 촬영 전문 스튜디오의 SWOT 분석 내용이 제시된다. 학습자들은 조별 논의를 거쳐 해당 분석 내용을 학습한 대로 각각 강점, 약점, 기회, 위협으로 분류하며 관련 어휘의 의미를 분명히 파악하게 되고 분석 방법에도 익숙해지게 된다.

다음 단계에서는 예시 활동에서 완성된 SWOT 분석을 바탕으로 사진 스튜디오의 마케팅 전략을 세우는 방법을 제시한다. 학습자들은 강점과 기회, 강점과 위협, 약점과 기회, 약점과 위협의 조합을 바탕으로 최소한 네 개의 전략을 도출해낼 수 있음을 배운다. 스스로 전략을 도출해 내는 학습자들도 있지만 비즈니스나 마케팅에 대한 지식이 부족한 학습자들을 위해 이 단계는 교사와 학습자 간의 전체활동으로 진행한다.

다) 발표 관련 표현 학습

마케팅 전략 수립 방법을 학습한 후, 학습자들은 언어에 집중하여 SWOT 분석 결과 및 전략 수립 결과를 발표할 때 사용할 수 있는 표현을 학습하게 된다. 본 단계에서 제시되는 표현은 설명하기, 강조하기 등의 기능에 맞는 담화표지를 포함하고 있다. 학습자들은 앞에서 전체 활동으로 학습한 촬영 스튜디오의 마케팅 전략을 사용해 해당 표현을 대치연습으로 활용해본다.

<표3> SWOT 분석 발표 표현 예시

1. 강점과 약점 설명하기 • 약점/강점으로는 (   )을/를 들 수 있습니다. • (   )은/는 우리 회사가 가진 강점/약점이라고 할 수 있습니다. • 이것이야말로 우리 회사가 가진 가장 큰 강점/약점이라고 할 수 있겠습니다. • (   )은/는 (   )(이)라는 점에서 봤을 때 우리 회사의 강점/약점이 될 수 있습니다.

라) SWOT 분석 후 발표

7과의 마지막 활동은 이제까지 배운 내용 지식과 언어 지식을 모두 활용해 주어진 기업에 대한 SWOT 분석을 한 후 마케팅 전략을 세워 발표하는 말하기 과업이다. 학습자들은 조별로 간단한 가상의 기업 소개가 있는 연습지를 받고, 그중에서 하나의 기업을 골라 짧은 SWOT 분석을 하고 간단하게 마케팅 전략을 수립해 발표한다. 기업 소개는 <표4>처럼 간단하게만 제시되기 때문에 학습자들은 조별 논의를 거쳐 내용을 추가해 분석 및 발표를 해야 한다. 이 발표는 7과에서 배운 지식을 통합하여 수행하는 마지막 과업이자 조별로 본격적으로 프로젝트를 시작하기 전 연습 단계라

할 수 있다.

<표4> 기업 소개 예시

---

1. 꼬꼬네 (치킨 전문점)
꼬꼬네는 서울 근교에 대규모의 닭농장을 운영하여 질 좋은 닭을 재료로 다양한 치킨 요리를 파는 회사이다. 1998년에 문을 열어 지금까지 전국 400여 개의 체인점을 가지고 있다. 품질 면에서 업계 1위인 엄마 치킨, 2위인 홍가네 치킨에 뒤떨어지지 않지만 매출은 오르지 않고 있다.

　학기 후반부는 이처럼 마케팅 전략 발표라는 기말 프로젝트를 위해 단계별로 계획된 다섯 개 과를 학습해 나가며 진행한다. 학습자들은 각 단계에 맞춰 각 차시마다 주어지는 과업을 수행하는 동시에 여기에서 배운 내용을 발전시켜 본인들의 프로젝트를 구성해 나간다.

3) 프로젝트 발표

프로젝트의 마지막 단계는 완성된 프로젝트를 발표하는 것이다. 발표는 학기가 끝난 후 2주 뒤에 진행하며 한 조당 20분 동안의 발표 시간을 갖는다. 학습자들은 준비한 내용을 파워포인트를 사용해 발표하고, 발표가 끝난 후 교사-학습자, 학습자-학습자 간 질의응답 시간을 갖는다. 발표에 대한 교사의 피드백은 이후에 이루어지며, 평가 항목에 따라 피드백을 제시하여 학습자들이 세부적으로 잘한 점과 부족한 점을 파악할 수 있도록 한다. 평가 항목의 개요는 다음과 같다.

<표5> 마케팅 전략 발표 평가 항목

내용	• 마케팅 전략 발표의 핵심 내용이 포함되어 있는가 • 관련 사업에 대한 홍콩 시장 상황을 잘 분석했는가 • SWOT 분석을 통해 브랜드의 내부 환경과 외부 환경을 잘 분석했는가 • 시장 분석과 SWOT 분석 결과에 맞는 마케팅 전략을 선택했는가
언어	• 마케팅 전략 발표에 맞는 공식적이고 격식 있는 표현을 사용했는가 • 분석 결과 발표에 필요한 표현으로 내용을 분명히 전했는가 • 그래프 및 표 분석에 알맞은 표현을 사용했는가
전달력	발음, 억양, 목소리 크기, 속도 등이 적절한가
시각 자료	PPT 등 발표 자료의 완성도가 있는가

5. 나가는 말

본고에서는 홍콩대학교 한국학과의 비즈니스 수업의 얼개와 학기말 프로젝트의 진행 방식에 대해 살펴보았다. 본고는 특수 목적 한국어 교육에서 내용과 언어 교수가 적절히 조화를 이룰 수 있게 하는 방법으로 프로젝트 수업을 제시하고, 그 과정을 자세히 살펴보았다는 점에서 의의를 갖는다고 할 수 있다. 프로젝트 수업은 학습자들로 하여금 실제로 업무 상황에서 사용 가능한 언어와 내용을 학습하는 동시에 그에 걸맞은 과업을 직접 수행해본다는 점에서 큰 의미가 있다. 또한 학기말 프로젝트에서는 학습자들이 스스로 고른 기업과 재화/서비스에 대해 탐구하고 발표를 하게 되므로 주제와 과업에 대한 동기 부여와 흥미 유발에 큰 도움이 된다.

그러나 이 수업에도 여전히 개선되어야 할 점이 있다. 먼저 적합한 교재를 찾는 문제가 있다. 시중의 비즈니스 교재들은 홍콩대학교의 비즈니스 한국어 수업을 수강하는 학습자 수준에 맞지 않거나, 비즈니스와 관련된 의사소통 기능을 학습하기보다 문법 항목 학습에 집중한 교재들이 대부분이다. 이를 보완하기 위해 본 수업을 위해 따로 자료를 제작하기도 했으나 그 과정에서도 실제적인 자료를 구하고 이를 학습자 언어 수준에 맞게 가공하는 것에서 어려움을 겪었다.

두 번째는 교수자가 비즈니스 관련 전문 지식이 부족하다는 점이다. 수업 진행에 필요한 지식과 정보는 비즈니스 관련 책이나 논문에 의존할 수밖에 없어 생생하고 구체적인 내용을 전달하는 데는 한계가 있다. 이를 보완하기 위해 프로젝트 이외에 학습자들이 관심 갖기 쉬운 더 다양한 주제로 비즈니스 관련 어휘나 문화와 함께 어학 지식을 익힐 수 있는 과업 및 학습 내용을 찾는 것이 과제라 할 수 있다.

이러한 부분을 개선하려면 더 다양한 종류의 과업을 고안하고 학습자 수준에 맞게 자료를 각색하는 방법에 대한 고민이 필요하며, 내용 지식의 전문성을 높이기 위해 내용 관련 전문가의 특강이나 팀 티칭 등도 고려되어야 할 것이다. 앞으로 비즈니스 한국어를 비롯한 특수 목적 한국어 교육의 실제 및 개선 방안에 대해 다양한 논의가 이루어지기를 기대한다.

참고문헌

김현진·강승혜·홍윤혜·한상미·박수연. (2018). 세종학당의 비즈니스 한국어 교육과정 설계를 위한 요구분석. **언어사실과 관점, 44**, 언어정보연구원, 293-321쪽.

박지원. (2007). 비즈니스 한국어 교육을 위한 프리젠테이션 담화 분석. **외국어로서 의 한국어교육, 32**, 연세대학교 언어연구교육원, 105-140쪽.

이미혜. (2003). 직업을 위한 한국어 교육 연구: 교육 현황 및 '비즈니스 한국어' 개 발 검토. **한국어교육, 14-2**, 국제한국어교육학회, 227-253쪽.

정명숙. (2003). '비즈니스 한국어'의 교수요목 설계를 위한 연구, **한국어교육, 14-2**, 국제한국어교육학회, 403-421쪽.

조혜원. (2018). 사례 연구 방식을 이용한 직업 목적 한국어 모듈 개발. **국제한국어 교육학회 제 28차 국제 학술대회 자료집**, 국제한국어교육학회, 221-229쪽.

최혜령. (2015). 사례연구법을 적용한 비즈니스한국어 수업모형 개발. **한국어교육, 26-3**, 국제한국어교육학회, 267-285쪽.

연세학교 한국어학당. (2010). **비즈니스 한국어**, 연세대학교 출판부.

Nunan, D. (2004). *Task-Based Language Teaching*. Cambridge: Cambridge University Press.

제2장

중급 이상의 학습자들을 위한
특수 목적 한국어 실제 수업방안
- 한류 콘텐츠를 중심으로

안드레이 르즈코프 · 나젤리 로페스 로차
Andrii Ryzhkov · Nayelli López Rocha
멕시코 국립자치대학교
Universidad Nacional Autónoma de México

1. 서론 및 문제제기

본 연구는 한류나 문화산업과 관련된 콘텐츠를 활용하여 한국어 교육과정에 적용함으로써 어떻게 수업 계획을 구성할 수 있는지 연습문제 사례를 중심으로 살펴보고자 한다. 동 내용으로 문법 교육 방안[1], 수업 효과[2], 다양한 매체로 학습하는 방법[3], 취미 목적 한국어 수업 설계[4], 특정한 기능 교수 방안[5] 등의 양상을 분석한 선행연구가 있다. 이영제가[6] 지적하듯이, "한국 영화나 드라마, 대중가요 등의 다양한 시청각 매체를 활용한 한국어 교육 방안이나 수업 사례를 소개한 연구들은 최근 들어 많이 발표되고 있으나, 대부분의 선행연구들은 영화나 드라마의 내용에 기반하여 한국 문화를 교육하는 데에 방점이 찍혀 있거나 듣기, 말하기 교육까지 적용한 통합적 기능 교육이 될 수 있다는 장점을 부각하는 데 목적이 있었다." 그런데 이 같은 매체 자료나 한류 콘텐츠를 한국어 본격적인 수업에 적용한 연습문제 모형에 대한 논의는 거의 찾아보기 어렵다.

최근 들어 매체를 활용한 한류 콘텐츠가 수업시간에 부수적으로 다루어진다면, 본고에서는 학습자 관심사인 내용을 대등한 비중으로 다룰 수 있는 수업계획의 방법이나 교수 방안을 제시하고자 한다. 다시 말해서, 본고는 학생들의 흥미를 일깨울 수 있는 내용으로 가르치기 위한 구체적인 교수자료를 학습활동으로 구조화하여 제

[1] 이영제, 「한류 콘텐츠를 활용한 한국어 문법 교육 사례 연구」, 겨레어문학, 제63호, 겨레어문학회, 2019, 277-309쪽.

[2] 박한별, 「한류 콘텐츠와 스마트폰을 활용한 취미 목적 한국어 수업 효과 연구 -싱가포르의 한국어 학습자를 대상으로」, 언어와 문화, 제15권, 제2호, 한국어문화교육학회, 2019, 83-108쪽.

[3] 이정희, 「영화를 통한 한국어 수업 방안 연구」, 한국어교육, 제10권, 제1호, 국제한국어교육학회, 1999, 221-40쪽.

[4] 정나래, 김지형, 「취미 목적 한국어 수업 설계 방안 연구」, 이중언어학, 제64호, 이중언어학회, 2016, 249-78쪽.

[5] 이인순, 윤진, 「공익광고를 활용한 중국어권 학습자 듣기 교수 방안 연구」, 새국어교육, 제91호, 한국국어교육학회, 2012, 193-224쪽.

[6] 이영제, 「한류 콘텐츠」, 278-79쪽.

시하는 작업의 일환이다.

본고에서는 한국어 교육에 적합한 콘텐츠 담화를 수집한 후 이를 수업에 적용하였다. 해당 자료를 교육에 적용하기 위해서는 학습자 수준에 맞게 적절히 선발해야 한다. 본고는 쓰기, 말하기, 듣기와 읽기 기본 활동영역을 통틀어 어떤 내용의 연습문제를 제시할 수 있는지 여러 가지 활동 예시를 산출하고, 이들 수업 도입순서를 구체적인 사례 중심으로 보여주고자 한다. 아이돌에 대한 뉴스를 비롯해, 관련된 각종 동영상 등에서 내용적으로 한국어 교육에 적합한 자료를 선별하였다. 자료 선택에 있어서 이러한 접근 방법은 학습자들의 흥미를 유발하고 자신감과 동기를 부여할 수 있으리라는 전제 하에 적용되었다.

한류 콘텐츠는 언어 기능적 양상, 언어 지식적인 양상, 논리적 사고력 신장 등과 같은 면에서 학습의 기대효과가 다양하다. 본고에서는 실제적인 자료를 활용하여 수업을 단계별로 구별해서 멕시코 학습자를 대상으로 한국어 수업활동을 제시하였다. 이러한 수업활동은 기존 정규과정의 틀을 다이내믹하게 넓혀서 흥미로운 수업방식을 제시할 수 있음을 실제 사례를 통해서 보여주고 한류 콘텐츠를 통한 한국어 교육을 원하는 이를 대상으로 활용할 수 있다는 데 그 의의가 있다고 본다.

2. 맞춤형 한국어 교수

한류가 세계인의 관심을 사로잡은 사실에도 불구하고 한류 콘텐츠를 수업자료로 활용하는 데 있어 그 잠재력을 과소평가하고 부분적으로만 활용하는 것이 오늘날 한국어 교육의 현실이라고 해도 과언이 아니다. 이에 비해 정형화된 교재에 대한 애로사항으로는 "내용이 한국의 현실과 많이 다르"거나 "학생들의 흥미를 끌기에는 부족한 면이 많"을 뿐만 아니라 "난이도 조절이나 선-후행 활동 제시 면에서 부족하고 아쉬운 점이 많"다는 것이[7] 있다.

현재 멕시코에서는 한류의 인기를 바탕으로 학생들의 한국어에 대한 관심도가 매우 높다. 한국어를 배우고 싶은 젊은이들의 비중이 높지만, 그렇다고 이들이 대학과정이나 어학원에서 체계적인 한국어 강의를 목표로 삼을 정도로 전문적인 흥미를 갖는 것은 아니라고 분석된다. 따라서 배움의 주체가 되는 학생들은 관심이 있거나 알고 싶어하는 내용 위주의 수요자 맞춤형 수업방식으로 배우면 충분한 동기 부여가 될 것이고, 지도하는 교수진은 기존의 교수법을 바탕으로 빠르게 변화하는 시대의 흐름과 요구에 맞는 최신 트렌드와 실시간으로 연결됨으로써 수업의 현재성을 높이고 흥미로운 수업을 가능하게 만들 것이다. 이처럼 한류와 한국학의 접목은 수요자와 제공자 모두에게 도움이 되는 학습 효과를 얻을 수 있다고 확신한다.[8]

[7] 이인순, 윤진, 「공익광고를 활용한 중국어권 학습자 듣기 교수 방안 연구」, 197쪽.

[8] 이 부분에 대한 좀 더 자세한 내용은 Andrii Ryzhkov, 「멕시코의 한국어 교육 전망과 새로운 교수법」, KF Newsletter, 2020, http://knewsletter.kf.or.kr/?menuno=6760&fbclid=IwAR1piQrlp9v2b059aEQHk5AFTXaQlKPaWrjVOXKXc0IFc-VtlIfcPNZdmA4 이나 KBS World Radio, 「Andrii Ryzhkov: México muestra cada vez más interés por la cultura coreana」, 2020, http://world.kbs.co.kr/service/contents_view.htm?lang=s&menu_cate=people&id&board_seq=387128&page=1&fbclid=IwAR1mbDt-c6v6sP_sAkS-4FGRhMh0qudFfQlwSNGuuTLY6DEdjXz0J4n3p5I 참조.

기존의 전통적인 교수법에 입각한 한국어 수업은 멕시코 국립자치대학교의 언어통번역학 대학에서 이미 오래전부터 제공하고 있었는데, 이번에 처음으로 동 대학교의 아시아-아프리카학 센터에서 한류를 접목시킨 비정규 한국어 교육과정이 출범하게 되었다. 2020년 2월부터 6월까지 세계적인 한류스타에 관한 이야기나 음악 및 연예사업 콘텐츠를 이용하여 수업을 진행하였고[9], 8월부터는 K-pop 노래를 이용하여 학습 내용[10] 개발 작업이 진행 중이다.

위와 같은 상황과 요구에 힘입어 학습자의 학습욕구를 충족할 수 있는 수업 설계를 고민하게 되었다. 그러므로 본고에서는 한류 콘텐츠를 보충자료로 여기지 않고 그것을 주된 학습 제재로 활용해서 본격적이며 온전한 수업의 연습문제 모형을 제시하고자 한다.

[9] http://pueaa.unam.mx/educacion-continua/coreano-con-hallyu 참조.

[10] http://pueaa.unam.mx/educacion-continua/curso-coreano-con-k-pop 참조.

3. 연구과정 및 방법

학습자 중심 교육에 근거해 한류 콘텐츠를 활용한 한국어 교육 방안을 제시하기 위해서 다음과 같은 연구 및 준비과정이 이루어져야 한다.

첫째, 먼저 학습반을 구성해야 한다.[11] 한류 콘텐츠는 문법 비중이 크고 특성상 원어민을 대상으로 한 실생활 담화이니만큼 중급 이상의 학습자이어야 습득이 가능할 것이다.

둘째, 학습자들의 관심사인 한류 관련 담화로 진행되기 때문에 흥미를 유발할뿐만 아니라 포괄적인 주제에 대한 배경 지식이 있더라도 수업이 가능하도록 구성이나 자료 선정에 있어서 교수자의 역할이 매우 크다.

셋째, 한국어 교육에 사용할 콘텐츠를 선정해야 한다. 이는 일관성, 내부구조의 평이성, 내용의 흥미성 등을 갖춘 한국어 교육에 적합한 실제적인 자료이어야 한다. 아울러 표준어와 표준발음 사용과 동시에 학습효과가 커야 한다. 나아가서 학생들의 관심사인 아이돌, 연예산업, 문화산업 등뿐만 아니라 한국사회나 한국문화를 접할 수 있는 적합한 자료가 되어야 한다. 그 외에 높은 집중도를 유지하는 데 문제가 없고 교육과정을 벗어난 수업이 되지 않도록 가급적 내용이 짧은 것으로 선별해야 한다. 또한 듣기, 읽기, 받아쓰기, 소감 쓰기, 토론하기 등의 과정을 통해 한국어를 학습하기에 이상적이어야 한다.

본고에서 학습 대상으로 삼은 자료는 소위 한류 콘텐츠라 할 수 있는 한류 스타의 인터뷰나 동영상, 아이돌의 인생 이야기나 시사 정보 가운데 적합한 것을 선별하였다.

넷째, 정해진 내용을 분석하여 문법, 어휘의 난이도 등을 기준으로 교육하는 순서를 정해야 한다. 수업 준비 과정에 있어서 관련 콘텐츠를 학습 목적이나 학습자

[11] 사례연구 대상은 멕시코 시티 소재 멕시코 국립자치대학교 아시아-아프리카학 연구센터에서 공부한 멕시코 젊은 이들이다. 수업은 동 대학교 다른 교양 과정 수업과 비슷하게 16주에 걸쳐 진행되었지만 정규 교육과정은 아니었고, 취미 목적에 가까운 비정규 과정이었다.

수준 등에 맞게 적절한 텍스트 크기나 동영상 자료로 조정하는 데 상당한 노력을 기울여야 한다. 그리고 적합한 콘텐츠를 수업에 활용하기 위해서 각 담화에 나타난 문법 항목이 대표적인 한국어 교재의 몇 권 몇 과에 나타나 있는지 알아보고 문법적 난이도 등의 기준으로 교육 순서를 배열하였다. 초급 학습자 수준에서 알아야 하는 문형이나 너무 어려운 문형은 제외시켰다.

다섯째, 교육 후 수업방식, 진행 등에 관한 학습자들의 평가와 만족도를 소개하는 설문조사의 결과를 살펴볼 것이다.

[12] 외국어로서의 한국어 분류 체계에 대해서 정나래, 김지형, 「취미 목적 한국어 수업 설계 방안 연구」, 255쪽 참조.

[13] 박한별, 「한류 콘텐츠와 스마트폰을 활용한 취미 목적 한국어 수업 효과 연구 -싱가포르의 한국어 학습자를 대상으로」, 85쪽.

[14] 이인순, 윤진, 「공익광고를 활용한 중국어권 학습자 듣기 교수 방안 연구」, 194쪽.

[15] 김정우, 「중국의 한국어 초급 교재 비교 연구」, 한국어교육, 제19권, 제3호, 국제한국어교육학회, 2008, 28쪽.

[16] 전은주, 「한국어 말하기 듣기교육에서 '실제성 원리'의 적용 층위와 내용」, 새국어교육, 제89호, 한국국어교육학회, 2012, 557쪽.

4. 수업 목적과 설계의 이론적 원리

본 연구의 목적은 멕시코 취미 목적 학습자를 대상으로 한류 콘텐츠를 활용한 한국어 수업을 설계하고 그 효과를 확인하는 데 있다. 이러한 수업은 '취미 목적'이라는 특수성이 있다 하더라도 '특수 목적' 개념으로 본격화되며, 이에 따라 수업 활동을 정해진 원리에 따라 체계적으로 설계해야 한다. 선행연구에서 지적하듯이, 특수 목적[12] 한국어는 일반 목적 한국어의 상대적 개념으로서 등장하였으나 이 둘은 대립하는 관계가 아니고[13] 오히려 상호보완적일 수 밖에 없다.

한국어를 통해 한류를 접하고자 하는 학습자의 의도를 충족하는 점과 "교실상황은 정형화된 내용의 교재와 텍스트 (…) 등으로 이루어져 있어서 학습자들이 실제로 한국어 환경에 노출되었을 때와는 현저한 차이를 가지고 있다".[14] 따라서 김정우의 연구에서처럼[15] 한국어 교재가 "가급적 실생활의 자료를 바탕으로, 듣기, 말하기, 읽기, 쓰기 활동이 통합적으로 이루어지는 방향으로 설계되어야 할 것이다"라는 전제 하에 한류 콘텐츠를 바탕으로 교육의 장에서 활용할 학습자료를 개발하였다. 학습 목적으로 선별된 콘텐츠는 정상 속도의 현실 발음, 발화 사례로 습득, 일상적인 담화의 표현 등으로 실제성 원리를 충족한다. 그러므로 전은주의 연구에서처럼[16], "학습자에게 필요한 것은 강의실에서 나타나는 다양한 의사소통 방식인 강의 듣기, 토론하기, 발표하기, 질문하기 등", 즉 기본적으로 네 가지 기능의 향상과 기타 언어 지식의 증진을 위주로 수업을 설계하였다.

5. 한류 콘텐츠를 활용한 구체적인 수업 활동 방안

그러므로 이 논문에서는 네 가지 기능의 숙달도 증진을 통해 학습자의 한국어 구사 능력을 향상시키기 위해 한류 콘텐츠를 활용하는 방법을 사용하였다. 그리고 학습

모형을 제시하고자 수업을 듣기/읽기 전 단계, 듣기/읽기 단계, 듣기/읽기 후 단계로 구성하였다. 아울러 문법 교육은 외국어 능력 신장을 위해 중요한 자리를 차지하기 때문에 한류 관련 실제 담화에서 등장하는 문형을 기존의 교재를 활용해서 수업 시간에 연습하는 식으로 하였다.

　　아래와 같은 활동은 학습반 구성원의 한국어능력, 주어진 시간 등에 따라 선택해서 진도를 나갈 수도 있다. 또한 앞서 언급한 각 단계별로 이루어지는 활동은 순서상 약간의 차이가 있을 수 있다.

5.1 듣기/읽기 전 단계

첫번째 단계로서 주제와 관련해서 선험적인 지식에 대한 활성화에 해당한다.

　　학습자들이 듣기/읽기 과제를 수행하는 데에 있어 해당 주제 관련 어휘와 표현을 분명히 알아야 한다. 학습자 간의 약간의 수준 차이가 존재할 수도 있고 또한 내용 지식이 "잠재되어 있으나 아직 활성화되지 못한 것이든 학습자가 새롭게 수집해야 하는 정보"가[17] 있을 수도 있다. 그렇기 때문에 수업을 시작하기에 앞서 담화에서 등장할 기본 어휘를 교수자가 학습자들에게 이메일로 미리 보낸다.

　　이 단계에서 스키마를 활성화시킨다는 것은 단순히 배경지식을 환기시키는 정도의 활동뿐만 아니라 내용 지식을 구성하고 확장한다는 것을 의미한다. 이를 통해 일반적인 듣기/읽기 전 활동에서 많이 이루어지는 어휘나 주제를 이해시키려는 부담은 최소화한다. 그 외에 "흥미를 느낄 수 있도록 동기화를 시키는 동시에 긴장하거나 불안해하지 않도록 자신감을 심어주"는[18] 기능도 있다.

　　따라서 듣기/읽기 전 단계의 기능으로는 선 이해와 배경지식 활용, 주제에 대한 인식 활성화, 언어의 네 가지 기능 영역 향상 및 문법 연습 등을 들 수 있다. 듣기/읽기 전 활동의 내용을 실시된 수업을 바탕으로 구체적으로 제시하도록 하겠다.

a) 어휘의 해석과 그 통사적 관계를 살펴보기 위해 교수자가 품사별로 목록화한 주요 어휘를 먼저 파워포인트 화면으로 띄운 다음 그 뜻을 확인하고 모르는 단어의 의미를 알려준다. 그리고 어결합 부류를 연습하기 위해 학생들로 하여금 [형용사+명사], [동사+명사], [부사+동사] 등 유형의 어결합을 주어진 시간 내에 생산하도록 유도할 수도 있다.

b) 어휘의 계열적 의미관계를 확인하는 연습도 유용하다. 가령 주어진 어휘의 유의어, 반의어 혹은 상위어를 제시하게 한다.

c) 제목과 어휘를 통해 핵심 주제를 추측하고 내용을 유추하게 한다.

d) 핵심 어휘의 파생적인 관계 및 조어력을 확인하는 것도 의의가 있다.

◆ 형용사나 동사를 갖고 <-기> / <-음> 접미사를 사용해서 명사 파생시키기

17 김지혜, 「상호텍스트성에 기반을 둔 한국어 중-고급 듣기 과제 설계 방안」, 이중언어학, 제48호, 이중언어학회, 2012, 4쪽.

18 이인순, 윤진, 「공익광고를 활용한 중국어권 학습자 듣기 교수 방안 연구」, 202쪽.

◆ 해당 담화의 낱말 중에 여러 번 등장하는 접미사나 (준)접두사를 위주로 해당 파생요소가 들어간 다른 단어를 제시하기:

# 1	<-사>	예) 소속사, …	# 2	<-스럽다>	예) 당황스럽다, …
	<-인>	예) 연예인, …		<-게>	예) 예쁘게, …

예) <최->라는 (준)접두사를 사용해서 새로운 단어를 만들어본다. ▪최우선, …

e) 또는 해당 복합어의 내부구조를 파악해서 구성요소가 들어간 기타 어휘를 잠깐 생각해보기: 예) 캐스팅처럼 <-팅>으로 끝나는 차용어나 혼종어를 제시하게 한다.

f) 해당 단어목록에서 연예산업 등 특정 분야와 관련된 어휘를 선택하게 할 수 있다.

g) 후술될 담화에 등장할 낱말을 어떻게 풀어쓸 수 있는지 질문하기: 예) ▪동갑, ▪오프닝, …

h) 주제에 따라 <좋아하는 스타에 개인적으로 연상되는 모든 단어를 1분 동안 적기>를 하게 하고 나머지 학생들은 누구인지 알아맞추게 할 수도 있다.

i) 기존의 어휘나 표현을 설명한 후 이를 사용해 자기 문장이나 자유 주제로 작은 텍스트를 (5-6 문장 정도) 만들어보는 연습도 가능하다. 이때 정말 재미있고 기발한 학습자의 아이디어로 흥미로운 글이 만들어질 수 있다.

j) 활동지를 작성하게 하는데 수업 내용과 연관이 있는 과제를 수행함으로써 학습 동기를 유발하고 능동적인 자세를 갖게 한다. 학습자들이 자유롭게 떠오르는 생각이나 경험에 대해서 이야기하는 짧은 시간을 갖는 것도 효과적인 연습이 될 수 있다. 가령, 이민호 배우의 자기소개 영상을 보기 전 단계의 활동으로 <좋아하는 아이돌/스타/인물에 대해 간략하게 소개해봅시다>를 통해서 먼저 아래와 같은 표를 핵심 어휘로 채우고 간단하게 발표하게 한다.

◆ 성명	…
◆ 생년월일	…
◆ 취미	…
◆ 주요 활동	…
◆ 성격	…
◆ 기타…	…

앞의 연습문제를 좀 더 확장해서 후술될 담화에서 실제로 나오는 표현을 위주로 말하기 과제를 제시할 수 있다.

가령 EXO 첸씨의 유명한 편지를 바탕으로 <여러분이 말하기 어려운 상황이 있었습니까? 주어진 표현을 이용해서 이야기를 나누세요>를 통해서 친구와 짝을 만들

대화의 도입부에 쓸 표현	◆ 할 말(드릴 말씀)이 있어요… ◆ 어떻게 말을 시작해야 할지 몰라요… ◆ 긴장되고 떨리지만… ◆ […]에게 가장 먼저 솔직하게 말씀드리고 싶어요…
대화 도중에 쓸 표현	◆ 어떠한 상황들이 일어날지 걱정과 고민이 앞서기도 하지만… ◆ 많이 당황스럽기도 하지만… ◆ 언제, 어떻게 말씀드릴지 고민했어요… ◆ 조심스레 용기를 냈습니다…

어서 고민이 되는 부분에 대해서 자유롭게 대화해보게 한다.

k) 후술될 스타와의 인터뷰에서 등장할 질문을 위주로 반 친구를 인터뷰 하거나

◆ 자주 쓰는 감탄사나 단어?	…
◆ 자기 전에 하는 일?	…
◆ 무인도에 갈 때 꼭 챙겨 갈 것?	…
<후략>	

학습자로 하여금 답하게 하는 활동도 가능하다.

l) 후술될 내용에 관련된 문장을 제시하고 학습자는 참 (√) / 거짓을 (√) 표시해서 예측한다. 예를 들면 다음과 같다:

> ◆ 첸씨는 BTS 인기 아이돌 그룹의 메인보컬입니다.
> ◆ 첸씨가 소속사 홈페이지에 손편지를 올렸습니다.
> ◆ 결혼식에 팬들도 참석할 것이다.
> ◆ 첸씨가 결혼 후에 아티스트 활동을 포기할 것이다.
> ◆ 첸씨는 군대에 아직 다녀오지 않았다.

대략 위와 같은 활동을 통해서 학습자의 배경지식을 활성화시킨다.

5.2. 듣기/읽기 (본) 단계

a) 전체적인 맥락을 파악하기 위해서 내용을 처음부터 끝까지 훑어 읽거나 들으면서 앞의 단계에서 유추했던 내용을 확인한다(5.1의 l항 참조). 혹은 인터뷰를 들으면서 아티스트에 해당하는 정보를 앞서 명시된 표에(5.1의 k항 참조) 적게 한다. 혹은 교수자가 미리 하는 질문을 염두에 두고 처음부터 끝까지 훑어 읽거나 들은 후에 답을 적게 한다.

b) 핵심 문장을 단위로 받아쓰기를 할 수 있다.

c) 생략된 내용을 완성하게 한다.

콘텐츠 발췌 연습 예문 1	◆ 먼저 힌트를 좀 드리자면, […].
콘텐츠 발췌 연습 예문 2	◆ 그리고 저와 같은 날 태어나서 그런지 […].
콘텐츠 발췌 연습 예문 3	◆ […] 바꾸는 게 재미있는 것 같아요.
콘텐츠 발췌 연습 예문 4	◆ 리사의 신변을 위협하는 협박이 계속되자 태국 팬들은 […]

d) 단어를 한 문장으로 모으기:

콘텐츠 발췌 연습 예문 1	◆ 같습니다, 힌트를, 일단, 저와, 좀, 생일이, 드리자면
콘텐츠 발췌 연습 예문 2	◆ 리사가, 소식입니다, 위협을, 신변의, 받고, 있다는

e) 다시 한번 들으면서 <빈칸 채우기>식의 받아쓰기도 가능하다. 담화를 읽을 경우 읽으면서 다음과 같이 박스에서 알맞은 단어를 골라 빈칸에 넣는다.

◆ 2020년 새해가 _____√_____. 기쁨과 행복이 _____√_____고 소망하시는 모든 일이 _____√_____는 2020년이 되시기를 _____√_____게요. 새해 복 많이 _____√_____세요. <앞뒤 생략>

▪ 기원하다 ▪ 받다 ▪ 가득하다 ▪ 밝다 ▪ 이루어지다

f) 같은 활동으로 한류 담화에 풍부한 온갖 특수 차용어, 신조어, 혼종어 등을 위주로 학습할 수도 있다.

g) 핵심정보 파악과 내용 이해 여부를 확인하기 위해서 질문을 한다.

◆ 이 엄청난 _____√_____이자 댄서가 _____√___과 성공에 오르기 이전에, 정국은 부산의 백양중학교를 다녔고 서울로 올라와 공연예술고등학교에 진학했다. 정국의 _____√_____은 이미 중학생 때 빛을 발하기 시작했다. "중학교 1학년 때 _____√_____의 노래들을 듣고 가수의 꿈이 생겼어요. 그래서 2학년 때 슈퍼스타K 오디션에 나갔는데, 거기서 _____√_____에 캐스팅되었죠". <앞뒤 생략>

▪ 스타성 ▪ 지드래곤 ▪ 스타덤 ▪ 싱어 ▪ 빅히트

h) 선다형 퀴즈를 통해 예문을 연습해서 주요 어휘나 담화의 일관성, 내용 등을 확인하기 위해 <텍스트에 따르면 빈칸에 모두 들어갈 어휘는?>과 같은 연습 문제를 적용한다.

◆ 결혼과 임신 소식을 전하자 _____ 팬들은 축하와 함께 놀라움을 금치 _____ 있습니다. <앞뒤 생략>
ㄱ. 전세계 / 못하고   ㄴ. 평생 / 않고
ㄷ. 공식 / 안 하고   ㄹ. 인기 / 않다고

혹은 비슷한 형식의 연습문제를 통해서 내용을 확인하는 낱말과 함께 문법을 연습하는 문항이 포함될 수 있다.

◆ _____ 출신인 리사를 보호하기 _____ YG엔터테인먼트에 내용을 전달했다. <앞뒤 생략>

ㄱ. 태국 / 위해 　　　　　ㄴ. 북측 / 나서
ㄷ. 한민족 / 후 　　　　　ㄹ. 시베리아 / 처럼

---

i) 내용을 듣거나 읽은 후, 갈등 상황에 놓인 등장 인물에 대해 논평하거나 주장한다.

예 1	1. 첸씨가 좋은 아빠가 될 것 같습니까? 왜 그렇게 생각합니까? 2. 이 소식을 듣고 놀라웠습니까? 첸씨에게 어떤 말을 하고 싶습니까? <후략>

j) 담화 내용을 전달하게 한다.

5.3. 듣기/읽기 후 단계

이 단계에서는 언어 기능과 언어 지식인 문법, 문화 이해가 실제적으로 통합되는 과정이다.[19] 학습자가 이해한 바를 함께 이야기하거나 토론을 통한 언어 능력 늘리기와 더불어 문화 등에 대해 학습한다.

[19] Ibid, 207쪽.

　　a) 예를 들어 한류 스타들이 새해 축하 메시지를 남긴 해당 장면을 본 후에 <옆에 있는 친구와 짝을 만들어 새해 축하 인사를 나누시오> 혹은 첸씨의 편지내용을 읽은 다음 <첸씨의 팬이 되어서 아빠가 된 것을 축하해보시오> 등을 연습하게 한다.

　　b) 해당 실제 담화가 담긴 한국문화, 역사, 사회, 연예산업 등의 실제 양상에 대한 생각들을 질문을 통해 답하게 한다.

가능한 질문의 예시	논의 가능 주제
◆ 한국인 유전자가 다양하다고 생각해요? 이유를 설명해주세요. 필요하면 인터넷에서 해당 정보를 찾아 보세요. <앞뒤 생략>	민족 형성
◆ 아이돌들이 사진을 통해서 자신의 내면을 잘 보여준다고 생각해요? <앞뒤 생략>	연예산업
◆ 정국처럼 어린 나이에 데뷔하는 것에 대해서 어떻게 생각하세요? <앞뒤 생략>	조기 출세
◆ 레드벨벳이 북한에 갔다는 것에 대해서 어떻게 생각해요? <앞뒤 생략>	남북관계
◆ 첸씨는 왜 회사, 멤버 그리고 팬들의 생각이 중요하다고 생각합니까? <앞뒤 생략>	눈치

c) 상기 부분을 확인하는 것과 동시에 경쟁심을 유발해 학습의지를 돋우는 활동으로 확장하는 것도 유용하다. 가령 학습자들을 찬성과 반대 두 그룹으로 나누어 토론하는 것을 다음과 같이 제시할 수 있다. 각 그룹이 적어도 3가지 이유를 밝혀야 한다.

> ◆ 첸씨가 결혼할 준비가 아직 안 되었다고 생각합니다. <후략>

> ◆ 결혼 후에 첸씨는 아티스트로서 변함없이 활동을 하기 어려울 거라고 생각합니다. <후략>

d) 수업을 마치기 전에 이미 알고 있는 어휘, 표현 및 문형을 연습한다. 교수자가 미리 선별한 K-pop 노래를 들으면서 빈칸 채우기 활동을 통해 좋아하는 내용으로 배운 것의 일부를 재차 재미있게 연습한다.

e) 쓰기를 통해 어휘력, 구문력, 표현력, 맞춤법 등에 관한 지식, 음성언어에 대한 명확한 이해와 표현 능력을 확인한다. 감상문 쓰기나 뒤에 이어질 이야기 만들기 연습 등은 학습자들의 창의적인 사고를 나타낼 수 있다. 만약에 수업 시간이 부족하면 이 활동을 숙제로 남길 수도 있다.

f) 읽기나 쓰기 기능에서 내용 지식을 확장하는 방법으로는 "참고문헌 인용하기, […] 다른 텍스트에서 정보 찾기 등이 사용된다".[20] 그런 점에서 과제 수행식의 숙제가 유용할 수도 있다. 주제가 비슷한 내용을 인터넷에서 찾고 그것을 바탕으로 해서 다음 수업시간에 발표하게 한다.

g) 또한 익힌 내용을 바탕으로 <"/"를 사용해서 단어를 구별하시오>와 같은 연습문제를 활용해 띄어쓰기를 연습할 수 있다.

> ◆ 오늘은여러분들께소개시켜드리고싶은친구가있어서이자리에함께왔는데요. 먼저힌트를좀드리자면일단저와생일이같습니다. <후략>

h) 기타 숙제 과제로는 발음이 비슷하면서 철자가 다른 어휘를 위주로 알맞은 것을 고르기가 있다.

> ◆ 다시 한 번 새해 복 많이 받으시고 작년보다 **오래 / 올해** 두 배 더 좋은 일 가득하시길 바라겠습니다. <앞뒤 생략>
> ◆ 너무 감격스러워서 눈물이 **낫던 / 났던** 것 같아요. <앞뒤 생략>
> ◆ 그동안 열애설도 없었고 아직 **군데도 / 군대도** 다녀오지 **아는 / 않은 / 안은 / 않는** 첸씨가 결혼과 임신 소식을 동시에 전했다. <앞뒤 생략>
> ◆ 꼬마 석진은 **가만히 / 가마니** 있지를 못했다. <앞뒤 생략>
> ◆ 정국의 스타성은 이미 중학생 때 **빛을 / 빚을 / 빗을** 발하기 시작했다. <앞뒤 생략>

[20] 김지혜, 「상호텍스트성에 기반을 둔 한국어 중-고급 듣기 과제 설계 방안」, 5쪽.

위와 마찬가지로 차용어도 역시 올바른 표기가 헷갈리는 경우가 있다.

> ◆ 뭔가 **스튜디오 / 스투디오 / 스튜디어** 같죠? <앞뒤 생략>

위와 같이 실제 수업을 진행한 후 학습자들은 비교적 짧은 시간 동안 목표가 되는 주제를 여러 방면에서 접근하여 내용 지식을 확장할 수 있다.

6. 수업에 대한 평가

수업 종료 후 학생들을 대상으로 멕시코 국립자치대학교 아시아-아프리카학 연구센터 관계자가 연구자들의 관여 없이 설문조사를 실시하였다. 설문 문항에 대한 답은 리커트(Likert) 5점 척도에 따라 "전혀 그렇지 않다 /최저(1점)"부터 "매우 그렇다 / 최고(5점)"까지 선택하도록 하였다. 여기서 그 결과를 담은 내부자료의 요점만 발표한다.

한국어 구사 능력 자평	1	2	3	4	5
과정 이수 전	25%	-	75%	-	-
과정 이수 후	-	-	25%	75%	-

위 <이수 전>의 1점에 해당하는 25%는 낮은 자신감으로 해석될 수 있지만 수업을 마치고 나서 모두가 진전을 느낄 수 있었던 점은 분명하다.

아울러 강의 전체 계획과 수업구조에 대한 평가도 다음과 같이 나왔다. 이 부분도 역시 만족스러운 결과를 나타내고 있다는 것을 알 수 있다.

강의 평가	1	2	3	4	5
강의 전체 계획	-	-	-	25%	75%
수업 구조	-	-	-	25%	75%

수업의 가장 유용한 면과 개선안에 대해 학습자의 자유 의견의 요점을 소개하자면 다음과 같다:

◆ "색다른 습득방식", "유용한 어휘와 문법", "수업 활동을 통한 언어구사능력 향상 기회", "사전 지식과 수업마다 얻는 지식 활용 기회", "유창함 증진 및 자신감 심어주기 효과"가 있었음

◆ "수업 자료"와 "내용", "실시 방식", "강의 계획" 등이 좋았고 "기대효과가 바라던 바에 어긋나지 않았음"으로 나타났으며 보완했으면 좋겠다는 부분은 명시되지 않았다.

따라서 한류 콘텐츠를 활용한 한국어 수업은 취미 목적 한국어 학습자들의 학습 효과에 긍정적인 영향을 주었다고 할 수 있다.

결론

본 연구는 취미 목적 한국어 학습자들을 대상으로 한류 콘텐츠를 제재로 한 수업을 구성한 후 그 효과를 직접 확인하였다는 점에 의의가 있다. 학습자가 주제에 대한 관심, 이해와 사전 지식을 보유한다는 점이 이 수업의 특징이라고 할 수 있다.

듣기/읽기 전 단계에서는 어휘탐구를 통해 맥락 이해하기, 구어 표현 익히기, 어휘력 키우기, 배경지식 넓히기 등을 위한 온갖 연습문제를 제시하였다. 스키마 활성화뿐만 아니라 내용 지식의 올바른 습득이 가능하도록 듣기/읽기 본 단계에서 다양한 과제를 구성하였다. 듣기/읽기 후 단계에서는 말하기, 토론하기 과제수행이나 쓰기 등을 위주로 좋아하는 콘텐츠를 통해 한국어를 배울 수 있도록 활동 모형을 제안했다.

수업에 관한 학습자의 평가가 증명해주는 바, 이렇게 설계한 수업을 통해 학습자들은 단기간에 주제에 완전히 몰입하여 그 구성방식이나 내용에 긍정적으로 응했다는 것을 알 수 있다. 앞에서의 경험 결과에 따라 한국어 취미 학습 교육의 장에서 다양한 한류 콘텐츠 사용에 대해 아래와 같은 내용을 제안한다.

첫째, 앞에서 다룬 실제자료는 한국어 능력향상의 자료로 쓰이기에 적합하다. 비록 문법은 기존의 교재를 통해서 학습한다 하더라도 한국어 능력증진과 관련된 어휘, 표현 등 그리고 언어의 네 가지 기능 영역 향상이 골고루 이루어진다는 것을 알 수 있다.

둘째, 학습자가 좋아하는 아이돌이나 한류 시사정보 등 학습자 중심의 매체를 활용한 수업을 통해서 흥미를 유발하고 학습동기를 부여할 수 있으며 이에 따른 성취감이 크다. 한류뿐만 아니라 한국문화, 사회, 역사 등에 대한 간접적인 교육도 가능하다.

셋째, 수업시간에 활용하는 콘텐츠는 비교적 짧은 시간 이내에 청취하거나 읽을 수 있는 것이 적당하다.

넷째, 이번 경험을 바탕으로 교수진이 많은 준비시간을 투자해야 한다는 것을 알게 되었기에 앞으로 한류 콘텐츠로 교수할 교재 개발이 필요하다. 따라서 교수자 누구나 학습목적, 대상과 주어진 시간 등의 상황요구에 따라 판단하여 적합한 활동을 선택해서 수업을 설계할 수 있도록 도움이 될 수 있는 연습문제 예시를 최대한 수록한 교재 개발 필요성이 대두되고 있다.

참고문헌

김정우. (2008). 중국의 한국어 초급 교재 비교 연구. **한국어교육, 19-3**, 국제한국어교육학회, 113-146쪽.

김지혜. (2012).상호텍스트성에 기반을 둔 한국어 중-고급 듣기 과제 설계 방안. **이중언어학, 48**, 이중언어학회, 1-22쪽.

박한별. (2019). 한류 콘텐츠와 스마트폰을 활용한 취미 목적 한국어 수업 효과 연구 - 싱가포르의 한국어 학습자를 대상으로. **언어와 문화, 15-2**, 한국어문화교육학회, 83-108쪽.

이영제. (2019). 한류 콘텐츠를 활용한 한국어 문법 교육 사례 연구. **겨레어문학, 63**, 겨레어문학회, 277-309쪽.

이인순 & 윤진. (2012). 공익광고를 활용한 중국어권 학습자 듣기 교수 방안 연구. **새국어교육, 91**, 한국국어교육학회, 2012, 193-224쪽.

이정희. (1999). 영화를 통한 한국어 수업 방안 연구. **한국어교육, 10-1**, 국제한국어교육학회, 221-240쪽.

전은주. (2012). 한국어 말하기 듣기교육에서 '실제성 원리'의 적용 층위와 내용, **새국어교육, 89**, 한국국어교육학회, 553-576쪽.

정나래 & 김지형. (2016). 취미 목적 한국어 수업 설계 방안 연구. **이중언어학, 64**, 이중언어학회, 249-278쪽.

KBS World Radio. (2020). 「Andrii Ryzhkov: México muestra cada vez más interés por la cultura coreana」 http://world.kbs.co.kr/service/contents_view.htm?lang=s&menu_cate=people&id&board_seq=387128&page=1&fbclid=IwAR1mbDt-c6v6sP_sAkS-4FGRhMh0qudFfQlwSNGuuTLY6DEdjXz0J4n3p5I.

Ryzhkov, A. (2020). 멕시코의 한국어 교육 전망과 새로운 교수법, KF Newsletter, 2020,http://knewsletter.kf.or.kr/?menuno=6760&fbclid=IwAR1piQrlp9v2b059aEQHk5AFTXaQlKPaWrjVOXKXc0IFc-VtlIfcPNZdmA4

최신 언어 생활의 동향을 반영하기 위한 수업 방안

- 유튜브 채널을 활용한 한국어 중급 수업을 중심으로

임현성
미국 예일대학교
Yale University

1. 들어가며

본 수업 방안은 중급 수업의 일부로, 본교 한국어 과정에서 3학기에 걸쳐 약 200시간의 수업을 마쳤거나 이에 대응하는 선행학습을 완료한 학습자를 대상으로 한다. 특히 이 수업의 주 대상은 한국 방문 경험이 없는 비 한국계 미국인 및 외국인 학습자로, 한국과 관련한 노출이 부족한 학습자에게 교재에서 학습할 수 있는 언어적인 지식 이외에 최근 언어 생활의 동향과 문화, 사회를 소개하기 위해 구상되었다.

이러한 여러 방면의 최근 동향을 학습자에게 소개할 수 있는 여러 방안 중 본 수업에서는 유튜브 채널을 중점적으로 사용하기로 했다. 현재 많이 사용하는 언어습관들이 잘 반영되어 있고 변화하고 있는 문화나 사회의 모습 등을 생생히 보여줄 수 있기 때문이다. 또한 영화나 정규 방송의 경우는 해외에서의 접근에 제약이 많은 반면, 유튜브 채널은 별도의 가입이나 구매 없이 이용할 수 있기 때문에 학습자들이 언제든지 수월하게 접근할 수 있다는 장점을 가진다.

일반적으로 유튜브 채널은 개인이 특정 주제를 가지고 진행하는 경우가 많고 비속어도 자주 등장하기 때문에 수업 자료로 선정 시에 어떤 효과를 얻을 수 있을 것인지 잘 고려해야 한다. 본 수업에서 사용한 유튜브 채널은 <자이언트 펭TV(이하 펭TV)>로 EBS에서 제작한 것이라 비속어가 적고 유해한 내용이 포함되어 있지 않은 데다가 전 연령대를 대상으로 한 프로그램이기 때문에 대학교 수업에 사용하기 적절하다고 판단하였다. 또한 언어 측면에서뿐 아니라 주제면에서도 매회마다 다양한 주제를 다루어 한국의 현재 모습을 잘 보여줄 수 있다는 점에서 문화와 사회를 소개하는 효과도 얻을 수 있다.

2. 수업의 실제

펭TV를 사용한 수업은 수업 본 교재(서강한국어 3A, 총 8과)의 단원과 단원 사이에 배치해 총 7회 실시하였으며, 학습자에게 추가적인 학습 부담을 주지 않기 위하여 성적과는 별도의 활동으로 진행하였으나 학습한 내용은 추후 과제에 사용할 수 있게 유도하였다.

2.1. 수업 전 준비

1) 에피소드 선정

에피소드의 선택 시에 현재 한국의 여러 모습을 보여줄 수 있는 점 외에도 학습자의 언어 수준, 학습자의 한국 이해 수준, 대학생이 흥미를 가질 만한 소재 등을 고려하였고, 정기 구독자들만 공감할 수 있거나 어린이를 대상으로 한 등장인물이 과하게 등장하는 일부 에피소드는 제외하였다. 선정한 에피소드의 길이와 대략적인 내용은 다음과 같다.

1회차	Ep.85 [할머니들과 남극식 나이 먹어봤습니다] 10'50"
	한국의 전통 명절인 설날을 맞아 또다른 유튜버인 '할머니즈'를 찾아가 설날 인사를 드리고 떡국을 끓여 먹는 에피소드이다.
2회차	Ep.43 [EBS 복지 클라쓰 전격 공개!] 9'50"
	펭수가 펭TV 제작진을 상대로 힐링할 수 있는 선물을 하는 에피소드이다. 한국 현대인들이 힐링을 위해 어떠한 것을 하는지 엿볼 수 있다.
3회차	Ep.87 [펭력사무소-편의점] 9'08"
	펭수의 편의점 아르바이트 체험 첫 번째 이야기로, 편의점의 기본 업무를 펭수의 체험으로 보여준다.
4회차	Ep.88 [알바가 얼마나 중요한지 알려드리겠습니다] 10'30"
	펭수의 편의점 아르바이트 체험 두 번째 이야기로, 아르바이트 도중 실수를 만회하는 과정을 보여준다.
5회차	Ep.건강지킴이 [펭수와 함께하는 손씻기와 기침예절] 2'28"
	코로나 바이러스 확산 초기 시점에 나온 손씻기와 기침예절에 관한 홍보 동영상이다.
6회차	Ep.66 [화보 모델 펭수] 9'37"
	패션 모델로 등장한 펭수 화보로 화제가 되며 완판되었던 잡지 화보 촬영을 담은 에피소드이다.
7회차	Ep.28 [예술고 학생은 아크로바틱과 발레를 배운다고?! (feat. 고양예고)] 9'33"
	고양예고를 방문한 펭수의 두 번째 이야기로, 연기과/문예창작과/무용과 수업에 참여하는 펭수의 체험을 담은 에피소드이다.

2) 동영상 편집

매회 10분 전후의 길지 않은 영상이긴 하지만 효과적인 학습을 위해 방송된 내용 그대로 사용하지 않고 PlayPosit을 이용하여 학습자가 쉽게 이해할 수 있도록 최소한의 편집을 하였다. 짧은 영상이라 삭제한 분량이 많진 않지만 주로 삭제한 장면은 문화적인 오해를 사거나 불편할 수 있는 부분, 영상 전후로 본편과 관련 없는 부분, 학습자의 흐름 이해에 방해가 되는 장면, 많은 사전 지식이 있어야 이해가 가능한 장면 등이다.

편집 과정에서 일부 장면 삭제와 함께 추가적인 작업도 있었다. PlayPosit을 이용하면 교사가 의도하는 바에 따라 질문을 쉽게 추가할 수 있는데, 간단한 OX 퀴즈나 객관식 질문 혹은 단답형 주관식 질문을 영상 중간중간에 삽입함으로써 학습자의 내용 이해와 확인을 도왔다. 학습자는 질문에 대답을 해야 계속해서 시청할 수 있는데, 이렇게 질문을 추가함으로써 학습자에게 시간적 여유를 주어 속도감이 있는 10분 전후의 동영상을 따라가는 데 급급하지 않고 적당한 속도로 볼 수 있게 했다. 또한 편집한 파일을 수업 후에 학습자와 공유함으로써 학습자가 자신의 학습 속도에 맞춰 다시 시청하며 복습할 수 있도록 했다. 질문의 형태는 크게 다음의 세 가지로 나누어 볼 수 있다.

(1) 내용 이해를 돕는 내용 확인 문제

학습자가 내용을 이해했는지를 위한 평가가 목적이라면 영상이 다 끝난 뒤에 내용 확인을 위한 질문을 하겠지만, 본 수업에서는 영상이 학습자의 한국어 수준에 비해 어렵기 때문에 학습자가 영상을 잘 이해하면서 볼 수 있도록 중간중간 도움을 주는 것을 목적으로 하였다. 간단한 OX 형태의 문제나 객관식 문제를 통해 내용과 본 영상 이해에 기초가 되는 어휘들을 익히도록 했다. 특히 관형 표현의 경우, 영상이 끝난 뒤에 다시 그 부분으로 돌아가 재시청하며 설명하는 것보다는 그 장면에서 간단한 질문의 형태로 설명해주고 계속 영상을 시청하는 것이 더 효율적이다.

장면 설명	질문 예시	등장 회차
닭장에서 계란을 가져오라는 심부름에 펭수는 차마 같은 조류의 알을 가져가지 못하고 계란이 없다고 거짓말하기로 한다	펭수는 할머니한테 계란을 갖다 드렸다 □ 맞다 □ 틀리다	1회차
펭수가 처음 뵌 할머니들께 자기 소개를 한다	펭수에 대해서 틀린 것은? □ 펭수는 10살이다 □ 펭수는 남극에서 왔다 □ 펭수는 학교에 다닌다	1회차

펭수는 간장 심부름을 마지막으로 세 가지 심부름을 마친다	심부름 세 가지는? □ 떡　　□ 계란 □ 나무　□ 간장	1회차
펭수가 근무중인 EBS 펭수 제작진들을 돌아본 후 제작진들에게 힐링이 필요하다고 생각하면서 하는 말이다	"손을 봐야겠어요."는 무슨 의미일까요? □ (너의) 손을 봐야겠어요 □ 고쳐야겠어요	2회차

(2) 문화 요소 부가 설명

문화적인 설명이 필요한 부분도 영상이 끝난 후에 다시 되돌려 보며 설명하는 것보다는 그 장면에서 잠시 멈추고 설명하는 편이 좋다. 이렇게 교사가 설명할 때 유의해야 할 점은 교사의 설명이 너무 길어지면 영상의 흐름이 끊어진다는 것이다. 본격적으로 다뤄야 할 주제라면 영상 시청 전후에 따로 하는 편이 낫다.

장면 설명	질문 예시	등장 회차
할머니들이 펭수가 떡국을 맛있게 먹는 모습을 보면서 이렇게 말한다	'떡국 먹으면 한 살 더 먹는 거야'는 무슨 의미일까요? _____	1회차
할머니들에게 받은 세뱃돈이 부담스러워 돌려드리려고 하자 할머니는 복 준 거니까 돌려주면 안 된다고 하면서 거절하신다	받은 세뱃돈을 어른에게 돌려드려도 될까요? _____	1회차

(3) 흥미를 끌어내는 추측 문제

펭TV에는 대중문화를 패러디하여 재미나게 구성한 장면들이 많은데, 그중 학습자들이 쉽게 알아차릴 수 있는 부분은 가벼운 질문 형태로 확인해주면 영상에 대한 학습자의 집중도를 높일 수 있다. <겨울왕국>처럼 영어와 한국어 제목이 다른 경우에도 학습자에게 흥미를 불러일으킬 수 있다.

장면 설명	질문 예시	등장 회차
할머니들을 찾아간 펭수가 <겨울왕국>의 장면을 패러디해 문을 두드리며 '할머니 나랑 같이 놀래?'라고 노래한다	이 노래는 무슨 영화에서 나왔나요? □ 겨울왕국 □ 알라딘	1회차
좁은 편의점 창고에 음료를 정리하러 들어간 펭수의 부리(코)가 박스 사이에 끼어서 움직일 수 없는 상황에 Red Velvet의 Psycho(사이코) 노래가 나온다	이 노래는? □ Psy의 Psycho Party □ Red Velvet의 Psycho	3회차

교포 학습자나 한국에서 한국어를 공부하는 학습자와 달리, 본 수업을 수강한 학습자들은 한국식 영어 표현(콩글리시)을 읽거나 들은 후에도 본인들의 모국어인 영어와 관련이 있다는 것을 잘 깨닫지 못하기 마련이다. 따라서 이런 질문을 통해 콩글리시를 인지하도록 했다.

장면 설명	질문 예시	등장 회차
첫인사가 끝난 펭수와 할머니들은 떡국을 끓이러 가기로 하고 펭수는 '렛츠고!'를 같이 외치려고 하지만, 영어를 모르는 할머니들은 '멕시코', '이래시코'만을 외치며 펭수를 당황하게 한다	펭수가 말하고 싶었던 것은? ☐ Let it go ☐ Mexico ☐ Let's go	1회차
펭수가 가마솥을 아홉 번 저어야 한다는 할머니들의 요구를 완성한 후 '미션 컴플리트!'라고 외친다	'미션 컴플리트'가 뭐예요? 	1회차

2.2. 수업 진행

각 에피소드에 맞는 도입과 동영상 시청 후에는 어휘/표현 학습과 내용을 응용한 활동으로 수업이 이루어진다.

1) 어휘/표현 학습

펭TV의 영상에는 중급 과정을 막 시작하는 학생이라면 낯설게 느낄 새로운 어휘/표현이 많이 등장하기 때문에 교사가 어떠한 전략으로 어휘를 가르칠 것인지 사전에 잘 계획하는 것이 중요하다. 본 수업에서는 내용 이해에 꼭 필요한 키워드나 반복적으로 나오는 어휘는 수업 도입 시, 혹은 영상 시청 중 PlayPosit으로 추가된 질문에 포함해서 학습자의 내용 이해에 도움이 되도록 했고 그 이상의 성취는 학습자 자율에 맡겼다. 영상 시청 후에는 이 수업의 원래 의도에 맞게 정규 수업에서 잘 다뤄지지 않지만 많이 사용되거나 재미있게 사용할 수 있는 어휘와 표현을 선별해 학습하였다. 새로 접하는 어휘마다 모두 학습하는 게 이 수업의 목표가 아니기 때문에 교사가 미리 정한 목표 어휘를 중심으로 의미와 사용 상황을 학습하고 연습하도록 하는 것이 중요하다. 다음은 각 회차에서 목표로 학습한 어휘와 표현이다.

1회차	Ep.85 [할머니들과 남극식 나이 먹어봤습니다]
	급 방전 / 하얗게 불태우다 / 복사+붙여넣기 / 꾸벅 / 으쓱 / 힐끗 / 가만 있어 봐
2회차	Ep.43 [EBS 복지 클라쓰 전격 공개!]
	손을 보다 / 심기 불편 / 떨떠름 / 흡족 / 불신 / 흔쾌 / 과연? 진정한 휴식
3회차	Ep.87 [펭력사무소-편의점]
	잡담 / 뿌듯 / 꾸깃 / 꼼지락 / 천진난만
4회차	Ep.88 [알바가 얼마나 중요한지 알려드리겠습니다]
	한다면 한다 / 됐어! 됐어! / 단호 / 화색 / 인정 / 난리법석
5회차	Ep.건강지킴이 [펭수와 함께하는 손씻기와 기침예절]
	꼼꼼히 / 필수 / 딩동댕
6회차	Ep.66 [화보 모델 펭수]
	마지못해 / 육성 터짐 / 위기를 기회로 / 이 바닥 / 힙 충만
7회차	Ep.28 [예술고 학생은 아크로바틱과 발레를 배운다고?! (feat. 고양예고)]
	가긴 어딜 가 / 못하는 거 아니고 안 하는 거 / 십년감수 / 어질어질 / 일사불란

선택된 어휘/표현의 대부분이 특정 상황에 사용되는 것이었기 때문에 해당 어휘의 단순한 의미 설명보다는 사용할 수 있는 상황을 설명하는 데에 중점을 두었고, 연습도 상황을 설정하고 해보도록 했다. 특히 많은 어휘들이 SNS에서 해시태그(#)로 이용 가능하다는 점에서 착안하여, 일반적인 어휘/표현 연습 외에 설정된 피드를 주고 적절한 해시태그를 달아보는 연습을 하였다.

<4회차 예>   <6회차 예>   <7회차 예>

2) 활동

어휘와 표현 연습까지 마치고 난 후에는 영상의 내용들을 응용하여 종합활동을 했다. 활동은 최대한 한국어를 사용하면서도 언어 연습으로 그치지 않게 구성했다. 다음은 각 회차에서 한 활동이다.

1회차	Ep.85 [할머니들과 남극식 나이 먹어봤습니다]
	영상 속 가마솥처럼 예전에는 사용했지만 지금은 잘 사용하지 않는 물건에 대해 이야기하기
2회차	Ep.43 [EBS 복지 클라쓰 전격 공개!]
	영상 시청 전 자신이 생각하는 힐링할 수 있는 방법을 적어서 박스에 넣고, 수업 종료 전에 추첨을 통해 다른 사람이 적은 방법을 뽑아 하루 힐링하기
3회차	Ep.87 [펭력사무소-편의점]
	영상에서 펭수가 교육받은 것을 바탕으로 편의점 아르바이트 직원과 손님의 역할극
4회차	Ep.88 [알바가 얼마나 중요한지 알려드리겠습니다]
	[네가(내가) ---한다면] 영상 속 참치삼각김밥 300개 발주처럼 황당한 상황을 생각해 질문하고 대답하기 (VoiceThread[1] 사용)
5회차	Ep.건강지킴이 [펭수와 함께하는 손씻기와 기침예절]
	미국 손씻기 홍보 문구[2] 한국어로 번역하기
6회차	Ep.66 [화보 모델 펭수]
	[This is me] 바꾸고 싶지 않은 나의 모습은? (Padlet[3] 사용)
7회차	Ep.28 [예술고 학생은 아크로바틱과 발레를 배운다고?! (feat. 고양예고)]
	문예창작 부분에서 펭수 이름으로 2행시 짓기했던 것에 착안하여 반 학생들과 교사의 이름을 이용해 2~3행시 짓기 (Padlet 사용)

2.3. 수업 후 활용

학습자들은 학기 전반에 걸친 과제로 SNS에 Weekly Posting을 하고 있었는데, 수업 중 연습에서 다뤘던 것처럼 SNS에서 가장 효과적으로 자신의 의견을 표현할 수 있는 방법 중 하나인 해시태그에 응용 가능한 어휘가 있다면 사용해볼 것을 제안하였다.

또 4회차 에피소드에서 펭수의 애창곡인 그룹 거북이의 <비행기>라는 노래가 나오는데, 그 이후에 각자에게 의미 있는 노래를 소개하는 시간을 학기 후반부 프로젝트의 하나로 진행했다. 한국 노래를 거의 듣지 않는 학습자들도 있어서 대상을 한국 노래로 한정 짓진 않았으나 발표는 한국어로 진행하였다.

3. 나가며

유튜브 채널 <자이언트 펭TV>를 정규 수업의 일부로 활용한 결과 즐겁게 한국 현

[1] Voicethread.com

[2] Texas Coronavirus Prevention: Wash your hands like you just got done slicing jalapenos for a batch of nachos and you need to take your contacts out. (That's like 20 seconds of scrubbing, y'all.) Roundrocktexas.gov

[3] Padlet.com

대사회의 일부를 간접 체험하는 문화 교육의 효과가 있었으며, 정규 한국어 교재에서는 잘 다뤄지지 않지만 실제 의사소통에서는 자주 사용되는 관용어, 콩글리시, 유행어, 사자성어, 의성어·의태어 등 새로운 어휘를 학습하는 언어 교육의 효과를 동시에 얻을 수 있었다.

펭TV의 진행 형태가 일반 한국 예능 프로그램과 비슷한 형태를 띄고 있어서 평소에 한국 예능 프로그램을 많이 보던 학습자와 그렇지 않은 학습자 사이에 집중도의 차이가 있었다. 애드립이 많은 것도 일부 학습자들에게는 재미를 더해 주었으나 일부에게는 어려움을 가중시키는 요인이었다. PlayPosit을 이용한 편집을 통해 수업에 어려움을 느끼는 학습자들도 조금 더 수월하게 수업을 따라올 수 있게 했는데 교사의 개입이 이미 영상 안에 포함되어 있는 것이 원활한 수업 진행에 큰 도움이 되었다.

PlayPosit, VoiceThread, Padlet 등의 온라인 프로그램은 사용방법이 복잡하지 않으면서도 교수와 학습의 효율을 높일 수 있는 도구로, 온라인 수업이 면대면 수업을 대체해가고 있는 현 상황과 온라인으로 소통하는 것에 익숙한 학습자를 고려할 때 학습 의욕을 높이고 성공적인 학습을 이끌어내는 데에 효과적이라고 생각된다.

마지막으로, 일상에서 한국어와 한국 문화를 쉽게 접할 수 없는 학습자가 한국과의 연결고리를 찾을 때까지 여러 방법을 동원해 동기를 부여하고 지원하는 것이 해외에서 한국어를 가르치는 교사의 역할이라는 것을 이 수업을 준비하고 진행하면서 한 번 더 생각하게 되었다.

제4장

동료 지도와 첨삭 지도를 결합한
한국어 초급 쓰기 수업의
절차적 지도 방안

주현주
일본 메지로대학교
目白大学

---

1. 들어가며

본 연구는 '좋은 글'을 쓸 수 있도록 가르치려면 어떻게 해야 하는지에 관한 문제의 식에서 출발하였다. 특히 한국어 초급 학습자를 대상으로 쓰기 수업의 지도 방안을 고찰하여 학습자가 더 좋은 글을 쓸 수 있도록 하는 것이 연구 목적이다.

한국어 쓰기 교육의 목표는 글말을 사용하여 자기 생각이나 느낌을 표현하고 글 로써 타인과 원활하게 의사소통하는 데 그 목표가 있다. 언어 교육의 4기능(말하기, 듣기, 쓰기, 읽기) 중 하나인 쓰기 교육의 중요성은 자명하나 학습자가 학습의 어려 움을 느끼는 수업이기도 하다. 따라서 본 연구에서는 작문 수업의 수업 설계를 살펴 보고 학습 목적을 달성하기 위하여 과정 중심의 쓰기 수업의 세부 구성 및 절차를 고찰한다.

2. 선행연구의 분석

강현화·이미혜(2016:250)는 "한국어 쓰기 능력은 한국어를 사용하여 일상생활, 사 회생활을 영위하기 위한 필수적인 능력이며 고급 단계의 숙달도를 갖추기 위해 반 드시 필요한 능력이다."라고 언급하며 쓰기 교육의 중요성을 강조하였다. 그러나 실제 교육 현장에서는 시간적인 제약과 가시적인 교육 효과를 우선시하는 경향이 있어 쓰기 지도에 충분한 시간을 할애하지 못하고 있다는 점을 지적하였다.

쓰기 교육은 크게 '결과 중심', '과정 중심', '장르 중심'의 세 가지 흐름으로 설명이 가능하다. 결과 중심의 쓰기 교육은 언어 형식을 학습하는 것을 중요시하며 잘 쓴 예시 글을 모방하여 쓰기 연습을 하는 방식이다. 예를 들어 문법이나 어휘, 철자법 등을 정확하게 작성하도록 지시하며 모범 글을 보고 비슷하게 작문 연습을 하는 지도법이 있다. 과정 중심의 쓰기 교육은 결과물로 얻은 작문보다 학습자가 어떠한 과정을 거쳐서 글을 썼는지를 중점적으로 살펴보는 방식이다. 이 지도법에서는 문법의 정확성보다 학습자가 작문 내용을 어떻게 생각해 내고 완성해 나아가는가를 중요시한다. 마지막으로 장르 중심의 쓰기 교육은 사회 및 문화적 역할의 관점에서 쓰기 교육이 지향하는 바를 제시한 지도법이다. 작문 주제를 둘러싼 사회 및 문화적 배경을 이해하고 교사와 학습자가 함께 쓰기 활동을 진행한다. 즉 글쓰기의 사회적 기능을 강조하고 문맥을 이해하는 것을 중요시한다.

본 연구에서는 작문 주제 내용에 대해 이문화적인 요소를 충분히 이해한 후에 쓰기 수업을 과정 중심으로 진행하는 지도법을 채택하여 장르 중심적이며 과정 중심적인 혼합형 지도법을 제안한다.

앞서 말한 바와 같이 쓰기 교육의 중요성은 더 말할 나위 없으나 실제 교육 현장에서는 시간적 제약과 가시적인 교육 효과를 우선시하는 경향 때문에 쓰기 교육에 충분한 학습 시간을 설계하지 못하고 있다(강현화·이미혜 2016).

다음으로는 쓰기 교육의 구성을 다룬 선행연구를 살펴보겠다. 이미혜(2000)는 쓰기 교육의 구성을 '교실 내 활동'과 '교실 밖 활동'으로 나누었는데 교실 내 활동은 과제의 제시와 글쓰기 구성의 작성, 학습자 간 피드백으로 구성된다. 교실 밖 활동에는 교사의 피드백과 피드백의 활용이 있다. 덧붙여 쓰기 교육의 원리에 관하여 좋은 작문을 쓰기 위한 점과 작문 습관을 기르기 위한 점이 중요하다고 언급하였다. 그 밖에 글쓰기 전에 작문 계획이 필요하다는 점과 교사와 학습자의 관계뿐만이 아니라 학습자 간의 상호 작용을 활용해야 한다는 점, 그리고 교사의 경우 안내자의 역할을 해야 한다는 점을 강조하였다. 본 연구에서는 위에 언급된 사항을 바탕으로 어떠한 학습과정과 지도법으로 쓰기 교육을 실행할 것인지 구체적으로 제시하고자 한다.

그리고 장향실·김서형(2009)은 대학 교양 과목 중 종합 한국어 수업에 포트폴리오를 활용하여 한국어 수업 설계를 분석하였다. 수업 설계, 수업 내용, 수업 결과 등 일련의 과정을 다룬 코스 디자인을 분석한 것이 특징으로, 먼저 자료를 읽고 토론 과정을 거쳐 쓰기 내용을 정리한 이후에 개요를 작성하는 순서로 수업을 진행하였다. 쓰기 교육에서도 이러한 수업 설계가 필요하다고 생각하며 이러한 과정을 통하여 쓰기 교육의 목표와 수업 설계가 유기적으로 작용할 것이다.

이영희(2016)는 여성 결혼 이민자를 대상으로 포트폴리오를 활용한 한국어 교육 지도법을 분석하였는데 시간 순서대로 도입 단계, 전개 단계, 정리 단계의 세 가지 단계로 나누었다. 도입 단계에서는 사전 설문지로 학습자의 특징을 조사하였다. 구체적으로는 한국어 학습, 한국어 능력, 쓰기 학습, 인적 사항에 관한 문항이 있으며 종합적인 학습자 준비도(Readiness) 조사를 하였다. 전개 단계는 수업 진행 단계를 말하며 먼저 쓰기 내용을 계획하고 생성한 후 내용을 구성하여 초고를 완성하였다. 그 이후에는 초고를 돌려 읽고 발표하였다. 또한 이 단계에서는 개별 활동과 학습자 간 상호 수정 과정이 강조되었다. 정리 단계는 자기 수정으로 내용을 퇴고하고 최종적으로 내용을 완성하고 정리 및 평가하는 과정이다.

장향실·김서형(2009)과 이영희(2016)의 연구에서 언급된 포트폴리오는 일정 기간에 자료를 수집하고 정리한 이후 문장이나 문단을 만들어 가는 과정에서 기록한 내용을 말하며 이를 통해 학습자가 하나의 글을 완성하는 과정을 살필 수 있다.

본 연구에서는 쓰기 교육에 포트폴리오를 도입하여 학습자가 더욱 자율적으로 쓰기 활동에 임할 수 있도록 지도하고, 쓰기 활동을 위하여 스스로 조사하고 정리한 생각을 글로 표현할 수 있도록 한다. 그리고 학습자 간 동료 지도(peer learning), 자기 평가를 통하여 쓰기 활동의 과정을 훈련하도록 한다.

이상 선행연구에서 언급한 쓰기 교육의 중요성은 비단 외국어로서의 한국어 교육 분야에만 해당되는 것은 아니다. 쓰기 교육의 단계별 구성을 자세히 설계하여 쓰기 교육의 목표를 달성하기 위한 효과적 지도법을 모색할 필요가 있다.

3. 일본 메지로대학 한국어학과 기초 과목의 커리큘럼 디자인

3.1. 한국어 기초 과목의 커리큘럼 디자인

먼저 일본 메지로대학 외국어학부 한국어학과에서 전공자를 위한 한국어 기초 과목의 커리큘럼 디자인을 살펴보겠다. 1학년을 대상으로 1년간 한국어 기초 과목군으로 회화, 문법, 청해, 작문의 4과목이 개설된다. 그리고 학습자의 한국어 능력별로 클래스를 분반하여 운영하고 있다.

학습자 준비도 조사로 사전에 반 배정 시험을 치러 1학년 전공생 전체를 4개의 반으로 나누어 1반에 약 16~18명 학생이 배치된다. 1주일에 회화, 문법, 청해 과목은 2교시(1교시 90분 수업), 작문 과목은 1교시를 수강하여 1주일에 총 10.5시간 동안 한국어 기초 과목의 관련 수업을 듣게 된다. 본 연구에서는 이 중에서 봄학기 개설 과목인 한국어 기초 작문과 가을학기 개설 과목인 한국어 응용 작문 과목을 대상으로 하며, 대학에 들어와서 처음으로 한국어를 배우기 시작한 초급 학습자들을 수강 대상자로 삼고 분석하였다.

3.2. 한국어 기초(응용) 작문의 수업 교수 요목

한국어 기초(응용) 작문 수업의 수업 목표는 쓰기의 기본적인 스킬이라고 할 수 있는 한국어 어휘와 표현, 문법, 문장의 내용 등 형식과 내용 양 측면을 학습하는 것이다. 즉, 학습한 어휘와 문법을 활용하여 어떠한 내용으로 글을 쓸 것인가 생각하는 힘을 기르는 것이다. 처음에는 학습자의 모어인 일본어로 생각한 내용을 한국어로 바꾸는 연습을 반복하면서 서서히 일본어를 매개로 하지 않고 한국어로 생각하는 힘을 길러내는 수업으로 진행하였다.

그리고 목표 언어 분석을 통하여 쓰기 교육의 목표를 다음과 같이 정하였다. 첫 번째는 학습한 어휘, 문법, 문형을 활용하여 문장의 구조를 이해하고 다양한 스타일의 문장을 만들 수 있다. 두 번째는 다양한 주제의 쓰기를 위하여 한국어로 정보를 수집하고 전달하고자 하는 정보나 의견을 글말로 전할 수 있다. 세 번째는 쓰기 활동에서 학습자 간 동료 지도 활동을 활용하여 협동 학습에 적극적으로 임할 수 있다. 네 번째는 실제 생활에서 응용이 가능한 글은 물론 전문적인 글쓰기의 레벨까지 목표로 삼는 것이다.

4. 한국어 작문 수업의 절차적 지도 방안

본 연구에서는 한국어 쓰기 수업의 지도 단계로 '과제 제시', '강의', '동료 지도', '다시 쓰기', '첨삭 지도' 등 다섯 단계의 과정을 제시하고 단계별 내용에 대해서 자세히 살펴보도록 한다. 과제 제시 단계는 예습으로 사전 학습 과정이며, 강의와 동료 지도, 다시 쓰기 단계는 수업 과정에서 이루어진다. 이후 교사가 첨삭한 후에 다음 수업 시간에 첨삭 지도의 단계를 진행하였다.

4.1. 과제 제시

과제 제시 단계에서는 학습자의 한국어 학습 레벨과 관심 주제에 맞추어 작문의 주제를 선정하였다. 작문 주제의 구체적인 예로 'SNS에 한국어로 글쓰기', '만나고 싶은 한국인을 소개하기', '미래에 살고 싶은 집을 설명하기', '서적 및 영화를 소개하기', '이메일 및 편지 쓰기', '라디오 방송에 사연 보내기', '고민 상담 글쓰기' 등이 있다. 한국에서 실생활과 관련이 깊은 주제와 SNS 등 학습자가 친숙하게 느끼는 매체를 활용한 쓰기 주제를 설정한 점이 특징이다.

그리고 사전 조사 및 내용을 과제로 제시하여 미리 생각해보게끔 하였는데 가능한 한 구체적으로 과제 항목을 설정하려고 하였다. 이 단계에서는 학습자의 한국어 능력을 고려하여 질문 항목을 일본어로 제시하였고 과제 내용 또한 일본어로 생각하는 것이 편하면 그렇게 하도록 언어의 제한은 두지 않았다.

<표1> 글쓰기 주제 '미래에 살고 싶은 집을 설명하기'의 과제 질문 항목

과제	미래에 살고 싶은 집에 대해서 다음 질문을 중심으로 글쓰기 내용을 생각해보세요.
1	[집의 크기] 집은 몇 층이면 좋겠습니까? 이유는 무엇입니까?
2	몇 개의 공간이 필요하며 무슨 용도입니까?
3	그 외의 조건이 있습니까?
4	집 주변에 무엇이 있으면 좋겠습니까?
5	내가 살고 싶은 집과 집 주변을 그림으로 그려서 표현해주세요. ▲내가 살고 싶은 집 그림 그리기

4.2. 강의

강의 단계에서는 도입과 전개 두 가지 과정을 통하여 진행하는데 강의의 도입 부분에서는 작문 주제와 관련이 있는 어휘와 문형, 표현 등을 '통제된 작문(controlled drills)'의 학습 활동을 통하여 학습한다. 주제로 제시한 내용에는 문화적인 특징이 포함되는 어휘 및 표현이 있는데 이를 중심으로 학습을 진행한다. 예를 들어 '미래에 살고 싶은 집을 설명하기' 주제에서는 한국의 일반적인 집 구조에 관하여 설명하면서 한국 현대 문화와 관련 있는 거주 형태를 설명하였다. 또한 일본의 가옥에 관련된 표현을 한국어로 어떻게 옮겨야 하는지에 관한 부분은 학습지가 조사해온 내용을 중심으로 확인하였다.

어휘 및 문형은 주제와 관련된 어휘를 설명하고 연어(collocation) 관계에 있는 어휘와 표현을 중심으로 다루었는데 특히 짧은 글짓기 활동을 통하여 연습하였다. 그리고 한 문장 이상의 문장을 제시하고 논리적으로 올바른 문장 제시 순서를 찾는 퀴즈 등도 포함하였다.

개선점으로 주제와 관련 있는 어휘 및 문형에 관하여 예습을 해 오도록 미리 제시하는 것이 효과적이라고 생각하였다. 수업 시간에는 예습한 내용을 확인하기 위한 절차로 쪽지시험을 준비하였는데 단어의 의미를 쓰거나 단어의 의미를 보고 한국어 단어를 쓰는 방식이었다. 이에 대한 개선점으로 단어의 의미를 단순하게 확인하는 시험이 아니라 받아쓰기나 단어를 활용한 형태의 시험 형식을 다양하게 활용하는 방식을 들 수 있다.

다음으로 강의 전개 단계에서는 과제로 제시한 내용을 중심으로 한국어로 쓰기 활동을 하였다. 이 과정에서 우선 소그룹별로 이야기하고 자유롭게 질의응답을 할 수 있도록 그룹 활동 시간을 설계하였다. 과제 내용으로 준비한 내용 중 부족한 부분을 채우고 본인이 조사한 내용과 생각을 정리하는 시간으로 의미가 있다.

그리고 개별 활동으로 한국어 쓰기 활동 단계로 이어지는데 휴대전화, 태블릿 등을 이용하여 인터넷을 적극적으로 활용하도록 하였다. 이는 휴대하기 어려운 종이 사전 대신 학습자 전원이 휴대전화를 소지하고 있었기에 가능하였다.

4.3. 동료 지도(peer learning)

다음 단계로는 개별 활동을 통하여 작성한 글을 가지고 그룹 활동을 하는 것이다. 동료 지도는 학습자들이 그룹으로 활동하면서 한국어를 매개로 협력하여 함께 학습해 나아가는 방식을 말한다. 협동 학습, 피어 러닝 등 다양한 표현이 있다. 최근 학습자들이 함께 협력하여 학습하는 '학습자 중심 학습법'이 주목을 받고 있으며 학습 효과 또한 인정받고 있다.

본 연구에서는 2~4명 학습자를 1그룹으로 만들어 학습자들이 서로 작성한 글을 교환하여 읽고 이야기를 나눈다. 이러한 활동을 통하여 자기 수정 및 타인에 의한 정정의 과정이 자연스레 생성되었다. 그리고 그룹별로 활동한 내용을 기록하고 대표가 발표하도록 하였다. 즉, 같은 그룹에 소속된 다른 학습자의 글을 보고 활용할 수 있는 어휘 및 표현을 모방하고 자신이 쓴 글의 표현을 타인에게 설명할 수 있도록 지시하였다. 이 그룹 활동의 진행 언어는 주로 일본어로 하였으며 교사의 지시 언어는 서서히 한국어를 늘려 가는 방향으로 진행하였다.

4.4. 다시 쓰기

본 연구는 동료 지도와 첨삭 지도를 중심으로 쓰기 수업의 지도 과정을 다루고 있으나 그 사이에 다시 쓰기의 단계를 두고 있다. 지금까지 과정을 간단히 살펴보면 먼저 과제 제시 단계에서 일본어로 글쓰기 내용을 사전에 조사하여 준비하고, 강의에서는 조사한 내용을 정리하고 관련 어휘 및 표현을 학습한다. 그리고 한국어로 쓰기 활동을 하여 각각 과제 항목에 관한 답변을 문장 단위로 쓰게 한다. 그 이후 학습자 간 동료 지도를 통하여 수정 및 보완을 하고, 다음 단계인 다시 쓰기 단계에서는 모든 내용을 여러 개의 문단으로 구성하도록 한다. 이 과정에서는 문장 간을 연결하는 접속사와 문장 간의 관계를 이해하도록 하는 것이 중요하다.

본 연구에서는 동료 지도 단계에서 수정한 문장을 원고지에 하나의 주제에 관한 복수의 문단으로 작성하도록 지시하였다. 학습자의 한국어 능력에 맞추어 처음에는 200자 원고지로 시작하여 400~600자 원고지를 사용하도록 하였다. 그 이유는 한국어로 문장을 쓸 때 문장 길이의 변화를 시각화하여 쓰기 활동의 성과를 한눈에 보게 하는 효과가 있기 때문이다. 손글씨는 사람이나 상황에 따라 다르지만, 원고지에 작성하면 일정하게 결과물을 확인할 수 있다는 점에서 유용하다. 그리고 초급 학습자가 어려움을 느끼는 띄어쓰기 등의 정서법을 익히는 데도 도움이 되며 교사가 첨삭 지도할 때 명확하게 수정 지도를 할 수 있기 때문에 원고지에 쓰는 것을 적극적으로 장려하였다.

4.5. 첨삭 지도

첨삭 지도 과정은 교사가 직접 글을 읽고 지적하는 과정이다. 이때 틀린 부분을 직접 고치지 않는 것이 중요하다. 틀린 부분을 교사가 직접 수정할 경우 학습자는 어디서 실수했고 맞는 표현은 무엇인지 손쉽게 알 수 있지만, 수동적인 쓰기 활동으로 마무리되기 쉽다. 중요한 것은 학습자가 직접 수정이 필요한 부분을 재검토하는 과정이다.

구체적인 첨삭 지도 방법으로 먼저 몇 가지 첨삭 표기의 기호 규칙을 정하여 그 기호만으로 1차 첨삭 지도의 결과를 전달한다. 이때 본 연구에서는 기호의 규칙을 세 가지로 정하였다. 먼저 어휘 및 철자법의 오류가 있는 경우, 문장 표현을 다른 표현으로 바꿀 필요가 있는 경우, 마지막으로 글의 내용상 수정이 필요한 경우로 표기 기호와 색을 달리하였다. 이렇게 직접적인 첨삭 지도가 아닌 학습자가 스스로 수정하도록 유도하는 지도법은 스캐폴딩(scaffolding)과 그 개념이 유사한데 교사가 학습자에게 적절한 인지적 도움과 안내를 하여 학습을 촉진하는 전략을 말한다. 이는 앞서 인급한 이미혜(2000)의 연구에서 밀한 '안내사로서의 교사의 역할'과도 일맥상통한다.

1차 첨삭을 한 내용을 학습자에게 돌려주고 스스로 다시 수정하게 한 후에 글쓰기를 완성하도록 한다. 완성한 글은 반 전체 학습자들 앞에서 발표하도록 한다. 이때 서로가 작성한 글을 모두 공유하여 글말 자료를 보면서 결과물을 확인하도록 한다. 비로소 개개인의 포트폴리오가 완성된다고 할 수 있는데 과제 제시 단계부터 글쓰기 완성 단계까지 살펴보고 어떠한 과정으로 하나의 글을 완성하였는지 복습할 수 있는 시간을 갖는 것 또한 중요하다.

발표한 내용에 대해 교사가 2차 첨삭을 하여 수정한 부분과 그 외의 부분에서 개선할 수 있는 점을 조언한다. 이때에는 가능한 구체적으로 제시해야 하며 필요에 따라 일본어 설명을 덧붙이기도 한다.

5. 나오며

본 연구에서는 한국어 초급 학습자가 수강하는 한국어 기초(응용) 작문 수업의 지도법에 관하여 단계별로 교사와 학습자의 활동을 중심으로 살펴보았다. 시간순으로 각 단계의 실례를 들어 고찰하고 과정 중심적이며 장르 중심적인 쓰기 교육의 지도법을 제시하였다.

먼저 과제 제시 단계에서는 강의 이전에 예습으로 학습자에게 한 주제에 관한 구체적인 질문을 제시하여 조사하도록 지시하였다. 그 결과를 가지고 학습자 간에 그룹 활동을 통하여 스스로 작문 내용을 구체화하였다. 그 다음 단계인 강의 단계에서는 사전 학습 내용의 확인을 위하여 주제와 관련된 어휘, 문법, 문형 표현을 학습하고 개별 활동으로 문장 단위로 한국어 쓰기 활동을 진행하였다. 그리고 동료 지도 단계에서는 학습자가 서로의 글을 보면서 협동 작업을 통하여 글쓰기 활동을 확대하였다. 이 부분을 통해 기존에 글쓰기를 어렵게만 생각했던 학습자가 동료 학습자들과 이야기를 하면서 지식과 경험의 확장을 이루고, 이를 바탕으로 본인의 생각에 깊이를 더할 기회를 가질 수 있었다. 또 동료 지도 단계에서 수정한 내용을 바탕으로 원고지에 다시 쓰기 과정을 거쳐 교사의 첨삭 지도를 진행한다. 교사의 첨삭 지도 단계의 특징으로는 수정 결과를 직접적으로 언급하지 않는 것으로 학습자가 스스로 답을 찾아가는 과정을 중요시하였기 때문이다.

본 연구를 통하여 알게 된 향후 개선점에 관하여 설명하면 '다시 쓰기 과정'이 여러 차례 반복되기 때문에 한 주제에 대해 쓰기 과정을 다소 지루하게 느껴 학습활동에 방해가 될 수 있다는 점이다. 이에 대한 대책으로 동료 지도와 다시 쓰기 과정 사이에 새로운 과제를 추가하여 조금씩 쓰기 내용을 확장 및 발전시킬 수 있도록 교사의 학습 촉진 전략을 활용할 것을 제안한다.

참고문헌

강현화 & 이미혜. (2016). **한국어교육론**. 한국방송통신대학교 출판문화원.

김성숙. (2007). 한국어 작문과정 모형과 단계별 전략 탐구. **한국어 교육, 18-2**, 국제 한국어교육학회, 21-47쪽.

김유정. (2001). 한국어 쓰기 포트폴리오 평가에 대한 연구-중급 학습자를 대상으로. **한국어학, 13**, 한국어학회, 85-120쪽.

원진숙. (1999). 쓰기 영역 평가의 생태학적 접근:대안적 평가 방법으로서의 포트폴리오를 중심으로. **한국어학, 10**, 한국어학회, 191-232쪽.

이미혜. (2000). 과정 국어 쓰기 교육-작문수업을 중심으로. **한국어 교육, 11-2**, 국제 한국어교육학회, 133-150쪽.

이영희. (2016). 여성결혼이민자 대상 상호작용적 쓰기 교육 사례 연구-포트폴리오 활용을 중심으로. **국제한국어교육학회 국제 학술 발표 논문집**. 2016 국제한국어 교육학회, 154-164쪽.

장향실 & 김서형. (2009). 외국인 대학생을 위한 교양 한국어 쓰기 수업모형 개발 연구. **한국어 교육, 20-2**, 국제한국어교육학회, 255-279쪽.

제5장

한국어 말하기 듣기 능력 향상을 위한 '미디어 활용 수업' 사례

[1] 이을지(제1저자),
황선영(교신저자)

이을지[1]
한국 이화여자대학교
Ewha Womans University

-

황선영
한국 숭실대학교
Soongsil University

1. 들어가며

본 연구는 한국어 학습자의 구어 능력 향상을 위해 영화, 드라마 등의 미디어를 활용한 수업을 설계·운영한 사례를 보여주고자 한다. 교실에서 교육적 과제로서 실시하는 말하기, 듣기만으로는 실제 의사소통 상황에 활용할 수 있는 말하기, 듣기 능력을 향상시키는 데 한계가 있다. 특히 국외에서 한국어를 공부하는 학습자들은 목표어 환경에 노출되는 절대 시간이 부족하므로 국내 한국어 학습자에 비하여 구어 능력 향상에 한계가 있을 수 있다.[2] 이러한 한계를 극복하는 여러 방법 중 하나로 미디어 활용을 꼽을 수 있다. 한국어 학습자의 대부분은 영상 매체에 익숙한 세대이며, 실제로 많은 국외 학습자들은 미디어를 통해 한국어를 공부하고 있다.[3]

그러나 단순히 미디어를 보는 것만으로 의미 있는 학습이 이루어지지는 않는다. 따라서 학습 목표에 적절한 매체를 선정해야 하며, 이를 활용하여 어떻게 교수·학습이 이루어질 수 있는지 그 방안이 제시될 필요가 있다. 이에 본 연구에서는 학습자들의 말하기, 듣기 능력을 높이기 위한 미디어를 활용한 교수 방안으로 수정된 섀도잉(Shadowing) 기법을 제안하고자 한다. 섀도잉 기법은 말 그대로 학습자들이 원어민의 발화를 그림자처럼 따라하도록 하는 방법을 말한다. 원어민의 발화를 듣고 조금 늦지만 거의 동시에 따라 말하는 것이다. 이때 단순히 모방하는 것이 아니라

[2] Bouton(1994)은 영어 학습자들의 함축 습득에 대해 알아본 결과, 목표 언어권 거주 기간이 함축 이해에 영향을 미쳤다고 하였다. 이는 학습자의 화용 능력 발달에 목표어 환경에서의 거주 기간이 유의미한 영향을 미쳤다는 것을 보여준다.

[3] 이미향 외(2016) 등은 국외 한국어 학습자에게 공부 방법과 학습에 필요한 것에 대해 조사한 결과, 학습자들은 한국어를 '혼자서' 공부하거나 '인터넷, TV' 같은 매체를 활용해 공부하며, '자가 학습법'이나 '학습 교재'가 필요하다고 응답했다고 한다. 이러한 학습자들에게 미디어를 활용하여 의미있는 학습을 할 수 있노록 교수 및 학습 방안을 제시해 줄 필요가 있다.

(Nye & Fowler, 2003) 운율적 특징도 따라하면서 말 안의 의미, 의도 등까지 파악해야 한다. 이러한 방식은 학습자들의 언어 능력을 향상시킬 뿐 아니라 인지적 부담을 줄여줄 수 있으며(Murphey, 2000), 학습 동기 및 흥미를 높이는 데 도움을 줄 수 있다(Nunan & Miller, 1995). 본 연구에서 제시하는 교수 방안은 국외 대학의 한국어 교육과정에도 활용될 수 있을 것이며, 독학하는 학습자들에게도 학습 방안을 제시해줄 수 있을 것이라고 기대한다.

2. 교과목 개요 및 교과과정 설계

본 연구에서 제안하고자 하는 미디어를 활용한 섀도잉 기법의 수업을 홍콩에 소재한 A대학교 한국학 전공 강의('Korean Language through Media')에서 시도해 보았다. 여기에서는 해당 교과목에 대한 개요와 교과과정 설계 과정을 설명하고자 한다.

'Korean Language through Media'는 A대학교의 한국학 3학년 전공생을 위해 개설된 교과목으로, 전공 선택 과목(elective course)이다.[4] 이 교과목은 주당 2시간(50분씩 2차시), 6학점의 과목이었다. 수업 대상자들은 광둥어를 모국어로 하는 20대 초반 여학생 17명이었으며 모두 한국학을 전공 또는 부전공하는 학생들이었다.

'Korean Language through Media'는 문법 학습과 문법을 활용한 활동으로 이루어지는 기본 한국어 과정과는 달리 교육 목표로 하는 주제를 집중적으로 다루는 방향으로 자유롭게 수업을 설계할 수 있었다. 따라서 미디어를 적극 활용함으로써 교과서 바깥의 한국인의 실제 언어 생활을 가급적 많이 반영하여 대화의 특성이 어떠한지 보여주는 것을 목표로 삼았다.[5] 문법 항목을 교육 목표로 하는 경우에도 문법 중심의 수업과 달리 해당 항목의 실제 사용에 중점을 두어 연습시키는 것을 목표로 하였다. 예를 들어, '-(으)ㄴ/는데'를 문법 항목으로 가르치는 경우, 역접의 의미와 배경의 의미, 종결 어미로서의 '-(으)ㄴ/는데'를 의미에 따라 분리하여 가르친다. 그러나 실제 대화에서 배경의 '-(으)ㄴ/는데'는 요청, 제안, 명령 등의 여러 가지 의미를 수행한다. 따라서 미디어를 활용한 수업에서 '-(으)ㄴ/는데'가 쓰인 문장이 어떻게 명령의 역할을 담당하게 되는지를 실제 예를 통해 제시하였다.[6]

이러한 목표에 따라 차시별로 교수 학습 목표 항목을 설정하고, 목표 항목이 잘 드러나는 영상을 선정하였다. 목표 항목을 설정할 때 앞부분은 발음, 어휘 단위의 특징을 살피는 것으로 시작하여 갈수록 문장 단위, 대화 전체를 살펴야 하는 내용으로 구성하였고 후반부에는 화행과 대화의 규칙 및 함축을 다루었다.

[4] 전공생들은 2학년 2학기부터 전공 선택 수업(elective course)을 듣게 되는데 이 수업은 3학년 1학기 기본 한국어를 듣는 전공생들이 동시 수강(co-requisite)으로 들을 수 있는 전공 선택 수업이었다. 3학년 1학기 기본 한국어 과정의 수업 교재는 <이화한국어 3-2>와 <재미있는 한국어 1과>이다.

[5] 속담도 미디어를 활용하기 좋은 표현이다. 교과서의 짧은 대화만으로 자연스러운 대화 안에서의 사용까지 보여주기는 어렵기 때문이다. 한국어 모어 화자들은 속담을 주로 실제 언어 생활 속에서 상황에 대한 비유로 사용하는 경우가 많다. 이것을 미디어를 활용하면 1분 내외의 영상으로 상황도 쉽게 이해시키고 속담의 의미도 설명할 수 있으며 실제 대화 속에서 어떻게 사용하는지까지 보여줄 수 있다.

[6] 실제로 수업을 진행한 결과, 평서문으로 이루어진 문장이 명령의 언표 내적 의미를 담당하는 부분을 배울 때 학생들은 이미 '-(으)ㄴ/는데'라는 문법을 배웠음에도 이를 신선하게 받아들였다. 이는 학생들이 문장 단위에서의 문법 의미에만 한정되어 학습하고 있었다는 것을 보여주는 것이라 할 수 있다.

V. 교수방법론 및 온라인기반과 한국어 교육

영상 선정 시 영화, 드라마의 경우 제작 시기(최근 2년 이내), 주인공 연령대(20대)를 기준으로 삼아 선택하였고, 예능 프로그램은 학습자들의 흥미를 높이고 동기를 부여하기 위하여 수업을 진행한 시기에 방영되는 프로그램으로 선택하였다. 또한 '표준어 사용 여부, 발음의 명확성, 비속어 사용 여부, 선정성, 실제성'의 기준에 따라 최종적으로 영상을 선정하였다. 이러한 기준으로 선정된 교수 항목과 영상은 다음과 같다.

<표1> 주차별 교수 항목 및 영상 목록[7]

차시	목표 교수 항목	영상 자료
1주차	수업 안내, 구어란?	리틀 포레스트(영), 쌈 마이웨이(드)
2주차	의성어와 의태어의 맛	리틀 포레스트(영), 쌈 마이웨이(드), 일로 만난 사이(예)
3주차	'괜찮다'의 양면성	일로 만난 사이(예), 쌈 마이웨이(드), 한끼줍쇼(예)
4주차	'-(으)ㄴ/는데'의 얼굴들	리틀 포레스트(영), 쌈 마이웨이(드), 일로 만난 사이(예)
5주차	속담 활용하여 말하기	리틀 포레스트(영), 쌈 마이웨이(드)
6주차	높임말과 반말	쌈 마이웨이(드)
7주차	한국인처럼 사과하기	쌈 마이웨이(드), 일로 만난 사이(예)
8주차	한국인처럼 요청하기	리틀 포레스트(영), 일로 만난 사이(예)
9주차	한국인처럼 거절하기	리틀 포레스트(영), 놀면 뭐하니(예)
10주차	숨은 뜻 알아차리기 1	리틀 포레스트(영)
11주차	숨은 뜻 알아차리기 2	리틀 포레스트(영), 쌈 마이웨이(드)

[7] 홍콩의 A대학은 한 학기가 총 13주차로 구성되는데, 한 주는 복습 주간이고, 한 주는 공휴일로 11주차의 과정으로 수업을 진행하였다.

3. 미디어 활용 수업 사례

수업 방식은 앞서 언급한 바와 같이 수정된 섀도잉 기법을 활용하였다. 섀도잉 기법은 목표 발화를 들으며 동시에 목표 발화를 따라 말하는 방식이다.[8] 본 연구에서는 제한된 수업 시간을 효율적으로 활용하고, 듣기 능력뿐 아니라 말하기 능력도 발전시키기 위하여 섀도잉 기법과 PPP(Presentation-Practice-Production) 모델을 혼합한 수정된 섀도잉 기법을 사용하였다. 즉, 섀도잉으로 따라 연습하는 부분을 줄이고 짝 활동과 발표를 추가하였다. 다음 <표2>는 수정한 섀도잉 기법을 활용한 수업 진행 방식을 나타낸 것이다.

[8] 섀도잉 수업의 7단계 (Kadota & Tamai, 2004, 정혜영·차경환, 2015, 265-266쪽 재인용)

순서	수업 방식
1	지문의 전체 의미를 이해하기 위한 지문 듣기
2	자신의 발음보다는 들리는 소리에 집중하면서 중얼거리거나 조용히 따라 하기
3	지문을 읽으며 큰 소리로 따라 하기
4	속으로 읽으며 지문 이해하기
5	발화의 속도를 따라 하며 세 번 들으며 따라 하기
6	들리지 않거나 섀도잉이 안 되는 소리 및 이해 안 되는 의미에 해당하는 지문 확인
7	섀도잉과 의미 해석 둘 다에 집중하며 내용 따라 하기

<표2> 수정된 섀도잉 기법

	수업 내용	소요 시간
제시	1. 교수 학습 목표에 맞춰 준비한 1분 내외의 영상을 자막 또는 대본 없이 보여준다.	2분
	2. 내용에 대해 이해한 것을 자유롭게 말하게 한다.	3분
	3. 대본을 나누어주고 학생들이 대본을 보면서 의미를 이해할 수 있도록 교사가 돕는다.	10분
연습	4. 전체 학생을 대상으로 영상을 등장 인물의 발화 순서(turn)가 끝날 때마다 끊어 가며 틀면서 따라 연습하게 한다.	5분
	5. 짝 활동으로 대화를 연습시킨다. 1) 짝끼리 대화를 연습하게 한다. 교사는 전체 영상을 학생들이 쭉 보면서 연습할 수 있도록 끊지 않고 끝까지 틀어 두기를 여러 번 반복한다. 2) 짝과 역할을 바꿔서 위의 과정대로 또 연습하게 한다.	15분
생산	6. 짝과 연습한 것을 전체 학생 앞에서 발표하게 한다.	15분
	7. 교사는 전체 학생을 대상으로 각 팀의 발표에 대해 피드백을 한다.	

　　제시 단계는 영상을 보고, 대본을 확인하는 과정으로 이루어졌다. 교사는 수업을 시작할 때 "오늘 볼 영상은 영화 <리틀 포레스트>의 한 장면이에요." 정도의 언급을 하고 영상을 재생시켰다. 자막과 대본 없이 영상을 본 후에 학생들에게 두 사람이 무슨 말을 하고 있는지 묻고 내용을 이해했는지 확인하였다. 이 단계는 학생들이 얼마나 들었는지 확인하는 과정이기도 하고, 연습과 발표 단계를 거치면서 수업 전과 후의 듣기 실력을 비교하기 위한 첫 과정이기도 하다. 어느 정도로 들은 것에 대한 이야기를 마친 후 대본을 나누어주었다. 학생들은 잘 들리지 않았던 부분을 대본을 보고 스스로 알 수 있게 된다. 그 후에 교사와 대본을 확인하며 의미를 이해하고, 해석할 수 있도록 한다.

　　연습 단계는 섀도잉과 짝 활동으로 구성된다. 먼저 교사가 등장인물의 발화를 한 턴씩 끊어서 영상을 틀어주며 해당 발화를 학생들이 따라 하게 하였다. 이때 학생들이 잘 따라 하지 못하는 부분은 교사가 함께 따라 하며 한 번 더 해보도록 하였다. 짝끼리 연습할 때 교사는 5~6번 이상 반복하여 영상을 틀어주었다. 이렇게 하는 동안 학생들은 자신들의 속도에 맞춰 2~6번 정도 섀도잉을 하였다. 학생들이 연습하는 동안 교사는 돌아다니며 팀별로 피드백을 해주었다.

　　짝 활동이 끝나면 발표를 하도록 한다. 발표는 교실 앞에 나와서 하도록 하였고 이때 대본을 다 외울 필요 없이 대본을 손에 들고 참고하며 발표하도록 허용하였다. 학생들은 영상이 나올 때 자신이 맡은 역할 앞에 섰다. 발표할 때 음을 소거한 영상을 틀어주었는데 이것은 학생들이 발화 속도를 목표 발화에 맞출 수 있도록 자극하기 위함이었다. 발화 속도에 잘 맞추는 팀이 있었는가 하면 영상은 끝났는데 아직 발화가 다 끝나지 않은 팀도 있었다. 발표한 후에 교사가 피드백을 해주었다.

수업 진행 후 학생들에게 같은 주제에 대한 2분 내외의 영상을 보고 빈칸을 채우는 숙제를 내주었다. 이를 통해 학생들이 해당 주차에 배운 내용을 복습하고 다른 영상을 보며 배운 내용을 강화, 확장시킬 수 있도록 유도하였다.

이 교과목은 학습자들의 말하기, 듣기의 구어 능력을 향상시키고자 개발된 교과목이었으며, 학생들의 학습 동기와 흥미를 유발시키고자 미디어를 활용하여 실제성 높은 과제를 수행하도록 계획하였다. 앞 장에서 설명한 방식으로 수업을 진행한 결과, 학습자들의 구어 능력이 학기 초에 비하여 눈에 띄게 향상되었다. 이 교과목의 평가는 수행 평가와 기말 과제[9]로 구성되었는데, 수행 평가 결과를 통해 '억양, 끊어 말하기, 감정 표현'에서 긍정적인 효과가 나타났음을 확인할 수 있었다. 그뿐 아니라 '문법의 정확성'도 향상되었음을 알 수 있었다. 이는 기존의 연구에서 섀도잉 기법의 효과로 제시한 깃과 동일한 결과를 보이는 것이었다.

4. 나가며

미디어를 활용한 수업은 교과서를 벗어나 모어 화자들이 실제로 일상 속에서 사용하는 언어를 그대로 배울 수 있다는 점에서 학습자의 말하기, 듣기 능력을 높이기에 적절한 방법이다. 그러나 그동안 매체 활용 수업에서 가장 중요한 부분인 자료 선정 및 활용 방안을 구체적으로 제시한 연구를 찾기가 어려웠다. 이러한 점에서 본 연구는 한국어에 노출되는 정도가 낮을 수밖에 없는 국외 대학의 한국학 전공생을 대상으로, 미디어를 활용한 교과과정을 설계하고 자료 선정 과정 및 활용 방안을 구체적으로 제시했다는 데에 의미가 있다. 그러나 본 연구에서는 한 학기 동안 운영한 수업의 사례를 제시한 것일 뿐이므로, 앞으로 교과과정의 수정 및 보완이 필요할 것이다. 또한 이 교과과정으로 학습한 학습자들의 평가 결과 분석 및 말하기, 듣기 효능감 검사를 통해 교육의 효과를 확인하는 연구가 이어질 필요가 있다. 미디어를 활용한 수업 방식이 학습자들의 언어적 능력 외에 정의적, 인지적인 면에도 긍정적인 영향을 주는지에 대한 연구도 후속될 수 있을 것이다.

[9] 수행 평가는 학기 중 2회로 진행하였고 '목소리 크기, 속도, 발음, 억양, 끊어 말하기, 문법의 정확성, 감정 표현, 상호 작용'이 평가 항목이었다. 기말 과제는 수업 중 다룬 주제를 선택하여 그 주제가 드러나는 영상을 찾아 분석하는 것이었다. 평가 기준은 '주제 적절성, 대본의 완성도, 이해 능력'이었다.

참고문헌

이미향, 조숙연, 엄나영. (2016). 매체 활용으로 본 국외 한국어 학습자의 언어문화 비교 연구 -영국과 중국의 한국어 전공 학부생을 대상으로. **국제한국어교육학회 학술대회논문집**, 317-331쪽.

Bouton, L. F. (1994). Conversational implicature in a second language : Learned slowly when not deliberately taught, *Journal of Pragmatics* 22, 157-167.

Murphey, T. (2000), *Shadowing and summarizing*, Honolulu, US: University of Hawaii, Second Language Teaching and Curriculum Center.

Nunan, D. & L. Miller. (1995). *New Ways in Teaching Listening*, Bloomington : Pantagraph Printing.

Nye, P. W. & C. A. Foweler. (2003). Shadowing Latency and Limitation: the Effect of Familiarity with the Phonetic Patterning of English, *Journal of Phonetics* 31(1), Elsevier, 63-79.

제6장

온라인 한국어 수업에서의
실재감 구현 방안
- 한국어 중급 쓰기 수업의 예

김보경
핀란드 헬싱키대학교
Helsingin yliopisto

1. 들어가는 말

2000년대 이후부터 언어교육 현장에서 오프라인과 온라인 교육을 병행하는 블랜디드 러닝(blended learning: 혼합수업), 플립 러닝(flipped learning: 역진행 수업)을 포함한 온라인 교육에 대한 연구가 활발하게 진행되었다(Garrison, 2005; Blake, 2009; Peterson, 2009; Kessler et al., 2010; Hockly, 2015). 그러나 온라인을 통한 외국어 교육은 학습 결과에 긍정적인 결과를 가져오며 시간과 공간의 제약을 받지 않지만, 학습효과가 예상한 만큼 높지 않고 교사들의 업무가 가중된다는 의견도 있다(Gonzalez-Lloret et al., 2009). 또한 블랜디드 러닝이나 플립 러닝은 주로 교실 수업을 보조하는 역할을 담당하거나 선택적 또는 부분적으로 채택되는 경우가 많았으나 올해 모든 교실 수업이 전면적으로 비대면 온라인수업으로 전환되는 예외적인 상황을 겪으면서 한국어 교육의 내용, 방법, 과제, 평가, 수업 운영 등 교육과정 전반에 큰 변화를 가져오게 되었다.

일반적인 지식전달 중심의 강의식 수업에서 교사는 지식의 전달자이고 학습자는 지식을 수동적으로 받아들이는 청자의 위치에 서기 쉽다. 그러나 의사소통 능력의 향상을 목적으로 하는 한국어 수업에서 상호작용과 실재감은 수업을 구성하는 매우 중요한 요소일 수밖에 없다. 수업 내에서는 교사와 학습자 간, 학습자와 학습자 간, 교재 및 교육내용과 학습자 간의 수많은 상호작용이 일어나는데 실재감은 온라인수업에서 역시 매우 중요하며 교육 결과에 영향을 미칠 수 있다. 이 글에서는 온라인 한국어 수업에서 실재감을 구현할 수 있는 방안을 살펴보고 중급 쓰기 수업의 예를 들어 제시한다.

2. 실재감(Presence)

실재감은 '어딘가에 존재하는 느낌(being there)'을 의미하며(Heeter, 1992) Garrison 등은 실재감을 다음의 <그림1>과 같이 세 가지 요소로 나누어 제시하였다.

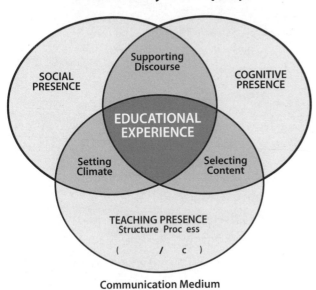

<그림1> The CoI framework(Garrison, Anderson & Archer, 2000; p. 88)

<그림1>에서와 같이 사회적 실재감(Social presence)은 참여자들과의 관계를 통해 나타나며 "실제 사람들(real people)"이 "거기에(there)" 존재하는 것을 느끼고 같은 학습공동체 안에 소속되어 있다고 느끼는 정도이다. 이는 친밀감, 협력 학습, 자신을 표현할 수 있는 학습 분위기로 나타난다. 인지적 실재감(Cognitive presence)은 학습 과정에서 일어나는 지적인 측면으로 지속적 대화를 통해 학습 내용에 대해 성찰하고 의미를 구성하고 지식을 구축하는 정도이다. 교수 실재감(Teaching presence)은 교사에 대한 존재를 느끼고 학습에 대한 안내, 반응을 통해 언제라도 도움을 요청할 수 있는 정도로 나타날 수 있다. 이러한 실재감은 교육적 경험을 이루고 학습 결과에 영향을 미치는 주요 요인으로 분석되었다(Anderson et al., 2001).

실재감은 상호작용에 바탕을 두고 있으나 수업 내에서 사실이나 단순한 정보 교환이나 의견을 공유하는 상호작용이 반드시 실재감을 유발하는 것은 아니며, 상호작용이 성찰적 사고와 비판적 담화의 속성을 지닌 커뮤니케이션으로서 구조화되고 체계화될 때 실재감을 수반한다고 했다(Garrison et al., 2005).

그러므로 이러한 실재감이 일어나기 위해 오프라인 수업에서뿐 아니라 온라인 수업에서도 역시 교사의 역할이 중요한데 Garrison 등은 설계 및 관리, 담화 촉진, 직접적인 지시의 3가지 역할을 제시하였다(Garrison et al., 2001).

<표1> 온라인 교육에서 교사의 역할

설계 및 관리 : 과정, 구조, 평가 및 수업의 구성 요소를 통해 사고	담화 촉진 : 학습 목표 달성을 위한 지원 및 참여 장려	직접적인 지시 : 지적, 학문적 리더십 제공
1. 커리큘럼 구축	1. 대응하고 학생 응답 격려	1. 내용 제공
2. 자료(온라인, 개인적 통찰 포함) 학습자에게 맞춤화(재용도)	2. 비활동적인 참여자 이끌기	2. 단서가 되는 시작 질문
3. 그룹 및 개별 활동 설계 및 관리	3. 과장 / 지배적 언급 줄이기	3. 개념에 대해 관심을 갖도록 하는 지시를 통해 주의 집중
4. 시간표 설정 및 절충	4. 학생들이 의견 사이에서 적절한 연결점을 찾도록 돕기	4. 평가와 적절한 피드백을 통한 이해도 확인
5. 지침과 조언 제공	5. 토론 과정의 효과 측정	5. 잘못된 이해에 대한 진단과 처리
6. 적절한 인터넷 예절 제시		6. 학생들이 자료를 찾아보게 하기
7. 매체의 효과적 사용 모델링		
8. 수업에 대한 "큰 구상"의 감각 제공(서술 과정을 통해 분명하고 암묵적인 학습목표가 드러나도록 함)		

또한 한국어 온라인 교육에서 실재감의 영향에 대한 연구로는 권성연(2011), 김혜영 외(2012) 등이 있으며 안정민(2020)은 온·오프라인 한국어 수업에서의 교수 실재감을 비교하여 제시하고 있다.

이러한 온라인 수업에서의 교수자는 수업을 설계하고 관리하는 것뿐 아니라 담화의 촉진자이며 지적 및 학문적 리더십을 제공하는 역할을 통해 실재감을 활성화하여 교육적 효과를 기대할 수 있으리라 본다. 이를 바탕으로 다음에서는 중급 1 쓰기 교육의 내용과 실제 수업을 살펴보고자 한다.

3. 중급 1 쓰기 교육에 대한 교육과정 기술

의사소통 기능은 말하기, 듣기, 쓰기, 읽기의 4대 영역으로 나눌 수 있는데 그동안은 주로 구어의 표현 영역인 말하기 능력 향상에 관심이 집중되어 말하기 교수법과 과제 연구에 치중해 왔다. 그러나 쓰기 교육은 다른 기능을 향상시킬 수 있는 보조적인 역할을 하는 것뿐 아니라, 의사소통의 문어 표현 범주로서 중요하게 여겨져야 하는 요소이나. 먼서 중급 쓰기 교육에 대한 유럽공통참조기준(CEFR: Common

European Framework of Reference)에서의 B1 단계의 항목 기술을 살펴보면 다음과 같다.

<표2> 유럽공통참조기준(CEFR)에서의 중급 쓰기 항목 기술(B1)

창조적 글쓰기 항목	작문과 보고서 쓰기 항목
자신의 관심분야의 여러 가지 주제에 관해 평이하면서도 자세한 기술문을 쓸 수 있다. 느낌과 감상을 단순하고 응결성 있는 텍스트로 기술하는 경험담을 쓸 수 있다. 실제적이거나 허구적인 사건, 혹은 최근에 한 여행에 대해 기술할 수 있다. 이야기를 쓸 수 있다.	일반적인 관심분야에 대해 짧고 간단한 작문을 할 수 있다. 자신의 분야에 관한 익숙하고 일상적인 일이나 좀 덜 일상적인 내용에 관한 많은 양의 사실정보를 어느 정도 자신 있게 보고하거나 요약할 수 있으며 그것에 대한 자신의 입장을 밝힐 수 있다. 일상적으로 통용되는 표준 형식으로 아주 간단한 보고를 쓸 수 있다. 이때 일상적이고 객관적인 정보를 전달하고 행위의 이유를 밝힐 수 있다.

여기서는 창조적 글쓰기 항목과 작문 및 보고서 쓰기 항목으로 구분하여 기술하였는데 둘 다 텍스트에 대한 이해를 필요로 하며 다양한 주제에 대한 느낌과 감상, 경험, 허구적 사건이나 여행에 대한 기술뿐 아니라 보고서 쓰기를 통해 객관적인 정보를 전달하는 활동을 제시한다. 다음으로 국제통용한국어표준교육과정에서 쓰기 항목에 대해 기술한 것을 살펴보면 아래처럼 목표와 내용으로 나누어 설명하고 있다.

<표3> 국제통용한국어표준교육과정 쓰기(3급)

목표	친숙한 사회적, 추상적 주제로 된 글을 간단한 구조로 쓸 수 있다.
내용	1) 자신과 관련된 생활문을 비교적 정확하게 쓴다. 2) 친숙한 사회적, 추상적 주제(직업, 사랑, 교육 등)에 관한 글을 간단한 구조로 쓴다. 3) 실용문(안내문, 이메일 등)을 단락과 단락이 자연스럽게 연결되도록 쓴다. 4) 간단한 구조의 설명문에 핵심 내용이 잘 드러나도록 쓴다.

국제통용한국어표준교육과정 3급의 쓰기 교육은 생활문뿐 아니라 실용문과 다양한 텍스트에 대한 이해가 이루어져야 하는 단계로 기술되어 있다. 친숙한 주제만이 아니라 정보 전달을 목적으로 하는 설명문 쓰기 연습이 이루어져야 하는 단계이다. 이러한 중급 쓰기에 대한 학습 목표 및 내용을 바탕으로 실제 수업에서 중급 쓰기 수업을 설계하고 내용을 구성하고자 한다.

4. 한국어 온라인 중급 쓰기 수업의 예시

여기서는 핀란드 헬싱키대학교 한국어과에 개설되어 있는 한국어 쓰기 수업을 예로 들어 살펴보고자 한다. 한국어 쓰기 수업은 온라인 비대면 실시간 쌍방향 방식을 통해 이루어지며 1주일에 90분 진행된다. 이 수업은 선택 과목으로서 학생들은 공공 상황에서 다른 사람들과 상호 작용하고, 사회적 관계를 유지하고, 어휘 및 표현의 올바른 사용을 습득하는 것을 목표로 한다. 또한 학생들은 문학, 기사 및 기타 저널 텍스트, 공식 서한에 대한 짧은 텍스트뿐만 아니라 메시지를 생성하는 등 다양한 한국어 쓰기 능력을 배양하는 것을 목표로 한다.

4.1. 학습자 분석

교사와 학습자, 학습자와 학습자 간의 상호작용 및 실재감을 구현하기 위해 학습자들에 대해 이해와 분석이 필요하다. 일반적인 교실 수업에서 필요한 학습자 성향, 요구 등에 대한 이해뿐 아니라 쓰기 방식에 대한 선호도 및 컴퓨터 및 인터넷 상황 등과 같은 기술적인 부분에 대한 고려도 필요하다. 헬싱키대학교 한국어과에 개설된 한국어 쓰기(Korean kirjallinen taito)를 수강한 학생들을 대상으로 간단한 설문조사를 실시하였는데 그중에 몇 가지를 제시하면 다음과 같다.

<표4> 선호하는 쓰기 연습

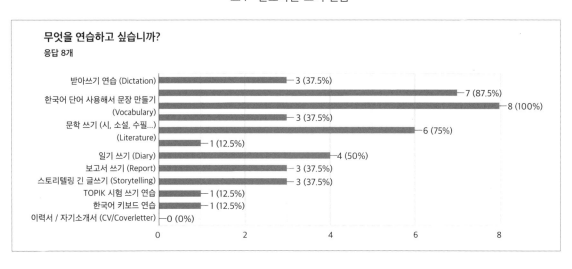

선호하는 쓰기 연습에 대한 질문에는 복수 선택이 가능하도록 했는데 어휘를 사용해서 문장 만들기, 문법을 사용해서 문장 만들기, 문학 쓰기 등이 높게 나타났으며 그 외에 일기 쓰기, 보고서 쓰기, 스토리텔링, 받아쓰기 순으로 나타났다.

<표5> 선호하는 쓰기 방식

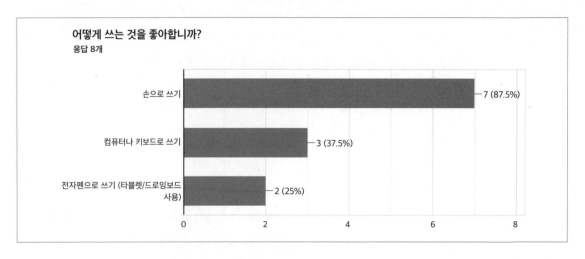

학생들이 선호하는 쓰기 방식은 손으로 쓰는 것이라는 응답이 가장 높았고, 키보드나 전자펜을 사용하는 것을 선호한다는 응답은 이에 비해 낮게 나타났다.

한편 교실에서 이루어지는 수업과 달리 비대면 쌍방향 온라인 쓰기 수업에는 기본적으로 카메라와 스피커가 내장된 컴퓨터, Zoom 계정 및 Moodle, Google classroom, Canvas 등의 온라인 수업 공간이 필요하다. 또한 수업 내에서의 쓰기 연습과 과제를 수행하는 것에 있어서 학습자들이 가지고 있는 어려움이나 문제가 있는지 상황에 대한 이해가 필요하다.

비대면 실시간 수업을 위한 주된 도구로 Zoom을 사용하였고 Moodle에 학습자료 및 과제를 제시하였다. 또한 간단한 쓰기 문장을 확인하고 피드백을 주기 위해 Padlet을 사용했고 타블렛과 전자펜을 사용해서 손필기를 통해 피드백을 주기도 하였다.

<그림2> 쓰기 수업에서 사용하는 툴

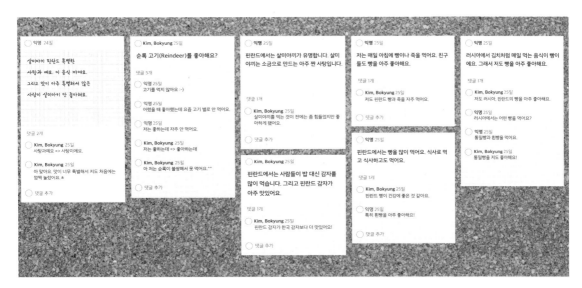

<그림3> 패들렛(Padlet) 예시

4.2. 수업 단계

쓰기 수업의 단계는 일반적으로 쓰기 아이디어를 형성하고 쓰기 자료를 수집하는 쓰기 전 단계, 쓰기 단계, 발표하기, 고쳐쓰기 등의 활동이 이루어지는 쓰기 후 단계, 오류 수정이 이루어지는 피드백 단계로 구성된다. 이 온라인 쓰기 수업 내에서는 3단계로 나누어 정확성 연습, 텍스트 형식 연습, 유창성 연습으로 진행하였다. 수업 시간에서는 쓰기 전 내용 준비를 위한 다양한 활동과 간단한 글쓰기 위주로 진행하였고, 긴 글쓰기는 과제로 제시하였다.

단계	수업 내용
인사 (5분)	• 출석 및 간단한 안부 묻기 • 기술적인 문제(스피커, 모니터 등) 체크하기
쓰기 정확성 연습 (30분)	• 받아쓰기: 말하기 수업에서 배운 문장 5개 실시 받아쓰기는 교사가 문장을 모두 읽어줄 수도 있지만 학습자들의 실재감을 높이기 위해 몇명 학생 5명에게 zoom 비공개 채팅을 이용해서 문장을 1개씩 보내서 그 학생들이 다른 동료들에게 읽어주는 방법으로 진행하기도 했다. 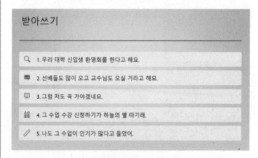 • 문법 오류 고치기: 학생들의 오류문 수정 활동 매주 과제에서 학습자들이 공통적으로 빈번하게 일어나는 오류문을 발췌하여 짝활동, 소그룹 또는 전체 활동으로 문법 오류를 고치는 활동을 진행하였다. 이 활동은 교육 자료를 학생들과 무관한 문장이 아닌 실제 학생들로부터 만들어진 오류문을 스스로 고쳐봄으로써 인지적 및 사회적 실재감을 높일 수 있다. 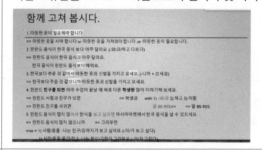
텍스트 제시 글의 형식 연습 (20분)	• 텍스트 형식 제시: 중급 단계에서 필요한 텍스트 형식에 대한 자료를 제공한다. 예를 들면 일기, 이메일/답장, 편지/초대장, 자기소개서, 광고문, 인터넷 게시판, 인터넷 상담글, 블로그, 시, 소설, 수필, 노래 가사 등을 제시하였다. 메일을 쓴 목적 (하고 싶은 말) • 제가 메일을 드린 것은 다름이 아니라 ... • -기 때문입니다. / -아/어서입니다. • 제가 메일을 드린 이유는 다름이 아니라 10월 9일 수업에 출석할 수 없기 때문입니다. • 제가 교수님께 메일을 드린 것은 다름이 아니라 출석에 대해서 질문이 있어서입니다. • 텍스트 형식에 대한 정보 제시 후 이메일 형식에 맞게 한국어로 메일 보내기 과제를 제시하였다. • 학생들에게 메일을 받은 후에는 답장을 하여 답장의 내용과 형식에 대해 알게 하고 인지적 실재감 및 사회적 실재감을 느끼게 하였다. • 답장에서 학생들의 오류도 교정하였다.

- 쓰기의 내용(재료)을 모으기 위한 소그룹 활동

: Zoom의 소회의실 기능을 사용해서 학생들이 서로 인터뷰하고 기사문 작성하기 쓰기 과제를 진행하였다. 학생들 2-3명이 한 그룹을 만들어 직접 작성한 인터뷰 질문을 서로에게 질문하고 그 대답을 메모하여 글쓰기 재료를 모으도록 했다. 이 메모를 가지고 수업이 끝난 후 인터뷰 기사문을 쓰는 과제를 수행하였다.

인터뷰 기사 쓰기

- 오늘은 헬싱키 대학교에서 ○○○을 전공하고 있는 학생 ○○○ 씨를 만나서 인터뷰를 했습니다.
- ○○○ 씨는 러시아 사람인데 핀란드에서 태어났다고 합니다.
- ○○○ 씨의 취미는 영화 보는 것이라고 합니다. 그리고 한국 음식을 아주 좋아해서 요리를 자주 한다고 합니다.
- 시간이 있을 때 운동하는 것을 좋아하지만 요즘은 시간이 많지 않아서 운동을 자주 할 수 없다고 합니다.
- 한국어를 배운 후에는 대사관에서 일하고 싶다고 합니다.

- 프로젝트 글쓰기: 과정 중심 글쓰기 활동(온라인 출판하기)
- 프로젝트 글쓰기 활동을 실시하여 1회적인 수업 활동이 아닌 여러 주에 걸친 과정 중심으로 학습자들의 글쓰기를 돕도록 하였다. 1회차에는 학습자 자신이 관심 있는 주제 및 글의 형식을 선택하였는데, 이때 스토리위버 사이트를 소개하여 다양한 글을 쓸 수 있는 것에 대한 정보를 제시하고 관심을 유도하였다. 2회차에는 학습자들이 대략적으로 글을 설계하도록 도왔으며, 3회차에는 직접 글을 써보는 과제를 제시하고 이에 대한 피드백을 주었다. 4회차에는 글에 나타난 오류문을 고쳐주고 수정하는 활동을 진행하였다. 5주차에는 글에 필요한 사진이나 그림을 찾아서 완성된 글을 스토리위버(https://storyweaver.org.in)에 출판하거나 PDF 파일화하는 프로젝트를 진행하였다.

쓰기 유창성 연습 (30분)

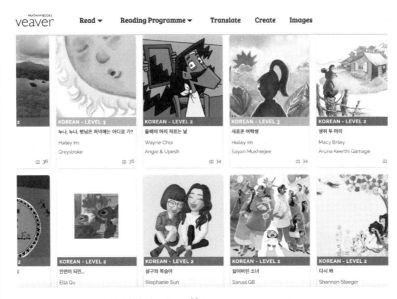

<스토리위버 https://storyweaver.org.in>

- 1회: 글의 주제 정하기
- 2회: 전체적인 내용 구성하기
- 3회: 글 쓰기
- 4회: 수정하기
- 5회: 온라인에 출판하거나 PDF로 저장해서 제출하기

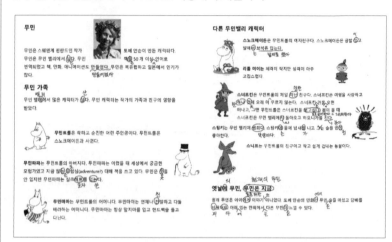

<글쓰기 사례 1> : 핀란드 동화 무민의 내용 및 역사와 등장인물을 소개한 글

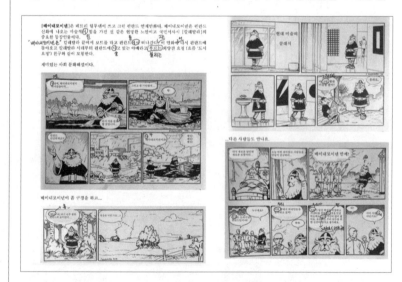

<글쓰기 사례 2> : 핀란드 신화를 소재로 한 배이네모이넨 연재만화를
소개하고 번역한 글

마무리 (5분)	• 수업 내용 정리 • Moodle에 과제 제시하기 　: 오늘 진행한 인터뷰 글쓰기, 글쓰기 프로젝트 글 보완 • 수업 시간 이후에 피드백 주기 : 문법, 철자에 대한 정확성 뿐 아니라 글의 길이 　나 내용에 대한 유창성에 대해서도 피드백을 주고, 학습자 개개인의 프로젝트 　에 관심을 가짐으로 사회적, 인지적, 교수실재감을 갖도록 한다.

5. 나오는 말

　지금까지 한국어 온라인 중급 쓰기 수업에서 실재감을 구현하기 위한 다양한 방법을 살펴보았다. 온라인 수업은 실제 교실 수업과는 다를 수밖에 없고 제약이 많은 것이 사실이다. 하지만 언컨택트 사회에서 AI가 아닌 '너와 나, 우리'가 '여기'에 실제로 존재한다는 실재감을 통해 교사와 학습자 간, 학습자와 학습자 간의 간극을 줄이고 온라인 교육이 지닌 장점을 살리려고 했다.

　앞으로의 교육이 나아가야 할 방법을 찾고 효과적인 교육 방안을 모색하는 것이 필요한 시점에 실재감을 통한 효과적인 온라인 교육방법에 대한 다양한 연구와 사례들이 나오기를 기대한다.

참고문헌

국립국어원. (2017). 국제 통용 한국어 표준 교육과정 적용 연구. 문화체육관광부.

권성연. (2011). 온라인 학습에서 사회적 실재감과 학습자 특성, 토론효과 및 학습효과 인식, 만족도와의 관계 연구. **교육과학연구, 42-3**.

김한란 외 옮김. (2007). 유럽평의회 편. **언어 학습, 교수, 평가를 위한 유럽공통참조기준**, 서울:한국문화사.

김혜영 외. (2012). 사이버교육에서 실재감 영향요인에 관한 연구. **사이버사회문화, 3-2**, 경희사이버대학교 미래고등교육연구소.

안정민. (2020). 온·오프라인 한국어 수업에서의 교수실재감 비교 연구. **국제한국어교육학회 국제학술발표논문집**.

Anderson, L. W. & Krathwohl, D. R. (2001). A Taxonomy for Learning, Teaching and Assessing: A Revision of Bloom's Taxonomy of Educational Objectives: Complete Edition. New York: Longman.

Blake, R. (2009). The Use of Technology for Second Language Distance Learning. The Modern Language Journal, 93, 822-835.

Garrison, D. R., Anderson, T., & Archer, W. (2000). Critical inquiry in a text-based environment:Computer conferencing in higher educationmodel. The Internet and Higher Education, 2(2-3), 87-105.

Garrison, D.& Anderson, Terry & Archer, Walter. (2001). Critical Thinking, Cognitive Presence, and Computer Conferencing in Distance Education. American Journal of Distance Education. 15. 7-23.

Garrison, D. & Cleveland-Innes, Martha. (2005). Facilitating Cognitive Presence in Online Learning: Interaction Is Not Enough. The American Journal of Distance Education. 19. 133-148.

Gonzalez-Lloret, M., & Nielson, K. (2009). Learning foreign languages at a distance. Characteristics of effective online courses. College Park, MD: U. of Maryland Center for Advanced Study of Language (with Nielson, K, & Pinckney, K.).

Heeter, Carrie. (1992). Being There: The Subjective Experience of Presence.

Presence: Teleoperators and Virtual Environments. 1. 262-271.

Hockly, Nicky. (2015). Developments in online language learning. ELT Journal. 69. 308-313.

Kessler, G. and Bikowski, D. (2010). Developing collaborative autonomous learning abilities in computer mediated language learning: Attention to meaning among students in wiki space. Computer Assisted Language Learning, 23(1): 41-58.

Peterson, M. (2009). Learner interaction in synchronous CMC: A sociocultural perspective. Computer Assisted Language Learning, 22(4): 303-321.

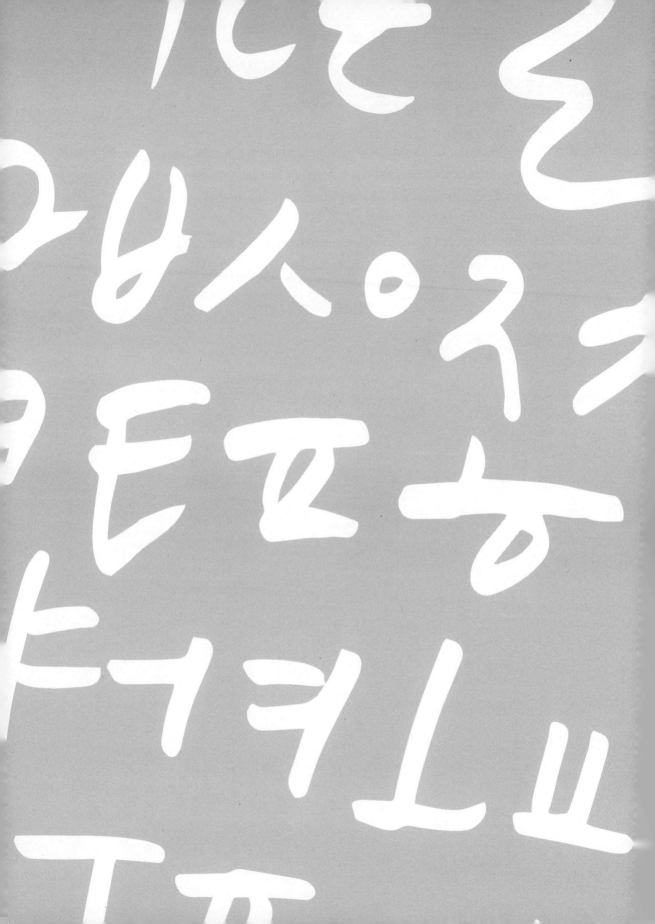

문학·번역·문화를 통한 한국어 교육

—

VI

제1장

러시아 학습자를 위한
한국 현대시 활용 한국어 문법 학습과
한국어 시 낭송

김혜란
러시아 모스크바고등경제대학교
Высшая школа экономики

---

1. 들어가며

이 글은 러시아어 학습자를 대상으로 한국 현대시를 통해 한국어 문법을 학습하는 것을 바탕으로 러시아의 최초 한국어 언어학자이자 한국 시조를 러시아어로 번역한 알렉산드르 홀로도비치를 소개하고, 또한 한국 현대시를 통해 한국인의 미의식과 문화를 학습할 수 있는 새로운 접근법의 시도를 소개하는 것을 목적으로 한다.

한국어 교육에서 문학 교육은 문학 작품의 풍부한 언어를 통해 구어학습이나 다른 읽기 자료에서 만날 수 없는 어휘를 접할 수 있고, 또한 언어의 다양한 맥락을 이해함으로써 한국어 의사 소통능력을 향상시킬 수 있다는 장점을 지닌다. 외국어로써 러시아어를 전공한 본 연구자는 먼저 외국인에게 교육하는 러시아어 교육방법을 살펴보았다. 러시아에서 외국인을 위한 언어 교육은 첫째로, 기본 문법 교육이 끝나면 많은 책이나 잡지를 읽게 하고, 또한 문학작품의 유명한 구절이나 시 암송을 교육의 전제로 하고 있다. 우리에게 잘 알려진 19세기 푸쉬킨의 '삶이 그대를 속일지라도' 시나 소비에트 시절에 한국의 시를 러시아어로 번역한 러시아 여류 시인 안나 아흐마또바의 시, 또 예세닌 등의 시는 각 계절이나 삶을 표현하거나 사랑을 노래하는 짧은 시들로써 학생들이 꼭 암송해야 하는 시들 중의 하나이다. 또한 러시아는 많은 문학의 거장을 배출한 국가로서, 한국어를 배우는 러시아 학습자들은 어느 정도 기본 문법을 학습하고 나면, 한국의 단편소설이나 동화, 시 같은 한국어 원본 작품을 읽어보고 싶어 하며, 이러한 문학 텍스트를 통해 많은 어휘와 한국문화를 알고 익히고자 한다. 시청각적인 콘텐츠가 많은 유튜브 등이 한국문화를 이해하는 데 여러 도움을 주고 있지만, 독서를 좋아하는 러시아 학습자들은 원본으로 된 작품을 읽고 그 속에서 문화를 알려는 경향이 강하다. 영어의 학습수준 레벨에 따라 읽기 책이 서점에서 판매되고 있는 것과 같이, 초·중·고급 구별에 따른 문학이나 시 등 읽기 텍스트가 있는지에 대해 학생들로부터 많은 질문을 받았다. 이런 늘어나는 수요에도 불구하고 각 초급, 중급, 고급 수준에 맞게 외국인이 쉽게 이해하도록 한국어 문법이 설명되거나 단어의 의미에 대해 한국어 주석이 달린 수준별 한국어 읽기 책은 거의 찾아볼 수 없다.

또한 러시아 학습자의 요구와 흥미, 수준에 따른 차이를 반영하면서, 초·중·고급의 학습자 능력과 학습자 요구에 부합되는 읽기 교수-학습활동을 위한 한국어 텍스트를 선별하는 데 어려움이 많다.

무엇보다도 러시아 학습자들이 한국 역사 및 문학과 문화에 많은 관심을 가지는 심리를 이해 분석하여, 본 연구자는 한국어 시집을 통해 한국어의 문법을 학습하고 암송할 수 있도록 초급 중급 러시아인 학습자가 이해하기 쉽게 쓰여진 용혜원의 대표시집을 선정했다. 기계적 언어 연습에서 시작하여, 배운 문법을 시 속에 녹여 암송하고 낭송할 수 있도록, 학습자의 흥미와 요구에 기반해 용혜원 시를 실제 교육현장에서 활용하였다. 용혜원 대표시집 100선에 실린 모든 시는 사랑과 관련된 내용이다. 한국인이 사랑과 만남과 그리움, 이별에 대한 감정을 표현하는 한국어 표현을 익히는 동시에, 한국인의 '사랑'에 대한 미학도 같이 이해할 수 있다.

즉, 러시아에서 한국어 학습 대상자가 한국 드라마와 K-pop을 좋아하는 10-20대의 학생 비중이 높음을 고려하여, '사랑'이라는 보편적 주제를 중심으로 학생들이 '사랑'이라는 보편적 정서를 공감하고, 한국인의 '사랑' 감정을 시로 표현, 형상화하는 방식을 이해하고, 직접 시를 낭독하면서 한국어의 아름다움을 느끼도록 하였다.

2. 러시아 한국어 교육자, 한국 시조 번역 편집자 알렉산드르 홀로도비치와 뽀드스타빈

우선 간단히 러시아에서 한국문학인 시조를 러시아어로 번역하여 학생들을 교육한 러시아 한국어 언어 교육자이자 한국어 시조 번역·편집가인 알렉산드르 홀로도비치에 대해 소개한다.

알렉산드르 알렉세이비치 홀로도비치는 1906년 5월 11일 레닌그라드의 코트

린섬에 위치한 항구도시 크론쉬타트의 해군 장교 집안에서 태어났다(사망한 것은 1977년 3월 20일이다). 1917년 홀로도비치 가족은 이르쿠츠크로 이주하게 되고, 이어 블라디보스톡으로 이주하였다. 1923년 예전 블라디보스톡 남자 김나지움이었던 블라디보스톡 11번 상업·무역학교를 졸업, 동양 일본학 교수인 큐네라와 스팔비나가 공부한 외교부 일본 전공의 국립 극동대학 동양학부에 입학하여 공부한다. 1922년 당시 소련은 극동 러시아 지역에 있는 일본군에게 러시아 땅에서 철수를 명하였다. 일본어 전공을 하던 홀로도비치는 극동 동양학센터에서 계속 공부하였으며, 1925년 레닌그라드대학교(구 쌍트뻬쩨르부르그대학)로 옮겨 언어와 문화에 대한 일본어 교육을 전공하다가 1927년에 졸업한다. 1938년 <일본 군사언어 문장론> 논문 주제와 1939년 <일본 군사언어 문장론> 논문 주제로 박사학위를 받았고, 1930년부터 1961년까지 레닌그라드대학교 교수로, 그 사이 잠시 1936-1937년에는 엠게우대학 교수로 재임한다.

홀로도비치는 독학으로 한국어를 공부했고 1930년대 초부터 한국어 문법과 음운론에 관해 소련 최고의 연구자가 되었다. 홀로도비치는 1952년에 레닌그라드대학의 동양학부 한국학과(조선문헌학과) 교수로 부임했으며 1960년까지 학과를 이끌었다. 그는 한국어문법, 한국언어사, 한국방언학, 한국문학사, 한국역사, 한국 민족학 등 주요 과목을 모두 가르치고 중세 문학에 대한 강습도 진행했다.

또한 한국의 산문과 시, 민속학의 저작을 번역하고 편집·출판하였으며 A. A. 아르쪼마에바, A. G. 바실리예브, D. D. 엘리세예브, 림 수, 니키찌나, 라스코브, A. F. 트로츠비치 등 뛰어난 한국문학 번역가그룹에 속한 자기 제자들의 번역을 장려했다.

홀로도비치는 소비에트학문의 발전이 어려운 시기에 새로운 지식을 얻기 위한 쉽지 않은 길을 개척한 언어학자로서, 언어학 분야의 태두이자 일본학과 한국학 영역에서 많은 계획과 연구의 창립 발기자이기도 했다. 알렉산드르 홀로도비치는 본질적으로 블라디보스톡 동방학 연구소 교수 그리고리 블라지미로비치 뽀드스타빈 (Г.В.Подставин; 1875-1924) 교수가 러시아에서의 한국언어학 토대를 닦고 기초를 세운 전통 위에서 현대적인 연구 발전을 진행하였다.

뽀드스타빈 교수는 러시아에서 한국학의 기틀을 닦은 학자로서, 한국어와 한국 풍습을 배우기 위해 조선에 왔던 최초의 러시아인 동양학자이다. 뽀드스타빈 교수는 러시아 야로슬라브주 태생으로, 1894년 쌍트뻬쩨르부르그대학교 동양학부에 입학해 몽골어를 비롯해 중국어, 만주어 등을 공부하였으며, 1898년 졸업 이후 러시아에서 한국어 연구에 대한 과학적이고 실용적인 연구 기초를 놓은 가장 훌륭하고 뛰어나 동양학 연구자였다. 뽀드스타빈 교수는 블라디보스톡 동양학대학교(현 극동

연방대학교) 설립에 참여하였으며, 대학에서 배우지 않았던 한국어를 익히기 위해 조선에서 살기도 하였다. 이후 동양학대학 교수로서 블라디보스톡에서 동양학 및 한국어·한국학 교육의 발전에 깊게 관여했다.

제정 러시아 당시 한국어가 제국대학에 소개되었던 것은 1897년 쌍뜨뻬쩨르부르그대학교의 동양학부에 한국어 강좌가 열린 것이 최초이며, 1899년에는 같은 학부에 유럽에서 첫 번째로 한국어학과가 개설되었다. 하지만 이 한국어수업은 한국어 원어민(쌍뜨뻬쩨르부르그 대한제국 공사관 직원 김병옥과 민경식)에 의해서만 진행되었고, 한 종류의 교재를 제외하고는 방법론이나 교과서 등이 남지 않아 어떤 모습이었을지 추측하기 어렵다. 실제적으로 고종의 아관파천이 1896년 2월 11일부터 1897년 2월 20일까지임을 고려할 때, 고종의 아관파천 이후 조선(한국)에 대한 러시아의 관심이 커졌음을 알 수 있다. 니꼴라이 2세 대관식에 참석한 대한제국 민영환 사절단에게 한국인 교사 파견을 요청하였으며, 다음해 대한제국 공사관이 쌍트뻬쩨르부르그에 설립되었을 때 공사관 직원 김병옥과 민경식이 쌍트뻬쩨르부르그대학에서 한국(조선)어를 가르치기 시작한다.

1899년에는 당시 니꼴라이 황제 2세의 칙령으로 러시아 극동 지역을 담당할 전문 실무자를 훈련시키기 위해 극동 러시아의 가장 끝이자 태평양으로 향하는 관문인 블라디보스톡에 동양학대학교가 설립되었다. 라스토프나돈누 출신이자 1876년에 쌍트뻬쩨르부르그대학 동양언어학부를 졸업한, 러시아의 동양학자이자 몽골학자, 또 칼미크 문학교수이기도 했던 뽀즈드네예브(А.М.Позднеев)를 수장으로 해 열정적인 동양학자 그룹이 러시아 수도 쌍트뻬쩨르부르그에서 블라디보스톡으로 수천 킬로미터를 넘어와 새로운 도전을 시작했다.

극동 러시아의 일부인 연해주 지역에 조선 이민자들이 진출한 것은 1858년 텐진조약 이후부터이다. 텐진조약으로 러시아는 중국으로부터 아무르강 하류의 남쪽 땅을 넘겨받았는데, 러시아 군대가 아무르 남쪽 영토에 들어갔을 때 주변에 별다른 배후시설이 없어 군사 및 생활물품의 공급이 어렵다는 것을 깨달았다. 이 문제를 해결하기 위해 당시 러시아 황제였던 알렉산드르 2세는 1861년 4월 27일 "동시베리아의 아무르(Амур)와 연해주지역에서 러시아와 외국인 정착에 관한 규칙"을 발표했다. 이는 러시아 극동 지역에 이주하기를 원하는 모든 사람들에게 20년 동안 토지세를 면책한다는 내용을 포함하고 있었다. 굶주림과 폭정을 피해 어느 곳으로든 이주하길 원했던 조선 농민들(어떤 조건의 땅이든 경작할 준비가 되어 있던 성실하고 개척심이 강한 농민들이었다)은 러시아 당국의 이주허가를 받아 이주를 시작했다. 차르 알렉산드르 2세가 허가 서류에 서명하고 불과 몇 년이 지나지 않아 20가구 정도의 조선인들이 러시아 군 당국에 합법적으로 체류할 수 있는 허가를 요청했으며, 또한 당시 농민들을 괴롭히던 만주 강도들로부터 보호해줄 것을 요청하였다. 러시아 당국은 두 요청 모두 승인하였고, 이후 새로운 조선인 이민자들이 국경을 넘어서 러시아로 몰려오기 시작했다.

이런 상황 속에서 뽀즈드네예브는 몽골어 석사과정을 마친 뽀드스타빈에게 한국어를 공부한 뒤 한국문학부를 담당할 것을 제의하고 블라디보스톡으로 초청한다. 이후 뽀드스타빈은 한국 연구를 그의 주요 전문 분야로 하고, 몽골어 연구를 추가 전문 분야로 선택했다. 한편 러시아 교육부는 뽀즈드네예브의 추천에 따라 뽀드스타빈을 조선에 파견하였다. 당시 조선을 다소 시적으로 '푸른 언덕의 나라(страна Зеленых хол мов)'라고 불렀는데, 이 '푸른 언덕의 나라'에서 뽀드스타빈은 한국어와 한국 풍습을 배우며 약 2년간 머물렀다.

조선에서 뽀드스타빈은 다양한 사투리/방언을 습득했고, 풍부한 언어학적 민족 지학적 자료를 수집했다. 그 이후 뽀드스타빈은 여러 번 한국과 일본을 방문한다. 뽀드스타빈의 조선 방문은 러시아와 이웃나라 한국의 학문 및 문화적 유대 강화에 많은 기여를 하였다.

1900년 7월에 뽀드스타빈은 블라디보스톡 동양학대학교 교수로 임명되었으며, 이후 22년 동안 동양학대학교의 한국 문학부와 몽골 문학부를 총괄했다. 1920년 동양학대학교가 국립 극동대학교로 바뀐 후에는 이후 1924년 사망할 때까지 극동대학교 동양학부에서 근무하였다.

1918년, 그 이전 해 일어난 사회주의혁명 이후 러시아가 내전에 휩싸인 동안 일본은 북방 영토에 대한 야욕으로 힘의 공백 상태였던 시베리아에 출병해 일부 지역을 점령하였다. 1922년 내전을 끝낸 소비에트 정부는 일본을 압박하며 소련 영토 내에서 철수할 것을 명령했다. 이 사건이 일어나고 얼마 지나지 않아 블라디보스톡 극동대학에서 한국어 교육은 중단되고 만다.

동양학대학교의 한국학과 구성은 한국 철학 및 조선의 당대 상황에 대한 소개는 뽀드스타빈 교수가 맡았으며, 조선의 역사와 지리는 그루지아 트빌리시 출신의 동양학자이자 역사가·민족학자였던 H.B.큐네르 교수가 맡았다. 큐네르 교수는 <조선 지명 사전>도 발간하였으며, 1925년 한국학 교육이 중단된 이후에는 레닌그라드로 돌아가 레닌그라드대학에서 재직하였다. 한 가지 특이한 것으로 당시 블라디보스톡 동양학대학교에서 동양학을 공부하던 학생들은 한국과 일본, 중국과 만주, 중국과 몽골 등 반드시 두 가지 이상의 전문 분야를 교육받았다는 점을 들 수 있다.

블라디보스톡에서는 뽀드스타빈의 참여 없이는 문화 사업이 제대로 돌아가지 않았다. 그는 블라디보스톡의 많은 학문 및 문화 공동체의 회장 또는 회원이었으며, 1903년부터 1917년까지는 블라디보스톡 여자 김나지움의 교육위원회 의장직을 맡기도 했다. 또 도시공동부모위원회, 직원연합, 학교 및 기타 위원회의 활동을 이끌었으며, 명예 치안판사, 후견 법원 회원이기도 했다. 뽀드스타인은 한국어에 대한 과학적이고 실용적인 연구의 개척자이자 지역사회의 중요한 인물이었지만, 극동 러시아에서 일본이 철수하고 새 정부가 일본과의 관계를 고려해 한국에 대한 관심을 줄이고 소홀히 대하면서 뽀드스타인의 시대도 저물었다. 뽀드스타인은 1922년 블라디보스톡을 떠나 한국을 거쳐 최종적으로 중국 만주의 하얼빈에 자리를 잡았지만 얼마 지나지 않아 1924년 하얼빈에서 생을 마감하고 말았다.

뽀드스타인과 직접 이어지지는 않지만 그의 뒤를 이어 소련/러시아에서 한국어학의 명맥을 이은 사람이 앞부분에서 언급한 홀로도비치이다. 일본어학을 전공하던 홀로도비치는 러시아에서 한국어에 대한 과학적이고 실용적인 연구를 계속 해나갔다. 당시는 한국이 일본 식민지 아래 있었기 때문에 많은 연구가 일본이라는 프리즘을 통해서 진행되었다. 천재적인 언어학자이자 수 개국 언어에 능통한 예브게니야 드리트리예비차 뽈리바노라(Евгения Дмитриевича Поливанова; 1891-1938)와 아카데믹 학자 니꼴라이 이오시보비치 곤라드(Николай Иосифович Конрад; 1891-1970), 그리고 알렉산드르 알렉세이비치 홀로도비치 교수 외에는 한국어 언어학자들이 없었다. 이 세 학자도 본래 전공은 일본학자였어서, 어쩔 수 없이 주로 일본어 자료를 기반으로 한국어와 한국문화를 습득해야 했다. 예를 들어 등사판 인쇄물 형태로 남아 있는 《한국어 문법 1부-형태학》(1937)은 홀로도비치가 일본 문법의 문장구조를 본따서 한국어에 적용해 만든 것이다.

1951-1953년 모스크바에서는 동양학부 대학에서 사용할 만한 한국어 기본 교과서를 만들자는 아이디어가 나왔다. 당시는 그 이전에 극동 연해주에서 중앙아시아로 강제추방 되었던 고려인들이 대학 입학 등 교육을 받기 위해 모스크바나 레닌그라드로 오기 시작하던 무렵이었다. 그들 중에는 대학 교수로 자리를 잡은 이도 포함되어 있었는데, 부모의 언어로서 한국어에 대한 관심은 높았지만 그것을 풀 수 있는 방법은 별로 없었다.

동양학부 대학을 위한 한국어 기본 교과서를 만들자는 아이디어는 빅토르 안토노비치 황윤준(Виктор Антонович Хван Юндюн) 부교수와 콘체비치(Л.Р.Концевич) 교사에게서 나온 것이었다. 대학 교재를 만드는 작업은 모스크바 동방연구소(Московский институт востоковедения) 수석 한국어 교사들인 황윤준, 한득봉(Хан Дыкпон) 등에게 위임되었고, 학술 지도부는 여기에 홀로도비치가 참여할 것을 요청했다.

레닌그라드에 머무르고 있던 홀로도비치는 로스토킨스키 프로예즈드 거리에 위치한 모스크바 동방학연구소를 여러 번 다녀갔다. 그곳에서는 교과서의 개념, 교육적 자료의 배치 방법 및 한국어 문법현상에 대해 열띤 논쟁이 열리곤 했다. 홀로도 비치는 자신의 권위와 깊은 언어 지식을 바탕으로 공개 학술토론에 참여했으며, 논쟁에 대한 열정과 확실한 논증으로 특히 황윤준을 비롯해 반대 입장을 견지했던 토론자들을 자기편으로 끌어들였다.

1954-1956년 홀로도비치가 편집한 시험본 《1학년을 위한 한국어 교재》가 세 권으로 발표되었다. 홀로도비치는 이 교과서에 편집자로서만 참여한 것이 아니라 한국어에 대한 자신의 기본 사상을 담은 도입 논문과 해설도 수록하였다. 그러나 이 훌륭한 아이디어는 끝까지 실현되지 못하고, 1954년 모스크바 동방학 연구소는 없어지고 만다.

1960-1970년대에는 모스크바와 레닌그라드(씽트뻬쎄르부르그) 한국학자 사이에 드러나지 않는 경계가 나타나기 시작한다. 모스크바 쪽은 마주르가 이끌었고, 레닌그라드 쪽은 홀로도비치가 이끌었다. 홀로도비치가 양성한 첫 한국학자 1세대는 라츠코브와 바실레브 임 수였으며, 한국문학자는 니키찌나와 트로체비치 등이었다. 홀로도비치는 콘체비치와 니톨스코에의 박사 논문 지도교수였고, 1962년에는 《한국어 조사》라는 책도 출간하였다. 모스크바에 있는 한국학자들은 주로 현대적 문제를, 콘체비치와 같은 레닌그라드 한국학자들은 실제 학문과 고전을 연구했다.

홀로도비치의 한국학 연구에 대한 기여 중 한국 고전 소개를 언급하지 않을 수 없다. 그의 작업 덕분에 많은 러시아 독자들이 한국 고전문학 특히 중세 시 작품인 시조에 대해 알게 되었다. 홀로도비치는 중세 한국 시조를 계속해서 소개했고, 러시아의 위대한 여류시인인 안나 아흐마또바에게 번역을 할 영감을 주기도 했다. 안나 아흐마또바의 한국 중세 시조 번역시집은 레닌그라드 동양학부 한국학과 첫 졸업생인, 홀로도비치의 제자들에 의해 출간될 수 있었다. 그리고 그 작품은 러시아의 동양학자 중 처음으로 한국에 파견되었던 뽀드스타빈 교수가 조선을 '푸른 언덕의 나라'라고 부른 것에 영향을 받아 《영원한 푸른 언덕의 나라》라는 제목을 달게 되었다. 아직까지도 그 시집은 타의 추종을 불허하는 훌륭한 작품으로 남아 있다.

본 논고자의 생각으로는 안나 아흐마또바가 한국어 시집을 번역하기 시작한 것은 그녀의 아들 레프 구밀료프가 레닌그라드대학 동양학부에서 공부했고, 그녀의 아들 지도교수 큐네르가 또한 동양학자, 역사가 및 민속학자로서 <조선 지명 사전>도 발간할 만큼 한국과 긴밀한 학문적 관계가 있었기 때문이라고 생각한다. 그뿐만 아니라 홀로도비치가 편찬한 최초의 러한사전은 한국어에서 러시아어로 아흐마또바의 시 번역에 큰 도움을 주었을지도 모른다고 추정할 수 있다.

이처럼 다양한 사실들을 통해 소비에트 시절 한국학의 발전 및 계승자로서 홀로도비치 교수의 여러 업적들은 조명해볼 수 있나. 홀로도비치 교수가 남긴 것들은 최고 수준의 권위 있는 러시아 한국학자가 필생을 연구해 온 증거품이라고 할 수 있다.

3. 현대시를 통한 문법 교육의 실제

러시아어로 된 여러 소논문과 자료들을 번역해 러시아에서 한국어 교육의 시작과 발달, 한국어 고전시집의 최초 번역집 발간까지 간략하게 역사를 살펴보았다.

K-POP과 한국 드라마가 러시아의 한류 중심을 이루고 있는 지금, K-POP 가사와 유사한 한국의 현대시를 통해 역으로 학습자들이 한국과 한국어에 접근할 수 있는 동기 부여가 될 것이라고 생각한다. 한국의 정서와 문화 그리고 '사랑'을 담은 현대시를 번역하여 학생들이 시 속에 담긴 한국의 정서를 느끼고, 시어와 표현들을 통해 올바른 문법 사용을 익히도록 했다. 또 시를 암송하고 나아가 시 낭송까지 할 수 있는 계획을 세웠다. 초급 학습자일 경우 각 단어와 문법을 하나하나 설명과 예시를 달아 시 번역을 완성한 후, 한국어에서 러시아어로 번역된 시의 느낌을 다시 그림과 시로 표현해보는 활동도 할 수 있다.

고급 학습자의 경우는 한국어 시를 미리 학습자에게 제시하여 과제로 각자 번역하게 했다. 이후 수업 시간에 직접 번역한 표현을 공유하여 발표하게 하고, 더 좋은 표현을 같이 찾아보고 공유할 수 있도록 했다. 또 러시아의 한국어 교육자 알렉산드르 홀로도비치처럼 학습자에게 한국어에서 러시아어로 번역에 대한 동기를 부여하여, 많은 한국 문학이 러시아어로 번역 가능하도록 장려할 수도 있을 것이다. 본 연구자는 용혜원의 대표 시 100편을 한 러시아 학습자와 같이 공동 번역을 해보았다. 여기서 몇 편을 예시로 함께 보도록 하겠다.

러시아 대학에서는 주어진 시간에 문법과 읽기, 쓰기의 과정을 진행해야 해서 특별한 시간을 지정하여 수업을 할 수 없으므로, 수업의 마지막 자투리 시간을 활용하여 20분 정도의 시간 동안 같이 읽고 느낌을 말하고, 반복되는 문법 표현을 익히며, 암송을 자연스럽게 강조하면서 각자 수업 이후에 암송해오는 것을 과제로 주었다.

첫째, 도입 단계로서 시를 보여주기 전에 제목만 먼저 제시한다. <너를 만나러 가는 길>이라는 제목이 학생들에게 어떤 의미를 뜻할지, 학생들의 경험과 함께 그 느낌과 생각을 말해보도록 한다. 여러 학생들의 느낌과 생각을 들은 후 시를 보여준다. 교사가 한번 시 전체를 낭독하여 학생들에게 들려준다.

둘째, 제시와 설명 단계에서 단어 설명과 함께 기본적인 문법을 설명하고, 그 다음 기본 단어의 뜻과 문법이 의미 확장으로 가지는 뜻을 설명한다.
문법 설명에서:
장소의 위치를 나타내는 조사 "~에서"는 "나의 삶에서"로 의미가 확장되어 나타나 표현됨을 설명한다.

너를 만나러 가는 길

나의 삶에서
너를 만남이 행복하다
내 가슴에 새겨진
내 흔적들은
이 세상에서 내가 가질 수 있는
가장 아름다운 것이다

나의 삶의 길은
언제나
너를 만나러 가는 길이다
그리움으로 수 놓은 길
이 길은 내 마지막 숨을 몰아 쉴 때도
내가 사랑해야 할 길이다

이 지상에서
내가 만난 가장 행복한 길
늘 가고 싶은 길은

너를 만나러 가는 길이다

Дорога навстречу тебе

В моей жизни
Я счастлив встречей с тобой

И оставлен тобой в моем сердце
Глубокий след.

Для меня в целом мире
Ничего драгоценнее нет

Весь мой жизненный путь
Навсегда и везде
Это просто дорога навстречу тебе.

Кружевными узорами из ожидания встречи
Вышит мой путь.

И с него до последнего вздоха
мне не свернуть

Из всех мирских путей
Желанней всего на земле

Счастливая дорога, ведущая к тебе.

또한 동사 "만나다"가 "만남"으로 명사화되고 다시 "만남+이"처럼 조사와 결합되어 자주 사용되고 있음을 설명한다.

"가슴에 새겨지다" 동사에서 과거 관형의미로, 받침이 없는 동사 "새겨지다"는 "새겨진"으로 표현되고, "내가 가지다" 동사에서 가능성을 나타내는 "~ㄹ 수 있다"와 결합하여, "가질 수 있다"는 현재 관형 표현으로 "내가 가질 수 있는"으로 쓰였음을 설명한다.

"길"의 사전적 의미와 그 의미가 확장되어 나타난 표현들. 이 시 속에서 "마음이 끌리는", "희망하고 열망하는" 등의 뜻이 "길"과 연관됨을 설명한다.

"만나러 가다" 어미 "다"를 빼고 받침이 없는 동사어미에서 현재 관형형 "만나러 가는 길"

"그리움으로 수 놓다" 어미 "다"를 빼고, 받침이 있는 동사 어미에서 현재 관형형 "그리움으로 수 놓은 길"

"사랑해야 하다" 어미 "다"를 빼고, 동사 어미에서 현재 관형형 "사랑해야 하는 길"

"가장 행복하다" 형용사에서 현재 관형형 "가장 행복한 길"

"가고 싶다" 어미 "다"를 빼고, 받침이 있는 동사 어미에서 "가고 싶은 길"

"길"에 수식되는 여러 관형의미를 배우고, 학습자 자신이 표현하고자 하거나, 말하고자 하는 "길"도 말해보게 한다.

셋째, 연습으로 제시되고 설명된 단어들과 함께 고급 학습자일 경우는 직접 자기 번역을 해보게 하고, 초·중급 학습자에게는 러시아어로 번역된 시를 제시하여, 전체 시의 의미를 이해하도록 한다.

이 시를 번역본과 한국 원본을 읽고 난 후 자기에게 떠오르는 느낌을 학생들에게 말해보게 하며, 서로 자기 경험과 관련하여 말해보게 한다.

넷째, 과제로 집에서 이 시를 다음 수업 시간까지 암송하게 하고, 또한 이 시와 함께 느껴지는 느낌을 시와 함께 그리게 한다. 한국 시와 러시아 번역본 시의 시화가 될 수 있다.

다섯째, 수업의 확장된 활동의 하나로 학생들이 자발적 과제로 짧은 시 구절을 한글의 캘리그라피로 예쁘게 써보게 하고, 이 시를 다른 사람에게 러시아어나 한국어로 한번 읽어주거나 낭독할 수 있게 추천한다.

두 번째 소개하는 시는 <만나면 만날수록>이다.

첫째, 학생들에게 시의 제목만을 제시하고, 무엇을 뜻할 것 같은지에 대해 물어본다. 어렵게 표현된 문법이라 학생들이 잘 이해를 못할 경우, 러시아의 문법 "Чем больше .., Тем больше..", ".. 면….ㄹ수록"의 표현으로 반복되는 행위나, 감정의 강도가 커짐을 나타내는 문법의 쓰임이라고 설명한다.

둘째, 제시와 설명 단계에서 단어 설명과 함께 기본적인 문법을 설명하고, 그 다음 기본 단어의 뜻과 문법이 의미 확장으로 가지는 뜻을 설명한다.

문법 설명에서: 반복과 강도의 커짐을 나타내는 표현과 "~고 싶다" 문형이 이 시에서 학습해야 할 문법이다.

만나면 만날수록…

날마다 만나고 싶습니다
뒤돌아서면 보고 싶고

홀로 있으면 그리워집니다

어젯밤에 만난 그대
이른 아침 눈을 떴을 때도
보고 싶습니다

만나면 만날수록
보고 있으면 보고 있을수록
기쁨입니다

우리 사랑은 열정으로
뜨겁게 타오르고 있습니다

그대의 가슴에 기대어 있으면
아무런 근심도 걱정도 없습니다

그만큼 우리 사랑은
온도가 높아졌나 봅니다

사랑을 하려면
둘 다 푹 빠져버리는
그런 사랑이 되어야
진정한 사랑입니다

Чем больше встречаю с Вами, тем больше хочется встречать

Я хочу встречиться с Вами каждый день
Когда поворачиваюсь, хотелость бы еще видеть Вас
Когда один нохожусь, я скучаюсь по Вам.

Вчера ночью встречавший Вас
Когда даже открою глаза ранним утром
Я скучаю по Вам.

Тем больше с Вами встерчаюсь,
Тем больше на Вас смотрю
Это моя радость

Наша любовь горячо
Горит страстью

Когда я опираюсь на Вашем сердце,
У меня никого беспокойства и волнения нет.

До такого степени температура нашей любви
Кажется согрелася.

Чтобы быть влюбленым
Оба должна увлекаться любовью
Такая любовь – настоящая любовь

"날마다"에서 "마다"는 반복되는 의미를 지닌 조사임, 또한 "~면"은 언제 КОГ
ДА를 뜻한다고 설명한다: "돌아서다" – "돌아서면", "홀로 있다" – "홀로 있으
면", "보고 있" "보고 있으면", "가슴에 기대어 있다" – "가슴에 기대어 있으

면"

"동사+~고 싶다"의 시속 문법을 설명한다. "만나다" + "~고 싶다"- "만나고 싶습니다"/ "보다" + "~고 싶다" – "보고 싶습니다"

또한 "싫어요"라는 표현이 아닌 상대를 높이는 "~습니다/~ㅂ니다" 즉, "싶습니다, 그리워집니다, 걱정도 없습니다, 온도가 높아졌나 봅니다" 표현은 사랑하는 사람과의 관계가 아직은 가깝지 않고, 자기 사랑을 독백으로 고백하고 있음을 짐작할 수 있다.

"만나면 만날수록", "보고 있으면 보고 있을수록"의 점점 강화되는 표현을 설명하고 학생들이 이해를 한 이후, 스스로 학생들이 이와 비슷한 문법 표현을 만들어보게 유도한다. 예를 들어 "먹으면 먹을수록", "자면 잘수록", "공부하면 공부할수록" 등

"~고 있습니다"는 현재 진행중인 문법표현으로 "뜨겁게 타오르고 있습니다"라는 표현은 시적 자아의 현재 사랑하는 이에 대한 사랑이 뜨거움을 표현하고 있으며, 학습자들에게 사랑과 관련해 "~고 있습니다"를 활용하여 말해보게 한다. 예를 들어 "지금 당신을 생각하고 있습니다", "지금 당신에게 편지를 쓰고 있습니다", "당신을 사랑하고 있습니다" 등.

"아무런 …도…도 없습니다" 문법 표현은 부정을 강조하는 표현으로 강한 긍정을 나타내는 표현이라고 설명한다.

"~나 봅니다"는 러시아 문법 "Кажется + 동사 과거형" 으로써 '갔나 봅니다', '먹었나 봅니다' 라는 여러 예시를 들어서 설명해준다.

셋째, 번역된 시를 학생들에게 제시하고, 교사가 전체적으로 한번 더 시를 읽거나 낭송하고, 학생들 스스로 다시 한번 읽어보게 한다. 그 이후 학생들이 시를 읽고 난 후의 느낌을 말해보게 한다.

넷째, 과제로 집에서 암송하게 하고, 자발적 희망자에 한해서 시화를 만들어보게 하거나, 맘에 드는 시 구절을 한국어 캘리그라피로 쓰게 하고, 책갈피로 만들 것을 추천한다.

다음으로 다룰 시는 <함께 있으면 좋은 사람>이다. 이 시에서는 비교의 문법표현을 배우고 유튜브에서 <함께 있으면 좋은 사람>의 노래도 들려준다. 시적 표현에서 "함께 있으면 좋은 사람"이라는 표현은 러시아에서 내가 사랑하는 사람, 좋아하는 사람으로 더 직접적으로 표현되는데, 이 시에서는 사랑하는 사람과 있으면 좋은

함께 있으면 좋은 사람 1

그대를 만나던 날
느낌이 참 좋았습니다

착한 눈빛, 해맑은 웃음
한마디, 한마디의 말에도
따뜻한 배려가 담겨 있어
잠시 동안 함께 있었는데

오래 사귄 친구처럼
마음이 편안했습니다

내가 하는 말들을
웃는 얼굴로 잘 들어주고
어떤 격식이나 체면 차림 없이

있는 그대로 보여주는
솔직하고 담백함이
참으로 좋았습니다

그대가 내 마음을 읽어주니
둥지를 잃은 새가
새 보금자리를 찾은 것만 같았습니다
짧은 만남이지만
기쁘고 즐거웠습니다
오랜만에 마음을 함께
나누고 싶은 사람을 만났습니다

사랑하는 사람에게
장미꽃 한 다발을 받은 것보다
더 행복했습니다

그대는 함께 있으면 있을수록
더 좋은 사람입니다

То, с кем мне хорошо быть вместе 1

День, когда я встретил тебя
Был чудесным переживанием:

Доброта сияния твоих глаз, светлая улыбка,
Тепло и забота
В каждом твоём слове…
Мы пробыли вместе недолго,

Но нам было приятно на сердце,
Будто встретились старые друзья

Ты слушаешь меня
с улыбкой на лице
Без напускной манерности,
Без маски, без притворства,
Как есть,
И искренность твоя
Прекрасна…..

Ты мою душу можешь прочитать, как книгу!
Я – словно птица, потерявшая гнездо,
Что новую тихою гавань нашла.
Наша встреча была коротка,
Но исполнена радости.
Впервые за долгое время, я встретил ту,
С кем хочу поделиться
сердечными чувствами.

Я был так счаслив,
Что это больше, чем букет роз
Для любимого человека.

Чем дольше мы вместе,
Тем сильней я влюбляюсь в тебя.

느낌과 표현을 "함께 있으면 좋은 사람으로" 한국어로 간접적으로 표현되어져 있음을 설명한다.

"오랜 사귄 친구처럼 마음이 편안했습니다", "새 보금자리를 찾은 것만 같았습니다", "오랜만에 마음을 함께 나누고 싶은 사람을 만났습니다", "그대는 함께 있으면 있을수록 더 좋은 사람입니다" 이와 같은 표현은 같이 있으면 느낌이 좋고, 편안함을 나타내는 한국어 표현이라고 설명한다.

비교의 표현인 "처럼" как, Будто встретились старые друзья 오랜 친구를 만난 것 처럼, "~은/을 것만 같았습니다"의 문법을 설명하고, 기계적 연습을 한다. "나비처럼 날다", "연예인처럼 잘 생겼다", "기분이 좋아서 날아갈 것만 같았습니다", "제 운명을 만난 것만 같았습니다" 등의 표현을 반복해본다.

과제로 함께 있으면 좋은 사람의 얼굴이나 이미지를 그리거나, 그 사람의 느낌과 표현을 시적 표현이나 작문의 형식으로 써보게 한다.

네 번째로 공부할 시는 <사랑의 지도>이다. 먼저 시 제목인 <사랑의 지도>를 학습자에게 보여주며, 제목을 통해 어떤 생각과 느낌이 드는지를 학습자와 이야기한다. 이 시속에서 배워야 할 문법은 когда "~ㄹ때"이다.

문법 설명과 제시에서 "사랑을 하다" – "사랑을 할 때", "길을 잃어버리다" – "길을 잃어버릴 때", "길을 헤메다" – "길을 헤멜 때", "보고프다" – "보고플 때", "그리워지다" – "그리워질 때" 등 동사와 감정의 표현 형용사를 활용하여 어떤 행동이나 느낌의 시점을 표현을 확장하여 제시하고 연습한다.

또 다른 문법 "~었으면" 과거시제를 사용하여 희망이나 바람을 나타내는 표현의 문법을 제시 설명한다. 예시로 "돈이 있었으면 좋겠습니다", "남자 친구가 있었으면 좋겠습니다", "여유 시간이 많았으면 좋겠습니다" 등의 의사소통의 문법을 확장시켜 제시하고 연습한다.

사랑의 지도

사랑을 할 때는
내 마음에 언제나
그대를 찾아갈 수 있는
사랑의 지도가
한 장 있었으면 좋겠습니다

Карта любви

Когда я влюблен
Было бы хорошо, в моем сердце
Всегда была карта любви.

Когда сильно влюблен
то порой я могу заблудиться в пути
И когда любви далеко

사랑에 깊이 빠지면
길을 잃어버릴 때가 있습니다
사랑도 멀리 떨어져 있으면
소식을 몰라 길을 헤멜 때가 있습니다

사랑을 할 때는
내 마음의 지도에
그대가 있는 곳이 언제나
표시되어 있었으면 좋겠습니다

사랑을 할 때는
두 눈을 크게 뜨고

내 마음에 있는 지도를 펴고
그대가 있는 곳을 표시해놓고 싶습니다

보고플 때나 그리워질 때면

언제든지 달려갈 수 있는 길을

찾아놓고 싶습니다

Когда от любимой восточки нет,
То с пути ненароком долго свернуть (долго могу заблудить дорогу к тебе)...

Когда я люблю,
Мне хотелось бы , чтобы в сердце всегда
На карте любви отражались места,
где находишься ты,
где можно встретить тебя.

Когда я люблю
Мне бы хотелось,
Широко раскрыв глаза,
Развернуть в моем сердце карту любви
Чтоб обозначить то место,
где ты, где мне можно найти тебя

Когда я хочу тебя видеть,
когда я скучаю по тебе
Каждый раз, каждый миг
Четко видеть дорогу.
По которой бежать с всех ног,
Чтобы встретить тебя.

과제로 사랑하는 사람에게 가는 지도를 그려보거나, 각자의 사랑의 지도에 대한 이미지를 시화로 나타내보게 한다.

마지막으로 용혜원의 <당신은 아십니까?>와 한국 고대 시가인 <가시리>를 함께 이야기한다. <당신은 아십니까?>에서 의문형 문형으로 "~ㅂ니까?"는 의문형으로 직접 상대방에게 물을 때 사용되는 표현이나, 여기에서는 대화가 아닌 독백으로 자기에게 묻는 형식으로 표현한 것임을 설명해준다. 고백하지 못하고 혼자서 표현하는 사랑으로 나타나 있으며, 한국 고대 시가 <가시리>의 시를 고대 표현과 현대어 풀이를 같이 하여 학습자에게 제시한다. 사랑을 노래하는 현대시와 고대 시가의 <가시리>를 같이 비교 대조하면서, 학습자들에게 현대시에서 고전 시가로 다가갈 수 있도록, 동기와 흥미를 유발시킬 수 있다.

당신은 아십니까?

사랑이 활짝 열렸습니다
아무도 닫을 수 없도록

함께 이 문을 열었기에

우리의 사랑은
영원할 것입니다

그대를 내 품에 꼭 안으면
희망으로 가득해
온 세상을 가진 듯합니다
나의 책상에 있는 사진
한 장이
방 안 가득 사랑을
채워놓습니다
당신은 아십니까
이 마음을

Знаешь ли ты?

Любовь открыта со всех сторон.
Мы вместе открыли
Дверь любви,
Чтобы никто не смог
Запереть её.
И теперь наша любовь
будет вечной⋯⋯

Когда я обнимаю тебя крепко,
Моя душа переполняется надеждой,
И кажется, весь мир в моих руках.
Одна лишь фотография
на моем столе
Наполняет комнату любовью⋯⋯⋯

Знаешь ли ты
о моем сердце этих чувств?

　　본 연구자는 사랑을 주제로 한 용혜원 시를 러시아 학습자들과 함께 나누고자 했다. 용혜원 시인의 시는 풋풋하고 산뜻한 감성으로 솔직 담백한 표현과 친근하고 마음속 깊이 공감 가는 시어로 사람들에게 많은 호감을 느끼게 한다. 그의 시는 사랑이라는 주제에서 파생되는 이별, 그리움, 고독 등을 다루고 있다. 그의 주제와 한국 고대 시가의 사랑을 함께 보여주면서 학습자에게 "사랑의 미"에 대해서도 말할 수 있을 것이다. 사랑의 감정을 소중히 여기고, 그것을 맑고 고운 한국어로 표현한 그의 시를, 한국어 문법 교육과 함께 러시아 학습자의 가슴에 사랑의 꽃으로 피워보고자 시도를 해보았다.

4. 나가며

한국 현대시 중에서 용혜원의 100편의 시를 번역을 했으며, 각 단원에서 학습되는 문법과 학습자 수준을 고려하여 시를 선별하고, 기본 문법을 학습하였으며, 의미 확

<table>
<tr><td>

가시리

가시리 가시리잇고 나는
바리고 가시리잇고 나는
위 증즐가 태평성대(太平聖代)

날러는 엇디 살라 하고
부리고 가시리잇고 나는
위 증즐가 태평성대(太平聖代)

잡사와 두어리마나는
선하면 아니 올세라.
위 증즐가 태평성대(太平聖代)

셜온 임 보내옵노니 나는
가시는 듯 도서 오쇼서 나는
위 증즐가 태평성대(太平聖代)

</td><td>

가시리
(*현대어 풀이)

가시렵니까 가시렵니까

나를 버리고 가시렵니까

나는 어떻게 살라고

버리고 가십니까

잡아 두고 싶지만

서운하면 다시 내게 돌아오지 않을까봐

셜온 임 보내드리니

가시는 듯 하다가 다시 돌아오세요

</td></tr>
</table>

장 문법 즉, 의사 소통 중심의 문법으로 확장을 시도했다. 아직 시도 중으로, 어떤 결과와 효과에 대해서는 단정 지을 수 없으나 학습자들에게 흥미와 문법활용에는 큰 도움이 되고 있다. 확장된 문법, 의사소통 중심의 문법으로 말할 때 해당 문법을 정확하게 사용할 수 있는 능력을 학습자들이 지니게 되었다.

의사소통 중심의 문법 교육은 학습자의 소통 능력을 키우는 것에 도움을 주는 중요한 도구 기능을 하며, 의사 소통적 문법을 통한 읽기, 말하기 교육은 학습자의 말하기 능력을 확장시킬 수 있음을 현장 학습으로 한 번 더 알게 되었다. 수요자 – 학습자 중심의 특성을 고려하여 학습자의 목표를 충족시킬 수 있는 의사소통적 문법 읽기 교재 개발이 필요하다. 특히 한국어 원본을 읽기 바라는 학습자 수요가 증가함에 따라 그와 같은 교재나 책의 필요성에 대해 말하고자 했다. 대부분 문법교재는 문법의미와 형태에만 치중한 형태 연습에서 그치는 교재가 많다. 학습자가 문법 의미와 기능을 익혀 문법을 정확하게 사용하도록 시를 통해 그 문법 의미와 기능을 익힐 수 있도록 한 시도라고 할 수 있다. 또한 한국어 읽기 책 교재나 러시아어로 번역된 교재, 책들은 적은 편이지만, 차후 이 시도가 러시아 학습자들에게 스스로 한국어 시나 문학, 문화 영역에 한국어 번역에 나선 수 있는 동기 부여로 확대되기를 기대한다. 그리고 시를 통해 문법 학습에서 시 낭송으로 이어져, 온라인으로 유럽지역 대학생 한국어 시 낭송대회를 개최하는 것도 한 번 기대를 걸어보며 본고를 마친다.

참고문헌

«100 лет петербургскому корееведению». Материалы международной к онференции, посвященной столетию корееведения в С.-Петербу ргском университете. 14–16 октября 1997 года» СПб., 1997; Васил ьев А. Г., Рачков Г. Е. Из истории преподавания и изучения коре йского языка в Санкт-Петербургском университете ... // «Вестник корейского языка и культуры». Вып. 2. СПб., 1997. С. 7–18.

ХОЛОДОВИЧ Александр Алексеевич // http://www.rauk.ru/index. php?option=com_content&view=article&id=1552%3A2014-10-27-20-14-29&catid=126%3A2011-04-02+19%3A33%3A16&lang=ko&Itemid=143

КОНЦЕВИЧ Лев Рафаилович http://www.rauk.ru/index. php?option=com_content&view=article&id=1141%3A2011-04-02-193316&catid=126%3A2011-04-02+19%3A33%3A16&Itemid=143&lang=ru

용혜원. (2010). **용혜원 대표시 100**, 책만드는 사람들.

제2장

번역교육 시 제기되는
언어적 오류, 용어법

곽동훈
루마니아 바베스볼라야대학교
Universitatea Babeș-Bolyai

1. 들어가는 말

세계화가 대세를 이루는 시대에 번역은 다른 어느 때보다 그 중요성과 필요성이 크게 인식되고 있다. 구약성경 창세기에 등장하는 바벨탑 이야기에서 인간의 언어가 여러 갈래의 언어로 나누어진 이후, 번역은 인간언어의 역사와 시작을 같이 한다. 그러나 언어(모국어)와 언어(외국어)를 연결하는 번역과정은 그리 용이하지 않다. 현실과 이상이 언제나 괴리가 있듯이 원천 텍스트와 목표 텍스트 사이에는 편차와 오류에서 기인하는 고도의 긴장이나 괴리가 존재하기 마련이다. 한국어로만 이룰 수 있는 언어미학이나 표현, 특히 한국문학만이 지닌 독특한 형상 등은 미지의 언어와 낯선 문화에 적응하기 힘들고 쉽게 고립되는 상황에 처해질 수 있다. 그 원인은 첫째도 둘째도 우리 한국어가 어렵다는 것이다. 하나의 예로서, 한국문학은 세계문학의 구도 안에서 이해되고 수용되어야 할 이론적 바탕을 이루었으나, 실제적 경험에서는 그 이론적 바탕이 세계문학 현장에 쉽게 적용되지 않고 있다.

한국문학이라는 건물의 기둥이자 대들보로서 기능했던 한국어는 역설적이게도 한국문학의 해외전파에 장애물이 되기도 한다. 이는 우리 한국어가 세계의 다른 언어들, 특히 세계 주요 언어와 어떤 호환성도 갖고 있지 않다는 것에 기인한다(정명교, 2013, 17). 하나의 문학삭품이 작가의 十제적이자 실천적인 노동에서 탄생하는 것처럼 번역 역시 번역가의 구체적인 노동에 의해 구체화된다. 말할 것도 없이 번역가의 노동은 유창한 언어구사 능력에 기초한다.

물론 번역과정은 단순한 언어적 교환이 아닌 해당 텍스트에 대한 각별한 관심과 이해, 문화적 소통이 복합적으로 이루어진 작업이라 할 수 있겠지만, 번역의 기본은 역시 번역가 개인의 언어구사 역량에 좌우된다. 문학번역의 경우, 문학적 감상력과 표현력이 아무리 뛰어난 번역가라도 수준 높은 언어구사 능력이 결여된다면 번역의 완성도는 당연히 떨어질 것이다. 물론 언어에 대한 학문적 접근능력(번역가의 언어구사력) 혹은 문학적인 관점을 중심으로 번역에 접근하는 능력, 이 둘 중 어느 것이 더 이상적이고 가치 있는지를 증명하는 것은 의미 없는 싸움이다.

원천 텍스트의 언어와 수용 언어 간의 이질성 혹은 사회·문화적 장애물이 존재하더라도 문학의 가치는 서로 간의 타협과 조정을 조건으로 문학적 동일화를 공유할 수 있다. 이러한 타협과 조정은 바로 번역가의 개입에서 나온다.[1] 한국적인 특성을 많이 지닌 문학작품일수록 번역과정에서 적지 않은 노력과 인내심이 요구된다. 특히 언어적 표현에서 오는 차이는 번역가의 작업 중 많은 부분에 영향을 준다.

이러한 언어적 마찰은 번역가의 기술에 따라 극히 이분법적인 결과로 포장될 수 있을 것이다. 즉 '또 다른 창작인 번역'과 '번역의 순기능에 충실한 단순번역', 이 두 가지 중 하나의 유형으로서 독자들에게 소개된다 할 수 있다. 그러나 중요한 것은 원천작품의 작가가 말하고자 하는 것, 즉 창작 의도를 그대로 재현해야 한다는 것이다. 따라서 원작에서 나타난 어휘나 어조, 어세(語勢) 등을 올바르게 소화해 내지 못한 채 번역된다면 결코 성공적인 번역이라고 할 수 없을 것이다.

루마니아에서 학부과정으로 한국어문학을 전공하는 (혹은 부전공하는) 학생들 사이에서 번역에 대한 관심이 고조되고 있는 것이 사실이다. 그만큼 교육현장이나 취업시장에서 번역에 대한 니즈가 높아지고 있음을 반증하는 것으로 이해할 수 있다. 이러한 학생들의 관심증가와 사회적 니즈가 커가는 이 시점, 한국학 교육의 최전선에서 고투하고 있는 교수진과 강사들은 보다 더 체계적이고 효과적인 번역 관련 학습방향을 구축하고 제시해야 하겠다.

한국인들이 자주 범하는 언어적 오류 중 하나인 '동의중복현상/용어법'은 번역학습 과정에서 흔히 발견되는 오류 중 하나이다. 또한 학습자들은 동의중복적 현상이 내포된 한국어 텍스트를 번역할 시 많은 의문을 제기한다. 동의중복은 대개가 동일 어종(語種)보다는 이종 어휘들 사이의 중복이 보편적이다. 한국어 내 동의중복의 적지 않은 경우는 의미 변화(특히 한자어의 의미 변화)를 겪는 현상을 보이므로, 번역학습 과정 중에 있는 외국인들이 인식하기에는 많은 무리가 따른다고 볼 수 있다.

한국어의 동의중복은 두 개의 단어가 결합되어 하나의 용어로 이루어지는 형태

[1] 스코프스 이론 (Skopos theory)을 소개한 독일의 번역학자인 노르드(Christiane Nord)는 "문학에 대한 번역작업은 저자의 창작 의지를 지침으로 삼아 원문의 문학적 구조를 재생함으로써 목표 독자들에게 원문의 장르, 예술적 가치, 언어적 아름다움에 대한 정보를 제공하여 목표언어를 풍부하게 하는 과정"이라 하였으며, 번역행위에는 반드시 목적이 존재한다고 언급했다 (Nord 2006, 152-153).

[2] 동의중복 표현의 오류는 위에 언급한 번역평가 기준 중 '의미왜곡' 혹은 '근거없는 누락이나 첨가', '문법오류'에 해당된다 볼 수 있을 것이다.

[3] 용어법의 사전적 의미는 '강조나 수사적 효과를 높이기 위하여, 논리적으로 불필요한 말을 덧붙이는 표현방법'이다. 하나의 예로서, 우리의 표준국어대사전 격인 루마니아의 DEX에서도 동의중복현상에 대해 다음과 같이 정의하고 있다. 'Eroare de exprimare constând în folosirea alăturată a unor

적 구성이 일반적이므로, 조합된 단어가 동의중복적인지 그 여부가 매우 불명료하다. 이에 반해 루마니아어에서의 동의중복현상은 주로 중복되는 독립된 문장성분으로 나타나는 통사적 구성을 보이는 경우가 대부분이기 때문에, 이것에 의해 의미가 오역되는 일은 거의 없다. 번역교육 시 이러한 점을 고려하여 다양한 구조의 동의중복현상을 설명해야 하며, 학습자들 역시 형태적인 것과 통사적인 것, 혹은 형식적인 것과 의미적인 것을 기준으로 분류하여 한국어 속의 동의중복적 표현을 이해할 필요가 있다. 이러한 방법은 보다 완벽한 번역교육과 이에 대한 올바른 학습평가에도 유효하다고 생각한다.

2. 번역교육 중 관찰되는 하나의 언어적 오류, 동의중복현상

모호한 번역교육의 방향성에 대해 논의하기 위해서는 번역평가에 대한 기준을 우선 정립하는 것이 효과적일 수 있다. 김진아 외 4인은 번역물에 대한 평가의 개념과 필요성에 대해 언급하면서 어떠한 기준에 따라, 어떤 항목에 대해 그리고 어떤 항목에 대한 가중치를 높게 세워서 평가하는지를 분석하였다(장혜선, 2011, 393).

번역평가 기준에는 (1) 왜곡 없이 전체적 의미를 명확하게 전달하는지 (2) 원천텍스트와의 기능상 일치 (3) 논리 및 선택용어의 일관성 (4) 오역 (5) 지나친 직역이나 의역 (6) 의미 왜곡 (7) 근거없는 누락이나 첨가 (8) 문법적 오류 (9) 번역어 관행에 어긋난 부자연스러운 표현의 존재 여부와 같은 것들이 있는데, 이러한 기준은 번역교육에서 강조되어야 할 점을 어느 정도 제시한다 볼 수 있다. 또한 번역학습자들의 강점과 취약점 등을 어떠한 방식으로 구분할 수 있는지도 알려준다 하겠다. 위의 여러 기준들 중 (4),(5),(6)과 (7)은 해당 번역어를 이해하고 있는 한국인 교육자에 의해 평가가 가능하고 그 외에는 번역어를 모국어로 하는 교육자들에 의해 평가될 수 있을 것이다(장혜선, 393-394).

한국인들이 자주 범하는 언어적 오류 중 하나인 동의중복현상 또한 한국인 교육자에 의해서만 제대로 된 교육과 평가가 가능하다 볼 수 있겠다.[2] 국어학적으로 용어(冗語)현상, 즉 동의중복현상[3]은 크게 잉여적 군더더기 말(redundancy) 혹은 동의어 반복(tautology), 단순한 중복표현 등과 같은 형식적 특성과 의미변화를 겪는 현상, 즉 의미적 특성 이 두 가지로 분류될 수 있을 것이다.[4] 이것은 외국인 교육자들에게는 좀처럼 논의대상이 될 수 없고 분석적으로도 이해하기 힘든 언어적 현상이나.

한국어에서의 동의중복현상은 주로 한자어와 고유어 사이에서 나타난다. 한자어의 요소와 동일한 의미를 지닌 대응 고유어가 반복, 구성되어 나타나거나 대응 고

cuvinte, construcţii, propozţii etc. cu acelaşi îneles'-동일한 의미를 지닌 단어나, 어구, 문장 등을 사용하는 표현 오류 (Academia Română, Institutul de Lingvistică 'Iorgu Iordan' 1998, 807).

[4] 동의중복현상과 관련된 몇 가지 선행연구로는 '일종의 오염(contamination)'이라고 주장한 Hermann Paul (1891, 170), '과도한 묘사나 표현(hyper-characterization)'으로 언급한 Christian Lehmann (2005, 119), '잉여적으로 발생되는 현상'이라고 말한 Sala Marius, '단순한 동어반복'이라고 주장한 Avram과 '어휘 또는 문법적 동의어의 부정적인 영향'이라고 설명한 Guţu Romalo (Oum Tae Hyun 2014, 382) 등이 있다.

[5] 의미중복에 대해 연구한 임지룡은 '처가'와 '처갓집'을 예로 들면서, 언뜻 보기에는 동일의미를 지닌 듯하지만 양자의 표현가치가 때때로 상이할 수도 있다는 것을 언급하였다(임지룡 1983, 55). 즉 '처갓집을 팔다'는 단순한 '주택거래'를 의미하지만, '처가를 팔다'는 추상적인 의미를 지니게 되어 '가문의 명예나 힘을 빌린다'라는 의미로 해석될 수 있다. 이처럼 한국인이 아닌 외국인이 이 두 표현에 개념적 의미 차이가 존재한다고 이해하기는 쉽지 않다.

[6] '한옥'이란 단순 표현적 이화와 동의중복표현인 '한옥집'의 관계에서는 의미상의 차이는 없

다. 그러나 구어와 문어라는 문체적인 차이는 존재한다고 볼 수 있다. 노명희는 이와 같은 현상에 관해 중복형은 구어적인 특성을 보이며, 단순형은 문어적인 특성을 보인다고 소개하였다(노명희 2006, 266-267). 따라서 번역교육 시 중복형 표현과 단순형 표현의 차이는 크게 구어체와 문어체에서 찾을 수 있음을 강조할 필요가 있다. 예를 들어 문학작품에 대한 번역학습 시 동의중복적인 표현이 감지된다면 (물론 경험이 적은 대부분의 학생들은 이러한 것을 감지하기 어렵겠지만), 의미상의 변화가 아닌 이상 이러한 표현이 어떠한 문맥에 위치하는지 혹은 작품 속 각 장면의 환경이나 배경의 흐름과 조화시켜 인지하는 것이 중요하다. 즉 '한옥집'과 같은 중복표현은 구어체와 같은 좀 더 직시적인 맥락에서 사용될 수 있음을 알아야 하겠다. 이러한 이해가 결여된 번역학습자는 어떠한 단어의 단순형과 중복형을 등가개념적이라고 쉽게 간주한다. 즉 자신의 번역문이 원문과 동일한 상황으로 확장될 수 있는 실수를 반복할 수 있다.

[7] 동사인 'a reaminti'의 사전적 의미는 '다시 기억하다', '회상하다'이며, 부사로서 'din nou'는 '다시'나 '또'의 의미를 지닌다.

[8] 이러한 예에서 한자어 교육의 필요성이 제기된다. 한자교육은 번역학습 시 한국어에 존재하는 동의중복적 현상에 대한 이해와 접근을 수월하게 한다. 대부분 한국어 안에서 나타나는 동의중복현상은 한자어가 한국어

유어가 존재하지 않을 시 해당 한자어가 반복되어 나타나는 경우도 있다. 예를 들어 처가(家)집[5], 한옥(屋)집[6], 역전(前)앞, 옥상(上)위, 아침조(朝)반, 손수(手)건, 큰대(大)문 등은 '명사와 명사' 간 발생하는 것이고, '그림으로 도해(圖解)하다'와 '배에 승선(乘船)하다', '차(車)를 주차(駐車)하다' 등은 여러 가지 통사적 구성으로 발생하는 경우라고 할 수 있다(노명희, 263).

동의중복의 기본적인 개념은 동일한 의미를 지닌 말이 연달아 이어지는 현상이라 할 수 있다. 이 현상은 비슷한 뜻을 지닌 단어들이 의미분화를 일으키면서 공존하게 되는 어휘체계의 한 면을 보여준다(노명희, 2009, 275). 번역학습자들이 이러한 동의중복적 표현을 발견 시, 이것이 강조효과를 위해 의도적으로 사용한 것인지(혹은 원문의 저자가 중복적 표현을 언어적 오류로 인식을 못하였는지), 아니면 두 의미를 지닌 용어가 조합될 때 새로운 의미가 부여되었는지의 여부 등으로 범위를 좁혀 적절한 단서를 찾아야 할 것이다. 두 요소의 의미 가운데 하나의 의미로 한정되는 경우가 있는 반면, 또한 새로운 의미를 갖게 되는 경우도 존재한다. 그러나 번역학습자들이 인지해야 할 점은 번역물에 동의중복현상과 관련된 오류나 실수가 내포된다는 것은 일반적으로 불필요한 반복이나 장황스러운 표현이 있다는 것이며, 문장의 일부를 넘어서 문장 전체가 애매하거나 불명료하게 되어 독자의 이해를 방해하는 것으로 간주될 수 있다는 사실이다.

루마니아인들의 경우 한국어의 동의중복적 현상을 이해하기가 쉽지 않다. 한국어의 동의중복현상은 두 개의 단어가 결합되어 하나의 용어로 이루어지는 형태적 구성이 대부분이지만, 루마니아어에서는 주로 독립된 문장성분이 중복되어 나타나는 통사적 구성으로 나타난다. 형태적 현상과 통사적 현상의 구분은 상당히 까다로운 문제라고 할 수 있지만, 루마니아 번역학습자들은 비교적 통사적 구성에서의 동의중복적 표현은 쉽게 발견하고 적절하게 대처하는 것을 발견할 수 있었다.

예를 들면 부사와 동사(서술어)의 조합에서 '다시 회상하다'라는 동의중복적 표현을 'a reaminti din nou'[7]로 번역하는 학생은 거의 없었다. 즉 부사 '다시'가 동의중복적으로 사용된 것을 감지하였고 루마니아어로 번역 시 부사어 성분이 중복되지 않게끔 번역을 하였다. '공동으로 동업하다'에서 '동업하다'의 의미를 인식하고 있는 학생들은 부사어인 '공동으로'를 번역의 대상에서 제외하였으며, '다시 재확인하다'에서도 반복의미의 부사어 '다시'가 번역 시 불필요하다는 것을 쉽게 인지하였다. 몇 가지 예를 더 들자면 '지나치게 과음(過飮)하다'에서 '지나치게'란 부사어 성분이 불필요하게 사용된 것을 인식하는 학생들이 많았고, '뒤로 후진하다', '둘로 양분(兩分)하다', '그림을 도해(圖解)하다' 등에서도 적지 않은 학생들이 오류를 지적한 것이 사실이다.[8]

한국어 텍스트를 외국어로 번역하는 이들에게는 다양한 기술적인 문제점과 용어선택의 문제, 문법 등 여러 가지 고충이 따르기 마련이다. 번역에서 가장 중요한 것은 원천 텍스트가 전하는 전체적 의미를 왜곡과 오류 없이 새로운 문화권의 독자들에게 전달하는 것이다. 나아가 번역평가 기준의 핵심은 응결성에 있다. 즉 내용적 연관성과 일관성을 말하는 것으로, 원천 텍스트가 내포하고 있는 어휘나 개념, 각 성분의 관계가 서로 이해될 수 있는 방식으로 연관되어야 한다(정호정, 2009, 196-197). 수증기의 응결로 물이 만들어지듯이 번역작업 시 텍스트에 대한 응결성은 매우 중요하다. 번역학습을 지도하는 이들은 이러한 점을 고려하여 다양한 구조의 동의중복현상에 대해 각별히 설명해야 한다.

마지막으로 학생들을 지도하면서 겪은 경험과 번역관련 과제물 등에서 추출한 몇 가지 사례를 제시하고자 한다. 학습자들이 자주 범하는 오류가 화석화되지 않도록, 효과적인 모니터링과 충분한 피드백을 제공하는 교육자의 역할이 요구된다. 우선 첫 번째의 경우는 루마니아어 내에서도 흔히 생성되는 부사와 동사 간의 결합에서 나타나는 동의중복현상이다. 이러한 경우를 맞닥칠 때 루마니아 학생들은 두 요소 간의 의미관계를 쉽게 이해하며, 적절하게 대처한다.

로 들어오면서 국어화되는 과정에서 나타나는 것이기 때문에 한자교육은 반드시 필요하다고 본다. 적어도 번역학습자들에게 한자어 교육의 당위성은 엄연하다.

짧게 요약하다	a abrevia (vb. 요약하다) **pe scurt** (adv. 짧게)
한 줄로 줄지어 세우다	a alinia (vb. 줄지어 세우다) **în şir** (adv. 한 줄로)
함께 공존하다	a coexista (vb. 공존하다) **împreună** (adv. 함께)
함께 동업하다	a colabora (vb. 동업하다) **împreună** (adv. 함께)
공동으로 동업하다	a conlucra (vb. 동업하다) **în comun** (adv. 공동으로)
다시 재확인하다	a reafirma (vb. 재확인하다) **din nou** (adv. 다시)
다시 회상하다	a reaminti (vb. 회상하다) **din nou** (adv. 다시)
스스로 자각하다	a înţelege singur (자각하다) **singur** (adv. 스스로, 홀로)
뒤로 후진하다	a merge în spate (뒤로 가다) **în spate** (뒤로, 뒤쪽으로)

위와 같은 경우와 마찬가지로 부사와 동사 간의 결합에서 나타나는 동의중복적 표현이지만, 관습화된 몇 가지 표현도 존재한다. 이 역시 루마니아어 내에서도 쉽게 발견되는 현상이기 때문에 이것이 동의중복적 오류인지 판단하기가 쉽지 않다. 필자가 근무하는 바베스볼랴대학교 한국어문학과 내에서 사용하는 교재에서도 이와 같은 오류가 심심찮게 발견된다. 1학년 한국어 문법교재인 《재미있는 한국어 1》(고려대학교 한국어문화교육센터 지음) 2008년 판의 제5과를 보면, '안으

로 들어가다'와 '밖으로 나가다', '위로 올라가다' 등과 같은 부사와 동사 간의 결합에서 불필요한 부사가 남용된 경우를 발견할 수 있다. 이러한 관습화된 동의중복적 표현을 독해할 경우, 대다수의 루마니아 학생들도 동일한 수준의 루마니아식 오류에 빠지는 것을 쉽게 관찰할 수 있다. 예를 들면, '그는 안으로 들어간다'를 'El intră înăuntru' 혹은 '아래로 떨어지다'를 'a cădea în jos', '위로 들어올리다'는 'a înălța în sus' 등과 같은 동의중복적 실수를 범하는 것이 자주 관찰된다. 위에서 언급한 표현들은 논리적으로 즉 정보전달의 효용에서는 문제가 없다고 할 수 있지만, 한국어를 처음 접하는 기초학습자들에게는 분명 문제가 될 여지가 충분하다 여겨진다. 다음은 목적어와 동사 간의 결합에서 나타나는 동의중복적 현상을 보여준다. 이것은 두 요소 간의 의미관계가 불명료하여 학습자들의 이해가 조금은 어려운 것이 사실이다.

털을 제모하다	a depila (vb. 제모하다) **părul** (털)
영화를 상영하다	a ecraniaza (vb. 상영하다) **un film** (영화)
개회식을 개관하다	a inaugura (vb. 개관하다) **deschiderea** (개회식)
돈을 모금하다	한자어에서 온 동사, '모금하다'와 순수 우리말인 '돈'의 결합에서 발생되는 동의중복현상이기 때문에 루마니아 번역학습자들이 번역하기에는 상당히 까다롭다.
차를 주차하다	한자어에서 온 동사, '주차하다'와 순수 우리말인 '차'의 결합에서 발생되는 동의중복현상이기 때문에 루마니아 번역학습자들이 번역하기에는 상당히 까다롭다.
결실을 맺다	한자어에서 온 명사, '결실'과 순수 우리말인 '맺다'의 결합에서 발생되는 동의중복현상이기 때문에 루마니아 번역학습자들이 번역하기에는 상당히 까다롭다.
여운을 남기다	한자어에서 온 명사, '여운'과 순수 우리말인 '남기다'의 결합에서 발생되는 동의중복현상이기 때문에 루마니아 번역학습자들이 번역하기에는 상당히 까다롭다.
여분을 남기다	한자어에서 온 명사, '여분'과 순수 우리말인 '남기다'의 결합에서 발생되는 동의중복현상이기 때문에 루마니아 번역학습자들이 번역하기에는 상당히 까다롭다.

아래의 표는 관형사와 명사 간의 결합에서 종종 발생하는 동의중복적 예를 보여준다.

늙은 노파	baba (s. 노파) **bătrână** (adj. 늙은)
대단한 명작	capodoperă (s. 명작) **excepţională** (adj. 대단한)
둥근 원	cerc (s. 원) **rotund** (adj. 둥근)
긍정적인 칭찬	complimente (s. 칭찬) **pozitive** (긍정적인)
상호적 상호의존	interdependenţă (s. 상호의존) **reciprocă** (adj. 상호적)
새신랑	'신랑(新郞)'은 두 가지의 의미를 지닌다. 즉 '결혼하는 남자' 혹은 동시에 '신혼 초의 남편'을 이르는 말로 번역할 수 있다. 따라서 '새신랑'은 경우에 따라서 동의중복적 표현이 아니다.
새신부	mireasă (s. 신부) **nouă** (adj. 새로운)

다음은 명사와 명사 간의 결합, 즉 이종어휘 간의 결합에서 나타나는 중복을 보여준다. 이것은 '한자어와 한국어'나 '영어와 한국어' 사이의 중복을 말하는데 이 현상은 형태적 구성으로 이루어지는 동의중복적 표현이 거의 없는 루마니아어 사용자들이 이해하기에는 매우 불명료하다.

대관령(嶺)**고개**	추풍령(嶺)**고개**	삼각형(形)**모양**	철교(橋)**다리**
승무(舞)**춤**	실내(內)**안**	호피(皮)**가죽**	칠월(月)**달**
생일(日)**날**	헤어드라이어**기**	프린터**기**	믹서**기**
ATM**기**	커터**칼**	돼지족(足)**발**	야(夜)**밤**도주

3. 맺는 말

문학은 각 운명 공동체가 지닌 지적이자 예술적이며 전체적인 사상과 감정이 결합된 문화결정체라고 할 수 있다. 이러한 문학을 다른 언어권의 사람들에게 전달하고 그 가치를 재창출하는 것은 올바른 번역에서 시작한다. 한국 번역문학의 성장동력은 해외 전문 번역가의 내생적 성장에 달려 있다 해도 과언이 아닐 것이다. 이를 위해서는 현지 대학기관의 역할이 우선시된다. 번역의 분야를 독립된 하나의 학문으로 간주하여, 학제 간의 연구대상으로 강화할 필요가 있다. 한국학 관련 학과에 종사하는 교육인들은 보다 더 체계적이고 과학적인 번역학습 방향을 구축하고 제시해야 한다.

농의숭목현상은 한국어 안에서 광범위하게 발견되는 언어석 오류이나. 한사어나 최근들어 급속도로 유입되는 영어와 고유어인 한국어 간에 발생하는 '동의어 경쟁' 현상으로 간주할 수 있다. 이와 같이 한국어 내의 동의중복현상은 이종어휘 간의 결합이 보편적이다. 따라서 루마니아를 비롯한 해외 번역학습자들에게는 쉽게 논의대상이 될 수 없고 분석적으로도 이해하기 힘든 다차원적인 (multidimensional) 언어적 현상이다. 특히 한자어는 한국어 내 동의중복현상의 생성에 많은 영향을 끼치고 있다. 한자어가 한국어로 들어오면서 국어화 되는 과정 중 나타나는 것이 대부분이기 때문에 해외 한국어 교육과정 중 한자어교육은 반드시 필요하다고 보여진다. 또한 다양한 구조의 동의중복현상을 소개하여, 형태적인 것과 통사적인 것 혹은 형식적인 것과 의미적인 것을 기준으로 분류, 한국어 안의 동의중복현상에 대해 설명해야 할 것이다.

참고문헌

노명희. (2006). 국어 한자어와 고유어의 동의중복 현상. **국어학, 48**, 259-288쪽.

노명희. (2009). 국어 동의중복 현상. **국어학, 54**, 275-302쪽.

임지룡. (1983). 의미중복에 대하여. **배달말, 8**, 35-60쪽.

장혜선. (2011). TES(Translation Evaluation System) 분석을 통해 살펴 본 번역오류 항목 가중치에 관한 연구. **통번역학연구, 15**, 389-419쪽.

정명교. (2013). 세계문학과 번역의 맥락 속에서 살펴 본 한국문학의 오늘. **비교한국학, 21-2**, 11-37쪽.

정호정. (2009). 문화번역 평가 및 감수 기준으로서의 스코포스 이론의 효용. **통역과 번역, 11-1**, 181-207쪽.

Nord., C. (2006). **번역행위의 목적성**. 정연일, 주진국 옮김. 한국외국어대학교 출판부.

Oum,. T. H. (2014). Characteristics of Pleonastic Expressions in Korean. *Revue roumaine de linguistique LIX* (4): 381-389쪽.

Culturality through *Gosijo* for advanced students

박희영
두이스부르크-에센대학교
Universität Duisburg-Essen

1. Why *Gosijo*?

This contribution will offer an opportunity to consider how one of the fixed Korean literary genres Korean "*Gosijo*"[1] for the purpose of the transmission of Korean values like "*Umyangohaeng* (음양오행)" etc. can be used in the classroom for advanced learners. In spite of the dilemma of the definition of "culturality", the culturality of philosophy manifests itself in different cultures in the form of various normative evaluations, basic attitudes, and questions. So, in the course of learning of *Gosijo*s (as the learning objective), the culturality can — as a side effect — parallel an important textual, competence and a consequential textuality feature, especially as part of communication competence, and this kind of literary texts can serve as an informative source on the Koreans' understanding of the world, as well as their perception of human relations and social matters.

In the earlier period of the Confucian society, *Gosijo* was mostly monopolized by the scholars and the nobility but with the invention and

[1] Korean literary history calls the old ones as *Gosijo* and the new ones after 1920 as Sijo. They differ in many aspects, but this article will not treat it in detail.

propagation of *Hangeul* (한글), the *Sijo* came in the reach of all classes down to the lowest tiers of society. This aspect is the most influential event and resulted in the occurrence of all Korean values, norms, beliefs, culture, and traditions and is exactly what *Hangeul's* mission demands.

The philosophical ideas only expressed by *Hanmun* (한문) are finally also transmitted with the invention and usage of *Hangeul* among ordinary people. In this sense, according to Humberto Maturana, die Sprache als Basis und gleichzeitig Ausprägung von Kulturen und damit kulturellen Differenzen, ist selbst einem historischen zu beobachtenden Veränderungsprozess unterworfen[2] should be remembered.

In this context, the philosophical themes of the *Gosijos* and their hidden (often instructive) messages on the subject are such as "good defeats evil (권선징악)", "a long life without illness (무병장수)", "piety towards parents (효)", "loyalty (충)", "thankful reciprocity (보은)" and overcome/build up "trust (신의)," and like "I in nature or I and nature (자연동화)", "love (애정)" can contribute for this aim.

For this purpose, four famous *Gosijos* from the period of Yi-Dynasty (Choseon Dynasty) are selected and translated into German as follows:

- "The natural poem (자연가)" by Kim In Hu (김인후)
- "The song of the five friends (오우가)" by Yun Sun Do (윤선도)
- "The long winter night (동짓달 기나긴 밤을)" by Hwang Jin I (황진이)
- "I pick a willow branch (묏버들 갈해 꺽어)" by Hong Rang (홍랑)

2. An Introduction to the Classical Poems *Sijo*

Gosijo and *Sijo* are generally known as traditional lyrics of three lines or verses[3].

Each line is made up of a four phrase group with a major pause after each grouping. The word *Sijo* consists of two Sino-Korean characters 시조 (時調) with a meaning of "time" or "period (時)" and "rhythm (調)" or "harmony." The Korean spelling is "시조" and "*Sijo*" in revised romanization. In the McCune-Reischauer it equals to "*Sijo*"and in

[2] This text is translated by the author from German into English as follows: "the language as the basis and at the same time the expression of cultures and thus cultural differences is itself subject to a historical process of change."

[3] The Sijos before *Gapogehyuk* (갑오개혁) are generally called as "*Gosijos*" which holds especially true for the later use in Korean textbooks.

VI. 문학·번역·문화를 통한 한국어 교육

"German it should be pronounced as "*Shidso*[4]."

The well-known name "*Sijo*" originated from the word "*Sijulgajo*" (시절가조 時節歌調) during the Yi Dynasty and a contemporary poet Lee Se Chun (이세춘) used the word "시조" first.

The meaning of it is literally a "vocal poem popular at the time (그 시절에 유행하는 노래곡조)." The origin of this type of poem can be found in the 16th century.

When using *Hanmun* was the only method to write a spoken language in Korea, poems were written in the Chinese style. It is believed that *Hyangga* (향가), which originated in the Silla dynasty, could be the forerunner of *Sijo*[5], but this thesis was not clearly proven. Unfortunately, neither the explanation of the word "*Idu* (이두)" can be found in the dictionary in connection with *Sijo*, nor the word "*Gugyul* (구결)" in the same dictionary.[6] Popular stylistic devices like wordplay, metaphor, symbolism, and allusions[7], can be found in every *Gosijos*, which makes this kind of genre much more sophisticated, ambiguous, upscale, and interesting.

2.1. The Structure and Shape of *Sijo*

The literary genre "*Sijo*" is based on syllables or number of syllables. 24 syllables are typical for the *Sijo* shape and without exception they are distributed in three lines (with 14 to 16 syllables), but in total *sijo* does not exceed 44 to 46 syllables.

In the dictionary, we can find the usage of the word *Sijo* together with verbs like e.g. 시조를 읊다 (recite a *Sijo* poem; <u>to recite</u>), 시조를 짓다 (make a *Sijo* poem; <u>to make</u> or <u>to produce</u>).

Despite many different opinions, the structure pattern looks as shown below:

- *Chojang* (초장) the first line — the topic at **(3,4/5,4,4)**
- *Chungjang* (중장) the expansion **(3,4/5,4,4)**
- *Chongjang* (종장) finally — the counter topic **(3,4)** and the conclusion **(4,3)**, cohesion **(3,4,4,3)**.

[4] However, for the purpose of convenience in form and sound the term "*Sijo*" is used in this article.

[5] The word "*Hyangga*" merely means "the local song; the old Korean folk song." It is a kind of short lyric, similar to Japanese *Danga* (短歌), which emerged during the late *Koryo* (고려) period.

[6] Minjung's Essence Korean-German Dictionary.

[7] In German it translates to: Wortspiele, Metapher, Symbolismus, Allusion.

2.2. Prerequisite of Sijo as "*Gojunmunhak* (고전문학)"

Without a doubt, *Sijo* (*Gosijo*) is the fundamental foundation of modern Korean literature, teaches the Koreans' wisdom, and gives the opportunity to see the life and feelings of the Korean ancestors. With it, the *Hangeul* learners can understand Korean traditions and conventions better.

Furthermore, it presents not just the essential spirit of Korean values, but also the competence of transcendental view of poetry, like the question about the meaning of life, even if it is a kind of Vanitas (to be vain / to be void)[8].

Many of the 3600 *Sijos* as preserved in the classical anthologies contribute a commentary on history, or on the events of social and political significance. *Sijos* were also employed as a means of pouring out feelings and emotions of the public, as well as formalistic norms and didactic precepts characterized by the Confucian society. The comparability of philosophical thoughts of the well-known and notable occidental philosophy of "*memento mori*"[9] and "*Insaengmusang* (인생무상)" may be remembered at this point as a means of comparison and better understanding.

3.1. *The natural poem* by Kim In Hu

Haseo (하서) Kim In Hu (김인후, 1510-1560) was a highly respected politician, philosopher, poet, and also a concede and recognized scholar during of the Yi Dynasty period. His existential insight or perception of life and nature transformed into simple beauty is reflected in numerous of his poems.

A poem *Chayonga* (자연가) was written after Kim In Hu returned to his home following the death of King In Chong (인종) at the age of 35. The deepest disappointment due to the deteriorating national situation at that time and averting the political situation let him complain, but also overcome the situation with the wisdom of Confucianism in his poems. So this could be regarded as the dedication exclusively to his attitude of the teaching of Confucianism.

[8] The term "Vanitas" originally comes from Latin with the following meanings: empty appearance, futility, nothingness, vanity, also boasting, failure or futility. The baroque poem is mainly characterized by Vanitas' motives.

[9] A large number of Korean old pictures — for me especially the Sumuk-Sansuhwa (수묵 산수화) — reminds of the vanitas, but even in this nothingness the wisdom of life is shared and remembered.

자연가	*Das Naturgedicht*
김인후	**Kim In Hu**

青山自然自然 綠水自然自然
山自然水自然 山水間我亦自然
已矣哉 自然生來人生 將自然自然老

청산도 절로절로, 녹수도 절로절로
산도 절로 물도 절로하니, 산수간 나도 절로
아마도 절로 삼긴 인생이라, 절로절로 늙사
오리

Die grünen Berge sind naturgemäß so,
das grüne Wasser ebenso
Berge sind so, Wasser sind so,
dazwischen bin ich auch so
Das Leben ist so entstanden und
vergeht mit dem Alter sowieso[10]

[10] Here I have tried to translate it also into English:
The green mountains are naturally like that,
the green water as well.
Mountains are like this, water is like that,
in between I am like that too.
This is how life came about and
goes away with age anyway.

After sensual perception of the poem without reflection, at a glance, without consciously grasping and identifying, he succeeds to write the wonderful poem in accordance with his philosophy of life. For clarification of the unknown vocabulary subsequent discussion is necessary about the words such as "*Pilam Seowon* (필암 서원)", "*Wonchingak* (원진각)," and more. It is not wrong to let learners hear a song about this piece, also because it has a pedagogical purpose. To arouse the learners' interest, I have chosen and introduced the song "*Chonsando Chollo Chollo* (청산도 절로 절로)" as well as "*Chayonga* (자연가)" — 노래 송도영 / 작곡 임동창 – 용주사 승무제 — as below:

https://www.youtube.com/watch?v=O6Ro-BeJt9s

The resonance from the learners was — according to my experience — very impressively encouraging.

In particular, we can approach the following pedagogical aspects and pursue the goal of textual competence as listed below:

- What does the word "*Chollo Chollo* (절로 절로)" mean?
- Is a word like "*Nuksaori* (늙사오리)" a suitable ending form?
- We need to clarify the meaning of the word "*Samgin* (삼긴)" from "*Samda* (삼다) / *Samgida* (삼기다)" and ask what the difference between the word "*Saengida* (생기다)" and "*Samgida* (삼기다)" is.
- It would be interesting and useful to attempt to find out a similar poem in German.

3.2. *The song of five friends* by Yun Sun Do

The nature poet, politician and researcher of the Yi Dynasty, Yun Sun Do (1587-1671), also known by the names Gosan (고산 孤山) and Haeong (해옹 海翁)[11], is in addition to Chongchol (정철), Park Inro (박인로) and Song Sun (송순) a representative voice of the Korean poetry of his time.

[11] His *Bongwan* (본관) is *Haenam* (해남 海南) and his *Cha* (자) is *Yaki* (약이約而).

오우가 윤선도	*Das Lied der fünf Freunde* Yun Sun Do
내 벗이 몇이냐 하니 수석과 송죽이라 동산에 달 오르니 긔 더욱 반갑고야 두어라 이 다섯 밖에 또 더하야 무엇하리	Lass mich zählen wie viele Freunde ich habe Wasser und Gestein, Bambus und Pinien Wie erfreulich ist es mit dem aufgehenden Mond im Osten Lass es sein. Es ist genug mit diesen Fünf, wozu bräuchte ich mehr

Although his most popular *Sijo* "*Obusasiga*" (어부사시가), "The Anglers Songs", a cycle with 40 *Sijos* and consequently the largest and most famous cycle of the classical period, I have chosen here his *Sijo* "The Song of (my) five friends" for the sake of the topic, namely nature and people unifying in one.

In terms of grammar and verb style in this *Gosijo*, an educational consideration of "-리라" instead of "-이다" and "-어라" instead of "-세요", "-십시오" and "-하리" versus "-하겠는가" in the context is an attempt to compare the variable forms of ending: "하다 / 한다 / 하여라 / 하리라 / 하노라 / 하리오 / 하랴" versus "두다 / 둔다 / 두어라 / 두리라 / 두노라 / 두리오 / 두랴."

Furthermore, the personalization of "water," "stone," "pine," "bamboo," and "moon" as "the old poet's five friends" could cause a cultural consideration of approaching method with a comparison between Occident and Orient of popular means. So here we are dealing not only with linguistics, but also with a way of looking at things in a subconscious, unspoken culturality.

3.3. A *Sijo* by Hwang Jin I

동지 (冬至) ㅅ달 기나긴 밤을
황진이

동지 (冬至) ㅅ달 기나긴 밤을 한 허리를
버혀내여,
춘풍 (春風) 니불 아레 서리서리 너헛 다가,
어론 님 오신 날 밤이여든 구뷔구뷔 펴리라.
(구문)

Die lange Winternacht
Hwang Jin I

Ich scharbe aus der Taille der langen
Winternacht heraus
Rolle und lege sie in die Decke des
Frühlingswindes ein
Ich rolle sie eins nachdem anderen
auf, in der Nacht, wo mein Liebster
kommt

동짓달 기나긴 밤의 한 가운데를 베어내어서
춘풍이불 아래 서리서리 넣었다가
정든 님 오신 날밤에 구비구비 펴리라
(현대어)

The long winter night
Hwang Jin I

I scratch out of the waist of the long
winter night
Roll and place them in the blanket of
the spring wind
I roll them up one by one the night
my darling comes[12]

[12] English translation
by the author.

Apart from looking at *Yun Sun Do*'s poem, the necessity to compare the onomatopoeias such as "서리서리," "구비구비" must be emphasized in this *Gosijo* of *Hwang Jin I*. This kind of onomatopoeias appear in many poems as they can create an atmosphere of a lively everyday life. Additionally, they generate a kind of a language power or add an energy to the words. Through this type of stylistic effects we can also compare a lively sound culture present in the poems.

The metaphoricity of a language culture can not be denied. Since it experiences its highest increase and condensation in the poems, the translation of poems is generally regarded as the highest translation achievement. Many language pictures elude direct translation; they require finding new or comparable language pictures in the target language.

Based on the target strategy of culturality an empowerment to shape an emotional life for the learners is significant. In this area the research of discourses on questions of aesthetic learning should be mentioned. How could these be located within the framework of a wide and broad understanding of foreign language and interdisciplinary education or upbringing and further developing if necessary?

3.4. A *Sijo* by Hong Rang[13]

In contrast to *Hwang Jin I*, *Hong Rang* lived under the most arduous class-difficulties and the hardest fate during the rule of King *Sunjo* (선조).

An extraordinary, tragic love affair between *Hong Rang* and *Choi Gyungchang* (최경창) was the motivation to write this poem. This love affair is known from the episode after *Choi*'s death when Hong Rang had hurt her face with stones, so that other men cannot desire her, and handed over their love letters to the family of *Choi*. she lived for three more years, serving in front of his grave. After that, she committed suicide there. Her grave can still be found next to *Choi's* grave in *Kyunggido Paju* (경기도 파주).

<table>
<tr><td>무제
홍랑

묏버들 갈해 꺾어 보내노라 님의 손대
자시는 창 밖에 심거 두고 보소서
밤비에 새잎 곧 나거든 날인가도 여기소서</td><td>*Ohne Titel*
Hong Rang

Ich pflücke einen Willow Zweig
und sende ihn zu dir
Pflanze ihn bitte vor deinem
Schlafzimmerfenster und beobachte
ihn zu wachsen
Ersprießen die neuen Blätter im
Nachtregen, denke bitte an mich, als
wäre er ich</td></tr>
</table>

For educational purposes and moreover for making the lesson interesting, I have chosen an introductory video as shown below: https://www.youtube.com/watch?v=e14dzp8uhLk (민수현 – 홍랑).

[13] An attempt at translation into English by J. Kim is slightly different from the original text under close observation:
I pluck a willow branch
and send it to you.
Plant it by your windowside
and watch it grow.
When buds appear after a rain
take them for me.

Afterwards, I give the learners the opportunity to internalize for a cultural comparison. A short explanation of some words could be necessary to understand the poem. For example, the word "*Sondae* (손대)" has the same meaning as "*Naerimdae* (내림대)" and at the shaman ceremony, the bamboo or pine branches are used for the purpose of meeting the gods.

Furthermore, the word "*Mytbodul* (뭿버들)" should not be overlooked since it serves here as a concealed metaphor. It is a part of Hong Rang's love and can be compared to German nostalgia related to the term "Sehnsucht." Moreover in this sense, the verbs "보다, 보소서 / 여기다, 여기소서" are not just an imperative form, which strongly shows her wishes or longing for *Choi* and to be with him.

4. Conclusion and perspective

In this contribution, I have tried to consider transferring the culturality through the teaching of four *Gosijos* with an attempt to translate them into German. The expansion and reorientation of this kind of teaching material seems to be not just sensible but also useful and necessary in the classroom for advanced learners, also because they are linguistically able to internalize and absorb it.

For the interdisciplinary goals, the competence of *Hanja* is also drawn into teaching, so that the culturality of textuality in the sense of communication (competence) and interactional orientation helps, which implies language promotion.

In this article, the importance of the explanation of terms that describe comparable products in German, like the clarification of the word "*Uri* (우리)" in the sense of "I and you" and "subjectivity and objectivity"[14] were discussed.

The culturality based on the formulation of "Korean values" can raise questions, such as "how make it possible for a foreign language didactic contribution to succeed conceptually and be more precise in terms of its

[14] As far as I know, this concept of "we" has been sufficiently mentioned and discussed among Korean teachers, but the discussion is still insufficient.

background?" It also becomes more difficult in the area of the symbolism of animals and plants, which often have very different associations in Korean and German.

A common feature of all aspects mentioned above is that they require reflexive approaches. What is the significance of culturality as the goal of education in the context of culture and how the importance of understanding cultural specifics with a variety of approaches as well as their interpretation depending on the cultural background can be conveyed?

According to Zhao (2017), as my final emphasis, intercultural competence commonly requires a sense of culturality, which means the ability to "be aware of the cultural, personal and external image, and the meta image in a situation of overlapping and to act confidently on this basis."[14] For the sake of becoming aware, the textual competence of culturality in a foreign language is at the outset an important part of the intercultural competence in a preliminary stage. By teaching and learning of *Gosijos* we — as the teaching staff — can reach this goal in a humble way at least as a guiding observer. This awareness of the transmission through *Gosijos* for the advanced learners could appeal plenty of discourse in the context of culturality. This discourse will have an interactive character as, together with the advanced learners who will bring their own interpretations, we will try to guess some of the meanings.

[14] Jin Zhao (2017): Deutsch als Fremdsprache. Zeitschrift zur Theorie und Prax-is des Faches Deutsch als Fremdsprache. "상호문화적인 능력이라는 것이 문화와 문화가 조우하는 상황에서 자신과 이방인 그리고 문화적 초월성을 의식하고 이러한 능력을 토대로 자신있게 행동할 수 있다는 것을 의미한다면 여기서 외국어의 텍스트 이해력은 상호문화적 능력에 상당히 중요한 부분을 차지하게 된다" (Translated by the author).

참고문헌

이광복. (2000). 독일문학교육을 위한 새로운 문학교수법적 개념들. **독일언어문학**, **13**, 191-212쪽.

박희영. (2018). 한국어 고급반을 위한 한국 고전전래문학 및 고시조 활용. S. 219-233. In: **유럽한국어 교육의 동향과 보고**. 도서출판 하우.

Cha, C. H. (2013). *Japanese Learning of Korean Culture through Korean.*

Cho, D. I. (2005). Korean Literary History in the East Asian Context. *Acta Koreana*, Vol. 8 (2), 97-115 Classical Novels. Korea Journal, Vol. 53 (2), 155-180.

Choe, I. H. (1991). Form and Correspondence in the Sijo and Sasŏl Sijo. *Korean Studies*, Vol.15, 67-82.

Chung, C. W. (1989). *Korean poetic tradition and the Sijo*. 54-62.

Chung, Chong-wha. (1989). *Thirty Sijo Poems*, 63-94.

Gnutzmann, Claus u.a Hrsg. Jahrgang. (2018). *Fremdsprachen Lehren und Lernen (FLuL)*. 47. Narr Francke Attempto Verlag GmbH + Co.KG.

Hoppmann, D. (2009). *Einführung in die koreanische Sprache*. Verlag Buske.

Kim, E. (2015). *Übersetzen im Tandem. Probleme und Möglichkeiten einer Notlösung*. Bonn, in Orientierungen, Zeitschrift zur Kultur Asiens.

Kim, J. J. (1982). *Master Sijo Poems from Korea*. Classical and Modern.

Kim, J. J. (1986). *Classical Korean Poetry*. Hanshin Publishing Co.

Ko, Y. C. (2017). Exploring the Elements of Korean Literature Education Contents for Foreigners: Selection of Korean Literature Education Contents for Russian Universities. *Global Media Journal: American Edition*, Vol. 15, 1-9.

Maturana, H., & Francisco, V. (2009). *Der Baum der Erkenntnis. Die biologischen Wurzeln menschlichen Erkennens*. Scherz, Bern / München / Wien 1987, S. 224–229.

Mersmann, B. (2012). *Zwischen Skylla und Charybdis*. Literarische Übersetzung aus dem Koreanischen ins Deutsche.

Scherpinski-Lee, A. (2011). Die Bedeutung von Emotionen in der koreanischen Interaktion. Ausgabe 14.

Zhao, J. (2017). Deutsch als Fremdsprache. *Zeitschrift für Theorie und Praxis des Faches Deutsch als Fremdsprache* (Hefte 2/2017).

Zhao, J. (2018). *Wissenschaftsdiskurs-kontrastiv: Kulturalität als Textualitätsmerkmal im deutsch-chinesischen-Vergleich (Diskursmuster–Discourse–Patterns)*, Band 18.

Dictionary: Minjung's Essence Koreanisch-Deutsches Wörterbuch ISBN 978-89-387-0502-0.

웹사이트 (참조)

- All accessed *on 26. February 2020*

_____https://www.DaFdigital.de (Hefte 2/2017) (Deutsch als Fremdsprache. Zeitschrift zur Theorie und Praxis des Faches Deutsch als Fremdsprache)

_____https://parapluie.de/archiv/uebertragungen/koreanisch/anhang.html (Zwischen Skylla und Charybdis. Literarische Übersetzung aus dem Koreanischen ins Deutsche)

_____https://www.youtube.com/watch?v=l10egzyR0JY (#와요와티비 #민수현 #홍랑)

_____https://www.youtube.com/watch?v=wqC4kMyxWpE (동짓달 기나긴 밤을 – 평시조) accessed on 21. February 2020

_____https://www.youtube.com/watch?v=O6Ro-BeJt9s (청산도 절로 절로 ("자연가"-노래 송도영 / 작곡 임동창 – 용주사 승무제)

제4장

팬덤의 언어 및 문화교육 영향 연구
- 노아, 록산 그리고 옌안의 이야기

원혜원
프랑스 그르노블알프스대학교
Université Grenoble Alpes

1. 들어가기

한국어 교육 분야의 질적 성장 및 양적 확대는 2000년 이후 급격하게 증가하였고, 이 현상은 오늘날까지도 지속되고 있다. 국내의 해외 유학생이 증가하는 것은 물론이고, 해외 각지에서 한국어 교육과 관련한 사립 및 공공기관도 점차 자리를 잡고 있다. 또한 해외 정규교육기관에서도 한국어를 정식 교육과목으로 선택하는 사례가 많아지고 있다. 일례로 프랑스의 경우 현재 정식 한국어학과를 둔 대학은 6곳이고, 대부분 학과의 입학경쟁률도 10:1 수준으로 매우 높은 편이다.[1]

[1] 조선일보 2018.04.09 "경쟁률 10대1… 프랑스 고3, 한국학과 몰린다" 기사 참조

이러한 현상의 이면에는 경제, 과학기술 등의 분야에서 한국의 국제적 위상이 변화한 것과 더불어 한류라고 불리는 한국문화가 전 세계적으로 인기를 얻은 것에 주목할 수 있다. 특히 최근 많은 사람들이 K-Pop에 주목하면서 한국의 대중문화산업이 성장했고, 세계 각지에서 K-Pop을 사랑하는 그룹-팬덤이라고 일컬어지는-이 한국문화시장의 흐름에 영향을 주고 있다. 더불어 현재 디지털 중심의 환경은 물리적인 거리의 개념을 재정립시키는 계기가 되었는데, 팬덤활동의 주요 무대가 과거 콘서트장에서 시작된 지역 소규모 모임에서 소셜네트워크 및 자체 개발된 온라인 플랫폼으로 이동하고 있다. 이렇게 모인 팬덤 그룹들은 관심 분야가 섬자 넓어지면서 한국어를 배우는 경우도 많아지고 있다.

이렇듯 한국 문화에 대한 사람들의 관심이 한국어로 확장되면서 한국어교육 분야의 성장으로 연결된 것은 긍정적인 결과이며, 이와 관련한 다양한 연구가 진행되고 있다. 예를 들어 한국어 교육을 위한 다양한 방법의 효율성 및 효과성을 위한 연구가 꾸준히 지속되고 있으며, 한국어 학습자들의 동기 및 탈동기 요인이 중요 연구 주제로 다뤄지고 있다. 특히 많은 연구에서 학습자가 한국 문화(음악, 드라마 등)에 관심을 가지고 있는 경우 학습 초기 강한 동기부여가 될 수 있음을 주장한다(이영제, 2019; 김정하, 2017; 왕혜숙, 2016). 그뿐만 아니라 한국어 학습의 과정에서도 대중문화 노출이 한국어와 관련된 언어 지식이 전무한 성인 학습자에게도 긍정적인 영향을 미친다는 연구 결과도 있다(김중섭, 최은정, 2017). 반면 최근 진행된 연구에서는 한류로 시작된 동기가 한국어 학습에 장기적으로 지속되지 않는다는 연구 결과가 발표되기도 했다(김명광, 2020). 특히 동기 및 탈동기와 관련한 연구에서는 연구방법에서 다수의 학습자들을 연구 대상으로 하는 양적 연구가 주를 이루고 있는데, 이 경우 학습자 개인의 구체적인 경험이 면밀히 드러나지 않는다는 점에서 학습자의 내면적 변화를 탐구하는 데는 적절하지 않다.

이러한 상황에서 본 연구는 한국어 학습자의 삶의 이야기를 경청함으로써 개인의 팬덤 경험에서 투영되는 학습 동기 및 학습 지속 이유에 대해 관찰해보기로 한다. 이러한 과정이 지금까지 양적 연구로만 접근했던 연구경향에서 벗어나, 그들의 특성 및 보편성을 그들의 세계와 언어로 파악할 수 있는 도전적 접근이 되기를 기대한다.

2. 이론적 논의 및 연구 방법론

2.1. 생산주체로서의 팬

먼저 대중문화의 수용과정에서 일반 수용자들과 구분되는, 특정 문화에 대해 능동적이고 적극적인 수용자들을 팬(fan)이라고 칭한다(홍종윤, 2014). 이 개념에서 파생된 팬덤(fandom)은 특정 스타 또는 미디어 텍스트에 대한 애호와 충성심을 공유하는 조직된 공동체 또는 하위문화를 일컫는 용어다.

개인과 사회를 이해하기 위한 중요한 문화 현상으로서의 팬과 팬덤은 현재 방송 및 미디어 연구에서 중요한 연구대상이다. 하지만 팬덤에 대한 연구가 의미 있는 연구대상으로 받아들여진 것은 상대적으로 최근의 경향이다. 초기의 팬덤 연구는 그동안의 부정적인 시선, 즉 팬들을 무비판적이고 수동적이며 기득권의 가치관을 강화하는 대상으로 보는 관점을 비판하고, 적극적인 수용자이자 능동적이고 때로는 사회참여적인 주체로 바라보는 데 공헌하였다. 대표적으로 1990년대를 전후하여 드라마와 소설 등 다양한 취향을 공유하는 개인과 집단에 대한 연구가 시작되었고 (Ang, 1985; Jenkins, 1992), 특히 대중음악 팬들은 여러 연구자의 주요 연구대상 으로 주목받았다(Frith, 1996; Grossberg, 1992). 대표적인 연구자인 젠킨스는 팬들을 대중문화의 생산, 유통 그리고 소비의 현장에서 '생비자'(pro-consumer)로 바라보면서(1992), 인터넷과 같은 다양한 미디어 공간에서 '집단 지성'(collective intelligence)을 활용하여 '융합문화'(convergence culture)를 생산하는 주체로 여긴다(2006). 이러한 팬에 대한 긍정적 시각은 팬덤을 적극적이고 참여적인 주체 이자 하위문화를 형성하는 집단 및 현상으로 이해하는 데 기여하였다.

하위문화를 형성하는 과정에서 발달된 온라인 환경은 팬덤 집단에게 자유로운 재생산의 기회를 제공한다. 또한 물리적 거리에 제약을 받지 않는 온라인에서 팬덤 커뮤니티의 활동 범위와 결속력은 과거보다 더 확장되었다. 본 연구는 이러한 환경 에서 팬덤집단 안에 속한 구성원들의 팬덤활동을 보다 구체적으로 관찰하고, 특히 그 과정에서 한국어 학습의 동기가 어떻게 생성되는지를 살펴보려고 한다.

2.2. 질적 연구와 내러티브 탐구 방법론

질적 연구는 연구의 일반화보다는 일상생활에서 다양성을 이해하고 연구하는 데 초점을 두고 있다. 연구 참여자의 행동과 생각을 구체적으로 파악함으로써 그들의 경험과 삶을 있는 그대로 인정하고 그것의 의미를 주관적으로 해석하여 깊이 있는 결과를 취할 수 있다는 특징이 있다(조흥식, 2015).

질적 연구 분야에서 내러티브 탐구는 탐구의 현상이자 구체적인 연구 방법의 하나로서 인간의 삶과 경험을 연구하는 데 적절한 방법으로 인정받으며 자리 잡았다. 제2 언어습득 및 응용언어학 분야에서도 결과물로서의 내러티브 자료에 나타난 습득 양상이나 이야기 구조와 같은 언어적 기제에만 일차적인 관심을 보였던 기존 연구경향에서 나아가 언어 학습자가 처한 특정한 시공간과 사회문화적 맥락에서 겪는 다양한 경험을 이해하기 위한 연구 방법으로 인식되고 있다. 또한 많은 양의 사례를 수집하여 일반화를 추구하는 기존의 전통적 실증주의 연구를 통해서는 인간 경험의 내부나 심층을 이해하기 힘든 반면, 내러티브 탐구는 인간의 복잡하고 다층적인 경험을 들여다보면서 개별 인간 경험의 특수성을 인정하고 그 심층을 이해할 수 있는 방법으로 여겨진다(김영천, 2014).

내러티브 탐구는 연구자뿐 아니라 연구 참여자에게도 유의미한 실천의 성장을 유도하는 반성적 탐구 행위라는 점에서 그 가치가 있다. 동시에 내러티브를 읽는 독자들에게도 내러티브를 통해 자신의 이야기를 회상하고 다시 삶을 살아내도록 도

전한다는 점에서도 의미가 있다(Clandinin & Connelly, 2000). 염지숙(2017)에 의하면 내러티브는 이야기된 현상 자체이며, 내러티브 탐구는 체험되고 말해진 이야기를 탐구하는 방법으로 '살아내고(living), 이야기하고(telling), 다시 살아가고(reliving), 다시 이야기하는(retelling)' 과정을 통해, 이야기 조각들이 서로 연결되고 넓은 의미에서 우리의 삶을 조망하게 된다고 하였다. 이 관점에서 현재 한국어를 학습하는 과정에 있는 연구대상자들의 삶에서 학습의 동기가 어떻게 생겨났고, 현재 어떻게 유지되고 있는지를 살펴보기 위해서는 내러티브 탐구가 적절하다고 판단했다.

3. 연구 설계

3.1. 연구 참여자 선정 과정

본 연구의 참여자들은 프랑스 그르노블 한글학교에서 수업을 듣고 있는 학생들로, 연구자는 참여자들이 수업을 듣는 기관에서 한국어를 교육하고 있기 때문에 참여자들의 삶을 부분적으로 공유할 수 있었다. 연구자는 기관에서 참여자들과 2년 연속 수업을 했기 때문에 참여자들의 관심이나 학습동기, 한국어 학습 외 개인적인 이야기들에 대해 지속적으로 관찰했고, 참여자들과 친숙하게 대화할 수 있었다.

연구 진행을 위해 본 기관의 책임자와 먼저 상의한 후 참여자 선정과 자료수집에 대한 공식적인 허가를 받은 후에 연구에 착수하였다.

3.2. 연구 참여자 선별 지표

본 연구의 참여자는 의도적 표집(purposeful sampling)으로 선정하였다. Creswell(2007)은 질적 연구에서 가장 중요한 것은 연구 참여자들이 연구주제에 대한 경험을 가지고 자신들의 경험을 잘 표현할 수 있는 대상이어야 한다고 하였다. 즉 연구 대상자를 선정하는 데 중요한 것은 연구 대상자가 연구주제와 관련한 '문제를 실제로 경험하고 있는가' 그리고 자신들이 겪고 있는 문제를 '의식적으로 표현할 줄 아는가'이다. 이러한 점을 고려하여 본 연구의 참여 대상은 다음과 같은 조건을 충족시키는 대상자로 선정하였다.

1) 팬덤 활동을 적극적으로 하고 있는 한국어 학습자[2]
연구 참여자들은 팬덤활동을 공개적으로, 그리고 적극적으로 하고 있는 한국

[2] 팬덤 활동의 적극성과 관련해서, 소극적 팬덤 활동자들은 외부에 자신들이 특정 가수의 팬이라는 것을 공개하지 않는다. 팬덤 활동이 자신의 이미지에 영향을 미치는 것을 원하지 않는 경우라 할 수 있다. 본 연구에서는 이러한 소극적 팬덤 활동을 하는 학습자들을 연구 대상 범위에 포함하지 않았다. 그들의 표현을 통해 내면을 파악하는 데 어려움이 따르기 때문이다.

어 학습자들이다. 이들은 팬덤 활동을 위해 시간 및 금전을 직접적으로 투자하고 있으며, 그들의 활동에 대해 깊은 만족감을 느끼고 있다. 또한 자신들이 특정 가수의 팬이라는 것을 친구들과 공유하고, 자신의 활동을 주변인들과 나누는 것에 거리낌이 없다.

2) 팬덤 온라인 및 오프라인 커뮤니티 참여

연구 참여자들은 팬덤으로 시작된 커뮤니티에 참여하고 있다. 구체적으로 공식 팬클럽 회원들이기도 하며, 그 외에도 소규모로 구성된 하위단계의 커뮤니티에 소속감을 느끼며 팬덤 활동을 한다.

3) 한국어 학습을 장기적으로 지속하고 있는 한국어 학습자

본 연구에서는 학습자의 개인 경험과 한국어 학습이 어떠한 관계를 갖고 있는지를 파악하기 위하여 한국어 학습을 상대적으로 길게 지속하고 있는 한국어 학습자를 선정하였다. 연구 참여자로 선정된 세 명 모두 한글학교에서 3년 이상 한국어 공부를 하고 있는 학생들이다.

4) 연구자(본인)와 라포 형성 가능 여부

내러티브 탐구는 연구자와 연구 참여자의 관계를 협력 관계로 본다. 실증적 연구는 연구자가 연구 대상자에 대하여 철저한 관찰자의 입장을 취하도록 요구하지만, 내러티브 탐구는 안정되고 편안한 마음으로 이야기할 수 있어야 한다. 내러티브 연구자는 연구 대상자에 대하여 매우 적극적 관련을 맺으며 이는 좋은 내러티브 연구를 위한 필수 조건으로 권장되기도 한다(이승은, 2011). 이러한 내러티브 탐구의 특성 때문에 라포(rapport)형성이 중요함으로 연구자와 불편함이 없고 관계를 잘 유지해오거나 라포 형성이 가능한 사람으로 선정하였다.

참여자의 일반적 사항은 다음 표와 같다.

<표1> 연구 참여자

참여자	나이	국적	직업	한국어 학습 기간
노아	20	프랑스	대학생(중국어) 개인비즈니스	3년
록산	34	프랑스	대학 교육 보조	3년
옌안	23	중국	대학생(생물학)	4년

3.3. 자료 수집

본 연구의 핵심 자료 수집 방법은 삶에 대한 내러티브 탐구임으로 다각적인 각도에서의 자료수집이 요구된다. 자료 수집은 내러티브 탐구의 가장 기본적인 방법인 자신의 경험을 이야기하기부터 시작한다. 이야기하기의 대표적인 방법으로는 심층인터뷰 방법이 일반적으로 사용된다. 심층인터뷰는 인터뷰 원칙에 따라 개별적으로 이루어졌다. 인터뷰 진행방식은 비 구조화 된 인터뷰와 반 구조화된 인터뷰 방식을 함께 이용하였다. 먼저 사전 질문 항목을 준비하였는데 그 내용은 문헌고찰을 통해 도출된 연구틀을 바탕으로 구성하였다. 자료 수집을 위해 사용된 질문은 다음과 같다.

① 한국문화를 접하게 된 계기
② 팬덤 커뮤니티 활동 경험(시간, 방법)
③ 팬덤활동 이후 삶의 변화
④ 한국어 학습의 효율성 - 팬덤활동이 한국어 학습에 도움이 되는가?
⑤ 학습 지속을 언제까지 하고 싶은가?
⑥ 한국어 학습 동기가 일어나는 것은 당연한가?
⑦ 한국어 학습에서 기대하는 점

3.4. 자료 분석

질적 연구는 각각의 분석 방법의 특징을 지니고 있지만, 자료를 코딩하고 범주나 주제로 묶어 도식화하고 이를 중심으로 현상을 설명하는 과정은 공통적 요소라 할 수 있다(조성남·이현주·주영주·김나영, 2011). 자료를 읽으면서 연구문제에 부합되는 이야기들을 추리고, 계속해서 하나의 패턴으로 나타나는 같은 맥락의 이야기를 함께 묶고, 그 이야기의 줄거리들이 담고 있는 내용을 가장 잘 표현해줄 수 있는 주제어를 찾아내는 것이다. 클랜디닌과 코넬리(Clandinin & Connelly, 2000)는 이러한 과정을 '내러티브하게 코딩하기'라 하였다.

클랜디닌과 코넬리는 내러티브 탐구를 위한 분석법을 <표2>와 같이 설명하였다. 이는 내러티브의 시간성, 사회적 상호관련성, 사건이 일어나는 역사적·문화적·개인적 상황 특성을 세 가지 축으로 두고 '삼차원적 탐구 공간(three - dimensional narrative inquiry space)'에서의 통합적인 내러티브 분석을 제안한 것이다.

<표2> 클랜디닌과 코넬리의 삼차원적 내러티브 분석

차원	분석의 중점
시간적 연속성(Continuity)	경험의 과거, 현재, 미래적 상관성
개인적·사회적 상호관련성(Interaction)	연구 참여자 개인과 개인이 속한 사회·문화의 상호관련성
상황과 맥락(Situation)	내러티브와 관련된 상황과 맥락 특성

4. 연구 결과

4.1. 노아의 이야기: 팬덤 활동에서 찾은 새로운 삶의 목표

노아는 다양한 팬덤활동에 언제나 관심이 있었다. 어렸을 때부터 저스틴 비버, 비욘세, 원디렉션과 같은 미국의 Pop음악 가수들의 팬활동에 관심을 가져왔다. K-Pop(특히 BTS의 음악)을 듣게 된 것은 상대적으로 최근의 일이지만, 매우 빠르게 빠져들었고, 지금은 그 어떤 때보다도 적극적으로 활동을 하고 있다. 한국어를 배우기 시작한 것도 관련 콘텐츠를 자막 없이 이해하고 싶은 이유가 크다. 또한 그는 현재 BTS와 관련한 굿즈를 직접 제작하여 인스타그램에 홍보하고 판매하기 시작했다. 열쇠고리, 모자 등에 BTS의 가사 중 좋은 구절을 새겨 넣고 예쁘게 디자인한 제품들은 팬들 사이에서 조금씩 팔리고 있다. 대학에서 중국어를 전공하고 있지만, 곧 학업을 중단하고 본격적으로 사업을 확장하려고 하며, 한국으로 뷰티전공 유학을 떠나려고 준비중이다.

4.1.1. 팬덤 활동을 통해 되찾은 활력

항상 주목받기 좋아하는 노아의 현재 모습은 사실 최근 몇 년 사이에 변화된 것이다. 어렸을 때부터 항상 가수를 좋아하고, 그들의 팬덤이 존재한다는 것을 알았지만 본인이 직접 팬덤 커뮤니티에 긴밀하게 연결된 적은 이번이 처음이다. 그 전까지 노아는 주로 자신의 방 안에서 머물며 그다지 남들과 교류를 즐기지 않는 편이었으며, 과거 그의 이런 수동적인 모습을 부모님이 걱정하기도 했다. 그러나 BTS를 만나고 그의 삶은 상당히 변화하였다.

엄마가 특히 제가 BTS를 좋아하는 것에 매우 긍정적이에요. 선생님(연구자)은 제 과거를 상상하지 못할 거예요. 저는 친구를 만나러 나가지도 않았고, 더군다나 세사 젊은 몇 가시 사고 때문에 몸에 실이 붙기도 했거든요. 자신감이 많이 사라진 상태였어요. 그런데 지금은 달라요. 유럽에, 한국에 콘서트를 보러 가고, 거

기에서 항상 친구를 만나요. 콘서트에서 만난 친구들은 아직도 연락하면서 지내요. 엄마는 제가 이렇게 변할지 상상도 못했다고 해요. 저희 엄마도 BTS 멤버들의 얼굴을 알 정도로 관심을 가지고 응원해주세요.

이렇게 노아의 팬덤 활동은 단순히 취미생활을 넘어 그의 삶에 활력을 주는 중요한 역할을 하게 된다. 이러한 활력은 노아의 일상생활뿐만 아니라 학업에도 중요한 영향을 끼쳤다. 중국어 전공으로 L1(대학 1학년)에 입학한 노아에게 중국어는 너무 높은 장벽이었다. 그는 여러 언어를 자유롭게 구사하고 있지만(프랑스어, 이탈리아어, 영어, 아랍어), 기존에 편하게 사용하는 언어들과 중국어는 유사성이 없을 뿐더러, 중국어를 듣거나 사용할 기회도 많이 없었다.

저는 처음에 중국에 관심이 많았어요. 중국음식이나 중국문화는 프랑스에서도 자주 볼 수 있고, 또 언젠가 중국을 여행하거나 거기서 살 수도 있다고 생각했어요. 그래서 중국어를 선택했어요. 그런데 지금은 전공인 중국어보다 한국어를 더 잘해요. 저는 학교에서 일방적으로 배우는 방법으로는 언어를 배울 수가 없어요. 어렸을 때부터 항상 생활하면서 언어를 배워서 그런가 봐요. 한국어는 제가 매일 보고 듣고 관심이 많기 때문에 재미있게 공부할 수 있어요.

노아가 언급한 것처럼, 그에게 팬덤 활동은 자유롭게 한국어를 배울 수 있는 방법 중 하나이다. 자신이 좋아하는 가수의 동영상이나 관련 자료들을 볼 때, 자막에 의존하는 게 한계가 있다고 말하는 그는 언어 고유의 아름다움은 번역을 통해 전달될 수 없다고 말한다. 언어교육을 위한 대학의 시스템은 언어를 배우는 데 결코 도움이 되지 않을 거라 확신한다고 덧붙였다. 이러한 확신은 결과적으로 학교 재등록을 하지 않겠다는 결정으로 그를 이끌었다.

4.1.2. 미래의 방향 재설정 : 학업 중단과 유학 준비

노아가 처음 중국어를 대학 전공으로 선택했을 때는 중국으로 언젠가 떠날 수도 있겠다는 막연한 계획이 있었지만, 구체적인 진로나 방법을 생각해본 적은 없다. "중국음식이 좋아서, 중국 사람들이 친절해 보여서" 와 같은 이미지를 통해 중국을 생각했을 뿐 그 밖에 다른 관심사를 찾지는 않았다. 그러나 한국의 경우, 노아는 역사나 사회 이슈에 관심이 많은 편이다. 물론 그 시작은 팬덤 활동이 계기가 된 적이 많은데, 가령 BTS가 한복을 입거나 추석 음식을 먹을 때, 팬들은 자연스레 관련 정보에 대해 호기심이 생겨 자기 스스로 탐구를 시작하는 경우가 많다고 한다. 또한 이렇게 수집된 한국에 대한 정보들은 다시 팬 커뮤니티를 통해 공유된다.

> *BTS의 영향력은 국가적 수준이라고 생각해요. 그들의 말, 행동, 심지어 패션까지도 팬들은 의미를 둬서 생각하고, BTS도 그것을 알고 있어요. 그래서 그들이 자신의 나라인 한국을 사랑할수록 우리도 같이 한국을 사랑할 수밖에 없어요. 그들이 나라를 사랑하는 마음, 그들의 언어를 사랑하는 마음에 우리는 항상 감동을 받아요. 그리고 그것들은 그들의 음악에도 그대로 표현되어 있어요.*

하지만 노아는 한국에 대한 역사와 문화를 멀리서 아는 것에 만족하지 않았다. 그의 한국에 대한 관심과 동경은 결과적으로 현재 학업을 중단하고 한국 유학을 선택하는 큰 계기가 되었다. 노아는 현재 한국의 뷰티 아카데미에 내년 입학을 준비하고 있다. 평소 화장이나 패션에 관심을 가지고 있던 그가 이 결정을 한 배경에도 팬덤 활동이 영향을 주었다.

> *남들이 생각할 때 한국 가수를 좋아해서 한국을 간다고 보여질 수는 있겠지만, 저는 신경 안 써요. 그런데 확실히 말할 수 있는 것은 BTS를 좋아하는 것과 한국 유학을 결정한 것은 별개의 이야기예요. 그 두 사실을 멀리 떼어 놓는다고 해도 한국 유학의 결정 이유는 너무 많아요. BTS는 저에게 현실을 어떻게 더 멀리 볼 수 있는지를 알려줬어요. 그들이 하는 마케팅, 매니지먼트 사업은 제가 여태 한 번도 본 적이 없는 수준이에요. 제가 생각하고 있는 뷰티아카데미도 결국 큰 틀에서 보면 매니지먼트 사업에서 꼭 필요한 분야잖아요. 이번 유학 결정은 제 미래를 결정한 것이기도 해서 더 의미 있어요.*

이와 관련해서 한류가 프랑스의 젊은 학생들에게 더욱 장기적 학업 목표를 세우는 계기가 된다는 Vincenzo Cicchelli, Sylvie Octobre(2019)의 연구가 있다. 연구자들은 한류가 학업계획을 세우는 단계인 어린 학생들에게 학업 및 직업적 비전을 제공한다고 주장한다. 노아의 경우도 마찬가지로 팬덤활동이 취미생활에서 직업적 목표를 찾도록 동기 역할을 했다.

4.1.3. 팬덤 커뮤니티에 대한 자부심, 팬들과 재생산하기

팬 활동을 시작한 후 노아는 더 넓은 안목을 가지게 되었다고 자신있게 말한다. 그가 속한 팬 커뮤니티는 규모가 매우 크고 가입한 연령층도 다양해 각자의 프로필에 대한 스펙트럼이 매우 큰 편이다. 그들은 커뮤니티 내 또 다른 커뮤니티를 만들어 활동하고 그들의 영향력을 보여준다.

예를들어 '변호사_아미'라는 그룹이 있어요. BTS 팬 중 변호사들이 속한 그룹이에요. 그들은 트위터 상에서 저작권법이나 관련 법률에 대한 정보를 다른 팬들과 나누거나 나아가 법률적 문제가 있으면 그것을 해결하기도 해요. 또 의료계에 종사하고 있는 팬들은 함께 봉사를 가기도 하고, 자선활동을 하는 그룹도 있어요. 저는 팬활동이 단순히 오빠를 외치는 것이라고 생각하지 않아요. 우리는 강한 힘을 가지고 있어요. 우선 전세계에 널리 퍼져 있는 것도 하나의 힘이고, 또 다양한 분야에서 일하고 있어요. 이 팬덤활동을 하면서 다른 사람들과 대화하고 그 사이에서 영감을 받는 일이 많아요.

이렇게 다양한 스팩트럼을 가진 팬들은 자신이 좋아하는 가수와 관련된 콘텐츠를 다양한 방법으로 재생산한다. 이는 앞서 말한 존 피스크(1992)의 팬덤의 생비자(Prosumer)의 개념과 일치하는데, 그들은 이미지와 음악, 의상, 디자인용품과 같이 다양한 2차 창작품을 만들어 낸다. 손재주가 좋은 노아에게 BTS는 많은 영감을 준다. 노아는 몇 년 전부터 가수의 노랫말이 적힌 다양한 제품을 만들기 시작했다. 처음에는 가까운 친구들과 나눠 가질 생각으로 하나둘씩 만들었던 열쇠고리가 친구들에게 좋은 반응을 얻자 소규모로 인스타그램에서 판매하기 시작했다. 열쇠고리로 시작한 이 작은 사업은 현재는 스카프나 베레모로 확장되었다.

저는 사업가예요! (하하) (인스타그램에서 자신의 제품들을 보여주면서) 이거 다 제가 만든 거예요. 이 사진도 제가 찍은 거예요. 여기에 적힌 말들은 BTS 노래에 나오는 말들이에요. 너무 예쁘죠? 이번에 학교를 재등록하지 않으면, 이제 이 사업에 더 열중할 수 있어요. (연구자 질문 : 이게 실제로 많이 팔려요?) 네! (최신 휴대폰과 웨어러블 시계를 가르키며) 제가 이걸 어떻게 사겠어요? 이 베레모 덕분에 살 수 있는 거예요. 열심히 해서 한국 유학 갈 돈도 모을 수 있을 것 같아요.

노아의 이런 2차 생산활동은 단순히 자기만족에 그치지 않고 실질적 이익을 가져다주는 생산활동으로 이어졌다. 그의 적극성과 가수의 예술적 영감이 결과적으로 그에게 매우 의미 있는 활동으로 연결되는 순간이었다. 학업 중단을 결심한 노아에게 고민의 모습은 보이지 않았다. 오히려 앞으로 다가올 미래에 대한 기대감과 자신감에 들떠 있는 모습과 자신의 미래를 위해 한국어를 더 열심히 공부해야만 한다는 열정으로 가득 차 있었다.

4.2. 록산의 이야기: 나만의 공동체 형성하기

록산은 직장 동료를 통해 BTS를 처음 알게 됐다. 그전까지 아시아 문화에 약간은 관심이 있었지만, 노래를 찾아 듣거나 관련 자료를 찾아서 보기 시작한 것은 이 그룹을 통해서이다. 그들의 역동적인 안무와 노래에 빠져들었고, 점차 많은 시간을 할애하여 팬덤활동을 하기 시작했다. 소극적인 성격의 록산은 초반에 남들에게 자신이 한국음악에 관심이 많다고 말하기를 꺼려 했다. 남들에게 "광신도"적인 이미지를 주고 싶지 않았기 때문이다. 그러나 콘서트에서 만난 친구들과 점점 친해지면서, 록산은 자신이 BTS를 좋아한다는 것이 자신의 특징 중 하나이고, 본인과 같은 취미를 가지고 있는 사람들이 많다는 것을 알게 되었다. 한국어 공부를 시작한 것도 가수들이 실제로 대화하는 모습을 보고 이해하고 싶은 마음이 커졌기 때문이다. 오프라인에서 만난 친구들과는 몇 년째 매일 대화하는 친구가 되었고, 지금은 자신이 옛날부터 만들어 놓은 사회적 관계의 친구와 동료들보다 같은 취미를 공유하는 친구들에게 더 애착을 가지고 있다. 아직 한국에 한 번도 가보지 않은 록산은 한국여행을 구체적으로 계획하고 있다.

4.2.1. 숨기고 싶은 팬덤활동

록산이 처음 BTS를 좋아하게 된 것은 2013년부터지만 그가 활발히 팬덤활동을 하기 시작한 것은 최근 4-5년 일이다. 직장 동료를 통해 처음 이 그룹을 알게 되었고, 초기에는 그룹의 노래를 듣는 것으로 만족했다.

> 사람들이 K-Pop을 좋아한다고 하면 이상한 눈으로 보는 것 같아서 잘 모르는 척 했어요. 사실은 매일 한국음악을 듣고 관련 비디오를 찾아보지만, 저를 잘 모르는 사람들한테는 말하지 않았어요. K-Pop의 매니아(광신도)처럼 보이고 싶지 않았거든요. 제가 BTS에 관심을 가지고 있다는 것을 아는 건 저에게 BTS를 처음 알려준 회사 동료 밖에 없었어요.

하지만 몇 번의 콘서트 참여 이후 록산은 점점 적극적 활동을 하게 되었다. 그는 콘서트에서 같은 취미를 가진 친구들과 이야기 나누고 정보를 교환하면서 팬덤활동이 하나의 취미로 자리잡을 수 있다는 것을 받아들이게 됐다.

그 무렵부터 록산은 한국어를 배우기 시작했다. 자주 이야기 나누는 친구들이 그 당시 한국어를 배우고 있었는데, 그런 모습을 보면서 막연히 궁금하게 느껴진 언어를 구체적으로 배워봐야겠다고 마음먹었다. 그리고 곧장 그르노블의 한국어 교육기관에 등록했다. 당시 한국어 공부를 함께 시작했던 친구들 중에 록산만 지금까지 학습을 지속하고 있다.

4.2.2. 팬덤 커뮤니티를 넘어 마음을 터놓는 친구 만들기

록산에게 팬 커뮤니티는 앞서 말한 것처럼 자신의 팬덤활동에 자부심을 느끼게 해준 중요한 요인이다. 오프라인에서 만난 친구들이 온라인 메신저로 연결됐고, 같은 취미를 가진 모임에서 그들의 대화는 항상 지속됐다. 다양한 국적, 연령층을 가진 약 20명의 친구들은 영어로 대화를 나누며, 하루에 여러 번 메시지를 보낸다.

> 그 친구들은 이제 저에게는 가족과 같은 느낌이에요. 그들을 처음 본 건, 영국 콘서트를 갔을 때였어요. 제가 콘서트를 보러 프랑스에서 영국으로 비행기를 타고 간 것처럼 그들도 유럽 각지에서, 그리고 콜롬비아에서까지 왔어요. 그룹 안에는 미국에 살고 있는 한국 여자도 있어요. 메신저에서 그들과 대화하는 건 저에게 하루를 보내는 일상과도 같아요. 처음에는 매일 BTS에 대해 말했죠. 사진이나 동영상 링크를 보내기도 하구요. 그런데 물론 지금도 사진이나 관련 트윗을 보내기도 하지만 이제는 일상정인 대화를 더 많이 해요. 예를 들어, 지금 제가 선생님 (연구자) 만나러 간 것도 친구들이 알고 있구요, "잘해!"라고 답장도 받았어요! (하하) 그리고… 아, 몇 년 전부터는, 제가 원래 편지 쓰는 걸 정말 좋아해요. 그래서 친구들에게 조심스럽지만 집 주소를 물어봤어요. 사실 물어보기 전에 고민을 많이 했거든요. 좀 이상할 수도 있고, 싫을 수도 있잖아요. 집 주소까지 물어본다는 거… 그래서 조심스럽게 물어봤고, 그런데 다들 집 주소를 흔쾌히 알려주더라구요. 그래서 몇 년 전부터 크리스마스 때마다 엽서를 꾸미며서 보내요. 저에게 이건 정말 큰 행복이에요.

이렇게 팬덤은 같은 가수를 좋아하는 비슷한 사람들을 연결시켜 세분화된 팬덤 집단을 형성하도록 한다. 그뿐만 아니라 팬덤 집단 내에서 팬들의 활동이 반드시 자신들이 좋아하는 스타에 관련된 것이 아닌 경우도 많다. 록산의 경우도 일상적인 고민을 나누고 스타와 관련 없는 '우리들의 이야기'를 나누면서 팬덤커뮤니티지만 팬덤활동과 관련되지 않은 커뮤티로서의 성격을 갖기도 하는 것이다. 이는 특정 스타를 기반으로 성립되었던 온라인 팬커뮤니티가 우정을 기반으로 한 살아 있는 공동체로 변해갈 수 있다는 웨이크 필드(2001)의 논의와 일치한다.

4.2.3. 팬덤활동과 한국어공부 떼어놓기

올해로 4년째 한국어 수업을 듣고 있는 록산은 같은 시기에 한국어 공부를 함께 시작한 다른 친구들보다 높은 레벨에서 수업을 듣고 있다. 영어를 제외하고는 다른 언어를 한 번도 공부해본 적 없지만 한국어는 노래나 비디오를 통해 자주 접했어서 처음부터 쉽고 재밌게 배웠다고 말하는 록산은 말하기 능력을 더 높이고 싶다고 한다. 하지만 록산에게 팬덤활동이 한국어를 배우게 된 계기이기는 했지만 한국어 학습을 지속하고 있는 이유는 아니다.

> *BTS를 좋아하고부터 한국이라는 나라에 관심을 가지기 시작했어요. 처음에는 BTS가 소개해주는 전통문화, 역사, 음식으로 시작했지만, 점점 한국이 가진 아름다움을 이해하게 됐어요. 지금은 제가 혼자, 아니면 한글학교에서 한국어를 공부하고 관련 자료를 찾아봐요. (중략) 한국어는 제가 이중언어가 될 때까지 공부하고 싶어요. 예를 들어 한국에서 일자리를 다시 찾거나, 그럴 때 문제가 없을 정도로요.*

이처럼 록산의 한국어 학습의 목표는 '팬덤활동을 더 재미있게 하기 위해서'에서 '한국어로 일을 할 수 있을 실력을 가질 때까지'로 변화했다. 이를 위해서 록산은 어느 순간부터 한국 가수와 문화를 좋아하는 것과 한국어를 배우는 것을 의도적으로 분리하고 있다고 설명한다. 한국어를 배우는 것을 취미보다는 진지한 학습활동으로 남겨 놓고 싶기 때문이다. 학습자의 동기부여가 팬덤활동으로 시작됐을 경우에 학습동기의 지속이 짧다는 2019년의 연구(김명광, 2020)와는 상반된 모습을 보인다. 록산의 경우 초기 학습의 동기로서 K-Pop이 일정한 관심을 주도했지만 이후 관심의 주제가 한국으로 이동하면서 자발적으로 학습이 가능하게 되었고, 학습 목표 또한 뚜렷해졌다.

4.3. 옌안의 이야기: 자발적 외국어 학습동기 형성과 이를 통한 학업 목표 설정

옌안은 프랑스에 거주하고 있는 중국인 유학생으로, 한국문화는 2000년대 초반부터 관심이 있었다. 2000년대 초반 빅뱅, 소녀시대, 슈퍼주니어 등이 중국에서 대유행을 했으며, 초등학생이었던 옌안 역시 그들의 노래를 듣고, 한국의 드라마를 보고, 중국에 있는 한국 음식점에 가는 등 중국에서 한국 문화를 먼저 접했다. BTS를 좋아하게 된 것은 프랑스 유학을 준비하고 있던 20살 무렵인데, 한국어를 어느정도 이해할 수 있었던 옌안에게 BTS의 가사는 굉장한 감동이었다. 기존의 사랑노래만 하는 한국 가수들과는 매우 달랐으며, 유튜브 동영상 등에서 보여지는 그들의 성격에 푹 빠져들었다. 프랑스에 유학 와서도 팬덤활동을 지속했으며, 오히려 유럽에 있다보니 유럽 콘서트 투어를 다니기 편해 만족스럽고, 한국에 콘서트를 할 때는 중국 본가에 가지 않고 한국만 다녀오는 경우도 있다. 반면 프랑스 유학에 고충을 느끼고 있는 옌안은 L2(학부 2학년) 과정을 끝내자마자 한국으로 다시 유학을 갈 준비를 하고 있다. 이 계획을 위해 현재 쓰기와 독해 위주의 한국어 공부를 하고 있다.

4.3.1. 친근한 한국어와 한국문화

옌안의 경우 초등학교 때부터 한국 문화를 접해 왔다. 당시는 한국문화가 중국에서 유행처럼 퍼지고 있었고, 그 또한 친구들과 같이 한국문화를 즐기며 자랐다. 한국 드라마와 예능 프로그램을 매우 좋아했던 옌안에게 한국어는 영어보다도 빨리 배우게 된 제2 언어였다. 프랑스에 왔을 당시에도 어학원에 있던 한국 친구들과 프랑스어보다 한국어로 더 많이 대화했으며, 현재도 기숙사에 중국 친구들보다 한국 친구들이 더 많다. 이렇게 한국은 옌안에게 고국만큼이나 가까운 나라이고 관심 있는 나라이다.

> 저는 쓰기는 문제지만, 말하기 너무 쉬워요. 프랑스어보다도. 기숙사에서 친구들이 나 보면 한국어로 막 말해요. 처음에는 그거 너무 빨라서 하나도 못 이해했는데, 지금 괜찮아요. 친구들하고 이야기 잘 할 수 있어요. 그리고 한국어는 단어, 이런 것도 중국어랑 비슷하게 많아요. 그래서 쉬워요.

옌안은 한국 문화에도 관심이 많은데, 그가 보는 티비 프로그램에 나오는 옷이나 화장품을 보면 따라서 사기도 하고 친구들과 정보를 나누기도 한다. 그에게 한국문화는 학습 주제가 아닌 생활의 일부분이다. 특히 옌안은 한국의 사회 이슈에도 관심이 많아 중국어로 번역된 한국어 기사를 읽고 주변인들과 토론하는 것을 좋아한다. 특히 한국은 중국과 지리적으로 매우 가깝지만 사회나 정치적 상황이 매우 달라 항상 새로운 시각을 배우게 된다고 한다.

> 최근에 한국의 N번방 사건이나, 그런 나쁜 일들이 중국에도 똑같아요. 그런데 중국은 정부가 컨트롤을 해서 우리가 쉽게 말하지 못해요. 그런데 한국은 사람들이 많이 모이고, 이야기 하고 그래서 너무 좋은 것 같아요. 저는 카카오톡으로 청원도 했어요, N번방 있었을 때. 이런 거는 BTS는 상관 없어요. 그런데 내가 살고 싶고, 가고 싶으니까 관심 있어요.

옌안 또한 위의 연구 참여자들과 마찬가지로 한국어뿐만 아니라 한국문화와 역사 등 여러 분야에 대해 자발적 학습을 하고 있었다. 한국 문화를 접했던 시간이 더 길고, 친숙한만큼 옌안이 가진 한국에 대한 배경 지식이나 관심의 깊이는 일반 한국인들과 다를 바가 없을 정도여서 대화가 한결 수월했다.

4.3.2. 프랑스 유학의 고충을 잊게 하는 한국어

옌안은 그르노블 한글학교에서 한국어를 배우는 외국인 중 유일한 중국인이다. 옌안을 제외한 모든 성인 학습자들이 프랑스어를 모국어로 사용하기 때문에 수업의 많은 부분이 프랑스어로 진행되는데 옌안은 오히려 설명어인 프랑스어에 어려움을 느끼는 경우가 있다고 토로한다.

> 제가 제일 높은 반 못 가요. 왜냐하면, 거기는 프랑스어를 너무 많이 해요(하하). 저번에 선생님 한 번 없을 때 높은 반에서 공부했는데요. 한국어 잘하니까 괜찮아라고 생각했는데, 하나도 몰랐어요. 사람들이 프랑스어로 다 말했어요. 머리 아파요.

그럼에도 불구하고 옌안이 한글학교 수업을 3년째 듣고 있는 이유는 한국어를 배우고 같은 취미를 가진 친구들을 보는 시간이 힘든 유학생활에서 느끼는 행복 중 하나이기 때문이다. 옌안은 프랑스 유학을 하면서 전공인 생물학보다 프랑스어에 대한 스트레스가 더욱 크다고 한다. 또한 언어를 배울 때 그 나라의 문화를 좋아하는 게 얼마나 중요한지 프랑스 유학을 통해 알게 되었다고 말한다. 옌안은 자신이 프랑스에서 힘든 일이 있을 때 한국 드라마나 예능을 보고 팬덤활동을 하면서 스트레스를 해소했고 그 덕분에 한국어는 자연스럽게 높은 단계에 도달할 수 있었다고 한다. 실제로 연구 참여자 중 인터뷰를 한국어로 진행한 것은 옌안이 유일하다.

> 저는 취미가 없으면 언어 배우는 거 이런 것 진짜… 고통스러워요. 프랑스어가 이런 존재예요. 너무 싫은데 배워야 돼요. 공부하려면 배워야 돼요. 그래서 진짜 너무 싫어요. 그런데 한국어는 진짜 재밌게 배울 수 있는 그런… 사실 한국어 어법 이런 거는 한국어 진짜 어려운데, 정말 어려워요. 그런데 재밌게 배울 수 있어요. 취미니까. 취미가 아니면 못하는 거예요.

상당한 한국어 말하기 실력을 가지고 있지만, 토픽시험을 보기에는 부족한 부분이 많고 고민하는 옌안은 올해 한국어를 더욱 진지하게 공부하고, 수업도 열심히 들을 것이라고 다짐하는 모습이었다. 쓰기 실력을 늘리기 위해 한국어 기사를 읽고 의견을 써보려고 노력한다고 말하는 옌안에게 한국어 실력향상에 대한 의지를 느낄 수 있었다.

4.3.3. 한국 유학을 위한 목표 재설정

옌안은 올해로 프랑스 유학 5년차에 들어섰지만, 이번 9월에 학부 2학년에 들어간다. 초기 2년 동안 프랑스 어학원에 다니면서 언어를 배웠고, 대학 입학 기준의 언어 레벨 테스트를 통과한 후 바로 그르노블대학교 생물학과 학부 1학년에 진학했다. 그러나 2년의 어학과정은 옌안이 대학 1학년 과정을 통과하기엔 역부족이었다. 영어로 진행되는 수업이나 수학 과목은 문제 없이 통과했지만, 프랑스어 사용이 가장 많았던 전공 과목에서 낮은 점수를 받아 1학년 과정을 한 번 더 해야 했다. 그 과정에서 심리적 불안감과 스트레스를 많이 받은 옌안은 학업 계획을 다시 세웠고, 많은 고민 끝에 한국으로 새로운 유학을 떠나기로 결심했다.

> *토픽이 중요해요. 대학 가려면. 벌써 다 알아봤어요. 저는 카이스트를 들어갈 건데, 거기는 영어로 수업 다 해서 더 괜찮지만, 토픽도 준비해야 돼요. 다른 학교도 지원할 거니까. 이번에 L2 끝나면 바로 한국에 갈 거예요. 1년 남았으니까 더 열심히 해야 돼요. 여기는 정말 너무 힘들고, 진짜 빨리 떠나고 싶은데. 사실 작년에 끝나고 가고 싶었는데, 제가 여기서도 1년 더 했잖아요. 그런데 한국에서 또 1학년 하면 시간이 너무 오래 걸리니까… 한국에서 대학교 중간에 들어가고 싶어요. 그래서 L2를 이번에 꼭 바로 끝내야 돼요.*

프랑스 유학을 결정하기까지도 많은 고민과 노력이 있었고, 시간적·금전적 투자도 있었지만 이것들을 뒤로 하고 새롭게 세운 학업 목표에 대해 옌안은 기대감과 확신을 가지고 있는 모습이었다. 이러한 옌안의 새로운 학습 목표 설정은 앞서 언급했던 Vincenzo Cicchelli, Sylvie Octobre(2019)의 연구 결과와 그 흐름을 같이 한다. 옌안 또한 한류에 대한 관심, 구체적으로 특정 가수에 대한 관심이 점차 확장되면서 한국문화가 개인의 학업 및 진로 전략을 제공하는 역할을 했다.

5. 결론

본 연구는 한국어 학습 과정에서 팬덤활동이 학습 동기 및 진행에 어떠한 영향을 주는지에 관해 한국어 학습을 3년 이상 하고 있는 노아, 록산, 옌안의 이야기를 통해 살펴보고자 하였다. 특히 한국문화에 대한 관심이 한국어 학습자에게 어떠한 형태로 영향을 미치는지 알아보기 위해 연구대상자의 삶 전반에서 일어나는 이야기에 집중하는 내러티브 탐구를 진행하였다. 연구를 통해 드러난 점은 다음과 같다.

첫째로 20대 초반인 노아와 옌안의 경우 학문에 대한 계획, 나아가 인생의 전반적 계획을 세우는 데 있어서 팬덤 활동이 중요한 전략을 제공하였다. 그들에게 특정 가수를 좋아하는 것은 취미로 국한되는 행위가 아니라 미래의 안목을 넓히는 중요한 매개로 작용했다. 기존의 삶의 계획을 되짚어 보고 앞으로의 학업 목표를 다시 세우는 과정에서 그들이 속한 팬덤 커뮤니티는 그들에게 다양한 정보를 제공했다. 또한 이 과정에서 한국어 학습의 동기가 지속되는 모습을 관찰할 수 있었다.

두번째로 팬덤활동을 통해 형성된 커뮤니티의 결속이 강력하며, 그것이 그들의 팬덤활동 및 미래 전략 설정 과정에 중요한 역할을 하고 있는 것을 관찰할 수 있었다. 같은 관심사로 모이게 된 공동체 구성원들은 쉽게 유대감을 형성하고 온오프라인에서 친밀하게 대화하며 단단한 커뮤니티로 발전한다. 특히 노아와 록산의 경우는 커뮤니티에 대한 애정이 남달라 삶의 많은 시간을 그들의 커뮤니티와 함께 보낼 정도이며 자신이 속한 그룹에 대한 자부심이 보여지기도 했다.

마지막으로 팬덤활동 자체가 한국어 학습의 동기는 아니라는 지점이다. 이 지점은 본 연구를 시작하게 된 계기이기도 한데, 연구 참여자들과의 대화를 통해 팬덤활동이 그들에게 더 넓은 시야를 가지게 하는 매개로 작용했고 그 과정에서 한국어 학습이라는 새로운 목표가 생겨났다는 것을 관찰할 수 있었다. 물론 노아나 록산의 경우 한국어 공부를 통해 특정 가수의 콘텐츠를 더 잘 이해하고 싶다는 목표도 있었지만, 그것보다도 한국어 학습은 더 큰 단위에서 학습자에게 목표의식을 가지게 했다. 이 과정에서 팬덤활동은 목표 달성의 활기를 불어넣는 역할을 했지만, 한국어 학습 자체의 동기를 지속하는 역할을 한다고 보기는 어려웠다.

이렇게 세 한국어 학습자의 삶의 이야기를 들은 것은 연구자에게 한국어 학습 생태계의 한 부분을 들여다볼 수 있는 기회를 제공했다. 본 연구자가 택한 내러티브 탐구는 참여자의 경험의 독특성에 주목하고, 그 경험들을 이해하는 데 목적이 있으며, 연구결과를 일반화 하지 않는다. 따라서 연구에 참여한 노아, 록산, 옌안의 경험이 모든 한국어 학습자들의 상황을 대변하지는 않는다. 공통점을 찾는 것은 내러티브 탐구가 의도하는 바가 아니다. 클랜디닌과 코넬리(Clandinin & Connelly, 2000)는 많은 연구자들이 연구 참여자의 경험을 일반화 하여 하나의 주제로 환원하려는 방식을 시도하려고 하지만, 이는 내러티브 탐구에서 지양해야 할 방법임을 주장한다. 개별 인간의 경험은 하나의 이론이나 진술, 범주의 특별한 사례가 될 수 없으며, 그들이 연속적인 시간의 흐름 속에서 어떤 방향으로 나아가고 있음을 기술하는 것이 내러티브 탐구 방법임을 설명하고 있다(Clandinin & Connelly, 2000). 따라서 본 연구 참여자의 이야기를 이론화시키는 것도 연구의 목적을 벗어나는 일이다. 하지만 노아, 록산, 옌안의 삶을 추적하는 것은 한국어 교육자로서 학습자의 동기에 대한 이해와 그것의 장기적 지속을 독려하기 위한 고민의 방법들을 제공할 수 있다고 생각한다.

참고문헌

김명광. (2020). BTS의 온라인 한국어 교육 영향도에 대한 일고 -미국 지역을 중심으로. **국제어문, 85**, 9-34쪽.

김정하 & 조혜정. (2017). 한류 콘텐츠 유형이 한국 이미지와 한국어 학습 만족도에 미치는 영향. **관광진흥연구, 5-1**, 51-68쪽.

김중섭. (2017). 한국 대중문화 노출이 취미 목적 한국어 학습자의 말하기에 미치는 영향. **한글, 318**, 199-219쪽.

왕혜숙. (2016). 한국어 학습에 미치는 '한류'의 영향: 학습자들의 인식을 중심으로. **2016년 국제한국어교육학회 국제학술발표논문집**, 232-240쪽.

염지숙. (2003). 교육 연구에서 내러티브 탐구(Narrative Inquity) 의 개념, 절차, 그리고 딜레마. **교육인류학연구, 6-1**, 119-140쪽.

이승은. (2011). 내러티브란 무엇인가?. **교육비평, 29**, 181-189쪽.

이영제. (2019). 한류 콘텐츠를 활용한 한국어 문법 교육 사례 연구. **겨레어문학, 63**, 277~309쪽.

정상원 & 김영천. (2014). 질적 연구에서의 현상학적 글쓰기의 전략과 방법의 탐구. **교육문화연구, 20-3**, 5-42쪽.

조흥식, 정선욱, 김진숙 & 권지성. (2015). **질적 연구방법론: 다섯 가지 접근**. 학지사.

홍종윤. (2014). **팬덤 문화**. CommunicationBooks.

Ang, I. (1985). *Watching Dallas: Soap opera and the melodramatic.*

Cicchelli, V., & Octobre, S. (2019). La Hallyu ou comment apprendre des petites choses: une éducation au cosmopolitisme par le bas. *Education et societes*, (2), 131-148.

Connelly, F. M., & Clandinin, D. J. (1990). Stories of experience and narrative inquiry. *Educational researcher*, 19(5), 2-14.

Clandinin, D. J., & Connelly, F. M. (2000). Narrative inquiry. magination. London and New York: Routledge.

Clandinin, D. J., & Connelly, F. M. (2011). **내러티브 탐구를 위한 연구방법론**. 서울: 교육과학사.

Fiske, J. (1989). *Understanding popular culture* 박만준 (역) (2002). **대중문화의 이해**, 경문사.

유럽 한국어 교육의 오늘과 내일

초판 1쇄 발행 2021년 10월 1일

엮은이 김혜경
발행인 공경용

발행처 공앤박 출판사
출판등록 2008년 9월 2일 · 제300-2008-82호
주소 05116 서울시 광진구 광나루로56길 85, 프라임센터 1518호
전화 02-565-1531
팩스 02-3445-1080
전자우편 info@kongnpark.com
홈페이지 www.kongnpark.com

© 유럽한국어교육자협회(EAKLE), 2021

ISBN 978-89-97134-20-5 93710